Wolfgang J. Mommsen
1848 – Die ungewollte Revolution

Wolfgang J. Mommsen

1848
Die ungewollte Revolution

Die revolutionären Bewegungen
in Europa 1830 – 1849

Bundeszentrale
für politische Bildung

© S. Fischer Verlag GmbH, Frankfurt am Main 1998
Alle Rechte vorbehalten
Lektorat: Walter H. Pehle
Gesamtherstellung: Clausen & Bosse, Leck
Printed in Germany 1998
Sonderausgabe für die Bundeszentrale
für politische Bildung
ISBN 3-89331-324-9

Inhalt

Vorwort   7

Einleitung:
Die ungewollte Revolution   10

I.
Die vorrevolutionäre Situation des Vormärz   18

II.
**Die Julirevolution von 1830 und die
europäische Staatenwelt**   42

III.
**Die Ruhe vor dem Sturm
Stagnation und Reformstau in Mitteleuropa 1840–1847**   68

IV.
**Die politischen Parteirichtungen am Vorabend
der Revolution**   88

V.
Die Märzrevolution   104

VI.
**»Schließen« oder Weitertreiben der Revolution?
Die Märzministerien und die radikale Demokratie**   127

VII.
**Die Mobilisierung der Volksmassen
Die politische Vereinsbewegung**   147

VIII.
**Die Frankfurter Nationalversammlung und
die Einheit Deutschlands** 171

IX.
**Schleppende Reformen und das Wiedererstarken
der konservativen Mächte** 202

X.
**Die revolutionären Bewegungen im
Strudel nationaler Konflikte** 219

XI.
Die Gegenrevolution in den europäischen Machtzentren 238

XII.
Die Frankfurter Reichsverfassung und ihr Scheitern 261

XIII.
**Das letzte Aufbäumen der revolutionären
Bewegungen in Europa** 285

XIV.
Die Revolution von 1848/49 in europäischer Perspektive 300

Literaturverzeichnis 325

Namenregister 331

Vorwort

Die hier vorgelegte Studie möchte ein umfassendes Bild der revolutionären Entwicklungen in Europa seit der französischen Julirevolution von 1830 und ihrer Kulmination in der Revolution von 1848/49 geben. Die Ereignisse in der deutschen Staatenwelt stehen im Mittelpunkt der Betrachtungen, doch sind diese eingebettet in die Darstellung der Entwicklungen im übrigen Europa. Dabei ergibt sich, daß die verschiedenen Ebenen des Revolutionsgeschehens – die Bauernrevolten, die bürgerlichen Verfassungsbewegungen, die Protestaktionen der Unterschichten und die nationalen Emanzipationsbewegungen – eng miteinander verzahnt waren. Die Revolution von 1848/49 war aus der Sicht des liberalen Bürgertums eine »ungewollte Revolution« (eine überaus sachgerechte Formulierung, die wir Wolfgang Schieder verdanken). Jedoch fehlte der radikalen Demokratie ebenfalls ein klares Revolutionskonzept. Sie ging davon aus, daß es nur einer Initialzündung bedürfe, um eine revolutionäre Aufstandsbewegung der breiten Massen der Bevölkerung im ganzen Land in Gang zu setzen; dabei täuschten sie sich durchweg über das Maß der tatsächlichen Bereitschaft der Unterschichten, weitreichende gesellschaftliche Veränderungen gegenüber den herrschenden Mächten mit revolutionärer Gewalt durchzusetzen. Es war charakteristisch, daß auch auf der Linken niemand so recht wußte, wie man der sozialen Notlage der unterbürgerlichen Schichten tatsächlich abhelfen könne. Manche Liberale meinten hingegen, daß man mit sozialen Hilfsmaßnahmen bloß unstillbare Begehrlichkeiten bei den Unterschichten wecken würde, die eine noch stärkere Destabilisierung der Gesellschaft zur Folge haben würden. Es ist müßig, die Revolutionäre ob ihrer mangelnden Tatkraft im nachhinein zu kritisieren. Das Verfassungsprogramm des bürgerlichen Liberalismus, dem die radikale Demokratie durch ihr Drängen auf radikalere Lösungen zusätzliche Schlagkraft verlieh, war eine durchaus rationale Antwort auf die Krise der europäischen Staats- und Gesellschaftsordnung der 1840er Jahre; der Übergang zu einer freiheitlichen Ordnung war der erste, notwendige Schritt zur Überwindung der gesellschaftlichen Krisenlagen und zur Schaffung einer dynamischen Industriegesellschaft. In seinem Kern enthielt das Verfassungsprogramm des liberalen Bürgertums bereits alle Elemente einer »civil society«, wie wir sie heute kennen. Die Revolution von 1848/49 scheiterte aus vielen Gründen, vor allem an dem Zögern des liberalen Bürgertums, sich mit den unterbürgerlichen Schichten zu verbünden, aus Furcht vor sozialrevolutionären Weiterungen, aber auch an der Resistenz der Staatsbeamtenschaft und der Armeen gegenüber liberalen Reformen und schließlich an dem hartnäckigen Widerstand der überkommenen Staatenordnungen gegenüber den Forderungen der national-emanzipatorischen Bewegungen. Gleichwohl setzte die Revolution von 1848/49 Maßstäbe für die künftige politische und gesellschaftliche Entwicklung in Deutschland und in Europa, und insoweit waren die bitteren, am Ende blutigen Kämpfe der Revolutionsjahre nicht ganz vergebens.

Es wäre zu begrüßen, wenn dieses Buch einer jüngeren Generation, die in eine demokratische Ordnung hineingeboren ist und sie bisweilen als eine selbstverständliche Gegebenheit betrachtet, ein Gefühl dafür vermitteln würde, mit welchen schweren Opfern die freiheitliche politische und gesellschaftliche Ordnung, in der wir heute leben, erkämpft werden mußte. Gleiches gilt von der großen Vision eines friedlichen Europa freiheitlicher Nationalstaaten, die sich angesichts der bestehenden nationalen Rivalitäten, die mehr als vieles andere die Erfolgsaussichten der Revolution von 1848/49 überschattet haben, als Utopie erwies, aber als ideales Ziel europäischer Politik ihre Geltungskraft auch heute noch nicht verloren hat.

Dem Fachmann wird hier im Detail wenig Neues gesagt; diese Darstellung will nicht eine Interpretation unter vielen anderen geben, sondern vielmehr eine Synthese aus einer neuen Perspektive, gestützt auf die Ergebnisse der neueren Forschung. Auf eine

Auseinandersetzung mit den kontroversen Positionen in der Forschung ist demgemäß durchgängig verzichtet worden; die Anmerkungen beschränken sich im wesentlichen auf den Nachweis der Quellenzitate. An dieser Stelle sei den Mitarbeitern am Lehrstuhl II des Historischen Seminars und der Arbeitsstelle der Max Weber-Gesamtausgabe an der Heinrich-Heine-Universität Düsseldorf, die bei der Erstellung der Druckvorlagen und des Literaturverzeichnisses geholfen haben, herzlich gedankt, insbesondere Herrn Dr. Christoph Cornelißen, Frau Silvia Osada und Herrn Marcus Tiefel. Ebenso danke ich Frau Privatdozentin Dr. Irmtraud Götz von Olenhusen für zahlreiche Anregungen. Mein besonderer Dank gilt freilich Herrn Dr. Walter H. Pehle, der die Anregung für dieses Buch gegeben hat. Ohne seine stetige Ermutigung und Unterstützung wäre es gewiß nicht zustande gekommen.

Düsseldorf, im Oktober 1997
Wolfgang J. Mommsen

Einleitung:
Die ungewollte Revolution

Am 5. März 1846 reflektierte Jacob Burckhardt in tief pessimistischer Stimmung über die revolutionären Umwälzungen, die Europa bevorstünden. Die Unruhen in Polen, welche eine erneute nationale Erhebung gegen die Teilung des Landes unter Rußland, Österreich und Preußen anzukündigen schienen, waren aus Burckhardts Sicht ein beunruhigendes Symptom kommenden Unheils. Er selbst wollte damit nichts zu tun haben: »... während die Welt in Geburtswehen liegt, während es in Polen an allen Enden kracht und die Vorboten des sozialen jüngsten Tages vor der Tür sind«, wolle er, »ehe die allgemeine Barbarei ... hereinbricht, ... noch ein rechtes Auge voll aristokratischer Bildungsschwelgerei« zu sich nehmen. Gleichzeitig distanzierte er sich von dem Fortschrittsoptimismus der Liberalen. Die Hoffnung der gemäßigten Geister, die »bevorstehende« revolutionäre »Bewegung leiten und im rechten Gleise erhalten« zu können, sei »närrisch«; diese werde »sich so gut wie die Französische Revolution in Gestalt eines Naturereignisses entwickeln und alles an sich ziehen, was die menschliche Natur Höllisches in sich hat«.[1]

Mit dem seismographischen Gespür eines hochkonservativen Denkers, der sich der alteuropäischen Welt zutiefst verbunden fühlte, antizipierte Jacob Burckhardt die großen revolutionären Erschütterungen der Jahre 1848/49. Er war besorgt, daß die politischen und sozialen Unruhen, die vielerorts in Europa aufgeflackkert waren, die Anfänge einer nicht beherrschbaren Bewegung seien, die in einer sozialen Revolution kulminieren werde, welche die überkommene gesellschaftliche Ordnung in Europa von Grund auf zerstören werde. Er selbst verfiel angesichts einer sol-

---

1 Brief an H. Schauenburg, 5. 3. 1846, Briefe, hg. v. Max Burckhardt, Bremen 1965, S. 145 f.

chen Perspektive in tiefe Resignation: »Untergehen können wir alle; ich aber will mir wenigstens das Interesse aussuchen, für welches ich untergehen soll, nämlich die Bildung Alteuropas.«[2]

Nicht alle Zeitgenossen Burckhardts teilten dessen extrem pessimistische Sicht der Dinge; im Gegenteil, der bürgerliche Liberalismus und namentlich das aufsteigende Wirtschaftsbürgertum waren von großem Optimismus erfüllt. Das industrielle System, das in England bereits in das Stadium stetigen Wachstums eingetreten war und sich anschickte, auf dem europäischen Kontinent festen Fuß zu fassen, versprach nicht nur stetig steigenden Wohlstand für die bürgerlichen Schichten, sondern auf mittlere Frist auch eine schrittweise Besserung der bedrückenden sozialen Lage der Unterschichten. Desgleichen setzten die Liberalen auf den unaufhaltsamen Fortschritt von Bildung und Wissenschaft. Mit ihrer Hilfe würden sich die Mittel und Wege zur Schaffung einer besseren Gesellschaft finden lassen, welche von dem Ideal geleitet sei, das größtmögliche Glück der größten Zahl zu verwirklichen, gemäß dem bekannten Wort des englischen Utilitaristen Jeremy Bentham.

Aber auch die Liberalen teilten die Sorge, daß es, nachdem Europa bereits 1830 eine Welle von schweren revolutionären Erschütterungen erfahren hatte, erneut zu revolutionären Ausbrüchen kommen könnte, durch welche der ruhige Gang der geschichtlichen Entwicklung, vor allem aber der stete Fortschritt von Industrie und Gewerbe, in dramatischer Weise gestört werden würde. Schon im Dezember 1830 hatte der Aachener Textilkaufmann David Hansemann in einer großen Denkschrift für den preußischen König Friedrich Wilhelm III. dringend umfassende verfassungs- und gesellschaftspolitische Reformen angemahnt, um der Gefahr revolutionärer Umwälzungen beizeiten vorzubeugen, wie sie gegeben sei, wenn sich der preußische Staat nicht den Erfordernissen der Zeit anpasse und jenes Maß von Gemeinsinn in der Bevölkerung sicherstelle, das allein die Stabilität der politischen Ordnung auf Dauer gewährleisten könne. Hansemann stand dabei unter dem Eindruck der belgischen Revolution

2 Ebd., S. 146

von 1830; die Massenaufläufe, die dort die revolutionäre Entwicklung in Gang gesetzt hatten, hatten auch im benachbarten Aachen ein freilich nur schwaches Echo gefunden. Hansemann hielt revolutionäre Entwicklungen in Preußen, angestoßen durch einen Aufruhr der niederen Volksklassen, nicht für ausgeschlossen, ja für wahrscheinlich, sofern der preußische Staat nicht zu einem »aufrichtig konstitutionellen Regierungssystem« übergehe, das den Staatsbürgern einen echten Anteil an der Staatsgewalt einräume und auf diese Weise ein festes Band zwischen der Bürgerschaft und dem Staat knüpfe. Allein dadurch könnten Nationalität und Gemeinsinn gefördert und die innere Kraft des preußischen Staates gestärkt werden, im Innern, aber nicht zuletzt auch im Verhältnis zu den anderen Mächten. Friedrich Wilhelm III. möge nunmehr das 1815 gegebene Verfassungsversprechen einlösen und eine konstitutionelle Verfassung gewähren, statt, wie bisher, auf die Mitwirkung ehrwürdiger ständischer Körperschaften zu setzen, die durch die gesellschaftliche Entwicklung überholt seien. Künftig müsse sich der preußische Staat statt auf Adel und Beamtentum vor allem auf die bürgerlichen Schichten stützen. Keinesfalls hatte Hansemann dabei die gleichberechtigte Vertretung aller Volksschichten im Auge; ganz im Gegenteil, er plädierte für die bevorzugte Berücksichtigung der Schichten von Bildung und Besitz, namentlich aber der Repräsentanten von Handel und Gewerbe. Sie, nicht die überkommenen Korporationen oder der landständische Adel, repräsentierten die neue Zeit. Die eigentliche Kraft der Nation liege heute »in dem Vermögen, der Fähigkeit und der Erfahrung der Staatsbürger, ohne Rücksicht darauf, worin das Vermögen besteht oder auf welche Weise die Fähigkeit oder die Erfahrung erworben ist«.[3] Die Verkennung bzw. Mißachtung dieses neuen Lebensprinzips des Staates aber könne über kurz oder lang zu einer Revolution und zu dessen Niedergang führen.[4]

Hansemann legte die bedenklichen Nachteile im Detail dar, die

3 Joseph Hansen, Rheinische Briefe und Akten zur Geschichte der politischen Bewegung 1830–1850, Bd. 1. 1830–1846, Essen 1919, S. 21
4 Ebd., S. 41 f.

das bestehende autoritäre Beamtenregiment in Preußen mit sich bringe. Angesichts des Fehlens einer wirklichen Volksvertretung und der weitgehenden Unterdrückung der Presse vermöge sich eine informierte öffentliche Meinung gar nicht herauszubilden. Die an und für sich wohlmeinende Beamtenschaft aber könne daher gar nicht wissen, wo den Bürger der Schuh drücke. Vor allem aber werde durch die Unterdrückung aller öffentlichen Erörterungen der politischen und gesellschaftlichen Fragen des Tages der Gemeinsinn der preußischen Bevölkerung auf ein immer niedrigeres Niveau herabgedrückt. Mehr noch, auf diese Weise werde in den breiten Schichten der Bevölkerung ein immer tieferes Mißtrauen in die Absichten und Handlungen der Regierung und der Staatsbehörden geweckt, und dies werde sich unvermeidlich auf die politische Ordnung destabilisierend auswirken. Als Maßnahmen zur Verhütung revolutionärer Entwicklungen und außenpolitischer Verwicklungen empfahl Hansemann vor allem die Schaffung einer Gesamtvertretung der preußischen Nation, die Beseitigung der Zensur und damit die Sicherstellung der Herrschaft der öffentlichen Meinung sowie die Zurückschneidung der unumschränkten Beamtenherrschaft, die zwar das Beste wolle, aber für sich allein nicht die richtigen Wege zu finden wisse, und schließlich die Beseitigung nicht mehr zeitgemäßer Privilegien und Vorrechte, namentlich jener des Adels.

Hansemanns Plädoyer für durchgreifende Reformen in Preußen gründete sich auf die Überzeugung, daß die überkommene obrigkeitliche Herrschaftsordnung den Erfordernissen der Gegenwart nicht mehr genüge; es verfüge nicht über die Sensibilität, die notwendig sei, um in einer Zeit des gesellschaftlichen Übergangs auf die Herausforderungen des Tages angemessen zu reagieren. Nur der Übergang zu einer konstitutionellen Regierungsform könne revolutionäre Konvulsionen in Preußen und Deutschland auf Dauer verhindern. Reformwille und Revolutionsfurcht waren für Hansemann eng miteinander verknüpft.

Diese Beobachtung läßt sich verallgemeinern. Die Liberalen waren durchweg der Auffassung, daß es darauf ankommen müsse, revolutionären Entwicklungen zuvorzukommen, wie sie namentlich das Nachbarland Frankreich seit 1789 durchgemacht habe, und zwar durch eine Politik rechtzeitiger Reformen, die in erster Linie die uneingeschränkte Durchsetzung der konstitutionellen Regierungsweise, aber auch ein höheres Maß nationaler Einheit beinhalten müßten. Die liberalen Historiker gingen durchweg davon aus, daß die Staatsmänner und die Politiker in Übereinstimmung mit den großen Tendenzen des Zeitalters handeln müßten, und diese wiesen nach ihrer Ansicht eindeutig in Richtung einer Neuordnung Europas auf der Grundlage konstitutionell verfaßter Nationalstaaten. Alle vernünftige Politik müsse dafür Sorge tragen, daß sich die großen politischen und gesellschaftlichen Veränderungen, die vor der Tür ständen, auf evolutionärem Wege und mit einem Mindestmaß von Konflikten vollzögen, während Versuche, gegen den Trend der Geschichte anzugehen, früher oder später unvermeidlich revolutionäre Eruptionen nach sich zögen. Der Historiker Georg Gottfried Gervinus stellte die Frage, ob der von keiner Macht der Welt aufzuhaltende Übergang zu einer bürgerlichen Gesellschaftsordnung auf revolutionärem oder auf evolutionärem Wege erfolgen werde. »Nach der Geschichte zu schließen scheint das letztere wahrscheinlich, daneben aber türmen sich mächtige Übelstände auf, die uns eine Revolution befürchten lassen.«[5] Seine eigene Option war eindeutig; er plädierte entschieden für verfassungspolitische und gesellschaftspolitische Reformen, eben um letzteres nicht eintreten zu lassen. Nur vierzehn Tage vor dem Ausbruch der französischen Februarrevolution warf er in der »Deutschen Zeitung« erneut die Frage auf, ob in Europa »Aussichten auf Reformen oder auf Revolutionen« bestünden, und gelangte zu der Feststellung: »Der Gedanke, daß ein großes Volk bei seinem Durchbruch zum selbständigen politischen Leben, zu Freiheit und Macht, notwendig die Krise einer Revolution durchzumachen habe«, sei »durch das doppelte Beispiel von England und Frankreich ... ungemein nahegelegt.« Und dennoch bestehe die Hoffnung, daß es nicht dazu kommen möge, »würde uns doch das bürgerliche Gesetz nicht nur, sondern auch das menschliche Gefühl abhalten, die kalte Ab-

5 Gangolf Hübinger, Georg Gottfried Gervinus, Historisches Urteil und politische Kritik, Göttingen 1984, S. 154

straktion aus der Geschichte zu einer praktischen Lehre der Politik zu machen«.[6]

Nach Gervinus' Meinung war die Gefahr revolutionärer Verwicklungen vor allem in vergleichsweise rückständigeren Ländern wie Spanien und Italien gegeben, während in Deutschland für eine kontinuierliche Entwicklung, die in gesetzlichen Bahnen verlaufe, günstige Voraussetzungen bestünden. Allerdings hänge dies davon ab – und hier argumentierte er ganz wie Hansemann –, ob die staatlichen Gewalten sich zu entsprechenden Anpassungen an die Forderungen des Tages bereit finden würden. Auch hier also begegnen wir der Auffassung, daß der Übergang zum konstitutionellen System, als einer notwendigen Garantie dafür, daß sich die Handlungen der Regierungen in Übereinstimmung mit der öffentlichen Meinung befänden, eine wesentliche Bedingung zur Vermeidung revolutionärer Entwicklungen darstelle. Allerdings hatten die Liberalen einigermaßen nebulöse Vorstellungen über den Charakter von Revolutionen; sie sahen in diesen in erster Linie eine Form der Auflehnung des Pöbels bzw. der ungebildeten Massen gegen die sozialen Verhältnisse, durch die dann allerdings auch die bürgerlichen Schichten in Bewegung gesetzt und zu politischer Aktion gegen die bestehende Ordnung angestiftet würden. Allgemein schreckte das historische Beispiel der Französischen Revolution von 1789, die in blutigem Terror und einem imperialistischen Krieg geendet hatte; eben dies aber wollte man unter allen Umständen vermieden wissen.

Einen positiv besetzten Revolutionsbegriff gab es hingegen nur im Lager der extremen Linken. Das Kommunistische Manifest, das Karl Marx im Februar 1848, nur wenige Tage vor dem Ausbruch der französischen Februarrevolution, für den »Bund der Kommunisten« verfaßt hatte, stützte den Begriff der Revolution erstmals auf eine geschichtsphilosophisch untermauerte Theorie der gesellschaftlichen Entwicklung und hob ihn damit auf die Ebene eines prinzipiell positiven Konzepts. Marx erklärte, daß »Deutschland am Vorabend einer bürgerlichen Revolution« stehe. Er deutete den Gang der Geschichte als eine Sequenz gesellschaft-

6 Ebd., S. 154

licher Formationen, die mit historischer Notwendigkeit auf revolutionärem Wege jeweils einander ablösen; der bevorstehenden bürgerlichen Revolution, die die Epoche des Feudalismus zu überwinden bestimmt sei, werde mit historischer Notwendigkeit eine sozialistische Revolution nachfolgen.

Marx gestand der Bourgeoisie gleichsam nicht nur ein historisches Recht, sondern eine historische Verpflichtung zu revolutionärer Umgestaltung der bestehenden halbfeudalistischen Verhältnisse in ihrem Sinne zu. Doch wurde das von Marx in die öffentliche Diskusion eingeführte grundlegend neue Revolutionsmodell im bürgerlichen Lager erst nach und nach als eine ernstzunehmende Alternative zur bürgerlich-liberalen Reformpolitik wahrgenommen. Im übrigen fand das Argument, daß die volle Entwicklung des bürgerlichen Kapitalismus eine historische Notwendigkeit sei, im bürgerlichen Lager nirgends Widerhall, es sei denn im Sinne der Überzeugung, daß die industrielle Entwicklung unvermeidlich sei und nicht ihre Zügelung, sondern nur ihre volle Entfaltung eine durchgreifende Besserung der sozialen Verhältnisse bringen könne.

Insgesamt ist davon auszugehen, daß es vor 1848 eines der dominanten Motive des Drängens des bürgerlichen Lagers gewesen ist, der Gefahr revolutionärer Entwicklungen durch eine Politik verfassungspolitischer, nationalpolitischer und in begrenztem Umfang auch sozial- und gesellschaftspolitischer Reformen vorzubeugen. Die bürgerlichen Schichten waren nicht auf eine revolutionäre Entwicklung eingestellt. Mit Ausnahme verschwindend kleiner Randgruppen verfügten sie nicht über eine überzeugende revolutionäre Strategie. Sie betrachteten die Ereignisse des Frühjahrs 1848, als der revolutionäre Funke von Frankreich ausgehend überraschend auf ganz Kontinentaleuropa übersprang, als eine »ungewollte Revolution«.[7] Dies hat ihr Verhalten in der Folge maßgeblich bestimmt. Von seiten der Unterschichten mangelte es nicht an weitreichenden Forderungen, die von den Zeit-

---

7 Vgl. Wolfgang Schieder, 1848/49: Die ungewollte Revolution, in: Wendepunkte deutscher Geschichte 1848–1990, hg. v. Carola Stern und Heinrich August Winkler, 7. Aufl., Frankfurt 1994, S. 17 ff.

genossen als revolutionär aufgefaßt wurden, z. B. das »Recht auf Arbeit«, die Ausgleichung des Gegensatzes von Kapital und Arbeit, eine progressive Einkommensteuer als Mittel zur gesellschaftlichen Umverteilung und vor allem das allgemeine Wahlrecht, aber darüber hinaus gingen die Forderungen zumeist nicht. Wilhelm Weitlings utopischer Sozialismus, der auf eine religiös fundamentierte herrschaftsfreie Gesellschaft abzielte, fehlte jede Massenbasis, und gleiches galt auch für Marx' Programm für die Errichtung einer proletarischen Diktatur auf den Trümmern des Kapitalismus, der allerdings erst einmal zu seiner vollen Entfaltung gebracht werden müsse. Vielmehr fehlte den sozialen Forderungen der Unterschichten in der Revolution von 1848/49 jegliche Kohärenz; sie waren diffus und vielfach rückwärtsgewandt; zumeist zielten sie auf die Wiederherstellung vorkapitalistischer sozialer Verhältnisse ab und waren schon deshalb zum Scheitern verurteilt. Davon abgesehen fehlte es auch hier an konkreten Vorstellungen, wie denn die Gesellschaft der Zukunft, wenn einmal die Willkürherrschaft der Fürsten und Könige und ihrer gefügigen Beamtenregierungen abgeschüttelt sei, aussehen solle.

Die Revolution von 1848 war nicht das Produkt zielbewußter revolutionärer Aktionen; sie war eher eine Implosion der überkommenen Staatsordnung auf dem europäischen Kontinent, deren Legitimitätsgeltung schlagartig eingebrochen war und für deren Erhaltung zu kämpfen mit einem Male als aussichtslos empfunden wurde. Einmal ausgebrochen, sprang die Revolution wie ein Buschfeuer von einem Lande zum nächsten, ohne daß es dafür konspirativer Aktivität oder besonderer agitatorischer Bemühungen bedurft hätte.

I.
Die vorrevolutionäre Situation des Vormärz

Die europäische Friedensordnung, wie sie unter dem maßgeblichen Einfluß des österreichischen Staatskanzlers Fürst Metternichs auf dem Wiener Kongreß 1815 von den Großmächten vereinbart wurde, war von vornherein auf die Eindämmung und Unterdrückung der revolutionären Strömungen ausgerichtet, die in der Französischen Revolution erstmals zum Durchbruch gekommen waren und dann im Zuge der imperialen Politik Napoleons I. in Italien und Spanien sowie in den Rheinbundstaaten auch einen institutionellen Niederschlag gefunden hatten. Ganz hatte sich das neue Prinzip des Verfassungsstaates, der sich auf die Volkssouveränität berief, mit der militärischen Niederwerfung von Napoleon Bonaparte nicht wieder aus der Welt schaffen lassen; die Zeit des aufgeklärten Absolutismus war abgelaufen.

Die 1815 einsetzende Restauration zielte darauf ab, im Zeichen der »Heiligen Allianz« der konservativen Monarchien die traditionelle Staatenordnung in Europa, die sich auf das Prinzip der monarchischen Legitimität stützte, so gut es eben ging, wiederherzustellen. Aber die territorialen Veränderungen, die die napoleonische Herrschaft gebracht hatte, ließen sich nicht mehr rückwärtsrevidieren, und daran wurde ernstlich auch nicht gedacht. Außerdem war an eine Stabilisierung der Verhältnisse ohne ein gewisses Maß von Konzessionen an den Zeitgeist nicht zu denken; so setzte selbst die Bundesakte, in welcher der Deutsche Bund, als Nachfolgeinstitution des ehrwürdigen Heiligen Römischen Reiches, begründet wurde, unter anderem fest, daß in allen deutschen Staaten »landständische Verfassungen« stattfinden sollten, freilich ohne näher auszuführen, wie diese im einzelnen auszusehen hätten. Die teilweise auf verändertem Territorium neu erstandenen süddeutschen Staaten erhielten aus dem Eigeninteresse der Regierenden heraus konstitutionelle Verfassungen, vornehmlich, um die alten und die neuerworbenen Territorien zu einem einheitlichen Staatsgebilde zu verschmelzen, aber auch, um den bürgerlichen Schichten ein Stück weit entgegenzukommen. Auch Friedrich Wilhelm III. stellte 1815 Preußen eine konstitutionelle Verfassung zu einem freilich nicht näher spezifizierten Zeitpunkt in Aussicht. Die restituierte Monarchie der Bourbonen in Frankreich konzedierte dem Lande eine konstitutionelle Verfassung, die sogenannte Charte Constitutionelle, die allerdings der Krone wesentliche Prärogativen vorbehielt und eine Art Gewaltenbalance zwischen der Krone und der parlamentarischen Vertretung institutionalisierte; gleichzeitig wurde, um allen demokratischen Tendenzen vorzubeugen, das Wahlrecht dank eines hohen Wahlzensus auf eine äußerst schmale Oberschicht von Grundbesitzern und Notabeln beschränkt.

Jedoch machte die österreichische Diplomatie unter Führung des Staatskanzlers Clemens Fürst Metternich nach 1815 alle nur denkbaren Anstrengungen, um selbst dieses bescheidene Maß von Freiheitsrechten, das in die postrevolutionäre Epoche hinübergerettet worden war, noch weiter zu beschneiden und vor allem einen weiteren Ausbau der einzelstaatlichen konstitutionellen Verfassungen, soweit solche bestanden, tunlichst zu verhindern. In der Wiener Schlußakte vom 15. Mai 1820 wurden die Regierungen der Staaten des Deutschen Bundes förmlich auf die Erhaltung des »monarchischen Prinzips« verpflichtet und festgelegt, daß die Herrscher durch eine landständische Verfassung nur in der Ausübung bestimmter Rechte gebunden werden könnten. Änderungen der Verfassungen sollten nur auf verfassungsmäßigem Wege möglich, also praktisch einer Art von Normenkontrolle seitens des Deutschen Bundes unterworfen sein. Auf diese Weise suchten die beiden Vormächte am Deutschen Bund, Österreich und Preußen, auf Betreiben Metternichs die bestehenden frühkonstitutionellen Verfassungen soweit wie möglich auf ständestaatliche Vertretungen herkömmlichen Typs zurückzuführen oder jedenfalls jegliche Ausweitung der Rechte der Volksvertretungen von vornherein zu verhindern. Friedrich von Gentz, der Sekretär und Berater Metternichs, sah im Prinzip der Repräsentation den Anfang vom Ende der monarchischen Staatsordnung; die Anerkennung desselben bedeute letztendlich die Anerkennung des Prinzips der Volkssouveränität; sie führe überdies zu uneingeschränkter Pressefreiheit, parlamentarischer Ministerverantwortlichkeit und der Untergrabung der monarchischen Autorität. Wo immer die hegemoniale Machtstellung Österreichs hinreichte, beispielsweise in der italienischen Staatenwelt, wurden wieder neoabsolutistische Regime etabliert und die Mitwirkung der parlamentarischen Körperschaften an den politischen Entscheidungen auf ein Mindestmaß reduziert. In Spanien wurde die bemerkenswert fortschrittliche Verfassung von 1812 wieder aufgehoben und unter König Ferdinand VII. das vorrevolutionäre absolutistische Regime wiederhergestellt, und als es in den Jahren 1820 bis 1823 zu erbitterten Auseinandersetzungen zwischen den Liberalen und der Krone kam, die sich am Ende zu einem Volksaufstand steigerten, wurde dieser von französischen Truppen niedergeschlagen. Das Prinzip der Solidarität der konservativen Mächte, das in einem Netzwerk von Verträgen, insbesondere der »Heiligen Allianz«, eine diplomatische Absicherung erhalten hatte, bewährte sich.

Dies galt ebenso für die Eindämmung der nationalen Bewegungen, die in der Französischen Revolution erstmals auf breiter Front zum Durchbruch gekommen waren. Nicht ohne gute Gründe wurde das Prinzip der Nationalität von den Staatsmännern der Restaurationsepoche nachhaltig gefürchtet und, wo immer möglich, bekämpft. Denn es war offensichtlich, daß die Nationalidee nahezu überall in Europa ein potentielles Sprengmittel für die bestehenden staatlichen Ordnungen darstellte. Die auf dem Wiener Kongreß 1815 von den europäischen Mächten sanktionierte, auf dem Prinzip der monarchischen Legitimität beruhende europäische Staatenordnung war mit der Idee der nationalen Selbstbestimmung, die während der Französischen Revolution als Prinzip für eine grundlegende Umgestaltung der europäischen Staatenwelt proklamiert worden war, bis Napoleon Bonaparte diese dann selbst mit den Füßen trat, schlechterdings unvereinbar. Anfänglich hatten die Staatsmänner noch gewisse Neigung gezeigt, dem Prinzip der Nationalität wenigstens der Form halber entgegenzukommen, soweit es mit den eigenen machtstaatlichen Interessen vereinbar war. Die Gründung des Deutschen Bundes war in gewissem Sinne als ein bescheidener Ersatz für das ruhmlos dahingeschiedene Heilige Römische Reich deutscher Nation gedacht; es war ein lockerer Verbund aller Territorien, die ehemals zum Reich gehört hatten, unter der gemeinsamen Vorherrschaft Österreichs und Preußens. Als Mittelpunkt für die Ausbildung einer deutschen Nationalität war der Deutsche Bund wenig geeignet. Die Hoffnungen in der Öffentlichkeit, die sich gleichwohl an ihn knüpften, wurden gründlich enttäuscht. Denn seit 1819 wurde der Deutsche Bund, das einzige einigende Band der deutschen Staatenwelt, von Fürst Metternich in ein Instrument reaktionärer Repressionspolitik umgeschmiedet, die das Ziel verfolgte, alle freiheitlichen Regungen in Mitteleuropa zu unterdrücken.

Polen, das während der Französischen Revolution einen heroischen Kampf für seine Selbständigkeit geführt und diesen schließlich verloren hatte, wurde unter die drei Ostmächte aufgeteilt; als Trostpflaster garantierte die Wiener Schlußakte der Bevölkerung der drei polnischen Teilstaaten immerhin noch ein bescheidenes Maß von kultureller Autonomie und nationaler Gemeinsamkeit, unter anderem Freizügigkeit der Polen in allen drei Teilungsgebieten – ein Sachverhalt, der späterhin von den Regierungen füglich beiseite geschoben wurde. Desgleichen wurden die nationalen Emanzipationsbewegungen in Südeuropa, soweit die Macht der kontinentalen Ostmächte reichte, mit massiver Gewalt unterdrückt, so in Neapel und in Piemont-Sardinien, und natürlich in den italienischen Besitzungen der Habsburger Monarchie. Metternich ließ gelegentlich verlauten, daß Italien nur ein »geographischer Begriff« sei.

In den inneren Verhältnissen der europäischen Staatenwelt war eine vollständige Rückkehr zum Ancien Régime gleichwohl unmöglich. Gänzlich ließen sich die Neuerungen der Französischen Revolution nicht beseitigen. Dies galt insbesondere für die Rechtsstellung des einzelnen Bürgers. Die bürgerlichen Freiheitsrechte, namentlich der Grundsatz der Gleichheit der Bürger vor dem Gesetz, die Sicherstellung der elementaren Grundsätze des Rechtsstaates und nicht zuletzt die Emanzipation der Juden, wurden im

Prinzip anerkannt, wenn auch in der administrativen Wirklichkeit erst nach und nach und mit vielen Einschränkungen umgesetzt.

Gleiches galt auch für das Wirtschaftsleben. Eine Fortsetzung der Politik des Merkantilismus und der dirigistischen Eingriffe in die Gesellschaft von seiten des Staates war hinfort nicht mehr denkbar. Im Grundsatz war vielmehr die Freisetzung der Gesellschaft von administrativer Bevormundung angesagt. Obschon sich ein Teil der aufgeklärten Bürokratie in den fortgeschritteneren Staaten Europas, unter dem Einfluß des englischen Modells, in den ersten Jahrzehnten des 19. Jahrhunderts dieser neuen liberalen Idee verschrieb, weil sie sich davon eine Stärkung der während der napoleonischen Kriege geschwächten Staatsmacht erhofften, blieb die Umsetzung dieses Programms großenteils Zukunftsmusik. Dies gilt insbesondere für die Beseitigung der herkömmlichen Feudalrechte zugunsten der Begründung einer Bürgergesellschaft. Im Deutschen Bund wurde sogar die Territorialherrschaft der sogenannten Standesherren, die ihre Immediatstellung gegenüber den Einzelstaaten erfolgreich vereidigt hatten, verfassungsrechtlich abgesichert und gegenüber allen Neuerungen abgeschirmt. Zwar setzte sich, wenn auch mit einer deutlichen Phasenversetzung von West nach Ost, überall der Grundsatz durch, daß die Bindung der Bauern an die Scholle und deren Verpflichtung zur Leistung von Diensten und Abgaben unterschiedlichster Art an die Grundherren beseitigt werden müsse. Aber die Bauernbefreiung wurde in Mittel- und Osteuropa entweder überhaupt nicht oder nur unter Bedingungen durchgeführt, die zur Folge hatten, daß die grundbesitzende Aristokratie ihren Anteil an Grund und Boden, und damit indirekt an Macht und Einfluß in Staat und Gesellschaft, noch erheblich steigern konnte.

Anfänglich erwies sich die Politik der Restauration, die sich ideologisch auf das Prinzip des Gottesgnadentums stützte, als relativ erfolgreich. Aber die Zeit der obrigkeitlich erzwungenen Friedhofsruhe währte nicht mehr lange. Vielmehr formierten sich nahezu in ganz Europa starke Kräfte des Widerstands gegen die herrschende Ordnung, die allerdings durch die Pressezensur und vielfältige polizeiliche Repressionsmaßnahmen unterschiedlichster Art an einer freien Entfaltung gehindert wurden. Ihre wichtigste Stütze fanden sie in den ständischen Vertretungen bzw. den Parlamenten der Einzelstaaten. Ungeachtet der Bemühungen der Behörden, den Aktionsradius der Parlamente möglichst zu beschränken und den Abgeordneten das Leben möglichst zu erschweren – so wurde Beamten durch Verweigerung der Gewährung von Urlaub vielfach die Annahme eines Mandats unmöglich gemacht –, fanden doch die parlamentarischen Verhandlungen in der Presse und in der Öffentlichkeit große Beachtung. Die parlamentarischen Verhandlungen als solche konnten nicht reglementiert werden, und es war schwierig, die Berichte über diese der staatlichen Zensur zu unterwerfen. Insofern spielte das parlamentarische Leben auch dort, wo die tatsächliche Macht der Vertretungskörperschaften gering war, eine bedeutsame Rolle für die Verbreitung der neuen politischen Ideen. Daneben gewannen im Laufe der Jahre auch die Abgeordnetenversammlungen der städtischen Kommunen zunehmende Bedeutung für die Formierung einer politischen Opposition. Hier kamen die Spitzen der bürgerlichen Honoratioren regelmäßig zusammen, und im Schutz der städtischen Freiheiten war es möglich, die Forderungen des konstitutionellen Liberalismus wirksam zu vertreten.

Politische Aktivitäten im vorparlamentarischen Raum wurden hingegen im Regelfall massiv behindert, und dies, obschon es Parteien oder politische Organisationen im eigentlichen Sinne des Wortes noch nicht gab. Unter diesen Umständen sahen sich die radikalen oppositionellen Gruppen vielfach gezwungen, ihre Aktivitäten im Untergrund zu betreiben, wie die »Gießener Schwarzen« in Deutschland oder die Geheimgesellschaften der »Carbonari« in Italien. Die große Mehrheit der Liberalen hingegen wich zwecks Verbreitung ihrer Ideen auf öffentliche Foren aus, die nicht ohne weiteres staatlicher Zensur unterworfen werden konnten, wie wissenschaftliche Kongresse, Dichter- und Künstlerfeiern, Sängerfeste und dergleichen mehr. Literatur und Kunst wurden unter den obwaltenden Verhältnissen zu bedeutsamen Medien politischer Agitation; Schriftsteller und Künstler, wie beispielsweise die Gruppe des »Jungen Deutschland«, zu der unter anderem Heinrich Heine, Ludwig Börne und Ferdinand Freiligrath gehörten, wurden zu einflußreichen Sprechern der ansonsten weithin zum Stillschweigen verurteilten Öffentlichkeit. Außerdem spielte die akademische Welt, insbesondere die Universitäten, eine wichtige Rolle. Ein großer Teil der führenden Repräsentanten der »Bewegungspartei« waren Germanisten, Historiker, Juristen und Nationalökonomen an den Universitäten, die seit 1807 einen erheblichen Aufschwung genommen hatten. Viele von jenen, denen wegen ihrer politischen Auffassungen der Zugang zu einer akademischen Karriere versperrt wurde, wie beispielsweise Karl Marx, wurden in der Folge zu Führern radikaler oppositioneller Bewegungen. Außerdem spielten höhere Staatsbeamte, namentlich Richter, ungeachtet speziell gegen sie gerichteter staatlicher Repressionsmaßnahmen, sowie Angehörige der freien Berufe und Kaufleute und Bankiers eine herausragende Rolle. Schließlich kam auch der Studentenschaft, namentlich den Burschenschaften, erhebliches Gewicht zu als einer besonders mobilen, zugleich zu radikalem Handeln geneigten Sozialgruppe.

Die wichtigste Kraft, die eine weitreichende Reform des bestehenden politischen Systems anstrebte, war der Liberalismus. Der Liberalismus war eine gesamteuropäische Bewegung, die sich ungeachtet eines großen Maßes von unterschiedlichen Richtungen in einem Punkte einig war, nämlich der Forderung nach der Ablösung der neoabsolutistischen Herrschaftssysteme, die nach 1815 überall in Europa restituiert worden waren, und dem Übergang zu Repräsentativverfassungen, durch die den bürgerlichen Schichten ein angemessenes Maß an Partizipation an den politischen Entscheidungsprozessen eingeräumt werden sollte. Insbesondere in der deutschen Staatenwelt sollte dies in Form des konstitutionellen Regierungssystems nach dem Vorbild der französischen Charte Constitutionelle gewährleistet werden. Die konstitutionelle Verfassung stellte dem Monarchen und der von ihm zu berufenden Regierung eine Volksvertretung gegenüber, die das Budgetrecht und das Recht zur Mitwirkung an der Gesetzgebung haben sollte, jedoch nicht die Befugnis zur Bestellung der Regierung. Eine politische Verantwortlichkeit der Exekutive gegenüber dem Parlament sollte es nicht geben, es sei denn im Fall von Verfassungsverletzungen, die durch *impeachment* oder juristische Verantwortlich-

24

keit geahndet werden sollten. Dieses dualistische System beschnitt die Vorrechte der monarchischen Exekutive nur indirekt; es beanspruchte nicht, daß die Regierungen aus der Mitte der Kammermehrheiten hervorgehen sollten. Es sollte nur dafür Sorge tragen, daß die Regierung jeweils in Übereinstimmung mit der öffentlichen Meinung handeln werde.

Daraus folgte als erstes, entscheidendes Bürgerrecht die Presse- und Versammlungsfreiheit und in zweiter Linie die Garantie der persönlichen Freiheitsrechte, die den willkürlichen Eingriffen der Staatsgewalt in die Individualsphäre ein Ende setzen sollte. Außerdem gehörten das Verlangen nach einer unabhängigen Justiz, nach öffentlichen Gerichtsverfahren und nach Schwurgerichten, die den Bürgern ein Mitwirkungsrecht an der Rechtsprechung einräumten, zu den Kernforderungen liberaler Politik. Ideales Ziel des Liberalismus war die Verrechtlichung aller gesellschaftlichen Beziehungen – nicht nur im Verhältnis des Bürgers zum Staate, sondern auch innerhalb der bürgerlichen Gesellschaft – über die bestehenden Klassenschranken hinweg. Daran knüpfte sich die Erwartung, daß eine so gestaltete Gesellschaft vergleichsweise konfliktfrei sein und allen ihren Mitgliedern ein optimales Maß von Wohlstand ermöglichen würde oder, wie Jeremy Bentham es formulierte, »das größte Glück der größten Zahl«.

Auch im wirtschaftlichen Leben erstrebten die Liberalen die Freisetzung der Gesellschaft von staatlicher Bevormundung, mit anderen Worten die Zurückschneidung der Eingriffe des Staates in die wirtschaftliche und die gesellschaftliche Sphäre. An die Stelle staatlicher Reglementierung sollte, wo immer möglich, die Selbstorganisation der jeweils Betroffenen treten. Die explosionsartige Entfaltung des bürgerlichen Vereins, als einer neuen Form der gesellschaftlichen Mobilisierung des einzelnen seit dem späten 18. Jahrhundert, entsprach diesen Erwartungen. Die Liberalen gingen dabei davon aus, daß sich auf diese Weise ein Höchstmaß von gesellschaftlichen Energien wecken lasse und zugleich ein harmonischer Ausgleich der divergierenden Interessen der Individuen erreicht werden könne.

Dies galt insbesondere für das Wirtschaftsleben. Der bürgerliche Liberalismus nahm an, daß sich im freien Spiel der Kräfte des

Marktes eine stetige Vermehrung des Wohlstands zunächst der bürgerlichen Schichten, dann aber auch, mit einiger Verzögerung, eine Hebung der sozialen Lage der Unterschichten einstellen werde. Sein Ideal war, namentlich in der deutschen Staatenwelt, eine Bürgergesellschaft wesentlich gleichgestellter Individuen, in welche die Unterschichten nach und nach kraft des Erwerbs von Bildung, aber auch steigenden Wohlstands hineinwachsen würden. Der Umstand, daß das sich rapide entwickelnde industrielle System im Gegenteil zu einer noch weit schärferen Differenzierung des Einkommens und des sozialen Status tendierte, war nur wenigen bewußt, obschon Sozialreformer wie Lorenz von Stein und Karl Rodbertus warnend darauf hinwiesen, daß die Industrialisierung, wenn nicht der Staat regulierend eingreife, zu immer größerer Massenarmut führen werde.

Im liberalen Lager war man weithin davon überzeugt, daß nur eine zügige Entfaltung des industriellen Systems die Chance eröffnen werde, die schockierende Armut und Deprivation großer Teile der unterbürgerlichen Schichten schrittweise zu überwinden. Die erste Voraussetzung auf diesem Wege aber bildete der Übergang zu konstitutionellen Regierungsformen, die anstelle der wohlmeinenden, aber unzulänglichen Beamtenkabinette Regierungen setzen werde, die in Übereinstimmung mit den wirklichen Bedürfnissen der Bevölkerung, und insbesondere der wirtschaftlich und gesellschaftlich dominanten Schichten, handeln würden. Die Liberalen gingen im übrigen davon aus, daß nur diejenigen Individuen, die kraft Besitzes oder eines festen Einkommens, welche ihnen Unabhängigkeit und ein materielles Interesse an der Wohlfahrt des Gemeinwesens gewähre, zu aktiver Mitwirkung an den politischen Entscheidungsprozessen berufen seien, während die Unterschichten dazu nicht die notwendigen Voraussetzungen mitbrächten; zu leicht könnten diese zu einem Spielball der Machtinteressen der herrschenden Eliten gemacht werden. So argumentierte zum Beispiel Karl von Rotteck, der ideologische Vordenker des süddeutschen Liberalismus: »Das demokratische Prinzip gilt uns keineswegs für gleichbedeutend mit Volksherrschaft oder gar mit Pöbelherrschaft ..., sondern wir verstehen darunter bloß die auf der Idee eines Gesamtrechts des zur Staatsgesellschaft vereinigten, aus vernunftrechtlich vollbürtigen Mitgliedern bestehenden Volkes... nach gleichheitlicher Teilnahme aller sowohl an den der Gesamtheit zukommenden politischen Rechten als an den von solcher Gesamtheit zu gewährleistenden gemeinbürgerlichen und menschlichen Rechten.«[1] Das demokratische Prinzip aber erlaube, ja fordere »nicht nur die Ausschließung aller natürlich Unvollbürtigen vom Stimmrecht«, sondern es widerstreite »auch nicht der naturgemäß nach der Verschiedenheit des Talentes, der moralischen Kraft, des Vermögens usw. sich richtenden faktischen Ungleichheit des politischen Einflusses«.[2] Mit anderen Worten: Die Bevorrechtigung der Besitzenden und Gebildeten im Staate wurde von den Liberalen als notwendig, ja als naturgegeben angesehen. Das in den frühkonstitutionellen Verfassungen des europäischen Kontinents verbreitete Zensuswahlrecht entsprach ganz diesen Vorstellungen und, wenn man so will, den Interessen des Bürgertums, das sich freilich in gewissem Sinne als jene Klasse verstand, die vornehmlich das Allgemeinwohl zu fördern berufen sei.

Daneben bildete sich schon früh die zahlenmäßig zunächst zwar schwache, aber äußerst einflußreiche, in erster Linie von Intellektuellen getragene Bewegung der radikalen Demokratie, welche die Unterschichten in den gesellschaftlichen Reformprozeß einbeziehen wollte. Ohne Berücksichtigung der sozialen Gravamina der unterbürgerlichen Schichten erschien ihnen eine grundlegende Umgestaltung der deutschen Staatenwelt im demokratischen Sinne unerreichbar. Demgemäß stand hier neben der Forderung des allgemeinen Wahlrechts auch jene des Ausgleichs von Kapital und Arbeit, um der Notlage der unterbürgerlichen Schichten abzuhelfen. Einigermaßen naiv nahm man an, daß die erforderlichen Mittel, um dies zu tun, leicht beigebracht werden könnten, wenn man nur den Luxus und die verschwenderischen Ausgaben der fürstlichen Höfe und des grundbesitzenden Adels beseitige und ein gerechtes System der steuerlichen Belastung aller Bürger einführe; zusätzlich sollte eine progressive Einkom-

---

1 Wilhelm Mommsen, Deutsche Parteiprogramme, 3. Aufl., München 1960, S. 95
2 Ebd., S. 99

mens- und Vermögenssteuer als Instrument der Umverteilung von Eigentum dienen.

Dieses in seinen Intentionen wohlgemeinte und von Rousseau inspirierte Programm eines demokratischen Republikanismus mit sozialer Komponente konnte naturgemäß auf viel Sympathie bei den unterbürgerlichen Schichten rechnen; es war freilich ganz und gar auf die Verhältnisse einer vorindustriellen Gesellschaft zugeschnitten, in der noch relativ konstante Besitz- und Einkommensverhältnisse bestanden, die man allenfalls in anderer Weise hätte verteilen können. Die explosive Dynamik des industriellen Systems, das die überkommenen Besitzverhältnisse in ungeahnter Weise zu verändern sich anschickte, lag noch jenseits des Horizontes der Radikalen. Nicht zufällig fehlte hier auch die Forderung nach Errichtung von Zollmauern gegen die ausländische Industrie nicht, der ein gut Teil der Schuld für die wirtschaftliche Notlage großer Teile der traditionellen industriellen Betriebe gegeben wurde. Dies bot sich auch deshalb an, um im Binnenmarkt dirigistisch operieren zu können. Ungeachtet seiner scharfen Stoßrichtung gegen die regierenden Dynastien und die Vorrechte des Adels zielte auch das Programm der radikalen Demokratie auf die Wiederherstellung der traditionellen gesellschaftlichen Sozialverhältnisse durch den zu erkämpfenden demokratischen Staat, nicht auf deren Revolutionierung.

Die Wortführer der radikalen Demokratie sahen sich dazu berufen, als die Sprecher der Unterschichten aufzutreten, da diese selbst noch nicht in der Lage waren, ihre politischen und sozialen Interessen wirksam zu artikulieren und zur Geltung zu bringen. Sie kamen ausnahmslos aus dem Kreis der Intellektuellen. Zu ihren treuesten Gefolgsleuten zählte die Studentenschaft. Der demokratische Radikalismus fand vor allem bei den kleinen Gewerbetreibenden sowie jenen Gruppen der Handwerkerschaft, die in Gefahr standen, in das Proletariat abzusinken, anfänglich darüber hinaus auch bei der Bauernschaft, eine zahlenmäßig nicht unbeachtliche Klientel. Er konnte auf die Unzufriedenheit und Frustration der unterbürgerlichen Schichten rechnen, die sich von Fall zu Fall für seine Ideale begeistern und in Bewegung bringen ließen. Aber einstweilen war er gleichsam ein Generalstab ohne Armee;

über eine zuverlässige Anhängerschaft verfügte er nicht, geschweige denn über eine solide Machtbasis im Lande. Sobald freilich eine revolutionäre Situation entstand, konnte sich dies schlagartig ändern. In der Tat entfaltete die radikale Demokratie in der Revolutionsperiode ein beachtliches Maß an politischer Aktivität, die vielfach über den engeren Kreis ihrer Anhängerschaft weit hinaus wirkte.

Beide Richtungen, der Liberalismus ebenso wie radikale Demokratie, verschrieben sich von Anbeginn der nationalen Idee. Die Schaffung eines neuen Europa konstitutionell verfaßter Nationalstaaten, die an die Stelle der dynastischen Regime treten sollten, betrachteten die Radikalen als das große Zukunftsprojekt des Zeitalters; sie verbanden damit durchweg die Hoffnung, daß dann auch die zahllosen dynastischen Kriege der Vergangenheit angehören würden und an deren Stelle der friedliche Wettstreit der Nationen auf wirtschaftlichem Felde treten werde. Im übrigen gingen sie davon aus, daß die Zusammenfassung der diversen dynastischen Staatsgebilde in Europa zu größeren und außerdem relativ homogenen Einheiten auf der Grundlage des Nationalitätsprinzips auch der Entfaltung von Gewerbe und Industrie förderlich sei.

Darin erschöpfte sich freilich keineswegs die Attraktivität der Nationalidee. Die Bildungseliten und insbesondere die Intellektuellen sahen in der Idee der Nation, die sich in erster Linie auf eine gemeinsame Sprache und Kultur und in Verbindung damit ein gemeinsames politisches Schicksal der betreffenden Großgruppe stützte, ein hohes Gut von fast religiöser Qualität; nach Johann Gottfried Herder waren die Nationalsprachen gleichsam ein Geschenk aus der Hand Gottes und die Grundlage eines unverwechselbar originären nationalen Kulturlebens. Die Stärkung der Kulturgemeinschaft werde, wie man glaubte, auch Staat und Gesellschaft auf eine neue, stabilere Grundlage stellen. Außerdem bot sich in der Propagierung der Nationalidee ein probates Mittel, um die Unterschichten über die Klassenschranken hinweg in die staatliche Ordnung zu integrieren.

Die politischen Verhältnisse in Europa waren freilich vom Ideal eines nationalstaatlich gegliederten Europa weit entfernt. Nur

Großbritannien, Frankreich und Spanien konnten, mit einigem Wohlwollen, schon in der ersten Hälfte des 19. Jahrhunderts als Nationalstaaten gelten. Italien wurde großenteils von landfremden Dynastien in absolutistischer Manier regiert. Der Deutsche Bund war ein kraftloses Gebilde, das einen Spielball in den Rivalitäten der großen Mächte bildete und im Innern der Willkür des österreichischen Staatskanzlers Fürst Metternich weitgehend ausgeliefert war. Die Niederlande bildeten ebenfalls ein staatliches Kunstgebilde von Gnaden der europäischen Mächte. Die Polen waren auf drei europäische Großmächte aufgeteilt; sie waren jedoch nicht bereit, sich mit ihrer Lage abzufinden, und konnten dabei auf die Sympathien des bürgerlichen Liberalismus in Europa zählen. Der Status der slawischen Völker in Südosteuropa war beklagenswert, waren sie doch großenteils noch der freilich relativ toleranten Herrschaft von Satrapen des Osmanischen Reiches ausgeliefert. Der Freiheitskampf Griechenlands vom Jahre 1820 bis 1823 gegen die osmanische Herrschaft, der die begeisterte Unterstützung der europäischen Liberalen fand, war ein Fanal, das die enorme Sprengkraft der nationalen Idee erstmals unter Beweis stellte; nicht zufällig ging die vielbeschworene Solidarität der Großmächte über der griechischen Frage zum ersten Male in die Brüche.

Auf den ersten Blick waren es die nationalen Trennungslinien, die dem zeitgenössischen Beobachter ebenso wie dem rückschauenden Historiker am augenfälligsten in den Blick gerieten. In der Tat vermochten es die Mächte der Heiligen Allianz ungeachtet massiver repressiver Bemühungen niemals, die nationalen Bewegungen in Europa wirklich unter ihre Kontrolle zu bringen. Zwar gelang es zeitweilig, die bestehende dynastische Staatenordnung, die auf weit älteren, nicht selten willkürlichen Grundlagen beruhte, gegenüber allen Anfeindungen zu stabilisieren und die nationalen Bestrebungen einzudämmen, aber im vorstaatlichen Raum, insbesondere im kulturellen Leben, entfalteten diese gleichwohl eine ungeahnte Dynamik, zuweilen flankierend unterstützt von religiösen Orientierungen, wie beispielsweise in Polen oder auf dem Balkan. Ihre potentielle Sprengkraft war unübersehbar. Im Gefolge der Julirevolution von 1830 traten sie wie eine Springflut an die Oberfläche und konnten nur mit großer Mühe wieder eingedämmt werden.

Der Aufstand im Großfürstentum Polen 1830/31 war zunächst erfolgreich; es bedurfte in der Folge erheblicher Waffengewalt, um ihn niederzuschlagen. Die Erhebung der Belgier gegen die niederländische Vorherrschaft war ein vergleichbarer Vorgang; das 1815 artifiziell gegründete Königtum der Niederlande platzte 1831 wieder auseinander; mit einiger Mühe einigten sich die Mächte auf die Gründung eines selbständigen belgischen Staates, der 1839 unter eine internationale Garantie gestellt wurde. Auch in Italien flammten erneut Aufstände gegen die absolutistische Herrschaft der habsburgischen Sekundogenituren auf. Giuseppe Garibaldi, ein moderner nationaler Condottiere, wurde zu einem italienischen Nationalhelden; der unterschwelligen Aktivität der nationalistischen Geheimgesellschaften konnten die staatlichen Behörden niemals vollständig Herr werden.

Gleiches war in der deutschen Staatenwelt der Fall, obschon sich hier die nationale Bewegung zumeist in vergleichsweise weniger radikalen Formen artikulierte. Hier setzte man mehr auf die suggestive Wirkkraft nationaler Parolen und bediente sich dafür vorzugsweise der Form von Nationalfesten, Dichterfeiern und wissenschaftlichen Kongressen, die überzeugen, nicht aber unmittelbar gesellschaftsändernd zu wirken versprachen, vielleicht mit Ausnahme des Hambacher Festes vom Jahre 1832, das gemäß den Vorstellungen seiner Initiatoren die Initalzündung einer allgemeinen revolutionären Bewegung in Deutschland hatte abgeben sollen. Und auch im Habsburgischen Vielvölkerstaat gärte es; die slawischen Nationalitäten suchten die Vorherrschaft der Deutschen abzuschütteln, und die Ungarn drängten auf ein größeres Maß an Selbständigkeit innerhalb der Monarchie.

Allein, die nationale Idee entfaltete wirklich revolutionäre Sprengkraft eigentlich nur dort, wo sie mit anderen politischen, sozialen oder religiösen Protestpotentialen verbunden auftrat. Genauer besehen, wurde die europäische Staatenwelt in den 1830er und 1840er Jahren von ungleich tieferen Bruchlinien durchzogen als nur jenen unterschiedlicher Ethnien und unterschiedlicher Nationalitäten. Hier ist zunächst der Fortbestand von bedeutenden Elementen vormoderner bzw. feudaler Ordnungen zu nennen. In der großen Mehrheit der europäischen Staaten war die Bauernbefreiung im Prinzip bereits in den ersten Jahrzehnten des Jahrhunderts durchgeführt worden. In Russisch-Polen und in Galizien sowie in den slawischen Gebieten der Monarchie stand sie jedoch noch bevor. Aber auch in der deutschen Staatenwelt waren die ökonomischen und sozialen Folgen der Bauernbefreiung noch allerorten zu spüren. Die langfristigen Zahlungsverpflichtungen bzw. Hypothekenlasten, die den Bauern im Zuge der Ablösung der ehemals feudalen Herrenrechte auferlegt worden waren, waren noch längst nicht abgelöst und belasteten große Teile der Bauernschaft, nicht selten gerade der wohlhabenderen Bauern, weiterhin schwer. Davon abgesehen bestanden weithin zahlreiche traditionelle feudale Vorrechte uneingeschränkt fort, wie das besonders verhaßte Jagdrecht auf bäuerlichem Grund und Boden sowie Dienstbarkeiten unterschiedlicher Art; hinzu kamen die von den Grundherren ausgeübte lokale Polizeigewalt und die Patrimonialgerichtsbarkeit.

Der Übergang zu kapitalistischer Rechenhaftigkeit und zu kapitalintensiven Formen der landwirtschaftlichen Produktion steigerte zwar die Erträge der Agrarwirtschaft vielfach außerordentlich, nicht zuletzt auch zum Nutzen der mittleren und größeren bäuerlichen Betriebe. Aber er verschärfte die bestehenden sozialen Spannungen auf dem Land außerordentlich. Unter der landlosen Landarbeiterschaft und der großen Zahl der kleinen Häusler und Heuerlinge bestand große Erbitterung darüber, daß der herkömmliche *Common* bzw. die Allmende, die den Unterschichten ein Mindestmaß an zusätzlichen Nahrungsmöglichkeiten sowie Brennholz geboten hatten, weitgehend dem Herrenland zugeschlagen worden waren. Gleiches galt für Nutzung der Waldungen. Die steigende Zahl der wegen Holzdiebstahls Verurteilten war ein Symptom der Verhältnisse. Für die unterbäuerlichen Schichten galt die Nutzung des Waldes als ein überkommenes, gleichsam natürliches Recht; die Grundherren und die Staatsbehörden suchten hingegen unnachsichtig die Grundsätze der privaten Verfügung über Grund und Boden durchzusetzen, obschon die verarmte unterbäuerliche Bevölkerung auf die Nutzung der ehemals jedermann zugänglichen Waldungen und Allmenden schlechterdings angewiesen war. Die Erbitterung der Landarmen richtete sich allerdings keineswegs nur gegen die adeligen Grundherren, sondern auch gegen die wohlhabenderen Bauern, die gleichermaßen die extensive Nutzung von Ländereien, die ihnen gehörten, durch die unterbäuerliche Bevölkerung zu verhindern trachteten.

Die Verteilung des Grund und Bodens war in weiten Regionen Europas nach wie vor extrem ungleich, und in mancher Hinsicht ungleicher denn je, hatte doch die aristokratische Grundbesitzerklasse im Zuge der Bauernbefreiung ihren Bodenbesitz auf Kosten der bäuerlichen Besitzer vielfach noch beträchtlich ausweiten können. Dazu kam eine steigende steuerliche Belastung, die namentlich jene bäuerlichen Schichten auch subjektiv hart traf, die traditionell nicht oder nur zu Teilen für den Markt zu produzieren gewohnt gewesen waren.

Dies alles wurde noch verschärft durch zwei Faktoren säkularen Charakters, zum einen die demographisch bedingte enorme Bevölkerungszunahme jener Jahrzehnte, die einer Bevölkerungsexplosion nahekam, zum anderen, damit eng verknüpft, die bedrohlich anwachsende ländliche Überbevölkerung, die durch die Auswanderung nach Übersee nur unwesentlich gemildert wurde. Massenarmut auf dem flachen Lande war in vielen Regionen Europas, und namentlich auch im deutschen Südwesten, gleichsam ein naturgegebenes Phänomen. Mißernten und die damit einhergehenden Schwankungen der Preise für Getreide und sonstige Agrarprodukte führten unter den gegebenen Verhältnissen unabwendbar regelmäßig zu Hungerkrisen, die auch durch staatliche Unterstützungsmaßnahmen, soweit es solche gab, oder private Hilfsleistungen nur unwesentlich gemildert werden konnten. Am krassesten war die Lage in Irland, das in den Jahren 1845 bis 1848 durch eine Serie von katastrophalen Hungerkrisen hindurchging, der ein Viertel der Bevölkerung zum Opfer fiel.

Massenarmut und Verelendung waren im Vormärz vornehmlich ein Problem der ländlichen Gesellschaft. Aber im Zuge der industriellen Revolution wurden in steigendem Maße auch die städtischen Unterschichten davon betroffen. Zwar eröffnete die industrielle Entwicklung mittelfristig die Aussicht, einen wachsenden Teil der Unterschichten in Brot und Verdienst zu bringen, wenn auch meist zu kargen Löhnen und unter drückenden Arbeitsbedingungen. Aber gleichzeitig zerstörte die industrielle Produktionsweise langsam, aber unwiderruflich die traditionellen gewerblichen und handwerklichen Strukturen.

In Großbritannien setzte die Industrialisierung am frühesten ein; in mancher Hinsicht zeigten sich hier die negativen sozialen Auswirkungen des Frühkapitalismus am krassesten. Die Engländer hatten schwer unter den Folgen der raschen Industrialisierung zu tragen; Maschinenstürmerei, Frauen- und insbesondere Kinderarbeit zu unerträglichen Bedingungen, überlange Arbeitszeiten, Massenarmut, Wohnungsnot, Destitution und Verelendung in den chaotisch wachsenden Industriestädten, über die Friedrich Engels am Beispiel des frühindustriellen Manchester eindrucksvoll berichtete, periodische Arbeitslosigkeit, chronische Ausbeutung vieler traditioneller Handwerke auf der Basis des Verlagssystems durch die industrielle Unternehmerschaft, dies alles gab es während der Frühphase der industriellen Entwicklung in einem bedrückenden Ausmaß. Am schlimmsten stand es damit während der Phase des endgültigen Durchbruchs des industriellen Systems in den Jahren von 1820 und 1847; nicht ohne gute Gründe sprachen die Zeitgenossen von diesen als den »hungry forties«, den »hungrigen vierziger Jahren«.[3]

Auf dem Kontinent setzte sich das industrielle System weit langsamer durch. Belgien fungierte in gewissem Sinne als kontinentaler Brückenkopf des industriellen Systems; hier lehnte sich die Industrialisierung eng an das englische Vorbild an. Die neuen Produktionsverfahren wurden vielfach von Ingenieuren und Unternehmern von der britischen Insel auf den Kontinent transferiert. In Deutschland waren das Rheinland und Westfalen, Sachsen, in gewissem Umfang auch Schlesien die Vorreiter der industriellen Entwicklung; bald kamen auch Berlin und Hamburg

---

3 Vgl. Wolfgang J. Mommsen, Die Lage der Unterschichten in der Durchbruchkrise der industriellen Revolution in England 1825–1847, in: Vom Elend der Handarbeit, hg. v. Hans Mommsen und Winfried Schulze, Stuttgart 1981, S. 274 ff.

hinzu. In Österreich war es in erster Linie Böhmen, das die Führungsrolle einnahm, und ebenso die Metropole Wien.

Jedoch darf man den Grad der Durchdringung der traditionellen Gesellschaft durch die Industrialisierung zu diesem Zeitpunkt nicht überschätzen. Sie kam nicht schlagartig in revolutionärer Form, sondern eher auf leisen Sohlen. Die verbreitete Notlage der Unterschichten war nicht die Folge zu rascher, sondern eher zu langsamer Industrialisierung. Die neuen industriellen Unternehmungen bildeten anfänglich nur Inseln in einer traditionellen Gewerbelandschaft. Aber insbesondere im Textilsektor expandierten sie mit großer Geschwindigkeit und zogen viele traditionelle Gewerbezweige zunehmend in Mitleidenschaft. Der bedeutendste Motor der industriellen Entwicklung im letzten Jahrzehnt vor der Revolution war der Eisenbahnbau. Durch ihn wurde der Industrialisierungsprozeß sprunghaft vorangetrieben, einerseits weil Eisenbahnbau eine hohe Nachfrage nach Arbeitskräften und Gütern aller Art induzierte, andererseits weil er schlagartig größere Märkte für Waren aller Art erschloß. Der Bau von Eisenbahnen wurde von den Staatsbehörden, namentlich in Preußen, von Anfang an gefördert und durch Kreditsubventionierung unterstützt, weil diese aus wirtschaftlichen und nicht zuletzt auch strategischen Gründen an der verkehrsmäßigen Erschließung ihres Landes interessiert waren.

Der Einbruch der industriellen Produktionsformen in noch weithin traditionalistische Wirtschaftssysteme, die zudem noch weitgehend für die agrarischen Konsumenten produzierten, brachte unvermeidlich schwere Konflikte und gesellschaftliche Verwerfungen mit sich. Die Großbanken und Kapitalgesellschaften wirkten anfänglich wie Fremdkörper innerhalb einer traditionellen Sozialordnung, die dank ihrer Kapitalmacht die traditionellen Produzenten mühelos beiseite zu drücken imstande waren. Allerdings wurde das Handwerk von den neuen Entwicklungen keineswegs durchweg nachteilig getroffen; namentlich die Bauhandwerke, aber auch die Nahrungsmittelhandwerke profitierten von der industriellen Entwicklung, zumal die Grenzlinie zwischen Handwerk und industrieller Arbeiterschaft noch fließend war. Manche traditionellen Handwerke wie jenes der Weber erfuhren sogar – in Verbindung mit den neuen fabrikgestützten Produktionsmethoden für Garne und Textilfasern aller Art – zunächst einen erheblichen Aufschwung, der sich langfristig freilich als Luftblase erweisen sollte und das Elend dieser Berufsgruppe noch verschärfte. Außerdem bot sich das Verlagssystem für die Unternehmer an, einen Teil ihrer Risiken auf das zuliefernde Handwerk zu verlagern. Dies hatte allerdings den Nachteil, daß die Handwerksbetriebe bei wirtschaftlichen Krisen oder auch im Zuge des Verfalls der Preise für ihre Produkte am härtesten getroffen und nicht selten von einem Tage zum andern in ihrer Existenz gefährdet wurden, wenn sie nicht gar ins wirtschaftliche Abseits gerieten. So geschehen mit den Webern in Schlesien, deren extreme Notlage sich 1844 in einem Aufstand kundtat, der eigentlich nur eine Hungerrevolte war, die sich freilich zugleich gegen einzelne ausbeuterische Unternehmer richtete.

Unter diesen Umständen waren Hungerrevolten – vielfach verbunden mit direkter Gewaltanwendung, sei es gegen die verhaßten Maschinen, die angeblich den Leuten die Arbeit wegnähmen, sei es gegen die vermuteten Urheber der Not – verbreitete Phänomene. Bei Mißernten kam es regelmäßig zu Versorgungskrisen, verbunden mit dramatischen Preissteigerungen für Nahrungsmittel. Dies führte nicht selten zu gewaltsamen Protesten beispielsweise gegen Bäcker und Schlachter, welche die Krise angeblich ausnutzten, um ihrerseits wucherische Preise zu verlangen. Ebenso kam es zu gewaltträchtigen Streiks der Arbeiterschaft, die in erster Linie die Abwendung von Lohnsenkungen oder seltener die Anhebung der ohnehin kärglich bemessenen Löhne zum Ziele hatten, aber in aller Regel erfolglos blieben. Der Druck der vom flachen Lande in die entstehenden industriellen Zentren abströmenden Bevölkerung auf den Arbeitsmarkt war zu stark, um den Arbeitern gegenüber den Unternehmern eine echte Chance zu geben. Streiks waren vielfach aus schierer Verzweiflung geboren und glichen vielfach Hungerrevolten. Sie entbehrten jeder organisatorischen Absicherung; die Bildung von Gewerkschaften stand namentlich auf dem Kontinent noch in den ersten Anfängen.

Mit dem Fortschreiten der industriellen Entwicklung war darüber hinaus eine grundlegende Änderung der wirtschaftlichen Mentalität verbunden. Die *moral economy* der vormodernen Gesellschaft ging davon aus, daß den Beschäftigten gleichsam ein Anrecht auf auskömmliche, dem Herkommen entsprechende Entlohnung zustehe und daß gegebenenfalls der Staat für die Einhaltung dieser Standards zu sorgen habe. Die industrielle Gesellschaft aber überließ die Frage der Entlohnung der Beschäftigten grundsätzlich dem freien Spiel der Kräfte des Arbeitsmarktes. Die Arbeiter mußten es in aller Regel widerstandslos hinnehmen, wenn angesichts der Schwankungen der Konjunktur die Löhne vom einen Tag auf den anderen beträchtlich abgesenkt oder Entlassungen vorgenommen wurden. Darauf war die Arbeiterschaft auch mental nicht vorbereitet. Ihr Unmut richtete sich im konkreten Fall nicht nur gegen die Fabrikherren, sondern auch gegen den Staat, der sie nicht, wie in früheren Zeiten, vor unangemessener Ausbeutung und Not schützte, sondern im Zweifelsfall nur die Polizei oder gar Armee-Einheiten schickte, um Protestdemonstrationen und Streiks zu unterdrücken, sobald diese sich des herkömmlichen Mittels der symbolischen Gewalt gegen Sachen – z. B. gegen das Haus eines verhaßten Unternehmers – bedienten, um ihren Forderungen Nachdruck zu verschaffen.

Noch etwas Weiteres kam hinzu, nämlich der Umstand, daß das industrielle System mit der herkömmlichen Einstellung zur Arbeit nicht vereinbar war; die wirtschaftliche Mentalität noch des 18. Jahrhunderts hatte Arbeitsleistung und Arbeitsstil und nicht zuletzt auch die Arbeitszeiten an dem Ideal einer auskömmlichen Lebensführung ausgerichtet, nicht aber der Erlangung von möglichst raschem und möglichst hohem Verdienst. Die industrielle Produktion hingegen verlangte regelmäßige Arbeitszeiten zu standardisierten Bedingungen. Der »blaue Montag« der traditionellen *moral economy* und das Fernbleiben vom Arbeitsplatz bei besonderen Anlässen wurden von den Unternehmern nicht länger akzeptiert, und ebensowenig die relative Autonomie des selbstverantwortlich handelnden Arbeiters am Arbeitsplatz. Schließlich paßte auch die traditionelle Arbeitsorganisation auf der Grundlage des »ganzen Hauses«, bei welcher alle Mitglieder der Familie, wenn auch zu unterschiedlichen Bedingungen und in unterschiedlicher Weise, am Handwerk oder Gewerbe des Hausherrn mitwirkten, nicht mehr in die Verhältnisse des modernen Fabriksystems. Soziale Konflikte großen Ausmaßes konnten daher nicht ausbleiben und sie nahmen, vornehmlich weil die traditionellen Formen des Unterschichtenprotests nicht auf die neuen Verhältnisse eingestellt waren, vielfach explosive Formen an, ohne daß doch damit das Ziel einer grundlegenden Umstürzung der Eigentumsverhältnisse verbunden war.

Unter solchen Umständen war es naheliegend, daß namentlich die bürgerlichen Schichten beständig in der Furcht vor einer Revolution von seiten der unterbürgerlichen Schichten lebten. Jedoch standen hinter der offenbar beständig gegebenen hohen Protestbereitschaft der Unterschichten keinerlei klare Ziele geschweige denn konkrete gesellschaftliche Gruppen. Der Sozialprotest der Unterschichten war amorph; ihm fehlten konkrete Zielsetzungen ebenso wie eine, wie immer geartete revolutionäre Strategie. Von einer Arbeiterbewegung im eigentlichen Sinne konnte selbst im weit fortgeschrittenen England noch nicht die Rede sein. Die Übergänge zwischen den Handwerkern und der industriellen Arbeiterschaft waren fließend und die Differenzen zwischen den einzelnen Gewerken und Berufsgruppen so groß, daß an eine organisatorische Zusammenfassung von nennenswerter Effizienz nicht zu denken war. Soweit es überhaupt gewerkschaftliche Zusammenschlüsse gab, wie in England seit 1828, erreichten diese nur die kleine Minderheit der Facharbeiterschaft einzelner industrieller Branchen, nicht die große Masse der Arbeitnehmer als solche. Die älteren Gesellenvereine aber waren auf das System der *moral economy* eingeschworen; die Stoßrichtung ihrer Proteste richtete sich gegen die Meister und gegen die Behörden; was aber sollten sie tun, wenn die Handwerksbetriebe selbst in eine wirtschaftliche Dauerkrise gerieten und die Behörden sich weigerten, die alten Verhältnisse einer angemessenen »Nahrung« unter dem Zunftsystem wiederherzustellen?

Es waren Intellektuelle wie Lorenz von Stein und Karl Rodbertus in Deutschland, die Saint Simonisten und Pierre-Joseph Proudhon in Frankreich und Robert Owen in England, welche vor der sozialen Revolution warnten und vom Staate und der Gesellschaft Abhilfe forderten, ohne damit durchschlagenden Erfolg zu erzielen. Und es waren ebenfalls Intellektuelle, die der in Entstehung begriffenen Arbeiterschaft die Handlungsprogramme zu schreiben versuchten: Francis Place und Thomas Attwood in England, Charles Fourier und Louis Blanc in Frankreich, Moses Hess und Wilhelm Weitling in Deutschland sowie Michail Bakunin in Rußland. Am Ende übertraf Karl Marx sie alle an Originalität und Durchschlagskraft mit seinem für die kleinbürgerliche Vereinigung des »Bundes der Kommunisten« in Paris verfaßten Kommunistischen Manifest. Aber auch sein Programm eines wissenschaftlichen Kommunismus, der den Untergang der bürgerlich-kapitalistischen Ordnung aus dem Gang der geschichtlichen Entwicklung deduzierte und der Arbeiterklasse nur die Aufgabe zumaß, der sterbenden kapitalistischen Ordnung, wenn es soweit sein würde, den Todesstoß zu versetzen, eilte der gesellschaftlichen Entwicklung weit voraus. Vorerst wenigstens, wenn überhaupt, konnte von einer einheitlichen Arbeiterklasse, die der Klasse der Bourgeois gegenüberstand, nicht die Rede sein. Es war vielmehr die amorphe Struktur der Sozialproteste der unterbürgerlichen Schichten, die dem Bürgertum Angst einjagte; diese waren ganz unberechenbar und konnten in jedem beliebigen Augenblick losbrechen.

Um so mehr wurden die bürgerlichen Schichten, insbesondere seit der französischen Februarrevolution von 1830, von der Sorge erfaßt, daß, sofern nicht die Regierungen eine fortschrittliche, zugleich aber in sozialen Fragen feste Politik betrieben, durch welche die unstillbaren Begehrlichkeiten des »Pöbels« nicht noch zusätzlich geweckt würden, neue revolutionäre Explosionen die Folge sein würden, mit unabsehbaren Konsequenzen für die gesellschaftliche Ordnung. Dazu gehörte vor allem der Abbau der traditionellen Privilegien des Adels, die nicht durch entsprechende wirtschaftliche oder gesellschaftliche Leistungen gerechtfertigt waren, und die Einschränkung der Prunksucht und des Luxus der fürstlichen Hofhaltungen. Helfen könne allein die rasche und zügige Modernisierung der Gesellschaft, nicht deren künstliche Konservierung durch eine staatliche Bürokratie, die im Interesse der Erhaltung des bestehenden Privilegiensystems alle fortschrittlichen Regungen in Gesellschaft und Staat unterdrückte.

Umgekehrt waren die traditionellen Führungseliten von steigender Sorge erfüllt, daß ihnen, wenn sie einmal anfingen, dem Trend der Zeit nachzugeben, am Ende die Zügel ganz aus den Händen gerissen würden. Gleichermaßen war der Adel entschlossen, die Privilegien, die ihm noch verblieben waren, mit allen Mitteln zu verteidigen und zugleich seine Mediatisierung durch den immer stärker um sich greifenden bürokratischen Anstaltsstaat abzuwehren. Letzteres führte in nicht wenigen Fällen dazu, daß Teile des Adels mit der bürgerlichen konstitutionellen Bewegung gemeinsame Sache machten, allerdings mit der Maßgabe, daß die sozialen Abgrenzungen der konstitutionellen Bewegung nach unten hin unbeeinträchtigt blieben, wie beispielsweise die »Moderati« in Italien, die *Gentry* in Ungarn und Polen, einzelne Standesherren in Süddeutschland und, nicht zu vergessen, die »Whigs« in Großbritannien.

Noch war allerdings die Macht der konservativen Eliten in der europäischen Staatenwelt ungebrochen, wenn auch mit einem deutlichen Gefälle von Ost nach West. Der adelige Großgrundbesitz konnte sich weithin noch auf die durch Herkommen, Patronage und Abhängigkeit gestützte Gefolgschaft der Unterschichten verlassen. Davon abgesehen, verfügte die Aristokratie zumeist über intime Beziehungen zu den fürstlichen Höfen und gute Kontakte zu den Spitzen der Staatsverwaltung. In aller Regel konnte sie mit der Unterstützung ihrer Interessen von seiten des Staates rechnen. Auch das Bündnis von »Thron und Altar« – mit anderen Worten: die Unterstützung der traditionellen Sozialordnung durch die Kirchen – war einstweilen ungebrochen, obschon am Rande, namentlich im Katholizismus, mancherlei oppositionelle Stimmen laut wurden, wie Joseph von Görres mit seinem »Rheinischen Merkur«. Das Beziehungsgeflecht, welches dem Adel eine hegemoniale Stellung in Staat und Gesellschaft einräumte, war noch intakt, und ebenso war seine wirtschaftliche Stellung noch überaus stark, vor allem in einer Ära steigender Produktivität der Landwirtschaft, obschon die großen Vermögen einer einstweilen noch kleinen Gruppe von großbürgerlichen Unternehmern und Kaufleuten allmählich zu einer fühlbaren Konkurrenz herangewachsen waren. Aber grundlegender Wandel bahnte sich an.

Das Vordringen des industriellen Systems und die rasch fortschreitende gewerbliche Entwicklung gingen mit einer stillen Destabilisierung der überkommenen gesellschaftlichen Ordnungen einher. Der Optimismus der aufsteigenden Schichten des Bürgertums, der sich auf die bedeutenden Leistungen der Industrie und der Wissenschaften gründete, verband sich mit einer tiefliegenden Furcht vor gesellschaftlichen Umwälzungen mit ungewissem Ausgang. Im Untergrund der europäischen Gesellschaften braute sich langsam ein explosives Gemisch sozialer Spannungen höchst unterschiedlicher Natur zusammen, das, wie die Zeitgenossen glaubten, bei erstbester Gelegenheit zu revolutionären Eruptionen führen konnte, wenn nicht durch eine konsequente Politik der Reform und der Förderung der Wirtschaft beizeiten Vorsorge dagegen getroffen würde. Diesen Aufgaben aber waren, so schien es, der bestehende Staat und die herrschende Staatsbürokratie nicht länger gewachsen. Infolgedessen wurden die Forderungen nach einer grundlegenden Reform der politischen Ordnungen immer lauter.

II.
Die Julirevolution von 1830 und
die europäische Staatenwelt

Es ist in mancher Hinsicht symptomatisch gewesen, daß die erste schwere Erschütterung der europäischen Ordnung der Zeit der Restauration von Frankreich ihren Ausgang nahm. Hier war es nach dem endgültigen Sturz Napoleons I. zur Restituierung der Monarchie unter Ludwig XVIII. gekommen. Mit der Charte Constitutionelle wurde ein konstitutionelles Verfassungssystem eingeführt, das die Macht im Staate faktisch zwischen dem Monarchen, der ein großes Maß an Prärogativen behielt, und einer winzigen Minderheit von Großgrundbesitzern und reichen Notabeln teilte. Dieses neue Regime bemühte sich nach Kräften, die Ergebnisse der Französischen Revolution wieder zu revidieren. Dies löste erbitterte Konflikte mit der zahlenmäßig schwachen, aber im Land über erheblichen Rückhalt verfügenden liberalen Kammeropposition aus, die sich unter Karl X., der 1824 die Thronfolge angetreten hatte, noch weiter verschärften. Schließlich kam es 1829 zu immer schärferen Konfrontationen eines ultraroyalistischen Ministeriums unter dem Fürsten Polignac mit der liberalen Kammermehrheit. Selbst das politisch so privilegierte Großbürgertum widersetzte sich den Bestrebungen, den französischen Staat zu einer Beute der Hocharistokratie zu machen; symbolischen Charakter hatten die Bestrebungen der Regierung, die Emigranten der Revolution von 1789 nachträglich für ihre seinerzeitigen Verluste zu entschädigen. Dies führte zu einem allmählichen Abschmelzen der royalistischen Regierungsmehrheit. Es war der zunehmende Autoritätsverlust einer in Immobilismus verharrenden hochkonservativen Regierung, die in ihrer Bedrängnis zum Mittel der Wiedereinführung der Zensur, verbunden mit der verschärften Repression der Presse und einer noch stärkeren Erhöhung des Wahlzensus griff, welcher die

Voraussetzungen für den völlig überraschenden Ausbruch der Julirevolution von 1830 abgab.

Eine zunächst von den bürgerlichen Schichten und insbesondere den Journalisten getragene Protestaktion gegen die königlichen Ordonnanzen, in denen die Pressefreiheit abgeschafft, die Zensur eingerichtet und der ohnehin schon extrem hohe Wahlzensus noch einmal drastisch heraufgesetzt wurde, eskalierte in der Nacht vom 27. zum 28. Juli 1830 zu einem Aufstand in Paris, der sogleich auch die Unterstützung der Unterschichten fand. Vornehmlich wegen der anhaltend schlechten Wirtschaftslage und der bedrückenden sozialen Situation der Handwerker und kleinen Kaufleute lösten die Pariser Ereignisse auch in der Provinz eine starke, wenngleich diffuse Protestwelle gegen die Regierung Polignac und die bestehenden Verhältnisse aus. Die Repräsentanten des gemäßigten Liberalismus beeilten sich, eine rasche Lösung der politischen Krise herbeizuführen, bevor die kleinbürgerlichen Massen und die Arbeiterschaft in Paris und im Lande gänzlich außer Kontrolle geraten würden. So wurde Karl X. zur Abdankung gezwungen und Frankreich in ein Bürgerkönigtum verwandelt, in dem sich die monarchische Gewalt im Prinzip von der Souveränität des Volkes herleitete. Louis Philippe, der populäre Herzog von Orléans, wurde zum »Roi des Français per la Grace de Dieu et de la volonté nationale« gewählt, eine Formel, die schon in der Wortwahl den Kompromißcharakter des neuen Regimes signalisierte. Ferner wurde die bestehende Verfassung behutsam liberalisiert und dem parlamentarischen System angenähert. Die Regierung war nun fest an eine Kammermehrheit gebunden. Doch wurde dies kompensiert durch die Beibehaltung eines immer noch äußerst hohen Wahlzensus; 1831 durften nur 167 000 Franzosen das Wahlrecht ausüben, eine Zahl, die sich dank des steigenden Wohlstands bis 1846 auf 248 000 steigerte, weniger als 5 Prozent der erwachsenen männlichen Bevölkerung. Louis Philippe fand sich dazu bereit, seinerseits diese Verfassung zu beschwören.

Auf diese Weise gelang es verhältnismäßig rasch, die politischen Verhältnisse in Frankreich zu stabilisieren und die Protestbewegung im Lande wieder einzudämmen. Größere soziale Erschütterungen konnten so zunächst abgewendet werden, obschon es

auch in den folgenden Jahren immer wieder zu lokalen Protestdemonstrationen und Streiks mit begrenzter Gewaltanwendung
kam. Entscheidend aber war die Ausstrahlung der revolutionären
Vorgänge in Frankreich auf das übrige Europa; erstmals war ein
Eckpfeiler der Neuordnung Europas im Zeichen der Restauration
eingebrochen.

Im monarchischen Lager wurde anfangs erwogen, ob man nicht
in Frankreich militärisch intervenieren solle. Prinz Wilhelm von
Preußen beispielsweise hielt es für notwendig, die legitime Dynastie mit Gewalt wiederherzustellen, weil ansonsten »Aller Revo-
lutionairer Stoff in ganz Europa ... alsdann das Haupt erheben«
werde, »weil er sicher ist, nicht gestraft zu werden, da er in Frankreich nicht gestraft ward. Tritt aber Europa jetzt auf, gemeinschaft-
lich im Geist der heiligen Alliance, und erkämpft die Rechte des
Herzogs von Bordeaux, die, wie es jetzt mit Bestimmtheit angenommen werden kann, von der Revolution mit den Füßen getreten werden sollen – so tritt Europa damit allem Revolutionairen
Stoff, wo er sich nur befinden mag, auf den Kopf, und er wird sich
nirgends dann vor der Hand rühren ... Es ist eine Crisis jetzt eingetreten, in welcher es sich durch das Benehmen Europas zeigen
wird, ob die Legitimität oder eine Revolution triumphieren soll.«[1]
Er stellte die bemerkenswerte Prognose: »Die Legitimität wird triumphieren, wenn Europa der Pariser Revolte entgegen tritt ... Die
Revolution wird triumphieren, wenn Europa nichts thut.«[2] Allein, wohl vor allem der Umstand, daß die Lage in Frankreich sich
relativ rasch konsolidiert hatte, bestimmte die europäischen
Mächte, von einem Eingreifen abzusehen.

Umgekehrt war die Signalwirkung der Julirevolution in Frankreich auf die europäischen Gesellschaften außerordentlich. Man
sah darin weithin ein Zeichen dafür, daß die Restauration am
Ende ihres Lateins angekommen sei. Die revolutionären Vorgänge
in Frankreich wurden als Indiz dafür gewertet, daß die Ära der
Restauration sich ihrem Ende zuneige und die Zukunft dem kon-

1 Dirk Blasius, Friedrich Wilhelm IV. 1795–1861. Psychopathologie und Geschichte,
Göttingen 1992, S. 77
2 Ebd.

stitutionellen System gehöre. Unter diesen Umständen sprang der Funke der Revolution sogleich in andere europäische Konfliktregionen über und löste dort weitreichende politische Konvulsionen aus.

Die unmittelbarste Folge war, daß die artifizielle Schöpfung des Königreichs der Niederlande zusammenbrach; die Belgier erhoben sich im August 1830 gegen die niederländische Vorherrschaft und erzwangen die Ablösung der südlichen Territorien von den Niederlanden. Mit der Konnivenz der Großmächte wurde 1831 ein selbständiges Königreich Belgien ins Leben gerufen. Belgien erhielt eine Verfassung, die das Prinzip der konstitutionellen Monarchie abgesehen von Frankreich auf dem europäischen Kontinent erstmals uneingeschränkt verwirklichte.

Dramatischer war, daß die Polen des Großfürstentums Polen den offenbaren Schwächeanfall des Systems der Heiligen Allianz zum Anlaß nahmen, um den Versuch zu unternehmen, sich die verlorene nationale Unabhängigkeit wieder zu erkämpfen. Am 29. Oktober 1830 brach im Großfürstentum Polen – das dem zarischen Reich angehörende Kernland der polnischen Nation – ein Aufstand aus, der anfänglich große Erfolge zeitigte. Der polnischen Armee, die auf die Unterstützung des Adels und des Bürgertums zählen konnte, gelang es, die im Lande stehenden russischen Truppen zum Rückzug auf russisches Territorium zu zwingen; der Triumph der polnischen Waffen schien vollständig. Das polnische Parlament proklamierte im Januar 1831 feierlich die Wiedererstehung eines selbständigen polnischen Staates. Bemühungen, die zarische Regierung auf dem Verhandlungswege zur Anerkennung der neuen Lage zu bewegen und die polnische Nationalstaatsgründung hinzunehmen, scheiterten jedoch, nicht zuletzt auch deshalb, weil die Polen unter Berufung auf das Prinzip des historischen Staatsrechts für das neue Königreich die Grenzen von 1772 beanspruchten, also Territorien, die zwar im 18. Jahrhundert zu Polen gehört hatten, aber niemals mehrheitlich von Polen besiedelt worden waren. Am Ende wurde die polnische Aufstandsbewegung von überlegenen russischen Armeen niedergeschlagen, zumal Österreich und Preußen der Zarenmonarchie hilfreich zur Seite traten. Dazu hatte allerdings der Umstand beigetragen, daß die Bauernschaft den Freiheitskampf der Armee nur lau unterstützt hatte, da sie selbst schwer unter dem Druck der Feudalrechte der polnischen großgrundbesitzenden Aristokratie litt und sich daher nicht mit deren Interessen identifizierte. Bei dieser Gelegenheit zeigte sich, daß der von Adel und vom Bildungsbürgertum getragene Nationsbildungsprozeß in Polen zum damaligen Zeitpunkt noch nicht weit fortgeschritten war; die unterbürgerlichen Schichten, die vielfach anderen ethnischen Gruppen angehörten, waren bislang von der nationalen Integrationsideologie nur begrenzt erfaßt worden und verweigerten demgemäß dem nationalen Freiheitskampf weithin ihre Unterstützung.

Die Niederlage von 1830 kam einem schweren Rückschlag für die polnische nationale Bewegung gleich. Das Großfürstentum Polen, das bislang innerhalb des russischen Staatsverbandes ein vergleichsweise hohes Maß von Selbständigkeit besessen und über ein eigenes Parlament verfügt hatte, wurde kurzerhand dem zarischen System einverleibt und fortan zentralistisch regiert. Die politische und kulturelle Autonomie innerhalb des Zarenreiches, die den Polen in den Wiener Verträgen zugestanden worden war, wurde annulliert; es gab fürderhin keine selbständige polnische Regierung und kein selbständiges polnisches Parlament mehr. Ebenso wurde die polnische Universität Warschau geschlossen und die polnische nationale Bewegung unterdrückt. Langfristig hat dies allerdings eher das Gegenteil bewirkt, nämlich eine Beschleunigung des polnischen Nationalisierungsprozesses.

Der Novemberaufstand 1830 und sein Scheitern hatten überdies höchst nachteilige Auswirkungen auf die Lage der Polen in den polnischen Gebieten Preußens, insbesondere im Großherzogtum Posen. Der Umstand, daß die polnische Bevölkerung dem Aufstand im Großfürstentum mit Sympathie entgegengetreten und ca. 3000 Freiwillige aus Posen an den Kämpfen teilgenommen hatten, veranlaßte die preußischen Behörden zu einer radikalen Änderung ihres gegenüber der polnischen Bevölkerung bislang relativ toleranten politischen Kurses. Die Reste der polnischen Selbstverwaltung wurden beseitigt, polnische Landräte und Verwaltungsbeamte durch deutsche Beamte ersetzt, der Gebrauch der polnischen Sprache in den Schulen, der Verwaltung und im Gerichtswesen eingeschränkt und die Ansiedlung deutscher Bauern staatlich gefördert, um den deutschen Bevölkerungsanteil zu erhöhen.

Fürs erste wurden damit die polnischen Unabhängigkeitsbestrebungen im preußischen und im zarischen Teilungsgebiet wirksam eingedämmt, zumal die polnischen Führungseliten aus den Erfahrungen den Schluß zogen, daß es für gewaltsame Aktionen gegenüber Preußen und Rußland noch zu früh sei und es statt dessen vorerst darauf ankommen müsse, die wirtschaftliche und soziale Position der polnischen Bevölkerung zu stärken. Aber die Unzufriedenheit schwelte fort. 1839 wurde auf Initiative der »Polnischen Demokratischen Gesellschaft« das »Posener Komitee« gegründet, eine Geheimorganisation, die einen neuen nationalpolnischen Aufstand vorbereitete. Am 22. Februar 1846 sollte gleichzeitig in allen Teilstaaten Polens losgeschlagen werden. Doch da die Pläne des »Posener Komitees« den preußischen Behörden verraten wurden, wurden diese Bestrebungen bereits im Ansatz zerschlagen.

Ein zweiter Schwerpunkt der nationalrevolutionären Bestrebungen war das österreichische Galizien, das einem vergleichsweise weniger rigiden Regiment unterworfen war. Als Zentrum fungierte die Freie Stadt Krakau, und infolgedessen trachteten die Teilungsmächte danach, dieser die 1815 international garantierte Selbständigkeit wieder zu entziehen. Die zum gleichen Zeitpunkt ausgelöste Aufstandsbewegung in der Stadtrepublik Krakau führte zunächst zu einem vollen Erfolg; die Krakauer Stadtregierung formierte sich als Vorhut einer künftigen nationalpolnischen Regierung. Jedoch blieben die erwarteten Aufstandsaktionen der polnischen Bevölkerung im übrigen Galizien im wesentlichen aus; die österreichischen Behörden konnten der ausbrechenden Unruhen leicht Herr werden, zumal die Bauern es auch hier ablehnten, mit ihren polnischen Grundherren gemeinsame Sache zu machen. Im Gegenteil, sie nutzten die Situation dazu aus, um sich gegen diese zu erheben und deren Feudalrechte abzuschütteln. Infolgedessen endete der galizische Aufstand mit einem bitteren Fiasko für die polnische Nationalbewegung. Krakau wurde von preußischen und österreichischen Truppen erobert und schließlich unter Verlust seiner Selbständigkeit Galizien einverleibt, ungeachtet der diplomatischen Proteste der britischen Regierung. Es gehörte zum Bild, daß die ehrwürdige Universität Krakau hinfort ihre Veranstaltungen ausschließlich in deutscher Unterrichtssprache durchführen mußte. Dies war ein weiterer Schritt zur Stärkung der Hegemonie der deutschen und zur Schwächung der polnischen Führungseliten. Damit war freilich das polnische Problem nur einstweilen, nicht auf Dauer gelöst. Die ins Exil gezwungenen polnischen Offiziere wurden in Deutschland und im westlichen Europa mit großem Enthusiasmus und großer Herzlichkeit willkommen geheißen; die Liberalen erklärten die polnische Freiheit zu ihrer eigenen Sache, in scharfem Gegensatz zu den Regierungen der beiden deutschen Teilungsmächte. Polnische Offiziere spielten späterhin eine wichtige Rolle in den Revolutionsarmeen der Jahre 1848 und 1849.

Kaum weniger glücklich verliefen die Aufstandsbewegungen im Kirchenstaat und in den italienischen Besitzungen der Donaumonarchie. Anfänglich waren auch diese erfolgreich. In Bologna, in der Romagna, in Umbrien und in den Herzogtümern Modena und Parma wurden unter Führung des Adels und des Großbürgertums überall liberale Regimente eingesetzt. Die Stoßrichtung dieser Aktionen richtete sich in erster Linie gegen die Herrschaftsmethoden der wiederhergestellten absolutistischen Monarchien, die die traditionellen Formen der Partizipation der Aristokratie und der Spitzen des Bürgertums an der Regierung radikal zurückgeschnitten und statt dessen bürokratische Verwaltungen aufgebaut hatten; damit aber verband sich von Anfang an die nationale Zielsetzung der Befreiung Italiens von fremder Herrschaft. Jedoch konnten diese Aufstandsbewegungen, an denen die Unterschichten freilich kaum Anteil genommen hatten, von den Truppen der Großmächte, vornehmlich Österreichs und Frankreichs, vergleichsweise mühelos unterdrückt werden. Auch hier scheiterte der erste Anlauf der nationalrevolutionären Bewegung, die fremden Herrscher zu stürzen und ein gemäßigt-konstitutionelles System an die Stelle des Neoabsolutismus zu setzen.

Die Führer der radikalen Nationalbewegung wurden in die

48

Emigration getrieben und gezwungen, ihre politischen Ziele nunmehr im Untergrund durch die Gründung revolutionärer Gemeinbünde zu verfolgen; der wichtigste von diesen war Giuseppe Mazzinis »Giovane Italia«. Versuche Mazzinis, Aufstände in Piemont und wenig später in Savoyen anzustiften, welche die Initialzündung für eine allgemeine Volksbewegung für ein freies Italien abgeben sollten, scheiterten jedoch ebenso kläglich wie eine gleichartige Aktion Garibaldis in Genua. Mazzini und Garibaldi mußten sich eingestehen, daß der Boden für eine revolutionäre Volkserhebung unter nationalem Vorzeichen in Italien noch nicht reif war. Unverzagt dehnte Mazzini das Aktionsfeld seiner konspirativen Aktivität auf ganz Europa aus; das 1834 gegründete »Giovane Europa« sollte die Phalanx der demnächst in ganz Europa auszulösenden nationalrevolutionären Bewegungen bilden. Die Ausstrahlung der opferreichen Bemühungen dieser Berufsrevolutionäre mit ihren visionären, aber wenig realistischen Programmen auf die öffentliche Meinung in Italien und ganz Europa war groß; aber angesichts der Tatsache, daß ihre spektakulären Aktionen sämtlich verpufft waren, ging die Initiative nun wieder stärker auf die konstitutionellen Liberalen über, welche hofften, eine Änderung der politischen Verhältnisse auf verfassungsmäßigem Wege herbeizuführen.

Auch in der deutschen Staatenwelt blieb die französische Julirevolution nicht ohne Auswirkungen. Besonders die kleineren Staaten in Süd- und Mitteldeutschland gerieten in den Sog der revolutionären Ereignisse in Frankreich. In jenen deutschen Staaten, die bislang mehr oder minder absolutistisch regiert wurden, nahm nun der Druck auf die Regierungen, die bestehenden Verfassungen im konstitutionellen Sinne fortzuentwickeln, erheblich zu. Die Fürsten und ihre konservativen Beamtenregierungen sahen vielfach keinen anderen Weg, als diesem Druck nachzugeben, und sei es auch nur, um revolutionären Eruptionen nach Pariser Muster vorzubeugen.

In der deutschen Staatenwelt ging die Initiative überwiegend von den liberalen Kammermehrheiten aus. Allerdings kam es insbesondere in Kurhessen, Sachsen und Braunschweig zu massiven Protestdemonstrationen der Bevölkerung, die eine erhebliche Schockwirkung auslösten; in Braunschweig wurde das herzogliche Schloß niedergebrannt. Doch gelang es den Vertretern des gemäßigt-konstitutionellen Kammerliberalismus nahezu überall, diese radikalen Strömungen aufzufangen und in das Fahrwasser der liberalen Verfassungsbewegung zu leiten. Dabei war die notorische Unzulänglichkeit des Regiments der kleinstaatlichen Potentaten, die vielfach schon seit längerem den Unmut der Öffentlichkeit hervorgerufen hatte, ein nicht unwesentlicher Faktor. Von der Beschränkung der Willkürherrschaft und der Verschwendungssucht der dynastischen Höfe wurde weithin eine unmittelbare Besserung der bestehenden sozialen Verhältnisse erwartet. Noch richtete sich die Unzufriedenheit der Massen zumeist gegen die Fürsten und deren hochkonservative Umgebung, nicht gegen die bestehende Herrschaftsordnung als solche. Die Proteste der breiten Schichten der Bevölkerung waren in ihrer Zielrichtung meist unklar und diffus. Im Grunde setzten sie selbst noch den fürsorglichen paternalistischen Staat voraus. Dennoch verliehen sie den verfassungspolitischen Forderungen der Kammermehrheiten nunmehr die Schubkraft, die diese bisher entbehrt hatten.

In Nord- und Mitteldeutschland fanden sich die Fürsten ebenfalls dazu bereit, dem Drängen der bürgerlichen Schichten nachzugeben und Konzessionen zu machen, wenn auch erst nach heftigen und nicht selten langwierigen Auseinandersetzungen. In Hannover und Braunschweig zogen die Monarchen es allerdings vor, den Anfeindungen und der öffentlichen Polemik durch Abdankung aus dem Wege zu gehen. In Sachsen wurde König Anton zum Rücktritt aufgefordert, der daraufhin den Prinzen Friedrich August zum Mitregenten berief und damit den Protesten die Spitze abbrach. In Braunschweig erzwangen die Stände einen Thronwechsel zugunsten des Herzogs Wilhelm, von dem ein größeres Maß an Entgegenkommen erwartet wurde. Am radikalsten gestaltete sich die revolutionäre Erhebung in Kurhessen. Hier kam es zu demonstrativen Gewaltakten gegen staatliche Einrichtungen; so wurde beispielsweise das Mauthaus in Hanau zerstört, ein Indiz für die als drückend empfundenen Binnenzölle. Bedeutsamer war, daß hier gleichzeitig auch die Bauern in Bewegung gerieten und die Schlösser ihrer Feudalherren stürmten, um die Unterlagen für die Erhebung des Zehnten zu vernichten.

Unter diesen Umständen erreichten die liberalen Mehrheiten in den Kammern der süddeutschen und der mitteldeutschen Staaten die Ablösung der altständischen Verfassungen und die Vereinbarung von zeitgemäßen konstitutionellen Verfassungen. Allerdings kam es wegen der Handhabung des Budgetrechtes und insbesondere der Pressegesetzgebung weiterhin zu schweren Auseinandersetzungen. Dabei spielte eine Rolle, daß der Bundestag die Konzessionsbereitschaft der einzelstaatlichen Regierungen nach Kräften bremste und das bestehende repressive Bundesrecht gegen die neuen gesetzlichen Regelungen auszuspielen suchte. Dies steigerte einmal mehr den Haß und die Erbitterung, welche die Öffentlichkeit dem Deutschen Bund und seinen Institutionen entgegenbrachte. Der Einspruch des Bundestages gegen ein in Baden erlassenes liberales Pressegesetz, das dann von der badischen Regierung für ungültig erklärt wurde, gab Anlaß dazu, den Vorrang der Bundesgesetzgebung vor jener der Landesgesetzgebung grundsätzlich in Zweifel zu ziehen.

Karl Theodor Welcker, einer der Herausgeber des Rotteck-Welckerschen Staatslexikons, forderte 1831 in der zweiten badischen Kammer eine »organische Entwicklung des Deutschen Bundes« und insbesondere die Errichtung eines Deutschen Parlaments als einer zweiten Kammer neben dem Bundestag, um die Harmonisierung der Gesetzgebung des Bundestags und der Einzelstaaten zu gewährleisten und erstere in Gleichklang mit der öffentlichen Meinung zu bringen. Die unmittelbare Wirkung dieses Antrags war gering. Noch galt die Forderung nach einem direkt gewählten deutschen Nationalparlament als utopische Zukunftsmusik; aber die Zielrichtung der Reformer war klar deklariert, nämlich das Bestreben, die reaktionäre Politik des Deutschen Bundes durch den Appell an die deutsche Nationalbewegung und durch ein gesamtdeutsches Parlament auszuhebeln. Hier ergab sich gleichsam aus der Sache selbst heraus eine Verklammerung der konstitutionellen mit der nationalen Frage; es wurde deutlich, daß offenbar nur beide zusammen eine befriedigende Lösung würden finden können.

Noch eilten dergleichen Forderungen den Ereignissen weit voraus. Die beiden deutschen Großstaaten, Österreich und Preußen, blieben von den revolutionären Bewegungen nach 1830 zunächst im wesentlichen unberührt und waren keinesfalls geneigt, eine weitreichende Reform des Deutschen Bundes ins Auge zu fassen, der ihnen ihre allerdings gemeinsam auszuübende Hegemonialstellung in Deutschland streitig gemacht hätte. Unter diesen Umständen blieben die Aktivitäten der Reformbewegung – oder, wie man damals zu sagen begann, der »Bewegungspartei« – vorläufig weitgehend auf die kleineren deutschen Staaten beschränkt. Aber gerade deshalb nahmen die Bestrebungen an Stärke und Bedeutung zu, die Reformbewegung auf die nationale Ebene zu heben, um auf diese Weise den Widerstand Preußens und Österreichs gegen den Konstitutionalismus im übrigen Deutschland zu überwinden.

Am spektakulärsten in dieser Hinsicht war das Hambacher Fest, das vom 27. bis 30. Mai 1832 mehr als 20 000 Männer vornehmlich aus dem Südosten Deutschlands unter der Parole »Deutschlands Wiedergeburt« zusammenführte. Mit gewaltigem Enthusiasmus wurde hier ein gemeinsames großes Ziel proklamiert, nämlich die Vereinigung Deutschlands, sei es als Republik, sei es unter einem demokratischen Monarchen. Es war keinesfalls zufällig, daß diese Veranstaltung in der Rheinpfalz stattfand, einer Region Deutschlands, die als 1815 neu erworbene bayerische Dependance vergleichsweise liberal regiert wurde und in der weiterhin der Code Napoléon galt. Auch die Wahl der Form, nämlich eines Nationalfestes, war nicht zufällig; sie bot sich an, um die Zensur zu umgehen, die rein politisch ausgerichtete öffentliche Veranstaltungen nicht gestattete.

Veranstalter war der rheinpfälzische »Preß- und Vaterlandsverein«, der immerhin fast 5000 zahlende Mitglieder besaß und demgemäß über eine beachtliche Basis in der Bevölkerung verfügte. Doch die treibenden Männer waren zwei überzeugte radikale Demokraten, die Publizisten Johann August Wirth und Philipp Jakob Siebenpfeiffer, die mit dieser Aktion die Erwartung verbanden, daß dadurch der erlahmenden Protestbewegung gegen die deutschen Dynastien neuer Schwung gegeben werden könne. In der

Eröffnungsrede Siebenpfeiffers mischten sich nationalistisches Pathos, das in der Forderung eines deutschen Nationalstaats gipfelte, der an die Stelle der deutschen Dynastien treten sollte, mit dem Bekenntnis zur nationalen Selbstbestimmung der freien Völker; am Ende seiner Rede brachte Siebenpfeiffer ein Hoch aus auf »jedes Volk, das seine Ketten bricht« und nannte dabei ausdrücklich die Deutschen, die Polen und die Franzosen.[3] Wirth identifizierte sich noch entschiedener mit den weltbürgerlichen Idealen der Aufklärung und dem Postulat eines Europa freier Nationen; er stellte den Versammelten in pathetischen Worten die Vision der »vereinigten Freistaaten Deutschlands« im Rahmen eines »konföderierte[n] republikanische[n] Europa« vor Augen.[4] Dies war ganz im Geiste Mazzinis gesprochen, entbehrte aber jeder realistischen Einschätzung der Verhältnisse in der deutschen Staatenwelt. Andere Redner hingegen entfernten sich weit von Siebenpfeiffers Idealen demokratischer Rechtgläubigkeit, die mit einem gewaltigen Optimismus hinsichtlich der Friedensgeneigtheit der befreiten Nationen einhergingen, und bliesen ganz ungehemmt in die nationale Fanfare. Einmal mehr wurde die potentielle Gefahr für die deutsche Staatenwelt beschworen, die von einem revolutionären Frankreich ausgehe; für den Fall, daß es zu einem deutsch-französischen Krieg kommen sollte, wurde ausdrücklich die Rückerwerbung des Elsaß und Lothringens gefordert. Diese großsprecherischen Reden veranlaßten beispielsweise Heinrich Heine dazu, sich von den »deutschtümelnden Reden« auf dem Hambacher Fest zu distanzieren.

Insgesamt gerieten die harten Realitäten hinter einer ungeheuren Aufwallung patriotischer Gefühle und optimistischer Zukunftsgläubigkeit vollkommen außer Sicht; die Versammelten wähnten, daß die bloße Postulierung derartiger hehrer Ideale genüge, um eine vom ganzen deutschen Volk getragene Bewegung in Gang zu setzen, welcher die Monarchen und die konservativen Regierungen kampflos das Feld räumen würden. Man bekannte

---

3 Johann Georg August Wirth, Das Nationalfest der Deutschen zu Hambach, Heft 1, Neustadt a. H. 1832, S. 41
4 Ebd., S. 48

sich ausdrücklich dazu, die Einigung Deutschlands auf friedlichem, gesetzmäßigem Wege herbeiführen zu wollen. Allerdings sollte der Rekurs auf die Anwendung von Gewalt nicht ganz ausgeschlossen werden, aber nur, wenn dies als Notwehr gelten würde. Karl Heinrich Brüggemann, ein Student aus Heidelberg, der sich als Wortführer der Burschenschaften gerierte, erklärte unter großem Beifall: »Solange die Machthaber ihrerseits die Gesetze achteten, reiche der ›gesetzliche Weg‹ auch für die Ziele der deutschen Einigung aus. Wenn aber ›die freie Presse vernichtet, die Gesetze verhöhnt und die Mittel zur Menschheitsbildung abgeschnitten werden ..., dann ist keine Wahl mehr, dann ist jedes Zögern Verrat an der Vernunft, der Tugend, der Menschheit, dann ist der Kampf ein Kampf der Notwehr, der alle Mittel heiligt; die schneidendsten sind die besten, denn sie beenden die gerechte Sache am siegreichsten und schnellsten‹.«[5] Die Unterbindung freier Kommunikation durch die Regierungen sollte also gegebenenfalls gewaltsame revolutionäre Aktionen rechtfertigen. Dies war Intellektuellenpolitik reinsten Wassers, der es an politischem Augenmaß vollkommen fehlte. Im Grunde stand dahinter der Glaube, daß die Macht der öffentlichen Meinung als solche genügen werde, um das bestehende politische System hinwegzufegen, sofern man nur die Pressefreiheit durchsetzen konnte.

Wirth und Siebenpfeiffer regten im Anschluß an die Veranstaltung an, es nicht bei einer eindrucksvollen Demonstration des Willens der deutschen Nation zu belassen, sondern sogleich zur Tat zu schreiten. Man möge auf der Stelle eine provisorische Regierung für das freie Deutschland einsetzen, welche die Dinge in die Hand nehmen solle. Davon wollte aber niemand etwas wissen; die übergroße Mehrheit der Teilnehmer wollte sich mit der »Eroberung« der öffentlichen Meinung zufriedengeben. Die grandiosen Visionen der Redner in Hambach waren nicht nur utopisch, sondern gepaart mit Tatenlosigkeit. Die Ausstrahlung des Hambacher Festes auf die Öffentlichkeit, vornehmlich auf Süddeutschland, war groß, sehr zur Irritation der konservativen

5 Ernst Rudolf Huber, Deutsche Verfassungsgeschichte seit 1789, Stuttgart 1960, Bd. 2, S. 145

Regierungen. Aber die nationale Begeisterung, die hier in allzu emotionaler Form zum Ausdruck gekommen war, verflüchtigte sich in der Konfrontation mit den politischen Realitäten der deutschen Staatenwelt nur zu rasch. Vorderhand kam so gut wie keine Bewegung in die politische Landschaft Deutschlands.

Ein Nachklang dieses revolutionären Enthusiasmus war der von einer Gruppe von Burschenschaftlern aus verschiedenen deutschen Universitäten 1833 unternommene sogenannte »Frankfurter Wachensturm«. Die ohne Blutvergießen vollzogene Besetzung der Hauptwache und anderer Polizeistationen in Frankfurt, die militärisch gesehen keine sonderlich schwierige Tat darstellte, sollte die Initialzündung für einen Volksaufstand unter nationaler Parole abgeben, doch blieb jegliche entsprechende Reaktion des Publikums aus. Der »Wachensturm« scheiterte kläglich und ging als Beispiel revolutionären Dilettantismus in die Geschichtsbücher ein. Schlimmer noch, die Vorfälle gaben Preußen und Österreich den Anlaß, in aller Form ein Interventionsrecht des Deutschen Bundes im Falle politischer Unruhen zu stipulieren und in die Tat umzusetzen. Ungeachtet der Proteste des städtischen Senats wurde Frankfurt von preußischen Truppen besetzt, obschon die Frankfurter Behörden längst wieder Herr der Lage waren. Dies war eine klare Verletzung des Bundesrechtes, die dann aber vom Bundestag nachträglich sanktioniert wurde und dazu führte, daß Frankfurt bis 1842 eine preußische Besatzung erhielt, weil den lokalen Instanzen angeblich die Kraft und der Wille fehlten, energisch gegen erneute revolutionäre Bestrebungen vorzugehen. In der deutschen Staatenwelt waren die Voraussetzungen für Aktionen nach dem Muster Mazzinis und Garibaldis ganz offenbar nicht gegeben.

Das Hambacher Fest und der »Frankfurter Wachensturm« waren bei Lage der Dinge Wasser auf die Mühlen Preußens und Österreichs, die entschlossen waren, den revolutionären Bewegungen mit allen nur denkbaren Mitteln entgegenzutreten. Einmal mehr wurde die Bundesversammlung in Dienst genommen und in eine Art gesamtdeutsche Polizeibehörde umgewandelt. Die deutschen Fürsten mußten auf Druck der beiden deutschen Großmächte in ein ganzes Bündel von Maßnahmen einwilligen, die

die rücksichtslose Unterdrückung aller nationalrevolutionären Bestrebungen zum Ziel hatten. In den Bundesbeschlüssen vom 28. Juli 1831, den sogenannten Sechs Artikeln, wurden die Einzelstaaten auf die Zurücknahme aller in den letzten Jahren gemachten Konzessionen gegenüber ihren Parlamenten und auf die rigorose Handhabung der Zensur sowie der Unterdrückung aller liberalen, demokratischen, oder nationalrevolutionären Tendenzen sowie auf das Verbot verdächtiger Zeitungen und Presseerzeugnisse verpflichtet. In Mainz wurde eigens zu diesem Zwecke eine Bundesüberwachungskommission eingerichtet, die über Verstöße gegenüber den bundesrechtlichen Bestimmungen zu wachen hatte und die einzelstaatlichen Regierungen gegebenenfalls zu entsprechenden Maßnahmen veranlassen sollte. Letztere versuchten vielfach die Tatsache, daß der Bundestag sie dazu zwang, den Beschlüssen ihrer eigenen Kammern zuwiderzuhandeln bzw. deren Rechte unter Verletzung des Verfassungsrechts zu beschneiden, mit eloquenten Erklärungen zu bemänteln, um die aufgebrachten Abgeordneten zu beschwichtigen oder gar die amtliche Verkündung der sogenannten Sechs Artikel hinauszuzögern. Doch der fatale Eindruck administrativer Repression im Auftrag des Deutschen Bundes ließ sich dadurch nicht beseitigen.

Die Signalwirkung, die von den Sechs Artikeln ausging, war außerordentlich groß. In Freiburg lösten ihre Veröffentlichung sowie das Verbot aller liberalen Blätter Unruhen aus, die in erster Linie von den Studenten und Professoren der dortigen Universität getragen wurden, aber auch bei der Bevölkerung positive Resonanz fanden. Karl von Rotteck brandmarkte die Bundesbeschlüsse sogleich in schärfster Form als einen verbrecherischen Anschlag gegen die Freiheit der Bürger. Mit schlechtem Gewissen entschloß sich die badische Regierung, die Protestbewegung zu unterdrükken, obschon sie sich über die Unpopularität ihres Vorgehens selbst keinerlei Illusionen hingab. In der Folge wurde die Universität Freiburg geschlossen, und Karl von Rotteck und Theodor Karl Welcker wurden, allerdings unter Beibehaltung ihrer Bezüge, aus ihren Professuren entlassen. Dies steigerte die Popularität dieser beiden Führer des süddeutschen Liberalismus in Deutschland in außerordentlichem Maße und erhöhte die Ausstrahlung der Ideen des liberalen Konstitutionalismus, die Rotteck und Welcker in ihrem Staatslexikon popularisiert hatten. Aber einstweilen änderte sich nichts am weiteren Gang der Dinge.

Nur in Württemberg kam es zu einer Protestaktion gegen die erneuten Maßnahmen zur Repression der Verfassungsbewegung. Der Vorstoß der Liberalen in der zweiten württembergischen Kammer für die Erhaltung der Pressefreiheit wurde ausgelöst durch die rechtswidrige Annullierung der Wahl von fünf Abgeordneten, die an revolutionären Aktionen beteiligt gewesen, dann aber von der Krone begnadigt worden waren; dieser Eingriff in die verfassungsrechtlich garantierte Autonomie des Parlaments ging auf eine persönliche Intervention des Monarchen zurück. Der Sache nach war dies ein grober Angriff auf die Unabhängigkeit der Abgeordneten, der das Prinzip des Konstitutionalismus als solches in Frage stellte. Paul Pfi[t]zer, der durch seinen »Briefwechsel zweier Freunde« als Vorkämpfer eines freiheitlichen Nationalstaats bekannt geworden war, beantragte daraufhin, in der Kammer die Sechs Artikel einstweilen für unverbindlich zu erklären, bis eine einvernehmliche Verständigung zwischen dem Bundestag und den einzelstaatlichen Regierungen, unter Einbeziehung ihrer Parlamente, herbeigeführt sei. Überdies wollte Pfi[t]zer die Instruktion der Bundestagsgesandten von der vorherigen Zustimmung des jeweiligen Parlaments abhängig machen. Dieser gänzlich undurchführbare Antrag, dem die Kammer gleichwohl zustimmte, zeigte die ganze Verworrenheit der Lage; der Kammerliberalismus konnte beschließen, was er wollte, solange die hegemoniale Position Österreichs und Preußens am Deutschen Bund nicht gebrochen würde. Dies war Wasser auf die Mühlen derjenigen, die davon ausgingen, daß die Freiheit in den deutschen Einzelstaaten nicht ohne die Erlangung der nationalen Einheit erreicht werden könne. Die Auseinandersetzung mit der Krone endete mit der willkürlichen Auflösung dieses »verlorenen« Landtages; sie blieb ohne unmittelbare Konsequenzen.

Diese Vorgänge zeigten jedermann an, daß unter den gegebenen Umständen die Bestrebungen des Kammerliberalismus in den kleineren deutschen Staaten, die auf die Durchsetzung des konstitutionellen Systems setzten und davon eine Besserung der politischen und gesellschaftlichen Verhältnisse erhofften, weitgehend ins Leere liefen. Auf die Dauer mußte dies auf eine Unterminierung der politischen Linie des gemäßigten Liberalismus zugunsten der radikalen Demokratie hinauslaufen; letztere hielt eine Vereinbarung mit den deutschen Dynastien für aussichtslos und strebte deshalb von vornherein eine schärfere Gangart an.

Einstweilen hatte Metternich freies Spiel mit seinen Bemühungen, die Einzelstaaten mit Hilfe der Bundesversammlung auf eine Beschränkung der Kompetenzen der einzelstaatlichen Parlamente festzulegen und auf diese Weise die ohnehin bescheidenen Errungenschaften des Kammerliberalismus wieder zurückzurollen. In den Wiener Konferenzen vom Frühjahr 1834 wurde den deutschen Regierungen eine ganze Reihe von zusätzlichen Maßnahmen zur Unterdrückung der liberalen und demokratischen Strömungen und zur Zähmung des Kammerliberalismus oktroyiert. Diese wurden allerdings großenteils geheimgehalten, um einem ansonsten zu erwartenden Proteststurm der Öffentlichkeit nach Möglichkeit zu entgehen. Metternich erklärte bei dieser Gelegenheit einmal mehr seine Entschlossenheit, das Prinzip der monarchischen Legitimität mit allen verfügbaren Mitteln zu verteidigen: »Aus den Stürmen der Zeit«, so erklärte er bei der Eröffnung der Wiener Konferenzen, »ist eine Partei entsprossen, deren Kühnheit wenn nicht durch Entgegenkommen so doch durch Nachgiebigkeit bis zum Übermut gesteigert ist. Wenn nicht bald dem überfluthenden Strome ein rettender Damm entgegengesetzt wird, so könnte in kurzem selbst das Schattenbild einer monarchischen Gewalt in den Händen mancher Regenten zerfließen.« Metternichs Bestreben war es, den deutschen Monarchen, über deren politische Zuverlässigkeit hinsichtlich der Eindämmung der Bewegungspartei er seine Zweifel hatte, gleichsam ein institutionelles Rückgrat einzupflanzen.[6] Die Reaktion hatte die deutsche Politik fest im Griff.

Am krassesten trat diese Tendenz in der einseitigen Aufhebung der Hannoveranischen Verfassung von 1833 durch König Ernst

---

6 Zit. nach Heinrich von Treitschke, Deutsche Geschichte im Neunzehnten Jahrhundert, Bd. 4, Leipzig 1927, S. 341

August zutage. Mit dem Tode Wilhelms IV. im Jahre 1837 kam die langjährige Personalunion Großbritanniens und Hannovers zu einem Ende, da in letzterem nur die Erbfolge in männlicher Linie galt. Die langjährige Verbindung der Dynastie mit dem liberaleren Großbritannien erwies sich als folgenlos. Ernst August, der Herzog von Cumberland, hatte schon als Kronprinz die Gewährung einer konstitutionellen Verfassung mißbilligt; nach seinem Thronantritt erklärte er, gestützt auf ein fragwürdiges Rechtsgutachten, in einem königlichen Patent kurzerhand die Verfassung von 1833 für unwirksam, weil sie unter Mißachtung der Rechte der gegebenenfalls erbberechtigten Mitglieder der königlichen Familie – der sogenannten Agnaten – zustande gekommen sei. Eine reaktionärere Begründung der angeblichen Ungültigkeit der Verfassung von 1833 war schlechterdings nicht vorstellbar, ganz abgesehen davon, daß sie sich auf höchst fragwürdige rechtliche Deduktionen stützte.

Dies irritierte selbst jene Vertreter des gemäßigten Liberalismus, die ansonsten am Grundsatz des historischen Herkommens so weit wie möglich festhalten wollten und jegliche radikale Änderung der verfassungsrechtlichen Ordnung kraft des Prinzips der Volkssouveränität ablehnten. Aber niemand wagte es, die Annullierung der Verfassung als solcher als flagranten Akt monarchischer Willkür, der das Prinzip des friedlichen Zusammenwirkens von Monarch und den Kammern gröblich verletze, frontal anzugreifen. Hingegen wurde von sieben prominenten Professoren der Universität Göttingen, die zu den international bekanntesten Gelehrten in Deutschland gehörten, in einer förmlichen Protestationsschrift gegen die Annullierung der Verfassung Einspruch erhoben, unter anderem den berühmten Germanisten Jacob und Wilhelm Grimm und den Historikern Friedrich Christoph Dahlmann und Georg Gottfried Gervinus. Sie beriefen sich darauf, daß sie ihren Amtseid auf die Verfassung von 1833 abgelegt hätten, und verwahrten sich gegen deren einseitige Aufkündigung durch den Monarchen. Formell hatten Dahlmann und seine Kollegen ihre Protestation unter Einhaltung des Dienstweges nur an den Rektor der Universität Göttingen gerichtet; insoweit war dies zunächst nur eine interne Angelegenheit des universitären Dienstrechts. Nennenswerte Unterstützung innerhalb der Universität hatten sie von vornherein nicht zu erwarten. Von der großen Mehrheit ihrer Göttinger Kollegen wurde das Vorgehen der »Göttinger Sieben« nicht gebilligt, geschweige denn unterstützt; sie argumentierten, daß es keinesfalls Sache der Wissenschaft sei, zu dieser Frage Stellung zu nehmen. Sie zogen es vor, sich in die Neutralität reiner Gelehrtenwissenschaft zurückzuziehen, statt sich ihrerseits zu exponieren und womöglich disziplinarische Maßnahmen auf sich zu ziehen. Jedoch geriet die Protestation von Anfang an in die Presse und fand sogleich ungeheures Aufsehen. Der Monarch geriet in große Erregung und verlangte die unverzügliche Maßregelung dieser unbotmäßigen Professoren. Das Ende vom Liede war, daß die »Göttinger Sieben« fristlos aus ihren Ämtern entlassen und des Landes verwiesen wurden. Einmal mehr erwies sich, daß der reaktionären Politik der Regierungen nicht durch noch so wirksame öffentliche Proteste Einhalt geboten werden konnte.

Die deutsche Gesellschaft trat seit 1833 in eine neue Phase der Unterdrückung aller freiheitlichen Regungen ein. Während im gesellschaftlichen Raum mit der industriellen Entwicklung und der vermehrten Anwendung kapitalistischer Methoden in der Landwirtschaft eine Periode beschleunigten wirtschaftlichen Wandels einsetzte, verharrte das politische System in völliger Stagnation. Bei Lage der Dinge führte dieses Mißverhältnis zwischen der gesellschaftlichen und der politischen Verfassung der europäischen Staatenwelt zu einem fortschreitenden Legitimitätsverlust der bestehenden Herrschaftssysteme. Dies war in gewissem Umfang ein gesamteuropäisches Phänomen. Jedoch waren in Westeuropa, namentlich in Belgien, in gewissen Grenzen auch in Frankreich, erste Schritte in Richtung auf eine Anpassung der politischen Ordnungen an die sich ändernde gesellschaftliche Wirklichkeit vollzogen worden. Ost- und Südeuropa aber befanden sich ebenso wie die deutsche Staatenwelt in einer Art von politischem Dauerfrost, der eine fortschrittliche Politik im Innern einstweilen unmöglich machte. Einzig Großbritannien hatte sich seit 1830 ein gutes Stück nach vorn bewegt, nach zwei Jahrzehnten einer rigiden konservativen Herrschaft, die die uneingeschränkte

Machterhaltung der grundbesitzenden Aristokratie auf ihre Fahnen geschrieben hatte.

Nach dem Ende der napoleonischen Kriege war Großbritannien für zwei Jahrzehnte eine krisengeschüttelte Gesellschaft gewesen. Die erfolgreiche Modernisierung der Landwirtschaft unter Führung einer schmalen grundbesitzenden Elite, die über 90 Prozent des agrarisch nutzbaren Grund und Bodens besaß, führte zu einem außerordentlichen Produktionszuwachs. Die Gewinne aus landwirtschaftlicher Produktion konnten die Oberschichten als umfangreiche Investitionen in die Infrastruktur des Landes anlegen. Darüber hinaus waren sie in der Lage, enorme Kapitalien bereitzustellen, die den Prozeß der Industrialisierung erheblich beschleunigten. Der Nachteil war, daß die Politik der Modernisierung der Landwirtschaft, die man vielfach als »agrarische Revolution« bezeichnet hat, eine wachsende Zahl von landlosen Häuslern und Landarbeitern freisetzte, die keine ausreichende Beschäftigung mehr fanden und immer nehr verelendeten. Die soziale Not auf dem flachen Lande übertraf noch die bedrückenden Zustände in den sprunghaft wachsenden Industriestädten. Sie machte sich vor allem in zahlreichen Gewaltaktionen gegen die bäuerlichen Pächter Luft, die ganze Landstriche in Schrecken versetzten. Am bekanntesten waren die Aktionen des »Captain Swing«, einer militanten Geheimorganisation von Landarbeitern, die Minimallöhne und eine Senkung der ländlichen Arbeitslosigkeit forderten, daneben aber systematisch gegen den Einsatz von arbeitssparenden landwirtschaftlichen Maschinen, insbesondere gegen die Dreschmaschine vorgingen und den Bauern, sofern diese sich ihren Forderungen nicht unterwarfen, die Scheunen anzündeten und die Dreschmaschinen zerstörten. Wichtig war dabei, daß die Gewaltaktionen des »Captain Swing« bei der bäuerlichen Bevölkerung vielfach passive oder sogar aktive Unterstützung fanden. Erst Anfang der 1830er Jahre gelang es bei moderat steigendem Lebensstandard, diese Protestbewegungen nach und nach unter Kontrolle zu bringen.

Die anlaufende Industrialisierung führte gleichermaßen zu schweren sozialen Verwerfungen. Die sich sprunghaft entfaltende Textilindustrie sprengte jahrhundertealte Formen der familiären

Arbeitsteilung; während Frauen und Kinder bei 12- oder gar 16stündiger Arbeitszeit in den neuen Fabriken Beschäftigung fanden, blieben die Männer nicht selten arbeitslos. Ebenso geriet auch hier eine große Zahl von Handwerkern, die anfangs noch eine quantitative Vermehrung erfuhren hatten, wie die Weber, mit dem technologischen Fortschritt in bittere Not.

Angesichts der für die abhängig Beschäftigten höchst ungünstigen Verhältnisse auf dem gewerblichen Arbeitsmarkt, in den immer mehr Menschen vom flachen Lande hineindrängten und um Beschäftigung nachsuchten, waren die Löhne der Industrie extrem niedrig und deckten vielfach nicht einmal das Existenzminimum, so daß viele Gemeinden in England dazu übergingen, nach dem sogenannten Speedhamland System die Löhne der gewerblich beschäftigten Arbeiter zu subventionieren, um auf diese Weise das Überleben ihrer Familien sicherzustellen. Es kann nicht verwundern, daß unter solchen Umständen mehr oder minder gewaltsame Protestaktionen der Arbeiterschaft, vor allem in den industriellen Zentren in Nordengland, aufflammten, anfänglich nicht selten in Form von Maschinenstürmerei.

Da den Lohnabhängigen jegliche gewerkschaftliche Organisation strikt untersagt war, nahmen viele der Proteste der Arbeiterschaft die Form von Massendemonstrationen populistischen Typs an, die sich mehr noch gegen die Behörden als die Unternehmerschaft selbst richteten. Gegen Arbeiterunruhen wurde von der lokalen *Yeomanry*, den militärischen Verbänden der jeweiligen Grafschaften, und immer häufiger auch unter Einsatz regulärer Truppen, mit äußerster Schärfe vorgegangen. Die *Yeomanry* war eigentlich eine Art von Klassenarmee, die unter Führung des Lordlieutenants stand, welcher in aller Regel der örtlichen Hocharistokratie angehörte, und war der städtischen Nationalgarde auf dem Kontinent vergleichbar. Ihren Höhepunkt erreichte diese Praxis mit dem sogenannten Massaker von Peterloo im Jahr 1819, bei welchem die *Yeomanry* rücksichtslos in eine Arbeiterdemonstration hineinschoß; neun Tote und 400 Verletzte waren die traurige Bilanz.

Dies kam freilich nicht von ungefähr. Die Aristokratie, die *Gentry*, und die einstweilen noch schmale Schicht des gewerblichen

Bürgertums waren von panischer Furcht vor der immer weiteren Ausbreitung derartiger gewaltsamer Protestaktionen erfüllt. Dabei war von diesen eine ernstliche Gefährdung des bestehenden gesellschaftlichen Systems nicht zu erwarten; die Arbeiter und Handwerker forderten das gute alte Recht der *moral economy* ein, also der Beschäftigung zu angemessenen Arbeitsbedingungen und auskömmlichen Löhnen; eine eigentlich revolutionäre Perspektive besaßen sie nicht. In der Folge kam es zu einem teilweisen Zusammenbruch des überkommenen Systems der Armenunterstützung; angesichts der immer stärker wachsenden Zahl der Unterstützungsbedürftigen stiegen die überwiegend von den ländlichen Gemeinden aufzubringenden Armensteuern in astronomische Höhen und erzwangen schließlich eine radikale Revision des Systems. Das 1834 eingeführte »neue Armenrecht« sah nurmehr Unterstützungssätze vor, die unterhalb des niedrigsten ortsüblichen Lohnes lagen, und dies auch nur dann, wenn der Rezipient nachweisen konnte, daß weder er noch seine Angehörigen zu seinem Unterhalt Nennenswertes beitragen konnten; auch wurde diese nur in den Armenhäusern gewährt, die ein äußerst harsches Regiment führten und in denen nur diejenigen Arbeiter endeten, welche schlechterdings keinen anderen Ausweg mehr sahen. Dabei galt der viktorianische Grundsatz, daß, wer arm sei, selber daran schuld sei und Armut einen moralischen Makel darstelle. Auf diese Weise wurde die Armut gleichsam wegadministriert.

Erst allmählich besserten sich die Verhältnisse. Dazu trug in bescheidenem Maße die Aufhebung der Combination Acts im Jahre 1825 bei, die es ermöglichte, nunmehr Gewerkschaften zu gründen. Allerdings vermochten diese unter den wirtschaftlichen Bedingungen der Frühindustrialisierung nur wenig auszurichten; mehr als eine bescheidene Verbesserung der Lage der Facharbeiter war damit nicht zu erreichen. Die Stoßrichtung der Kritik an den sozialen Zuständen richtete sich demgemäß einmal mehr gegen das politische System, welches dergleichen soziale Ungerechtigkeiten zuließ. Neben den Gewerkschaften nahmen sich die bürgerlichen Radikalen der Frage einer Reform des britischen Unterhauses an, das als eine Versammlung von Hochadel, *Gentry*, Bankiers, Nabobs und einigen wenigen bürgerlichen Abgeordneten den sozialen Problemen des Landes mit einigem Unverständnis gegenüberstand. Mit einer Massenpetition an das Unterhaus brachten die Gewerkschaften und ihre Mitstreiter aus dem Lager der radikalen Intellektuellen diese Frage im Jahre 1839 erstmals auf die Tagesordnung – vor dem Hintergrund einer großen Zahl von Streiks, Unruhen und Demonstrationen in den Industriebezirken des Landes.

Der Chartistenbewegung – deren Bezeichnung sich von jener »peoples' charta« ableitete, die in den folgenden Jahren regelmäßig erneut im Unterhaus eingebracht wurde, ohne damit das geringste zu erreichen – gelang es, große Teile der Unterschichten in den industriellen Regionen des Vereinigten Königreichs für das Ziel der Durchsetzung des allgemeinen Wahlrechts zu gewinnen, welches den Hebel für weitreichende soziale Reformen abgeben sollte. So geriet unter dem Druck der wachsenden sozialen Spannungen das politische System unter Beschuß. Nicht allein die radikalen Intellektuellen in den »Constitutional Societies«, sondern auch die Mittelschichten bezweifelten immer stärker, ob Großbritannien von einer winzigen aristokratischen Oberschicht optimal regiert werde, die angeblich das Land kraft »virtueller Repräsentation« (so nannte dies Edmund Burke) angemessen repräsentiere. Die Zahl derer, die der Regierung vorwarfen, einseitig zugunsten des »landed interest« zu handeln – unter anderem in der Frage der Schutzzölle, die für ein gleichbleibend hohes Preisniveau für Getreide sorgten –, wuchs beständig.

Mit dem Tod Georgs IV. am 26. Juni 1830 und den Neuwahlen zum Unterhaus im gleichen Jahre gerieten die Dinge in Bewegung. Die Ausstrahlung der französischen Julirevolution war ausreichend, um die aufgeklärteren Repräsentanten der Whigs zu überzeugen, daß das ehrwürdige, aber archaische Wahlsystem zum Unterhaus dringend reformiert werden müsse, wolle nicht England das gleiche Schicksal wie Frankreich erleiden. Die Whigs entschlossen sich zur Einbringung einer maßvollen Reformvorlage, die freilich von der Krone und von den Konservativen zunächst abgeblockt wurde. Die Aussicht auf eine erneute Machtübernahme einer konservativen Regierung unter dem Herzog von Wellington, welche die Wahlrechtsreform wieder ad acta zu legen versprach, führte Großbritannien Anfang Mai 1832 – erstmals seit dem 17. Jahrhundert – an den Rand einer Revolution. Die breiten Schichten der Bevölkerung gerieten in Bewegung; in den industriellen Zentren kam es zu Massendemonstrationen gegen die Krone. Die Radikalen nutzten ihre Chance und drohten in aller Form mit einem Aufstand, sofern es zum Verzicht auf die Reformvorlage kommen sollte. Überdies gaben sie die Parole aus: »To stop the Duke, go for Gold.« In der Folge kam es tatsächlich zu einer Bankenkrise. Es ist jedoch davon auszugehen, daß die Führer der radikalen Protestbewegung, namentlich Thomas Attwood und Francis Place, im Grunde selbst fürchteten, daß die Arbeitermassen außer Kontrolle geraten könnten: Ihr Ziel war nicht die Revolution, sondern deren Abwendung mit Hilfe der Durchsetzung einer Wahlrechtsreform, die dem inkompetenten und korrupten Regime der Hocharistokratie und ihrer Mitläufer in der Finanzwelt ein Ende setzen und eine angemessene Beteiligung der Mittelschichten und der Intellektuellen an den politischen Entscheidungsprozessen sicherstellen sollte.[7]

In der Tat nahmen die Dinge in Großbritannien einen günstigen Verlauf. Die Führungsgruppe der Whigs stellte bei dieser Gelegenheit ihre staatsmännische Fähigkeit unter Beweis, Positionen, die nicht länger zu verteidigen waren, rechtzeitig zu räumen, statt engstirnig auf überkommenen Rechten und Traditionen zu beharren, wie dies auf dem Kontinent der Fall war. Angesichts der im Lande bestehenden revolutionären Situation gelang es ihnen, den Monarchen und seine Berater davon zu überzeugen, daß man es nunmehr nicht auf eine weitere Zuspitzung des Konflikts ankommen lassen dürfe, da dies unabsehbare Konsequenzen haben könne. Wilhelm IV. lenkte schließlich ein und versprach, das Oberhaus gegebenenfalls durch einen Pairsschub zur Annahme der Wahlrechtsvorlage zu zwingen. Die Whigs setzten daraufhin unter der Führung von Earl of Grey und der geschickten Steuerung der Vorlage durch die beiden Häuser des Parlaments durch

---

7 Nach Wolfgang J. Mommsen, Großbritannien vom Ancien Régime zur bürgerlichen Industriegesellschaft 1770–1867, in: Handbuch der Europäischen Geschichte, hg. v. Theodor Schieder, Bd. 5, Stuttgart 1981, S. 355

Lord Russell die Wahlreform im wesentlichen unverändert durch. Das alte Wahlsystem des »influence« wurde gründlich revidiert und insbesondere zahlreiche der »rotton boroughs« beseitigt, die es der Hocharistokratie bisher ermöglicht hatten, Kandidaten ihres Beliebens in das Unterhaus zu bringen.

Allerdings blieb auch das neue Wahlsystem hinter demokratischen Verhältnissen weit zurück; die Zahl der Wähler, die nach einem differenzierten System von Eigentumsqualifikationen festgelegt war, stieg höchst moderat von 500 000 auf 813 000; also nur wenig mehr, als dies gerade eben in Frankreich vollzogen worden war. Die wenigen Arbeiterwähler, die es in einzelnen städtischen Wahlbezirken gegeben hatte, verloren hingegen ihr Wahlrecht. Ebenso blieb dank der Bevorzugung der Repräsentation der englischen Grafschaften die Vorherrschaft der landbesitzenden Aristokratie im Unterhaus einstweilen erhalten, obschon die mittleren Schichten eine geringfügig stärkere Repräsentation erhielten, vor allem dank der erstmaligen Berücksichtigung der großen Industriemonopolen. Der Einschnitt der Wahlrechtsreform von 1832 war insgesamt weniger tief, als die Zeitgenossen es selbst erwartet hatten. Aber ein Anfang war gemacht; der Bruch mit dem herkömmlichen System der symbolischen Repräsentation des Landes durch eine schmale Schicht von grundbesitzenden Aristokraten zugunsten einer effektiven Repräsentation zumindest der oberen und mittleren Schichten des Volkes war vollzogen. Im Unterschied zum Kontinent hatte sich die britische Führungselite in der Krise der frühen 30er Jahre als flexibel und fähig erwiesen, auf die Zeitläufte einigermaßen angemessen zu reagieren.

Die Wahlreform von 1832 führte zu einer Stabilisierung der parlamentarischen Monarchie in Großbritannien, und dies, obschon die Repressionspolitik gegenüber den Unterschichten kaum merklich nachließ. Die parlamentarische Regierungsform zwang die britischen Führungseliten dazu, gegenüber den Wünschen und Bedürfnissen der breiten Massen der Bevölkerung ein wachsendes Maß an Sensibilität an den Tag zu legen; Politik ausschließlich im Interesse einer einzigen Klasse war künftighin nicht mehr durchsetzbar. Dies versetzte die britische Regierung dann auch in die Lage, die Offensive des Chartismus einigermaßen glimpflich zu überstehen, welche 1842 mit einer Massenpetition zwecks Einführung des allgemeinen Wahlrechts, für die nicht weniger als 3 315 752 Unterschriften gesammelt worden waren, ihren Höhepunkt erreichte. Nicht wenige Zeitgenossen, darunter William Cobbett und Friedrich Engels, gingen angesichts der Größenordnung der Proteste der englischen Arbeiterschaft damals davon aus, daß die Revolution bereits begonnen habe oder doch unmittelbar bevorstehe. Doch ganz im Gegenteil: Am Ende erwies sich die britische Gesellschaft, im Unterschied zu der großen Mehrzahl der Gesellschaften auf dem europäischen Kontinent, 1848 gegenüber dem Virus der Revolution als resistent.

III.
Die Ruhe vor dem Sturm
Stagnation und Reformstau in Mitteleuropa
1840–1847

Die Frustration in den Kreisen des Liberalismus und der radikalen Demokratie über die Stagnation im politischen System hatte Ende der 30er Jahre einen neuen Höhepunkt erreicht. Die Gründung der Rheinischen Zeitung (ursprünglich Rheinische Allgemeine Zeitung nach dem Vorbild der legendären Augsburger Zeitung) in Köln sollte im Rheinland ein wenig Bewegung in die politische Landschaft bringen. Die Rheinische Zeitung bekannte sich in ihrem Gründungsaufruf vom 14. Januar 1840 zu den Grundsätzen eines entschiedenen Liberalismus und distanzierte sich in freilich verklausulierter Form von allen republikanischen Tendenzen. Republikanische Politik habe, wie das französische Beispiel lehre, in der Vergangenheit immer wieder in das Lager der Monarchie zurückgeführt. »Für das heutige Europa« sei »der konstitutionelle Monarchismus eine Notwendigkeit und seine Verfassungsform die ihm natürliche.«[1] Dieses Plädoyer verband sich mit einer bemerkenswert eindeutigen Distanzierung von jedweder Revolution. »Selten waren Revolutionen notwendig, noch seltener rechtmäßig und am allerseltensten wohltätig in ihren nächsten Wirkungen. Das Volk im Aufstande ist eine furchtbare Naturmacht; aber wie sie kennt es selten das Ziel, wohin es gelangen wird; viele Revolutionen erreichten gerade das Gegenteil von dem, was sie erreichen wollten. Die erste französische Revolution ist von allem diesem ein Beweis. Die nötige Staatsreform war mit dem Werke der Konstituierenden Versammlung vollendet. Die Nation hatte, was sie nur immer begehren konnte, die freieste Verfassung, vom Könige beschworen, vom Volke mit Enthusiasmus angenommen, aber die Revolution wollte die Freiheit noch

---

1 Hansen, Rheinische Akten, Bd. 1, S. 175

freier machen, und statt des edlen Ludwig erhielten sie die Blutmenschen Danton, Robespierre, St. Just zu Regenten, statt Freiheit die niedrigste Knechtschaft, statt Verfassung Anarchie, und endlich fand die Nation kein anderes Heil als in Napoleons Despotismus.«[2] Dies war ganz aus dem Herzen des gehobenen Bürgertums gesprochen, welches nichts mehr fürchtete als Revolutionen wie die Französische Revolution von 1789. Dieses wünschte eine vernunftgemäße Reformpolitik, um revolutionäre Eruptionen abzuwenden und eine schrittweise Entfaltung der Staatsbürgergesellschaft zu erreichen. Namentlich in Preußen bedauerte man den Reformstau, der unter Friedrich Wilhelm III. eingetreten war, und insbesondere den völligen Stillstand in der Frage der Einführung einer preußischen Gesamtstaatsverfassung.

An die Thronbesteigung Friedrich Wilhelms IV. am 7. Juni 1840 knüpfte sich in der deutschen Gesellschaft allgemein die Hoffnung auf einen Kurswechsel in der preußischen Politik. Der neue Monarch werde, so nahm man vielerorts an, die überfällige Liberalisierung der politischen Verhältnisse in Preußen einleiten und auch in die deutsche Frage neue Bewegung bringen. Dafür bestanden mancherlei Anhaltspunkte. Es war allgemein bekannt, daß Friedrich Wilhelm der deutschen Nationalbewegung mit einem gewissen Maß von Sympathie gegenüberstand. Sein eigenes Deutschlandbild stützte sich auf ein romantisches Geschichtsbewußtsein, welches sich an mittelalterlichen Idealen orientierte und mit den Realitäten der Gegenwart wenig gemein hatte, aber mit dem Drängen der liberalen und demokratischen Kräfte auf nationale Einheit konvergierte. Demgemäß durften die Liberalen annehmen, daß Preußen sich künftig wieder stärker auf seinen deutschen Beruf besinnen werde; dies aber bedingte, daß es auch in verfassungspolitischer Hinsicht die Führung in Deutschland übernehmen müsse, statt, wie bisher – von den beiden Mecklenburg einmal abgesehen –, das Schlußlicht in der deutschen Verfassungsentwicklung abzugeben. Manches sprach dafür, daß es auch dazu kommen würde. Die Rückkehr Ernst Moritz Arndts, der 1819 ein Opfer der Karlsbader Beschlüsse geworden war, auf

2 Ebd., S. 176

seinen alten Lehrstuhl und ebenso die Berufung Friedrich Christoph Dahlmanns, des Vertreters eines gemäßigten, die historische Entwicklung zum Maßstab der eigenen Ziele nehmenden Liberalismus, an die Universität Bonn sowie der Brüder Grimm an die Berliner Akademie der Wissenschaften wurden im Bildungsbürgertum als ein Signal dafür gedeutet, daß der neue Monarch willens sei, seinen Frieden mit den liberalen Zeitströmungen zu machen. Eine behutsame Milderung der Zensur und ein Kurswechsel in der preußischen Polenpolitik, die von der Repressionsstrategie der Jahre nach 1831 wieder abrückte und auf Kooperation mit den polnischen Führungseliten setzte, wiesen in die gleiche Richtung.[3] Jedoch blieb es im wesentlichen bei derartigen Gesten, zumal die hochkonservative Umgebung des Monarchen bemüht war, diesen ein für allemal darauf festzulegen, daß »die Unbeschränktheit der königlichen Macht«, deren Wahrung ihm Friedrich Wilhelm III. in seinem Testament von 1847 ans Herz gelegt hatte, unter allen Umständen aufrechterhalten werden müsse.

Dies war freilich der Öffentlichkeit nicht bekannt. Vielmehr wurde allgemein darauf gedrängt, daß Friedrich Wilhelm IV. die preußische Politik aus der reaktionären Erstarrung herausführen werde, in die sie in den letzten Jahrzehnten geraten war. Im September 1840 beschlossen die ost- und westpreußischen Provinzialstände auf einem Huldigungslandtag in Königsberg eine Adresse an den Monarchen, in der ihm unter Berufung auf das Verfassungsversprechen vom Mai 1815 die »Vollendung der verfassungsmäßigen Vertretung des Landes« durch Bildung einer gesamtstaatlichen Repräsentation nahegelegt wurde. Es ist bemerkenswert, daß der ostpreußische Adelsliberalismus es in dieser Situation für aussichtsreich ansah, den neuen Monarchen auf die Bahn einer verfassungsmäßigen Regierung in Übereinstimmung mit den Bestrebungen der liberalen Bewegung lenken zu können. Ebenso verfaßte David Hansemann in jenen Tagen eine neue große Denkschrift über »Preußens Lage und Politik«, die für Friedrich Wilhelm IV. bestimmt war und die Notwendigkeit einer um

---

3 Vgl. Blasius, Friedrich Wilhelm IV., S. 89 f.

fassenden Reform des bestehenden Beamtenregiments, vor allem aber die Gewährung einer Gesamtrepräsentation des preußischen Staates anstelle der Vielzahl von relativ einflußlosen Provinzial- und Kommunallandtagen zum Gegenstand hatte.[4] Doch wurde diese Denkschrift, die in dem Appell an den »ruhmwürdigen Regentenstamm« gipfelte, »der das preußische Volk gebildet, nun auch diese Bildung« zu vollenden und »das Volk zur Freiheit oder politischen Mündigkeit« zu führen, niemals fertiggestellt, geschweige denn dem Monarchen übergeben.[5] Denn Friedrich Wilhelm IV. wies alle »auf Pergamente geschriebene Staatsgrund- gesetze« ein für allemal zurück; die preußische Staatsordnung be- ruhe auf dem persönlichen Treueverhältnis zwischen dem preußi- schen Volk und seinem Monarchen, nicht auf geschriebenen Ver- einbarungen welcher Art auch immer, und dabei solle es bleiben.

Hingegen war Friedrich Wilhelm IV. bereit, den Wünschen der liberalen Bewegung auf nationalpolitischem Gebiet entgegenzu- kommen. Er wurde selbst von dem Überschwang nationaler Emp- findungen mitgerissen, der die deutsche Öffentlichkeit in den Jah- ren 1840 und 1841 angesichts des drohenden Krieges mit Frank- reich wegen der orientalischen Frage erfaßt hatte. Fürst Metter- nich gegenüber bekannte er, die französische Bedrohung habe bei ihm die »alte Begeisterung für die deutsche Sache« geweckt[6]; und er verlangte, um für alle Eventualitäten gewappnet zu sein, eine Verstärkung der militärischen Rüstungen des Deutschen Bundes. Ja mehr noch, er suchte Metternich dafür zu gewinnen, die natio- nale Hochstimmung des Augenblicks zur Mehrung der Machtstel- lung des Deutschen Bundes zu nutzen. »Ein Aufschwung und teutscher Sinn« gehe »durch alle Volksstämme des Bundes, wie er seit [18]13. – [18]14. nicht wieder da war. Wird das heilige Feuer gehörig genährt, so steht Teutschland höher und ist in der Tat mächtiger als je, höher und mächtiger als selbst wohl unter den Ottonen und Hohenstaufen.« Österreich möge »All seinen mäch- tigen Rath in die Waagschaale« legen, »damit die wohl nicht wie-

4 Hansen, Rheinische Akten, Bd. 1, S. 197 ff.
5 Ebd., S. 227
6 Blasius, Friedrich Wilhelm IV., S. 97

derkehrende Erhebung des Fürsten- und Volks-Gefühles segens-
und erfolgreich gemacht werde für die nächste Zukunft und dadurch auch für die fernere Zukunft Teutschlands.«[7] Friedrich Wilhelm IV. wollte gleichsam auf der Welle nationaler Begeisterung
jener Tage mitschwimmen und so die Popularität erlangen, die
ihm wegen der Verweigerung einer zeitgemäßen Fortentwicklung
der preußischen Verfassungsverhältnisse ansonsten vorenthalten
blieb. Dies war reichlich naiv, denn zum einen lag es nicht eben im
Interesse des preußischen Staates, sich vorbehaltlos der Führung
Österreichs unterzuordnen, um so mehr als Metternich alles andere im Sinne hatte als eine nationaldeutsche Politik, und zum
anderen war klar, daß nur ein fortschrittliches – und dies hieß ein
liberales – Preußen Aussicht hatte, die Führung in Deutschland an
sich zu ziehen. Eben letzteres suchten die Liberalen Friedrich Wilhelm IV. immer wieder anzusinnen.

Zu Friedrich Wilhelms IV. deutschnationaler Gesinnung paßte
denn auch vorzüglich sein Engagement für den Wiederaufbau des
Kölner Doms. Das Kölner Dombaufest von 1842 wurde zu einem
Nationalfest und der Kölner Dom gleichsam zu einem National-
denkmal der Deutschen. In dieser Frage war Friedrich Wilhelm IV.
bereit, den deutschen Beruf der preußischen Monarchie öffent-
lichkeitswirksam zu demonstrieren. Aber dies war wenig mehr als
eine theatralische Geste; zu einer eigenständigen Politik in der
deutschen Frage war Preußen weder willens noch imstande, obschon ihm mit der Gründung des Zollvereins eine strategisch günstige Schlüsselstellung zugewachsen war. Nicht ohne Grund
warnte Heinrich Heine in seinem »Deutschland. Ein Wintermär-
chen«, im Überschwang des Augenblicks zu verkennen, daß unter
den obwaltenden Bedingungen das Bekenntnis der preußischen
Krone zur nationalen Einheit eine Farce sei und sich am reaktionären Charakter der preußischen Politik nichts geändert habe.

Bei Lage der Dinge ließen sich die politischen Realitäten mit
symbolischen Akten und feierlichen Beschwörungen gegenseiti-
ger Treue von Staatsvolk und Monarch nicht verkleistern. Vielmehr wurde die preußische Staatsregierung von Anbeginn in eine

7 Ebd.

ganze Reihe von Konflikten mit den Provinzialständen verwikkelt, die sich nicht ohne weiteres mit obrigkeitlichen Mitteln lösen ließen. Die Rheinischen Stände wehrten sich hartnäckig gegen die Einführung eines neuen Strafgesetzbuches, das auf dem Allgemeinen Landrecht beruhte und dessen teilweise archaische Strafbestimmungen – wie die Prügelstrafe – für bestimmte Delikte beibehielt. Die Rheinländer bestanden darauf, die bei weitem fortschrittlichere Gesetzgebung des Code Napoléon zu behalten. Ebenso gab es schwerwiegende Differenzen über die Einführung einer neuen Kommunalverfassung, die eine Beschneidung der Freiheitsrechte der Bürger in den Kommunen mit sich gebracht haben würde. Diese Vorlagen ließen sich nicht einfach auf administrativem Wege durchsetzen, weil die Regierung auf die Kooperation der Provinzialstände angewiesen war. So führte zum Beispiel das Bedürfnis, durch die Förderung des Eisenbahnbaus das zersplitterte preußische Staatsgebiet zu einer Einheit zusammenzuschmieden und zugleich der maroden Wirtschaft aufzuhelfen, zu einem stark steigenden Kreditbedarf des Staates. Im preußischen Staatsschuldengesetz von 1820 war jedoch eindeutig festgelegt worden, daß die Aufnahme von Staatskrediten an die Zustimmung einer »reichsständischen Versammlung«, also eines preußischen Gesamtparlaments, gebunden sein solle, ursprünglich mit der Absicht, die Haftung für diese Kredite gleichmäßig auf alle Schultern zu verteilen. Dies bot für die liberalen Mehrheiten in den Kommunal- und Ständevertretungen einen rechtlich schwer zu erschütternden Ansatzpunkt, auf die seinerzeit in Aussicht gestellte preußische Gesamtrepräsentation zu drängen. Aus ihrer Sicht würde nur eine solche Vertretung, die allein den Interessen des Landes und dem wahren Volkswillen Ausdruck geben könnte, in der Lage sein, für diese Probleme sachgerechte Lösungen zu finden.

Friedrich Wilhelm IV. verfiel in dieser Situation auf den Ausweg, aus der Mitte der Provinzialausschüsse gewählte Vertreter als »Vereinigten ständischen Ausschuß« zusammentreten zu lassen. Dieses Gremium, das aus 44 Vertretern der Ritterschaft, 32 Vertretern der Städte und 20 Vertretern der Landgemeinden bestand und nur bei Bedarf zusammentreten sollte, konnte schwerlich als

Ersatz für eine Gesamtrepräsentation gelten, welche für die Interessen des Landes in ihrer Gesamtheit zu sprechen in der Lage sein würde; in Köln hatte man anfänglich erwogen, ob man denn überhaupt Vertreter in dieses Gremium wählen sollte.

Der Vorschlag, statt eines Parlaments einen Ausschuß der Provinziallandtage zu berufen, war eine gefährliche Lösung, die niemand befriedigen konnte; in der liberalen Presse wurde sie einmütig verurteilt. Schlimmer noch, der »Vereinigte ständische Ausschuß« erklärte sich selbst als unzuständig für die Bewilligung von Staatskrediten gemäß dem Staatsschuldengesetz von 1820. So wurde Friedrich Wilhelm IV. gezwungen, nunmehr die Berufung eines Vereinigten Landtags ins Auge zu fassen, dem sämtliche Mitglieder der Provinziallandtage angehören sollten; dieser sollte allerdings nur von Fall zu Fall berufen werden und keinesfalls die Funktion einer ständigen Vertretung des Landes haben.

Diese verzweifelten Versuche, entgegen dem erklärten Willen der übergroßen Mehrheit der bürgerlichen, und wie man hinzufügen darf, auch der unterbürgerlichen Schichten, an dem überlebten System einer ständischen Vertretung festzuhalten, obschon die ständische Gliederung der gesellschaftlichen Wirklichkeit des in einem raschen Industrialisierungsprozeß befindlichen Landes überhaupt nicht mehr entsprach, lösten in der Öffentlichkeit große Erbitterung aus. Die Kritik der Presse an der Regierung nahm ständig an Schärfe zu, und diese wußte sich nicht anders zu helfen, als die Zensurschraube immer weiter anzudrehen. Die Kleinlichkeit und die Unzulänglichkeit der behördlichen Maßnahmen gegen oppositionelle Gruppen wurden jedermann immer deutlicher vor Augen geführt. Einen ersten Höhepunkt erreichten diese bereits im Frühjahr 1843 mit dem Verbot der Rheinischen Zeitung, an der auch Karl Marx als Redakteur mitgewirkt hatte, die aber zum damaligen Zeitpunkt durchaus ein Organ des entschiedenen Liberalismus war.

Die zunehmende Gängelung der öffentlichen Meinung durch die Zensurbehörden, der mit geringem Erfolg die Gründung regierungsnaher Blätter zur Seite gestellt wurde, konnte freilich nicht verhindern, daß sehr zum Mißvergnügen des Monarchen und der Minister der ganze Forderungskatalog des Liberalismus in den

Provinzialständen in großer Ausführlichkeit verhandelt und in Form von entsprechenden Beschlüssen der Krone übermittelt wurde, obschon keinerlei Aussicht bestand, daß diese entsprechend handeln werde. An der Spitze der Gravamina der Landstände stand weiterhin die Forderung nach einer Repräsentativvertretung für das gesamte Königreich – vom Verlangen auf Aufhebung der Zensur einmal abgesehen. Darüber hinaus wurde namentlich im Rheinland die Außenwirtschaftspolitik der preußischen Regierung, insbesondere bezüglich der Beziehungen des Zollvereins zu dritten Mächten, zu einer Zielscheibe scharfer Kritik.

Dies führte schließlich dazu, daß David Hansemann im Februar 1845 im Rheinischen Provinziallandtag einen formellen Antrag auf Schaffung einer deutschen Nationalrepräsentation bei den Kongressen des Zollvereins stellte, weil sich erwiesen habe, »daß das Beamtentum nicht der großen Aufgabe gewachsen ist, die gewerblichen Interessen von 28 Millionen Menschen allein zu leiten, und daß es dringend notwendig wird, eine Teilnahme des Volks an dieser Leitung anzuordnen«.[8] Dieser Vorschlag war insoweit maßvoll, als diese Vertretung nicht gewählt, sondern von Vertretern der Provinziallandtage bzw. der einzelstaatlichen Parlamente gebildet werden sollte. Aber wenn im Zollverein eine nationale Vertretung neben das Beamtenregiment der bevollmächtigten Vertreter der Regierungen treten würde, so hätte dies einen mächtigen Schub in Richtung auf die nationale Einheit bedeutet, womöglich weit effektiver als der schon länger in der Öffentlichkeit diskutierte Vorschlag, eine deutsche Nationalvertretung beim Bundestag einzurichten. Aber für Hansemann war es wichtiger, wenigstens auf einem Nebenkriegsschauplatz, auf welchem dem bürgerlichen Liberalismus die Kompetenz nicht abgesprochen werden konnte, die rückschrittliche und ineffiziente preußische Beamtenschaft auszuhebeln.[9]

Ihren Höhepunkt erreichte die Verfassungsbewegung in den Verfassungsdebatten, die 1845 in fast allen Provinziallandtagen in

8 Hansen, Rheinische Akten, Bd. 1, S. 731
9 Ebd., S. 717

Preußen stattfanden. In Westfalen war es Georg von Vincke, der unter Hinweis auf das britische Vorbild die Einlösung des Verfassungsversprechens von 1815 forderte. In Königsberg legte der Elbinger Stadtrat der ostpreußischen Provinzialvertretung eine Petition wesentlich gleicher Tendenz vor, die dieser positiv aufgriff. Im Rheinland war es Ludolf Camphausen, der mit seinem Antrag vom 12. Februar 1845 »auf Bildung einer Repräsentation des Volkes im Sinne der Königlichen Verordnung vom 22. Mai 1815« eine denkwürdige Debatte im rheinischen Provinziallandtag auslöste, in der nahezu alle großen Vertreter des rheinischen Liberalismus das Wort ergriffen. Camphausen begründete seinen Antrag mit scharfer Kritik an dem preußischen Beamtenregiment, welches die Tätigkeit der Provinziallandtage beim Monarchen und gegenüber der Öffentlichkeit in einem bewußt negativen Lichte darstelle, um die eigene Machtvollkommenheit möglichst uneingeschränkt zu erhalten, während der Monarch, wenn er von der wirklichen Gesinnung des ihm ergebenen Volkes erführe, gewiß deren Wünschen willfahren werde. Aber er ging zur Sache, wenn er das bestehende System als unrechtmäßig – weil mit den Zusagen von 1815 und 1820 unvereinbar – bezeichnete: Dies sei ein »unendlich beklagenswerter Zustand, der als ein rastloser, unvertilgbarer Wurm an dem Herzen des Volkes nagt, den keine Zensur, kein Bundesbeschluß, kein Polizeigebot zu ändern oder gar zu bessern vermag«.[10] Die vom Monarchen zu gewährende Repräsentativverfassung werde »die Einheit des Staates erzeugen, seine Kraft vermehren, den Patriotismus steigern und dem Bande zwischen dem Fürsten und dem Volke eine unauflösbare Stärke verleihen ... Sie wird endlich den unverjährbaren Anspruch der Mitglieder jedes Staatsvereins, daß die Staatsgewalt ihren Willen, daß sie die öffentliche Meinung berücksichtige, befriedigen.«[11] Während der Sprecher der 1. Kurie, von Bianco, für eine dilatorische Behandlung dieser Frage plädierte und eine Entscheidung ganz dem freien Willen des Monarchen überlassen sehen wollte, sprachen sich in der Debatte eine ganze Reihe von Liberalen mit ge-

10 Ebd., S. 750
11 Ebd., S. 751

wichtigen Argumenten für einen formellen Antrag aus. Hermann von Beckerath aus Krefeld wies auf die bestehenden großen sozialen Probleme hin, die eine Kräftigung des preußischen Staates durch die Gewährung einer Volksvertretung unabweisbar notwendig machten: »Wir leben in einer Zeit, in welcher die soziale Grundlage von gewaltigen Erschütterungen bedroht ist.« Die »Hebung tiefliegender gesellschaftlicher Übelstände« werde aber auch der sorgfältigsten Staatsverwaltung allein unmöglich sein; es bedürfe dafür »der mitwirkenden Volkstätigkeit«. Einmal mehr verwies er darauf, daß die Gewährung zeitgemäßer Verfassungseinrichtungen als eine präventive Maßnahme zur Abwehr sozialer Unruhen gesehen werden müsse. »Wird es mit der Ruhe und Sicherheit des Staates vereinbar sein, daß die wichtigsten sozialen Fragen der Gegenwart in großen, frei zusammengetretenen Versammlungen verhandelt werden, wenn es an politischen Institutionen fehlt, die, indem sie an der einen Seite die bürgerliche Freiheit verbürgen, an der andern Seite die Macht des demokratischen Elements zu mäßigen vermögen?«[12] Ludolf Camphausen selbst setzte sich in weit ausholenden Ausführungen mit Friedrich von Gentz' Argument auseinander, daß Repräsentativverfassungen auf die Anwendung des angeblich staatsgefährdenden Prinzips der »Volkssouveränität« hinausliefen, während sie in Wahrheit nur zeitgemäße Formen der Vertretung des Volkes seien. Gewichtiger war die Stellungnahme Heinrich von Sybels, der, gestützt auf eine detaillierte Rekonstruktion der Vorgeschichte und des Schicksals des königlichen Verfassungsversprechens vom Jahre 1815, die Ständeverfassung als überholt und den Interessen des Staates als nicht dienlich bezeichnete. Eine organische Fortbildung der Verfassungsverhältnisse in Preußen, die den veränderten gesellschaftlichen Verhältnissen Rechnung trage, sei »ein unabweisbares Bedürfnis«. Auch unter außenpolitischen Gesichtspunkten sei die Gewährung einer preußischen Gesamtrepräsentation dringend erforderlich. Gegenwärtig stünden mit Ausnahme Rußlands und Österreichs »alle bedeutenden europäischen Nationen auf einer höheren Stufe politischen Fortschritts«.

12 Ebd., S. 779f.

Könne es »den bestehenden ... Verhältnissen, namentlich in Deutschland, angemessen sein, daß Preußen, welches keiner Nation an Intelligenz, sittlicher Kultur und Macht nachgibt, so weit an bürgerlicher Selbständigkeit zurücksteht?« Auch der so viel gepriesenen Einheit Deutschlands könne ein Zurückbleiben Preußens auf diesem Gebiete nicht förderlich sein.[13]

Auch in den süddeutschen Landtagen braute sich seit 1846 eine neue Welle politischer Opposition gegen die Regierungen zusammen. Die anfängliche Strategie, die Parlamente mit behördlichen Schikanen, zu denen insbesondere die Urlaubsverweigerung für im Staatsdienst tätige Abgeordnete gehörte, verfing nicht mehr. Die 1846 neu gewählte Zweite Kammer in Baden forderte hartnäckig die Einlösung der konstitutionellen Rechte, einschließlich der Restituierung des liberalen Pressegesetzes von 1831, das dem Einspruch des Bundestages zum Opfer gefallen war. Auch in Württemberg faßte der bürgerliche Liberalismus unter Paul Pfi[t]zer und Friedrich Römer, die erneut gewählt worden waren, wieder Fuß. Gleiches vollzog sich in Hessen-Darmstadt, wo Heinrich von Gagern zum Wortführer des liberalen Widerstandes gegen die Reaktion wurde. Hier ging es ebenfalls um die Erhaltung der Schwurgerichte und des französischen Rechts in der Rheinprovinz.

In Sachsen, einem der Länder, in dem die Industrialisierung bereits weit vorangeschritten war, bestand eine vergleichsweise weit explosivere Lage. Leipzig war ein Zentrum bürgerlich-liberaler Opposition gegen das hochkonservative Regime, das unter dem Einfluß des Thronfolgers Johann Wilhelm stand. Die Liberalen konnten sich vor allem auf die in der Buchhandelsstadt Leipzig zahlreich wirkenden Buchhändler und Verleger stützen, auch auf die Schriftsteller und die akademische Intelligenz. Aber stärker als anderswo war die hegemoniale Stellung der liberalen Honoratioren in der »Bewegungspartei« in Sachsen von einer starken, wenngleich einstweilen in ihren politischen Zielsetzungen wenig profilierten, radikal-demokratischen Strömung herausgefordert: Die unterbürgerlichen Schichten waren hier in erheblichem Um-

13 Ebd., S. 816f.

fang in Bewegung geraten und ihrerseits bereit, ihrem Unmut über die politischen Verhältnisse demonstrativ Ausdruck zu geben. Dies führte im August 1845 zu ernstlichen Verwicklungen. Ein Volksauflauf anläßlich eines Besuches des verhaßten Thronfolgers bei der Bürgergarde führte zu symbolischer Gewaltanwendung. Johann Wilhelm ließ daraufhin in eine demonstrierende Menge schießen; es gab mehrere Tote und zahlreiche Verletzte. Robert Blum, eine Persönlichkeit mit charismatischer Ausstrahlung, die es verstand, mit erregten Volksmassen umzugehen, gelang es, einen Volksaufstand zu verhindern, der unter obwaltenden Umständen unweigerlich niederkartätscht worden wäre. Aber die Lage blieb auch in den folgenden Jahren explosiv.

Grotesker noch waren die Verhältnisse in Bayern. König Ludwig I. schaltete und waltete hier nach dem Muster eines absolutistischen Monarchen. Er verlangte von seinen Ministern, zu den höfischen Formen des 18. Jahrhunderts zurückzukehren, um seine Ablehnung konstitutioneller Regierungsformen auch äußerlich zu dokumentieren. Der Umgang der Regierung Abel mit den beiden Kammern des bayerischen Landtages war so arbiträr, daß schließlich sogar die Mitglieder der Ersten Kammer unter Führung von Karl Philipp Fürst von Wrede und Karl Fürst zu Leiningen zu offener Opposition übergingen. Die Lola-Montez-Affäre gab dem Ansehen des Monarchen den Rest: Die Münchener Bevölkerung und die Studentenschaft gingen offen auf Distanz zu Ludwig I., und die Schließung der Universität machte die Dinge nur noch schlimmer.

In den übrigen deutschen Staaten waren die Verhältnisse noch stabil; vor allem im Norden war es einstweilen noch ruhig. Aber überall herrschten Spannung und Mißstimmung, vielfach angeheizt durch die Mißwirtschaft und den die Mittel des Landes überschreitenden Luxus der fürstlichen Hofhaltungen.

Auch außerhalb der deutschen Staatenwelt braute sich eine starke Bewegung für die Ablösung der überkommenen ständischen Körperschaften zugunsten moderner Repräsentativvertretungen zusammen. Dies war insbesondere in Österreich der Fall. In Zisleithanien wurde vom deutschen liberalen Bürgertum und liberal gesinnten Teilen des Adels der Gedanke der Berufung österreichischer Reichsstände – mit anderen Worten einer Repräsentativvertretung aller österreichischen Erbländer, die von Vertretern der Landtage gebildet werden sollte – in die Debatte geworfen. Die Spitzen der bürgerlichen Intelligenz und der Kaufmannschaft der Hauptstadt fanden sich im »Juridisch-Politischen Leseverein« zusammen, um über Reformen zu deliberieren, welche drohenden revolutionären Entwicklungen vorbeugen sollten, und nach Lösungen der Verfassungsfrage zu suchen, die mit der Existenz der Monarchie als eines Vielvölkerstaates vereinbar waren. In den anderen Ländern der Monarchie verband sich die Forderung nach zeitgemäßen Verfassungsreformen mit dem Verlangen, daß den Nationalitäten ein höheres Maß an Autonomie gewährt werden müsse. Noch richteten sich diese Bestrebungen nicht gegen den Bestand der Monarchie als solcher, wohl aber gegen den überkommenen bürokratischen Zentralismus der überwiegend deutschen Beamtenschaft. Am entschiedensten traten in diesem Punkte die Ungarn auf, die nun den Zeitpunkt gekommen sahen, die ungarische Krone von der administrativen Verbindung mit der Wiener Zentrale zu lösen. Auch in Böhmen kam die Forderung auf, dem böhmischen Landtag die Rechte einer konstitutionellen Vertretung des Landes zu gewähren. Im Hintergrund stand dabei die nationaltschechische Bewegung, die unter den obwaltenden Umständen eine Mehrheitsposition erhalten haben würde. Auch in den italienischen Gebieten der Monarchie, insbesondere in Lombardo-Venetien, flackerte erneut Widerstand gegen die österreichische Herrschaft auf. Dies zeigte einmal mehr die Fragilität der bestehenden politischen Verhältnisse.

Allein, die regierenden Monarchen waren nirgends bereit, diesen Strömungen entgegenzukommen, nicht zuletzt unter dem Druck der von Metternich mit harter Hand geleiteten österreichischen Diplomatie, die mit Argusaugen alle Aufweichungen in der gemeinsamen Abwehrfront der Regierungen gegen die liberalen und demokratischen Strömungen überwachte. Entscheidende Bedeutung gewann in diesem Zusammenhang die weitere Entwicklung in Preußen. Unter dem Druck der vereinten Opposition der Provinzialstände, die sich weigerten, eine Kompromißlösung anzusteuern, sollte nunmehr dem »Vereinigten ständischen Ausschuß«, der aus Delegierten der acht Provinziallandtage und der gleichen Zahl von Mitgliedern des preußischen Staatsrats zusammengesetzt war, Periodizität und das Recht zur »Mitwirkung« an der Beratung allgemeiner Gesetze zugestanden werden; daneben sollte, gemäß dem Staatsschuldengesetz von 1820, von Fall zu Fall ein »Vereinigter Landtag« einberufen werden, um über die Aufnahme von Staatsanleihen zu beschließen, dieser sollte freilich ebenfalls nach Kurien getrennt abstimmen. Im Lager der Liberalen – von der radikalen Demokratie ganz zu schweigen – wurde diese Lösung, die Friedrich Wilhelm IV. in einem Patent »die ständischen Einrichtungen betreffend« vom 3. Februar 1847 verkündete, sogleich erbittert kritisiert und als völlig unzureichend abgelehnt. Die rheinischen Liberalen waren entschlossen, in die Offensive zu gehen: »Die Verfassung [gemeint ist das Patent vom 3. März 1847]«, schrieb Ludolf Camphausen damals an seinen Bruder, »muß notwendig einen Verfassungsstreit hervorrufen, und wären die zahlreichen angreifbaren Stellen nicht vorhanden, so würde die Opposition deren aufsuchen. Die lebendigere Erkenntnis der Rechte und Pflichten im Staate und die bis zur Furchtlosigkeit und Hingebung gesteigerte Teilnahme für sie kann nur im Kampfe gewonnen werden, den die Presse zu eröffnen hat.«[14] Auch außerhalb Preußens stieß das Verfassungspatent auf massive Kritik. Karl Theodor Welcker schrieb damals an Karl Mathy: »Würde die Vereinigte Landtagsgeschichte angenommen, es wäre ein entsetzliches Unglück: Preußen, Deutschland auf langehin zurückgeworfen ... Die preußische Nation kann in solcher Verfassung nicht vor Europa in einer Ja sagenden Nationalversammlung dastehen, kann sich keine Narrenjacke anziehen lassen; es wäre um Ruhm und Größe [Preußens] geschehen.«[15]

Anfänglich wurde im liberalen Lager erwogen, ob man das Projekt nicht einfach boykottieren solle, doch dann setzte sich eine pragmatische Linie durch, in der Erwartung, daß man in den Verhandlungen eine Fortentwicklung des Vereinigten Landtags zu einer echten Volksvertretung werde erreichen können. Anfang

14 Hansen, Rheinische Akten, Bd. 2,1, 1846–1850, Bonn 1942, S. 154f.
15 Am 18. März 1847. Ebd., S. 181

April 1847 wurde der Vereinigte Landtag erstmals nach Berlin einberufen. Obschon in ihm – der Zusammensetzung der Provinziallandtage entsprechend – einseitig Vertreter des adeligen, großbäuerlichen und städtischen Grundbesitzes dominierten, während Vertreter der unterbürgerlichen Schichten fast vollkommen fehlten, verstand er sich durchaus als eine Vertretung der preußischen Bevölkerung in ihrer Gesamtheit. Friedrich Wilhelms IV. Bestreben, von vornherein zu verhindern, daß sich der Vereinigte Landtag als Vertretung des preußischen Volkes in seiner Gesamtheit geriere, scheiterte kläglich. In seiner Thronrede zur Eröffnung des Vereinigten Landtages führte Friedrich Wilhelm IV. aus: »Edle Herren und getreue Stände! Es drängt Mich zu der feierlichen Erklärung: daß es keiner Macht der Erde je gelingen soll, Mich zu bewegen, das natürliche, gerade bei uns durch seine innere Wahrheit so mächtig machende Verhältniß zwischen Fürst und Volk in ein conventionelles, constitutionelles zu wandeln, und daß Ich es nun und nimmermehr zugeben werde, daß sich zwischen unseren Herr Gott im Himmel und dieses Land ein beschriebenes Blatt, gleichsam als eine zweite Vorsehung eindränge, um uns mit seinen Paragraphen zu regieren und durch sie die alte, heilige Treue zu ersetzen.«[16] Auf die anwesenden Ständevertreter mußte eine derartige Erklärung schlechterdings befremdend wirken. Sie lief auf eine radikale Herausforderung der zeitgenössischen liberalen Verfassungsbewegung hinaus, aber negierte im Grunde gleichermaßen die überkommenen altständischen Vorstellungen von einer angemessenen Beteiligung der Stände an den politischen Dingen. Selbst im hochkonservativen Lager stieß eine derart überzogene Beschwörung des Gottesgnadentums und des Prinzips monarchischer Alleinherrschaft auf Kopfschütteln. Den Ständevertretern wurde in aller Form das Recht beschnitten, ihre und ihrer Wähler Ansichten frei zur Geltung zu bringen: »Das aber ist Ihr Beruf nicht: ›Meinungen zu repräsentiren‹, Zeit- und Schulmeinungen zur Geltung bringen zu sollen. Das ist vollkommen undeutsch und obendrein vollkommen unpraktisch …, denn es führt nothwendig zu unlösbaren Konflikten mit der Krone, wel-

16 Blasius, Friedrich Wilhelm IV., S. 108

che nach dem Gesetze Gottes und des Landes und nach eigener freier Bestimmung herrschen soll, aber nicht nach dem Willen von Majritäten regieren kann und darf ...«[17] Die Abgeordneten sollten also eben das unterlassen, was nach liberaler Überzeugung am nötigsten war, nämlich die preußische Staatsregierung dazu zu bringen, die öffentliche Meinung des Landes überhaupt zur Kenntnis zu nehmen.

In der mehrtägigen Debatte über eine Adresse an Friedrich Wilhelm IV., die als Antwort auf die Thronrede gedacht war, wurde sogleich klar, daß die übergroße Mehrheit der versammelten Ständevertretung nicht bereit war, den Vereinigten Landtag, und schon gar nicht den Vereinigten Ausschuß, als einen vollgültigen Ersatz für eine Repräsentativversammlung im konstitutionellen Sinne anzusehen. Sie waren nur dann dazu bereit, in diesem Rahmen loyal mitzuarbeiten, wenn wenigstens auf das kryptoparlamentarische Gebilde des Vereinigten ständischen Ausschusses verzichtet und eine baldige Erweiterung der Kompetenzen des Vereinigten Landtags in Aussicht gestellt werde, insbesondere die Periodizität der Verhandlungen. Zwar wurde der Konflikt im Augenblick vermieden, aber er blieb ungelöst im Raum stehen.

Im übrigen bildeten sich im Vereinigten Landtag über die Grenzen der Provinzen hinweg sogleich politische Fraktionen, die zwar noch keinen Parteicharakter besaßen und deren Grenzen fließend waren, die sich aber als Exponenten der miteinander konkurrierenden politischen Gruppierungen in der Öffentlichkeit verstanden. Gemessen an den Verhältnissen im Lande, war das politische Spektrum im Vereinigten Landtag weit nach rechts hin verschoben. Es dominierten die Repräsentanten des gemäßigten Liberalismus, die freilich Zuzug von Teilen des Adels erhielten, namentlich von Mitgliedern des Beamtenadels, die den hochkonservativen Kurs der Staatsregierung für verderblich hielten und einen maßvollen Ausbau des Verfassungssystems in Richtung auf eine Gesamtstaatsrepräsentation konstitutionellen Zuschnitts als im Interesse Preußens liegend ansahen. Vertreter der radikalen Demokratie gab es überhaupt nicht, geschweige denn Repräsentan-

---

17 Ebd., S. 109

ten der unterbürgerlichen Schichten, aber immerhin wurde die Position des entschiedenen Liberalismus wirksam und wortgewaltig von Männern wie Johann Jacoby von außen in die Debatten hineingetragen. Bemerkenswert war für die Konstellation, daß auch viele Konservative, mit Ausnahme des ultraroyalistischen Flügels, eine maßvolle Weiterentwicklung der Verfassung für richtig hielten.

Als die Regierung wenig später mit Finanzvorlagen im Sinne des Staatsschuldengesetzes von 1820 an den Vereinigten Landtag herantrat, brachen die Differenzen über der Verfassungsfrage sofort wieder offen hervor. Ein Gesetz über die Gründung von Landrentenbanken zur Finanzierung der Ablösung grundherrlicher Lasten, welches eine indirekte staatliche Beteiligung vorsah, sowie eine Anleihe für den Bau einer Eisenbahnlinie von Berlin nach Königsberg in Höhe von 30 Millionen Taler wurden mit dem Hinweis darauf zurückgewiesen, daß nur eine echte Gesamtrepräsentation des preußischen Staates darüber befinden könne, nicht aber eine Versammlung, die keinerlei Rechtsgarantien für ihre künftige Existenz besitze und damit auch zukünftige Generationen nicht binden könne. David Hansemann erklärte in den Verhandlungen, daß in Geldfragen die Gemütlichkeit aufhöre. Die Glaubwürdigkeit der Staatsregierung wurde auch dadurch erschüttert, daß der Finanzminister – von Hansemann wegen früherer, ohne die rechtlich erforderliche Zustimmung der Stände aufgenommene Staatsschulden zur Rede gestellt – seine Zuflucht zu unhaltbaren Aussagen über den Unterschied zwischen Staatsschulden und Verwaltungsschulden nahm und Zweifel darüber aufkommen ließ, ob die besagten Papiere von den staatlichen Kassen überhaupt zum Nennwert akzeptiert würden. Selbst Metternich war äußerst irritiert und meinte: »Wie steht es mit der so hochgepriesenen preußischen Finanzverwaltung? Ist ein Fall wie der gegebene nicht geeignet, der Nation und dem gesamten Handelsstande alles Vertrauen ... zu benehmen?«[18]

Diese Bloßstellung des Staatsministeriums zeigte Wirkung. Nie-

18 Veit Valentin, Geschichte der deutschen Revolution von 1848–49, Bd. 1, Neudruck Aalen 1968, S. 76

mand konnte in Zweifel sein, daß künftighin eine effektive Kontrolle der Kreditgebarung des Staates durch eine parlamentarische Körperschaft angezeigt war. So kam eine klare Mehrheit gegen die Regierung zustande. Eine informelle Koalition von bürgerlichen Abgeordneten und des liberal gesinnten Flügels des Adels erklärte, man sehe sich allenfalls dann dazu in der Lage, diesen Finanzvorlagen zuzustimmen und ihnen damit rechtliche Geltung zu verschaffen, wenn die Krone auf den Vereinigten ständischen Ausschuß verzichte und statt dessen dem Vereinigten Landtag Periodizität, d. h. regelmäßige Tagungsperioden zugestanden würden. Vergebens protestierte der junge Otto von Bismarck gegen dieses Votum, welches, wie er ausführte, auf eine Form sublimer Erpressung der Krone hinauslaufe; rechtlich war die Position der Mehrheit, gerade auch im Hinblick auf das preußische Staatsschuldengesetz, wohlbegründet und nicht leicht zu erschüttern. Taktisch geschickt wurde der Regierung nahegelegt, die begonnenen Arbeiten fortzusetzen und dem nächsten Vereinigten Landtage eine entsprechende Vorlage zu unterbreiten; indirekt war damit ein Präjudiz hinsichtlich der geforderten Periodiziät verbunden.

Friedrich Wilhelm IV. sah sich direkt herausgefordert. Höchst aufgebracht ließ er unverzüglich den Bau der Weichselbrücke bei Dierschau einstellen und den Vereinigten Landtag auflösen. Daran schloß sich noch ein weiteres Scharmützel mit der Opposition an. Die Forderung der Krone, vor dem Auseinandergehen Vertreter für einen Vereinigten ständischen Ausschuß zu wählen, der in der Zwischenzeit die Geschäfte führen sollte, führte zu erneuten Auseinandersetzungen, sahen doch die Liberalen darin implizit eine Anerkennung des Patents vom 3. März 1847; am Ende wurden diese zwar gewählt, aber die Wahl wurde von einem Teil der Abgeordneten boykottiert.

Am Vorabend der Revolution von 1848 befand sich Preußen demnach in einem latenten Verfassungskonflikt, der die Handlungsfähigkeit der Staatsregierung empfindlich beschränkte, vor allem aber die Legitimität der bestehenden Staatsordnung in weiten Kreisen der Bevölkerung zweifelhaft werden ließ. Wenn weder »das gute alte Recht« – nämlich das Verfassungsversprechen von 1815 – noch die Forderung einer großen Mehrheit nach

Schaffung einer zeitgemäßen Konstitution etwas galt, sondern nur der Wille eines wirklichkeitsfremden Monarchen, dann stand es mit Preußen in der Tat nicht gut. Ein entschlossener Übergang zu einem konstitutionellen Regiment gemäß den liberalen Vorstellungen hätte Preußen resistent gegen revolutionäre Entwicklungen gemacht; so wie die Dinge lagen, war absehbar, daß es früher oder später zu einer Katastrophe kommen mußte.

Im Jahre 1847 hatten die oppositionellen Strömungen auch im übrigen Deutschland wieder erheblich an Boden gewonnen. Die öffentlichen Auseinandersetzungen in den Parlamenten, vor allem aber im Vereinigten Landtag, aber auch in den Stadtverordnetenversammlungen der großen Städte, hatten der liberalen Bewegung und auch dem demokratischen Radikalismus ein wachsendes Maß an Unterstützung zugeführt. Dies war nicht zuletzt auch die Folge der Inkompetenz und Unzulänglichkeit, mit der sich die Regierungen, die mit dem parlamentarischen Geschäft weithin noch wenig vertraut waren und ursprünglich die Tätigkeit der Kammern als wenig bedeutsam eingeschätzt hatten, in den Auseinandersetzungen der Öffentlichkeit präsentierten. Die Lage wurde verschärft durch die wirtschaftliche Krise der Jahre 1846 und 1847, die zu hoher Arbeitslosigkeit, Teuerung, Arbeiterprotesten, Brotkrawallen und Hungerkrisen führte; dies alles wurde großenteils dem Versagen der Regierungen zugeschrieben, obschon die tieferen Ursachen der wirtschaftlichen Rezession durch staatliche Maßnahmen nicht wirklich hätten bekämpft werden können. Insgesamt wird man sagen können, daß die politischen Verhältnisse in der deutschen Staatenwelt Ende 1847 für grundlegende Veränderungen reif waren. Angesichts der Versäulung, die zwischen den herrschenden Mächten und den gesellschaftlichen Kräften eingetreten war, war jedoch nicht zu erkennen, auf welche Weise dies geschehen könne.

Auch außerhalb Deutschlands hatten sich die Verhältnisse weiter zugespitzt. Der Sonderbundskrieg in der Schweiz hatte 1847 zum Triumph der liberalen Kantone geführt und damit den liberalen Strömungen in Europa zusätzlichen Auftrieb gegeben. In den italienischen Besitzungen des Habsburgerreiches erreichten die nationalen Gegensätze, die zugleich von der Unzufriedenheit der lokalen Eliten mit den unzeitgemäßen bürokratischen Regierungsmethoden geschürt wurden, den Siedepunkt. Vom Vatikanstaat ging eine Initiative zur Gründung eines italienischen Bundesstaates aus, der unter Führung des 1846 gewählten liberalen Papstes Pius IX. stehen sollte. Unter dem Einfluß dieser Entwicklungen stellte sich König Carl Albert von Piemont-Sardinien an die Spitze der italienischen Nationalbewegung; er tat das, was Friedrich Wilhelm IV. in Preußen beharrlich verweigert hatte; am 8. Februar 1848 versprach er den Erlaß einer liberalen Verfassung in Piemont-Sardinien. An der Peripherie geriet die politische Ordnung Europas in Bewegung; das Zentrum Europas verharrte hingegen in einem Zustand politischer Stagnation.

IV.
Die politischen Parteirichtungen am Vorabend der Revolution

Von Parteien im modernen Sinne kann man im Vormärz noch nicht reden; selbst in Großbritannien, wo das parlamentarische Leben auf eine lange Tradition zurückschauen konnte, hatten sich Parteien im eigentlichen Sinne des Wortes noch nicht ausgebildet; die »Whigs« und »Tories« waren Adelsparteien mit einem mehr oder minder großen Anhang in der Öffentlichkeit, aber ohne klare Abgrenzungen und ohne festes ideologisches Programm. Auf dem europäischen Kontinent hingegen verstand man unter Parteien gemeinhin Gesinnungsgefolgschaften, die einer bestimmten ideologischen Grundrichtung verpflichtet waren. In Frankreich bestand neben der dominanten liberalen eine republikanische Tradition; doch waren das republikanische und das liberale Lager nicht klar geschieden, und noch weniger eindeutig war das Profil der Bonapartisten, die in vager Form die Herstellung einer populistischen Herrschaft des Louis Napoléon Bonaparte befürworteten.

In Mitteleuropa war der Grad der Politisierung der Öffentlichkeit noch nicht so weit fortgeschritten; hier war der Begriff der Partei als einer Verbindung von gleichgesinnten Persönlichkeiten, die bestimmte politische Zielsetzungen in Entgegensetzung zu rivalisierenden Gruppen durchzusetzen suchen, noch nicht gebräuchlich, zu Teilen deshalb, weil der Dualismus zwischen monarchischer Regierung und Volksvertretung, wie er das frühkonstitutionelle Verfassungsleben in Deutschland bestimmte, dies nicht zuließ. Allerdings setzte sich Ende der 40er Jahre langsam die Erkenntnis durch, daß, sobald es einmal dazu komme, daß die Regierungen aus der Majorität der Kammer hervorgingen, auch das Prinzip der Regierung durch eine Mehrzahl von konkurrierenden Parteien zur Durchsetzung kommen werde. Robert von Mohl beispielsweise legte dar, daß dann an die Stelle des »unseli-

88

gen Dualismus« zwischen Regierung und Mehrheit »der Kampf
... zwischen der in den Kammern herrschenden und durch den
Besitz der höchsten Staatsämter noch mächtig gekräftigten Partei,
und zwischen den in der Minderzahl befindlichen Richtungen«
treten werde. Fortan werde gelten, daß »der Staat nicht nach der
persönlichen Ansicht des Fürsten, sondern nach dem Programme
der in der Mehrheit befindlichen Partei geführt werden« müsse.[1]
Dies eilte jedoch den Ereignissen voraus. Noch verstanden sich die
Parteirichtungen in Deutschland in erster Linie als Gesinnungsge-
meinschaften. Aber seit Anfang der 1840er Jahre hatte ein Prozeß
der Verfestigung der bislang nur losen Verbindungen zwischen
den Honoratiioreneliten und Gruppen von Intellektuellen eingesetzt, der zu einer Konsolidierung der verschiedenen gesin-
nungspolitisch geprägten »Parteiungen« führte. Diese gewannen
klarere ideologische Konturen; vor allem aber bildeten sie Bezie-
hungsnetze aus, die koordiniertes politisches Handeln in größe-
rem Rahmen und schließlich sogar auf nationaler Ebene ermöglichten. In diesem Sinne kann man am Vorabend der Revolution
von 1848 mit einiger Vorsicht von der Entstehung politischer Parteien sprechen, obschon diese von den späteren Parteien mit eindeutiger Programmatik und einem festgefügten organisatorischen
Unterbau noch weit entfernt waren.

Dazu hatte die Repression der oppositionellen Bewegungen
durch die Regierungen ihrerseits nicht unerheblich beigetragen;
sie zwang dazu, daß sich die verschiedenen politischen Gruppen
enger zusammenfanden und nach Wegen und Mitteln für ein gemeinsames Vorgehen suchten. Eine katalysatorische Wirkung
hatte in dieser Hinsicht unter anderem der Hochverrats- und Ma-
jestätsbeleidigungsprozeß gegen den Arzt Johann Jacoby wegen
seiner Flugschriften »Preußen im Jahre 1845« und »Das könig-
liche Wort Friedrich Wilhelms III.«, der durch drei Instanzen ging
und schließlich unter dem Beifall der liberalen Presse zum Frei-
spruch Jacobys führte. Im Zuge dieses Prozesses wurde Jacoby zu
einem Repräsentanten der liberalen Partei in Preußen. Eine große

---

1 Erich Angermann, Robert von Mohl 1799–1875. Leben und Werk eines altliberalen
Staatsgelehrten, Neuwied 1962, S. 407f., 411

Rolle spielte daneben die Presse. Hier ist besonders die Gründung der Deutschen Zeitung durch Georg Gottfried Gervinus im Jahre 1847 zu nennen, die als Instrument zur Sammlung der liberalen Bewegung und als Organ der liberalen Partei gedacht war. Sie bemühte sich erfolgreich um die Heranziehung der führenden Persönlichkeiten des Liberalismus in Deutschland und ebenso um die Formulierung eines klaren, mehrheitsfähigen Programms. Sie erklärte es zu ihrer wesentlichen Aufgabe, »das Gefühl der Gemeinsamkeit und Einheit der deutschen Nation zu erhalten und zu stärken«. Ebenso wollte sie auf gesamtstaatlicher Ebene operieren: »Wir werden das Prinzip der konstitutionellen Monarchie in einem freien Sinne, in allen Konsequenzen und für alle Teile des Vaterlandes verfechten, wo es zu behaupten, wo es zu läutern, wo es herzustellen, und wo es zu verringern ist.«[2] Auf wirtschaftlichem Gebiete bekannte die Deutsche Zeitung sich eindeutig zur Förderung der industriellen Entwicklung in allen ihren Zweigen und verlangte ein einheitliches Handels- und Wechselrecht als Voraussetzung einer gedeihlichen wirtschaftlichen Entwicklung. Zumindest in den ersten Monaten ihrer Existenz bildete sie das publizistische Rückgrat der liberalen Bewegung.

Zu diesem Zeitpunkt hatten sich die politischen Hauptrichtungen der deutschen Gesellschaft klar herausgebildet, auch wenn es ihnen noch an einer festen organisatorischen Form mangelte. Die Liberalen hatten sich zwar nicht, wie Heinrich von Sybel späterhin behaupten sollte,[3] in verschwörerischer Absicht zusammengeschlossen, um die bestehenden monarchischen Ordnungen aus den Angeln zu heben, wohl aber hatten sie ein enges Beziehungsnetz (Langewiesche) geknüpft, das die Führer der Liberalen Bewegung über die deutschen Ländergrenzen hinweg miteinander verband. Rotteck und Welcker standen in kontinuierlichen Verbindungen mit Paul Pfi[t]zer und Friedrich Römer in Württemberg, mit Heinrich von Gagern in Kurhessen, aber auch

2 Leonard Müller, Die politische Sturm- und Drangperiode Badens, Bd. 1, Mannheim 1905, S. 179 ff.
3 Heinrich von Sybel, Die Begründung des Deutschen Reiches durch Wilhelm I., Bd. 1, München 1889, S. 137 f.

mit den Repräsentanten des rheinischen Liberalismus; diese hinwiederum standen in Verbindung mit den ostpreußischen Liberalen, nicht zuletzt dank der gemeinsamen Arbeit im Vereinigten Landtag. Hansemann korrespondierte mit Jacoby, der ein besonders engagierter Streiter für die liberale Sache war, und unterhielt enge Kontakte mit Gervinus und Dahlmann. Die Führer der liberalen Bewegung besaßen starken Rückhalt in den Stadträten und den Stadtverordnetenversammlungen sowie bei den Honoratioren der großen Städte, so David Hansemann in Aachen, Hermann von Beckerath in Krefeld, Ludolf und Otto Camphausen in Köln, August von der Heydt in Elberfeld und Friedrich Bassermann in Mannheim. Nur in den Hansestädten regierte noch eine traditionelle Honoratiorenelite in patriarchalischer Manier.

Das Beziehungsnetz der Liberalen bildete freilich nur die Spitze einer breiten Volksbewegung; im Unterschied zu landläufigen Vorstellungen reichte, wie jüngst gezeigt worden ist, die soziale Basis der liberalen Bewegung bis in die kleinbürgerlichen und unterbürgerlichen Schichten hinab, auch wenn das gehobene Bürgertum die Schlüsselstellungen innehatte.[4] Es stützte sich auf ein weitverzweigtes Geflecht von Vereinen und Assoziationen vielfältiger Art, von Turn- und Sängervereinen bis hin zu politischen Vereinen im engeren Sinne; daneben dienten wissenschaftliche Kongresse und Kongresse der Berufsverbände als informelle Foren liberaler Politik. Insgesamt besaß die liberale Bewegung ungeachtet der Unterdrückung aller im engeren Sinne politischen Vereine durch die Behörden eine beachtliche Basis im Volke. Darüber hinaus verfügte sie über die wirksame Unterstützung der Presse, während den Versuchen der preußischen Regierungen, mit Hilfe von indirekten Subventionen regierungsnahe Blätter ins Leben zu rufen, trotz reichlicher Patronage kein nennenswerter Erfolg beschieden war. Das politische Programm der Liberalen war in aller Munde: die Gewährung von konstitutionellen Verfassungen bzw.

---

4 Vgl. Dieter Langewiesche, Frühliberalismus und Bürgertum 1815–1849, in: Lothar Gall, Bürgertum und bürgerlich-liberale Bewegung in Mitteleuropa seit dem 18. Jahrhundert, Sonderheft 17 der Historischen Zeitschrift, München 1997, S. 105 f.

die Fortentwicklung der bestehenden Verfassungen in den deutschen Einzelstaaten, die Errichtung einer Nationalvertretung am Deutschen Bunde, die Beseitigung der zahlreichen Behinderungen der parlamentarischen Arbeit einschließlich der Maßregelung der Beamten, Budgetrecht und Beteiligung an der Legislative, Garantie der individuellen Freiheitsrechte, Beseitigung der Zensur und die Gewährung unbeschränkter Pressefreiheit, Judenemanzipation, öffentliches Gerichtsverfahren und Schwurgerichte für Kapitalverbrechen, Abschaffung der Adelsvorrechte und Privilegien zugunsten einer freiheitlichen Bürgergesellschaft wesentlich gleicher Individuen, schließlich eine liberale Wirtschaftsgesetzgebung, verbunden mit der staatlichen Förderung von Gewerbe und Industrie.

Dies alles wurde überwölbt von der Forderung nach einer Nationalvertretung am Deutschen Bunde, die sicherstellen sollte, daß Deutschland zu einer wirksamen Vertretung der nationalen Interessen auch gegenüber dritten Mächten befähigt sein sollte. Mit dem ungemein populären Postulat der Einigung Deutschlands verband sich die Forderung nach Beseitigung des verhaßten restaurativen Systems der Karlsbader und Wiener Beschlüsse. Außerdem knüpfte sich daran ein ganzer Katalog von wirtschaftspolitischen und gesellschaftspolitischen Forderungen, die auf die Schaffung eines einheitlichen Wirtschaftsraums mit entsprechenden rechtlichen Regelungen abzielten in der Erwartung, daß dies dem wirtschaftlichen Leben zusätzlichen Auftrieb verleihen werde.

Die radikale Demokratie war anfänglich ein Teil der liberalen Gesamtbewegung. Sie löste sich erst nach und nach von dieser ab. Sie hatte in sozialer Hinsicht im wesentlichen die gleiche Klientel wie die Liberalen und erreichte ebenfalls nur in Ausnahmefällen die unterbürgerlichen Schichten. Allerdings war das soziale Spektrum ihrer Anhängerschaft deutlich zum unteren Mittelstand hin verschoben. In der Führungsebene gaben durchweg Repräsentanten der bürgerlichen Intelligenz den Ton an; doch fehlte es nicht an Repräsentanten auch des unteren Mittelstandes. Die radikale Demokratie teilte im wesentlichen die Ziele des Liberalismus, aber sie wollte weit entschiedener vorgehen, statt sich, wie ersterer, primär auf die friedliche Vereinbarung mit den bestehenden monarchischen Regierungen zufolge der überwältigenden Macht der öffentlichen Meinung zu verlassen. Sie wollte die breiten Massen am politischen Geschehen aktiv beteiligen, statt ihnen – wie die Liberalen – nur die Aussicht auf ein allmähliches Hineinwachsen in der Zukunft zu offerieren. Demgemäß traten die radikalen Demokraten für das allgemeine Wahlrecht ein, statt – wie die Liberalen – die Wahlberechtigung an Eigentum und Unabhängigkeit zu knüpfen. Vor allem wollten sie die schroffen sozialen Gegensätze mit staatlichen Maßnahmen bekämpft und auf längere Sicht aufgehoben sehen. Vieles davon war Utopie, aber manches war unzweifelhaft populär wie die Forderung nach einer progressiven Einkommensbesteuerung und nach gleichen Bildungschancen für alle, anderes, insbesondere die Forderung nach »Ausgleichung des Mißverhältnisses zwischen Arbeit und Kapital«, ebenso redlich wie illusionär.[5]

Im Kern war dies eine kleinbürgerliche, nicht eine proletarische Strategie. Das Ziel war, die unterbürgerlichen Schichten auf das Niveau des Mittelstandes zu heben, nicht zuletzt in dessen eigenem Interesse. Wenn die Notlage der Arbeiterschaft durch umfassende staatliche Sozialreformen gehoben werde, dann werde, wie Gustav von Struve meinte, »die große Masse des Volkes aus arbeitenden und besitzenden Bürgern bestehen, und diese bietet jedem Staat eine festere Grundlage, als das jetzige Proletariat in Verbindung mit einem wenig zahlreichen Mittelstande, einigen hunderttausend überreichen Schwelgern und Millionen darbender Armen«.[6] Die Bekämpfung des Pauperismus liege daher unmittelbar im Interesse auch des Mittelstandes: »Je weniger Bildung der besitzlose Arbeiter und unterstützungsbedürftige Arme hat, und je mehr er von der Not gedrängt wird, desto gefährlicher wird er gerade dem Mittelmann, mit welchem er in häufigere Berührung tritt, als mit den bevorzugten Klassen. So leidet auch der Mittel-

---

5 Offenburger Programm, bei Ernst Rudolf Huber, Dokumente zur deutschen Verfassungsgeschichte, Bd. 1, Stuttgart 1961, S. 262

6 Peter Wende, Radikalismus im Vormärz, Untersuchungen zur politischen Theorie der frühen deutschen Demokratie, Wiesbaden 1975, S. 119

stand unter dem Einflusse des Gegensatzes zwischen übermäßigem Reichtum und niederdrückender Armut.«[7]

Auch die radikale Demokratie hatte daher keineswegs die Absicht, die Revolten der unterbürgerlichen Schichten, die damals an der Tagesordnung waren, zur Revolution voranzutreiben.[8] Aber sie wollte ihre Notlage überwinden helfen und das herrschende System gemeinsam mit diesen auf die Knie zwingen. Dazu gehörte die Ausschaltung der stehenden Heere – potentieller Instrumente zur Unterdrückung der Volksbewegungen – und die Forderung nach allgemeiner Volksbewaffnung. Der eigentlich kritische Punkt war, ob man auf die gewaltsame Beseitigung der bestehenden Dynastien drängen, oder ob der Weg der freien Vereinbarung zwischen Volk und Monarchie, wie ihn die Liberalen forderten, gewählt werden sollte. Die radikalen Demokraten waren nicht durchweg Republikaner; nicht wenige unter ihnen standen dem Gedanken einer demokratischen Monarchie nicht abgeneigt gegenüber. Einstweilen war diese Frage auch im radikalen Lager noch nicht ausdiskutiert. Klar war nur, daß sie auf eine weitgehende Umgestaltung der politischen Verhältnisse in der deutschen Staatenwelt drängten, welche ohne Beseitigung der bestehenden Monarchien niemals hätte durchgesetzt werden können.

Die radikale Demokratie gab sich am 10. September 1847 auf einer Volksversammlung im badischen Offenburg, an der etwa 600 Personen teilnahmen, erstmals ein förmliches Programm, das dann wenig später in der Augsburger Allgemeinen Zeitung veröffentlicht wurde. Die treibenden Persönlichkeiten waren Friedrich Hecker und Gustav von Struve; letzterer hatte die Programmpunkte entworfen. Dahinter stand keine feste Organisation; es wurde von einer eher zufällig zusammengekommenen Menge akklamiert, nicht förmlich beschlossen. Das Ganze wurde betrieben von einer zwar zahlenmäßig kleinen, aber höchst aktiven Gruppe von entschiedenen Radikalen, die mit dem in Mannheim erschienenen Deutschen Zuschauer und den Seeblättern in Konstanz über ein gewisses Maß von publizistischer Resonanz verfügten.

7 Ebd.
8 Langewiesche, Frühliberalismus, S. 102

Das Offenburger Programm durfte unter damaligen Umständen als äußerst radikal gelten, obschon darin ein offenes Bekenntnis zur Republik vermieden worden war.

Der demokratische Radikalismus war aus den kleinen Intellektuellenzirkeln der ersten Jahrzehnte des 19. Jahrhunderts hervorgegangen, welche der bestehenden Gesellschaft radikal den Kampf angesagt hatten. Zu ihnen gehörten Georg Büchner, der in seinem Hessischen Landboten nicht nur gegen die monarchische Ordnung, sondern auch gegen die Halbheiten des liberalen Konstitutionalismus polemisiert hatte, und der Geheimzirkel der »Unbedingten«, die die Idee einer unitarischen Republik in freilich religiös verbrämter Form propagiert hatten. Auch der Einfluß der radikalen Emigrantenvereine in Frankreich und der Schweiz spielte eine Rolle, ebenso wie die Agitation der Schriftsteller des »Jungen Deutschland« und, in anderer Weise, der Junghegelianer für eine freiheitliche Ordnung. Aber mit Gustav von Struve und Friedrich Hecker trat ein neuer Typ von Politikern in die Arena, die es bei theoretischen Deduktionen allein nicht länger bewenden lassen wollten. Beide waren Mitglieder der zweiten badischen Kammer; sie waren nicht zuletzt durch die engstirnigen Unterdrückungsmaßnahmen der Behörden nach links gedrängt worden. Sie hofften, unter den wirtschaftlich bedrängten Handwerkern und den kleinen Gewerbetreibenden, aber auch bei der Bauernschaft eine politische Basis zu gewinnen und die radikale Demokratie damit über das Niveau einer Intellektuellenbewegung hinauszuführen.

Das Offenburger Programm war auf diese Zielsetzung ausgerichtet. In seinem ersten Teil griff es, in freilich radikalisierter Form, das Programm des Liberalismus auf, die Beseitigung des Systems der Karlsbader Beschlüsse, unbeschränkte Pressefreiheit, Gewissens- und Lehrfreiheit und daraus hervorgehend die Gleichberechtigung aller religiösen Bekenntnisse, schließlich die Sicherstellung der persönlichen Freiheitsrechte des einzelnen sowie, im zeitgenössischen Bewußtsein eng damit verknüpft, eine Vertretung des deutschen Volkes am Deutschen Bund und die staatliche Einheit des deutschen Vaterlandes. Darüber hinaus postulierte es die allgemeine Volksbewaffnung anstelle der stehenden Heere, eine progressive Einkommensteuer und anstelle der »Vielregierung der Beamten« die »Selbstregierung des Volks«. Die Stoßrichtung war klar: die Beseitigung des überkommenen obrigkeitlichen Systems von Grund auf und die Abschaffung aller aristokratischen und sonstigen Vorrechte zugunsten einer egalitären Gesellschaft. Dazu gehörte schließlich die Forderung, daß die Gesellschaft verpflichtet sei, »die Arbeit zu heben und zu schützen«.[9] Mit diesen zwar in der Wahl der Mittel diffusen, aber in der Tendenz eindeutigen Programmpunkten machte die radikale Demokratie die Hebung der sozialen Lage der Unterschichten zu einem wesentlichen Bestandteil fortschrittlicher Reformpolitik. Die Chance, auf solche Weise breite Schichten der Bevölkerung politisch zu mobilisieren, war nicht gering.

Mit dem Offenburger Programm wurde ein Zeichen gesetzt, das in der damaligen angespannten sozialen Situation nicht überhört werden konnte. Die Liberalen reagierten sofort und organisierten daraufhin ihrerseits ein Treffen führender liberaler Parlamentarier, das in Heppenheim für den 10. Oktober in der Absicht anberaumt wurde, um der Offenburger Erklärung ein Gegengewicht entgegenzustellen und sich über ein gemeinsames Vorgehen der Liberalen Partei in den einzelstaatlichen Parlamenten zu verständigen. Anstelle der ansonsten im liberalen Lager favorisierten Lösung der Errichtung einer nationalen Vertretung am Deutschen Bunde setzte sich Hansemann hier mit seinem Vorschlag durch, auf die Errichtung einer solchen Vertretung am Zollverein zu drängen, da dies größere Aussichten auf rasche Erfolge verbürge. Im übrigen verständigte man sich darauf, demnächst in den einzelstaatlichen Parlamenten aufeinander abgestimmte Anträge auf Durchsetzung der liberalen Programmpunkte zu stellen; dabei wurde die Forderung nach »Entfesselung der Presse« an den Anfang gestellt, »damit die Deutschen der ungehemmten Wirksamkeit dieses mächtigsten Bildungsmittels teilhaftig ... werden«. Hingegen konnte über die sozialen Fragen nicht sogleich Einigung erzielt werden; man bildete eine Kommission, um »im nächsten Jahre über das Steuerwesen und die Zustände der ärmeren Klas-

---

9 Das Programm ist abgedruckt bei Huber, Dokumente zur deutschen Verfassungsgeschichte, Bd. 1, S. 261 f.

sen ... zu berichten und Anträge zu bringen, wobei besonders die gerechte Verteilung der öffentlichen Lasten zur Erleichterung des kleineren Mittelstandes und der Arbeiter« zu berücksichtigen sei.[10] Die Liberalen verlegten sich also auf konzertierte Aktionen auf der Ebene der Parlamente; geschreckt durch die Erfahrungen der Französischen Revolution, wollten sie es hingegen vermeiden, die unterbürgerlichen Schichten in die bevorstehenden politischen Auseinandersetzungen einzubeziehen.

Ludolf Camphausen eröffnete die liberale Offensive am 17. Januar 1848 anläßlich der Eröffnung der Sitzungsperiode des Vereinigten ständischen Ausschusses mit einer Erklärung, in der er die Zuständigkeit des Ausschusses für alle jene Fragen, für die allein der Vereinigte Landtag zuständig sei, erneut in aller Form in Zweifel zog und der Staatsregierung vorwarf, bei der letzten Versammlung des Vereinigten Landtags die zur Verständigung ausgestreckte Hand der Ständevertreter »im Zorne zurückgestoßen« zu haben. Der Verfassungskonflikt war damit wieder weit aufgebrochen.[11] Am 5. Februar 1848 brachte Friedrich Bassermann im Badischen Landtag einen Antrag ein, die badische Regierung möge darauf hinwirken, daß durch die Schaffung einer Vertretung der deutschen Ständekammern am Bundestage ein sicheres Mittel zur Erzielung gemeinsamer Gesetzgebung und einheitlicher Nationaleinrichtungen geschaffen werde. Eine Woche später begründete Bassermann diese Forderung in einer großen Rede unter Hinweis auf die gespannte Lage im Lande, die eine Bewegung in der Verfassungsfrage unabweisbar erforderlich mache. »Die herrschende Abneigung der Nation gegen ihre oberste Behörde in ein vertrauensvolles Zusammenwirken zu verwandeln, sei die dringende Aufgabe der deutschen Fürsten ... Sowohl zur Sicherung der Zukunft, zum glücklichen Überstehen einer neuen Krisis als auch zur friedlichen inneren Entwicklung bedürfe Deutschland eines mächtigen Mittelpunktes.«[12]

Die Vorstöße der Liberalen in den einzelstaatlichen Parlamen-

10 Hansen, Rheinische Akten, Bd. 2,1, S. 352f.
11 Ebd., S. 417
12 Ebd., S. 457

ten zugunsten der Schaffung einer Nationalvertretung am Bund sowie des Übergangs zum konstitutionellen System waren gutenteils durch die große soziale Unruhe stimuliert, welche als Folge der Wirtschaftskrise von 1846/47 große Teile der Bevölkerung erfaßt hatte. Die Liberalen waren besorgt über die möglichen Folgen sozialrevolutionärer Eruptionen, die zu steuern die bestehenden bürokratischen Regierungen ganz offenbar nicht fähig sein würden. Die konstitutionellen Forderungen hatten nicht nur eine offensive, sondern auch eine defensive Zielsetzung; endlich sollten geeignete institutionelle Formen gefunden werden, um das offenbare »Mißbehagen im Volke« zu artikulieren und die Staatsbürokratie zu zwingen, diesem auf den Grund zu gehen, wie beispielsweise Heinrich von Gagern am 22. Dezember 1847 in der hessisch-darmstädtischen Kammer ausführte. Analog hieß es in einer Eingabe von Stuttgarter Wählern vom 2. Februar 1848, daß »Erscheinungen auf der Oberfläche unserer sozialen Zustände hervorgetreten sind, welche den tiefen Abgrund zeigen, vor dem wir stehen«. Voraussetzung für eine Sanierung der Wirtschaft aber sei eine stärkere Beteiligung der bürgerlichen Schichten am öffentlichen Leben und vor allem die nationale Einigung Deutschlands.[13]

Die Furcht des liberalen Bürgertums vor erneuten sozialrevolutionären Eruptionen war nicht unbegründet. Die große Dynamik, mit der das industrielle System sich seit Mitte der 40er Jahre auch auf dem europäischen Kontinent entfaltete, führte zu erheblichen Verwerfungen im gesellschaftlichen System. Die Ungesichertheit der Existenz der industriellen Arbeiterschaft, namentlich auch in der Bauwirtschaft, die den starken konjunkturellen Schwankungen zumeist ohnmächtig ausgeliefert war, war ein Herd beständiger Unruhe und potentieller Sozialproteste, die sich gemeinhin der herkömmlichen Strategie beschränkter Gewaltanwendung gegen Sachen bedienten. Ungleich schwerwiegender waren allerdings die Verunsicherung und die Notlage großer Teile der Handwerkerschaft und des traditionellen Kleingewerbes. Jedoch gab es, vom Chartismus in England abgesehen, so gut wie keine An-

---

13 Zit. bei Dieter Langewiesche, Liberalismus und Demokratie in Württemberg zwischen Revolution und Reichsgründung, Düsseldorf 1974, S. 127f.

sätze einer organisierten Arbeiterbewegung. Der utopische Sozialismus von Moses Hess, der in den Jahren 1842 bis 1845 vor allem im Wuppertaler Raum agitierte, fand bestenfalls Anklang in den Kreisen der von dem wirtschaftlichen Konzentrationsprozeß bedrohten Zweige des Handwerks, nicht jedoch bei der industriellen Arbeiterschaft. Hess' Prognose, daß es im Zuge der wirtschaftlichen Entwicklung unvermeidlich zu einer Polarisierung der Gesellschaft zwischen der industriellen Bourgeoisie und der Arbeiterschaft kommen werde, deckte sich mit der subjektiven Erfahrung dieser Sozialgruppen: »In einer Zeit, ... wo der beschränkte Innungs- und Gliederungszwang den unbeschränkten Aktienunternehmungen, wo jeder Zwischenhandel wie jedes Handwerk dem Großhandel und der Industrie weichen, in einer Zeit, so sagen wir, wo freier Handel und Gewerbefleiß endlich jede individuelle Tätigkeit in einen ungeheuren Universalrachen verschlingt, muß der Mittelstand notwendig immer mehr schwinden, als sich die ungleiche Verteilung der Güter nicht stets von selbst wieder ausgleicht.«[14] Aber die von ihm propagierte Strategie der »direkten Aktion«, aus der eine von den Arbeitern selbst zentral gelenkte sozialistische Wirtschaftsordnung hervorgehen sollte, blieb ohne nennenswerte Resonanz. Die radikalen Arbeiterbildungs- und Agitationsvereine, die sich im Vormärz im Ausland, vornehmlich in Paris, gebildet hatten und einen vagen, meist religiös verbrämten Handwerkersozialismus propagierten, stellten ebenfalls keine ernsthafte Bedrohung des bestehenden gesellschaftlichen Systems in der deutschen Staatenwelt dar. Sie waren eher sektiererische Grüppchen als schlagkräftige Organisationen.

Auch der »Bund der Gerechten«, der sich auf Karl Marx' Betreiben hin im Frühjahr 1847 in »Bund der Kommunisten« umbenannte, war seiner sozialen Struktur nach ein kleinbürgerlicher Arbeiter- und Handwerkerbildungsverein ohne nennenswerten Anhang außerhalb der deutschen Emigranten in Paris. Größere Ausstrahlung sollte er erst gewinnen, als Karl Marx ihn zu einer ideologischen Plattform für die Propagierung seines »Wissen-

14 Zit. bei Horst Lademacher, Die politische und soziale Theorie bei Moses Hess, in: Archiv für Kulturgeschichte, Bd. 42 (1960), S. 207

schaftlichen Sozialismus« umfunktionierte, der sich zugleich in schroffer Form von Moses Hess und den anderen Frühsozialisten abgrenzte. Unter Marx' Einfluß gab sich der »Bund der Kommunisten« eine neue Satzung, die den »Zweck des Bundes« in folgenden Worten umriß: »Der Sturz der Bourgeoisie, die Herrschaft des Proletariats, die Aufhebung der alten, auf Klassengegensätzen beruhenden bürgerlichen Gesellschaft und die Gründung einer neuen Gesellschaft ohne Klassen und ohne Privateigentum.«[15] Ebenso entwarf Marx ein neues Programm für den »Bund der Kommunisten«, das »Kommunistische Manifest«, das eben noch vor Ausbruch der französischen Februarrevolution im Druck erschien. Doch ging von dem »Bund der Kommunisten« einstweilen keine nennenswerte Wirkung auf die innerdeutschen Verhältnisse aus.

Das konservative Lager befand sich am Vorabend der Revolution von 1848/49 hingegen in einem Zustand weitgehender ideologischer Desorientierung. Die ultrakonservative Strategie Friedrich Wilhelms IV., der unter dem Einfluß der patrimonialen Staatstheorie Karl Ludwig Hallers starr an einer christlich-konservativen Staatsidee festhielt, die jegliche Beschränkung der auf das Gottesgnadentum gegründeten patriarchalischen Herrschaft des Monarchen ablehnte, war selbst für den strikt legitimistischen Konservativismus, wie ihn in Preußen vornehmlich Ernst Ludwig und Leopold von Gerlach repräsentierten, nicht ohne weiteres akzeptabel. Auch aus traditioneller aristokratischer Sicht war eine echte, nicht bloß fiktive Mitwirkung der Stände, vornehmlich des Adels, am politischen Prozeß unverzichtbar, während der bürokratische Neoabsolutismus auch die Interessen des grundbesitzenden Adels beeinträchtigte. Die Position des gouvernementalen Konservativismus wurde darüber hinaus geschwächt durch das offenbare Versagen der vormärzlichen Beamtenregierungen in Preußen und den übrigen deutschen Einzelstaaten. Dies war auch in Österreich der Fall, ungeachtet der alles überragenden Persönlichkeit des Staatskanzlers Metternich. Unter den obwaltenden Umständen war die herkömmliche Strategie der Konservativen,

15 Karl Marx / Friedrich Engels, Werke, Bd. 4, Berlin 1969, S. 596

ihr Heil in erster Linie bei der Staatsmacht zu suchen, wenig geeignet, ihren Einfluß im gesellschaftlichen Leben zu sichern. Dies erklärt, warum im Vormärz nicht unerhebliche Gruppen des Adels in verfassungspolitischen Fragen gemeinsame Sache mit den Liberalen gemacht haben, obschon sie damit unterschiedliche Zielsetzungen verbanden, vornehmlich die Erhaltung und Befestigung ihres informellen Einflusses auf lokaler Ebene.

Weitsichtige Konservative hatten ohnehin erkannt, daß der Konservativismus auf die Dauer nur dann eine Chance habe, wenn er sich von dem altkonservativen Prinzip eines korporativen Staates, in welchem der Monarch und die Stände sich in die Macht im Staate teilen, verabschiede und sich statt dessen jene Elemente des konstitutionellen Prinzips, die mit konservativen Interessen vereinbar seien, selbst zu eigen mache. Es war vor allem Friedrich Julius Stahl, der zum Vordenker des konstitutionellen Konservativismus avancierte, der sich in zahlreichen Publikationen, namentlich in seiner 1845 erschienenen Schrift »Das monarchische Prinzip« in diesem Sinne ausdrückte. Das »konstitutionelle Prinzip« im angelsächsischen Sinne sei »ein weltgeschichtlicher Fortschritt, den keine menschliche Macht, auch wenn sie daran weise täte, wieder zurückzunehmen im Stande« sei.[16] Jedoch plädierte Stahl für ein konsequentes Festhalten an der Eigenständigkeit der Krone und erklärte es zum »dringendste[n] Gebot, daß uns das politische System des Westens fernbleibe: die Volkssouveränität, die Teilung der Staatsgewalt, die Republik unter der Form der Monarchie, die Kammerherrschaft und deren Begleiterin, die Kammerbestechung, der Aggregatismus ... bloß numerischer Volksrepräsentation«.[17]

Dieser Weg einer konservativen Politik, die sich auf den Boden des konstitutionellen Systems stellte, um von dort aus die Interessen des Adels zu verteidigen, war freilich 1847 in Deutschland noch weitgehend ungangbar. Deshalb scheiterten alle Versuche einer konservativen Parteigründung im engeren Sinne, wie sie Victor Aimé Huber schon 1841 in einer Flugschrift mit dem be-

16 Das monarchische Prinzip, Heidelberg 1845 (Nachdruck Berlin 1926), S. 7
17 Ebd., S. 5

zeichnenden Titel »Über die Elemente, die Möglichkeit und der Notwendigkeit einer conservativen Partei in Deutschland« angeregt hatte. Zwar bildete sich im Umkreis von Leopold von Gerlach ein Kreis konservativer Politiker, zu dem unter anderen Robert Graf von der Goltz, Adolf Heinrich Graf Arnim-Boitzenburg und der junge Otto von Bismarck gehörten, aber Versuche, diesem eine festere Form zu geben, scheiterten ebenso wie die Gründung einer »konservativ-ständischen Zeitung«. Wie schwer diese Gruppe von Konservativen es hatte, in der politischen Situation des Jahres 1847 überhaupt ein Bein auf die Erde zu bekommen, lehrt Bismarcks erster Auftritt im Vereinigten Landtag am 17. Mai 1847. Bei dieser Gelegenheit polemisierte er vehement gegen die Inanspruchnahme der Volksbewegung vom Jahre 1813 gegen die Napoleonische Herrschaft zur Legitimierung der Forderung nach einer konstitutionellen Verfassung in Preußen. Es hieße, so argumentierte er, »der Nationalehre einen schlechten Dienst« zu erweisen, »wenn man annimmt, daß die Mißhandlung und Erniedrigung, die die Preußen durch einen fremden Gewalthaber erlitten, nicht hinreichend gewesen sein, ihr Blut in Wallung zu bringen und den Haß gegen die Fremdlinge alle anderen Gefühle übertäubt werden zu lassen«.[18] Er erntete damit fast allgemein leidenschaftlichen Widerspruch. Ihm wurde entgegengehalten: »Die Idee der Freiheit lebte im Volke und wurde zur That.«[19]

Von einer öffentlich wirksamen Unterstützung der Regierung durch die politische Rechte konnte unter den obwaltenden Umständen weder in Preußen noch anderswo die Rede sein. Vielmehr war das konservative Lager tief gespalten und befand sich in der öffentlichen Meinung durchweg in der Defensive. Selbst der Zuzug, den die Konservativen gewöhnlich aus kirchlichen Kreisen erhielten, hatte nachgelassen. Namentlich ein nicht unerheblicher Teil der Katholiken hatte sich dem liberalen Lager angenähert und sah die Zukunft ihrer Kirche in einer verfassungsrechtlichen Absicherung vor dem Zugriff des neoabsolutistischen Staates. Im Rückblick urteilte Ernst Ludwig von Gerlach über das Versagen

18 Horst Kohl, Die politischen Reden des Fürsten Bismarck, Bd. 1, Stuttgart 1892, S. 9 f.
19 Ebd., S. 10

der Konvervativen in jenen Jahren: »Es hatte niemand Neigung, eine Partei zu bilden – ein mühsames, feines, edles Geschäft! Erst 1848, als die Not auf den Nägeln brannte, kamen wir, 20 Jahre zu spät, darauf.«[20]

20 Ernst Ludwig von Gerlach, Aufzeichnungen aus seinem Leben und Wirken 1795–1877, Bd. 1, Schwerin 1903, S. 247

V.
Die Märzrevolution

Am 23. Februar 1848 brach in Frankreich überraschend die – später so genannte – Februarrevolution aus, die binnen weniger Tage die großbürgerliche Regierung unter François Guizot und Adolphe Thiers hinwegfegte und Louis Philippe zur Abdankung zwang. Für die Zeitgenossen kam dies einigermaßen überraschend, war doch in Frankreich bereits 1831 eine an den Zeitumständen gemessen relativ fortschrittliche konstitutionelle Verfassung eingeführt worden, welche die Machtbefugnisse des Monarchen stark beschnitt und den aus der Kammer hervorgegangenen bürgerlichen Regierungen nahezu uneingeschränkte Machtbefugnisse einräumte. Jedoch war das parlamentarische Wahlrecht weiterhin an einen hohen Zensus gebunden und garantierte, daß die Partizipation an der politischen Macht auf eine schmale Oberschicht von Notabeln und Repräsentanten des Großbürgertums beschränkt war; aus der Perspektive der breiten Massen der Bevölkerung präsentierte sich das bestehende Regime als eine ausgesprochenc Klassenherrschaft, die vor allem in die eigene Tasche wirtschaftete; Guizots Wort »enrichiez vous«, das den Unterschichten beschwichtigend entgegengehalten wurde, symbolisierte die vorherrschende Mentalität. In einer Periode des Übergangs zum Frühkapitalismus und angesichts der Massenarmut mußte dies aufreizend wirken, zumal die egalitären Ideen der Revolutionen von 1789 und 1830 jedermann vor Augen standen.

Nicht zufällig war das Frankreich des Bürgerkönigtums auch die Brutstätte frühsozialistischer Theorien unterschiedlichster Richtung, von den St. Simonisten bis hin zu Proudhon, dessen Parole »Eigentum ist Diebstahl« das wohlhabende Bürgertum provozierte. Aber im wesentlichen war die Massenarmut ein vorindustrielles Phänomen. In Paris wurde diese verschärft durch den Zu-

104

zug großer Zahlen von Angehörigen der Unterschichten vom Lande, die in der Industriemetropole ein Auskommen suchten. Die Wirtschaftskrise von 1846/47 war in erster Linie eine Agrarkrise, die zu einer dramatischen Teuerung der Lebensmittel führte, aber die mit geringer zeitlicher Versetzung einsetzende konjunkturelle Krise von Industrie und Gewerbe verschärfte die Notlage der Unterschichten noch mehr. Konstruktive Auswege aus diesem Dilemma waren nicht leicht zu finden. Am folgenreichsten sollte Louis Blancs Idee der Errichtung von »Nationalwerkstätten« werden, die, von seiten des Staates eingerichtet, durch die Arbeiter in eigener Verantwortung betrieben werden sollten; dies verspreche, die Arbeitslosigkeit wirksam zu bekämpfen und die Arbeiterschaft von den extremen konjunkturellen Schwankungen des Marktes abzukoppeln. Das Projekt der Errichtung von Nationalwerkstätten entsprach der Mentalität einer Arbeiterschaft, die noch ganz überwiegend in handwerklichen Kleinbetrieben beschäftigt war, und gewann große Popularität, obschon sie durch die industrielle Entwicklung im Grunde bereits überholt war. Einig war man sich im Lager der radikalen Kritiker der bestehenden Sozialordnung eigentlich nur in einem Punkt: Die Durchsetzung des allgemeinen Wahlrechts galt als wesentliche Voraussetzung für eine Lösung der sozialen Probleme.

Gegen den plutokratischen Charakter des Bürgerkönigtums hatte sich auch im bürgerlichen Lager zunehmend Widerstand herausgebildet. In der Kammer selbst war es nur eine kleine Gruppe von Intellektuellen, die sich nach englischem Muster als Radikale betrachteten und sich selbst in die Tradition der französischen Revolutionen von 1789 und 1830 stellten, welche eine Reform des Wahlrechts für unabdingbar hielten. Außerhalb der Kammer war es eine vielgestaltige Zahl von fortschrittlichen Liberalen, die sich um die Zeitungen Le National und La Réforme scharten, welche ein größeres Maß der Partizipation des Volkes an den politischen Geschäften für unabdingbar ansah. Daneben wimmelte es an sektiererischen Gcheimgesellschaften, die das Erbe der großen Französischen Revolution hochhielten und teilweise grandiose sozialistische Zukunftsmodelle schmiedeten; doch waren diese ohne Einfluß, zumal sie zumeist von Polizeispitzeln unterwandert waren, während die radikalen Protagonisten, die 1830 die revolutionäre Bewegung hatten weitertreiben wollen, wie Auguste Blanqui und Armand Barbès, zumeist noch im Gefängnis saßen. Hingegen besaß die Idee der Republik in Kreisen der Intellektuellen und namentlich in der Studentenschaft zahlreiche Anhänger. Angesichts ihrer Gegnerschaft gegen das bestehende bourgeoise Regime konnte die Opposition im Zweifelsfall auf die Unterstützung der Arbeiterschaft rechnen; eine »parti ouvrier« im eigentlichen Sinne gab es jedoch nicht; das Heer der im Kleingewerbe und in zahllosen anderen Unternehmungen, zu geringen Teilen in Industriebetrieben Beschäftigten war viel zu inhomogen und unorganisiert, um eine aktive politische Rolle im innenpolitischen Kräftespiel des Bürgerkönigtums spielen zu können.

Eigentlich hatte das Regime Guizots von dieser heterogenen Koalition wenig zu befürchten, sondern allenfalls nur seine Mißwirtschaft und seine Fehltritte, von denen es aber inzwischen genug gab. Demgemäß gewann die Agitation der Gegner des Regimes allmählich an Wirkung. Diese organisierten nach dem Muster der Revolution von 1830 eine Serie von Banketten, die sich als halböffentliche Veranstaltungen hevorragend dazu eigneten, die Zensur zu unterlaufen; an diese hatten sich mehr oder minder spontane Massendemonstrationen angeschlossen. Hauptrichtung der Kritik war das extrem restriktive Zensuswahlrecht, an dessen Stelle das allgemeine Wahlrecht zu treten habe. In der gespannten sozialen Lage Anfang Februar 1848 fand diese Agitation plötzlich eine gesteigerte Resonanz nicht nur bei den Studenten und den Journalisten, sondern auch bei der Pariser Bevölkerung. Der Versuch Guizots, ein ursprünglich im Januar und dann für den 22. Februar 1848 anberaumtes Bankett der Opposition zu verbieten, führte – durchaus entgegen den Absichten der Veranstalter, die eine derartige Zuspitzung der Verhältnisse gewißlich nicht gewünscht hatten – zu einer Explosion. Eine Demonstration gegen die erzwungene Absage des Banketts löste in der Nacht vom 22. zum 23. Februar 1848 in ganz Paris Massendemonstrationen gegen das Regime aus, an denen vor allem das Kleinbürgertum und die Arbeiterschaft beteiligt waren. Überall wurde die Forderung nach dem Rücktritt der Regierung Guizot und nach Reformen erhoben, die unter anderem die Hebung der sozialen Lage der arbeitenden Bevölkerung zum Gegenstand hatten. Die Regierung rief die Nationalgarde zu Hilfe, aber diese verweigerte ihr die Gefolgschaft und machte gemeinsame Sache mit den Demonstranten. Die revolutionären Massen besetzten das symbolträchtige Hotel de Ville und stürmten sogar die Tuilerien; stellenweise gab es auch sonst Gewaltanwendung, so gegen das Schloß der Rothschilds. Das Bürgerkönigtum war am Ende. Nach vergeblichen Versuchen, eine neue Regierung zu bilden, dankte Louis Philippe am Morgen des 24. Februar ab. Die Revolution hatte gesiegt.

Eine ungeheure Welle der Begeisterung erfaßte die Pariser Bevölkerung; die Freiheit hatte triumphiert, Frankreich war wieder eine Republik. Die Ankündigung der Neuwahl der Kammer aufgrund des allgemeinen Wahlrechts, die Aufhebung jeglicher Beschränkungen der Presse- und Versammlungsfreiheit sowie die Befreiung aller politischen Gefangenen standen am Anfang einer Phase allgemeiner Euphorie; mit einem Male schienen die Klassenschranken und sozialen Gegensätze der Vergangenheit anzugehören. Diese Euphorie hielt freilich nur wenige Wochen an. In der neuen republikanischen Regierung waren die Repräsentanten des bürgerlichen Liberalismus in der Mehrheit; sie dachten nicht daran, die Gesellschaft im sozialistischen Sinne umzugestalten. Sie bemühten sich, alle Anklänge an die Französische Revolution von 1789 zu vermeiden oder herunterzuspielen. Einen neuen »terreur« sollte es nicht geben. Andererseits war es unvermeidlich, den breiten Massen der Pariser Arbeiterschaft, die die revolutionären Kämpfe entschieden hatten, entgegenzukommen. So wurden der Journalist Jean Joseph Louis Blanc und der Arbeiterführer Alexandre Albert, der das Vertrauen der Massen genoß, in die Regierung aufgenommen, freilich ohne Portefeuille, und das »Recht auf Arbeit« proklamiert. Die Umsetzung dieses hehren Postulats war freilich heftig umstritten; am Ende einigte sich die Regierung darauf, Nationalwerkstätten einzurichten, um den circa 30 000 unbeschäftigten Parisern Lebensunterhalt und Arbeit zu verschaffen. Nur der Form, nicht der Sache nach deckte sich dies mit Louis Blancs Ideen; die Nationalwerkstätten waren zum weitaus größeren Teil Einrichtungen zur Gewährung von Sozialhilfe, nicht produktive Betriebe, die wirtschaftlich rentabel arbeiteten. In mancher Hinsicht waren sie nur ein Mittel, um den sozialen Frieden zu sichern und die Arbeiter von der Straße zu bekommen. Der Wahltermin wurde unter dem Druck der äußersten Linken zunächst aufgeschoben und schließlich auf den 23. April 1848 festgesetzt. Auf diese Weise vermochte sich das republikanische Regime in Paris und im Lande zu konsolidieren – wesentlich dank der Pazifizierung der Pariser Unterschichten mittels der Nationalwerkstätten, allerdings um den Preis einer dramatischen Anhebung der Steuerlast, den berühmten 45 Centimes, die zu jedem Livre bisheriger Steuerlast hinzugeschlagen wurden. Die großen sozialen Konflikte waren aufgeschoben, aber nicht aufgehoben.

Die Kunde vom Sieg der französischen Februarrevolution schlug im übrigen Europa wie eine Bombe ein. Der Sturz des Bürgerkönigtums und die Ausrufung der Republik wurden allgemein als Signal dafür empfunden, daß das System der Restauration, das sich mit dem Namen des Staatskanzlers Metternich verband, seinen Todesstoß erhalten habe. Es war dies ein plötzlicher Einbruch des Glaubens an die Legitimität der Staatenordnung in Europa, der zu spontanen Protestaktionen der Unterschichten herausforderte, mit dem Ziel, rasche Änderungen zu erzwingen. Umgekehrt hatten die Regierungen schlagartig jene Selbstgewißheit eingebüßt, die Voraussetzung zielbewußten politischen Handelns ist; tief geschockt von den Ereignissen, fürchteten sie ein Übergreifen der revolutionären Massenbewegungen Pariser Musters auf ihr eigenes Land. Zu einer militärischen Intervention in Frankreich im Stil der vergangenen Epoche fühlten sich selbst die Großmächte nicht imstande, wissend, daß dies zu sozialen Eruptionen unvorhersehbaren Ausmaßes führen könne.

Auch die Liberalen waren über die Ereignisse in Frankreich nicht eben erbaut. Ihre eigene politische Strategie war darauf ausgerichtet, durch verfassungspolitische Reformen die Stagnation auf politischem wie auf gesellschaftlichem Gebiet zu überwinden und damit zugleich sozialen Unruhen vorzubeugen. Gewaltsame Eruptionen der Unzufriedenheit der breiten Massen wie jene in Paris, die von tiefem Ressentiment gegen das wohlhabende Bürgertum getragen waren und zu sozialistischen Experimenten und womöglich gar zum Kommunismus führen könnten, entsprachen nicht ihrem Konzept. Zudem waren sich die Liberalen ganz unsicher, ob die Pariser Ereignisse ihrer politischen Position gegenüber den monarchischen Regierungen und in der Öffentlichkeit förderlich oder schädlich sein würden; diese könnten womöglich am Ende Wasser auf die Mühlen der Reaktion lenken. David Hansemann meinte am 27. Februar besorgt, »daß ein großer Teil der Besitzenden aus den Pariser Ereignissen nicht die Lehre ziehen werde, daß man zeitig nachgeben müsse, sondern sich vielmehr dem Absolutismus überantworte«.[1] Vor allem aber fürchteten die Liberalen, daß das Pariser Modell auf die mitteleuropäischen Gesellschaften übergreifen und zu massenhafter sozialer Unruhe und Anarchie führen könnte.

Unter diesen Umständen sahen sie dringenden Handlungsbedarf. Nunmehr galt es, das von ihnen seit längerem propagierte Programm konstitutioneller Reformen umgehend umzusetzen, wenn es nicht ohnehin dafür zu spät war, und zugleich auch die deutsche Frage einer raschen Lösung zuzuführen. Beides war miteinander verknüpft, hatte doch der Bundestag bisher die freie Entfaltung des Konstitutionalismus besonders in Süddeutschland mit drastischen Maßnahmen unterdrückt, und das Fehlen einer starken Zentralgewalt hatte, wie man glaubte, die handelspolitische Stellung Deutschlands gegenüber seinen Rivalen erheblich beeinträchtigt. Es kam freilich hinzu, daß jedermann mit der Möglichkeit rechnete, daß das revolutionäre Frankreich ebenso wie 1792 erneut einen Krieg gegen die deutsche Staatenföderation führen und womöglich das Rheinland besetzen werde. Das verlieh der nationalen Frage zusätzlich Dringlichkeit. Die Schaffung einer Nationalrepräsentation und die Stärkung des Deutschen Bundes in politischer und militärischer Hinsicht erschienen nunmehr unbedingt geboten. In mancher Hinsicht versprach das Ausspielen der nationalen Karte auch eine Ablenkung von den drängenden sozialen Problemen des Augenblicks. Der Kölner Stadtverordnete

1 Konrad Repgen, Märzbewegung und Maiwahlen des Revolutionsjahres 1848 im Rheinland, Bonn 1955, S. 16

Heinrich Claessen schrieb besorgt an Ludolf Camphausen am 27. Februar 1848, unmittelbar nachdem die Pariser Vorgänge allgemein bekanntgeworden waren, daß auch in Köln Unruhen möglich seien, daß aber »auf die dabei in Betracht kommende Klasse durchaus keine Einwirkung« möglich sei: »Hoffentlich wird es gelingen, zur Ableitung aller Leidenschaften und Ausgleichung aller Spaltungen dem Nationalgefühl einen Aufschwung zu geben und die Aufmerksamkeit vorzugsweise auf die Wahrscheinlichkeit eines bevorstehenden Krieges zu lenken.«[2] Das war eine vereinzelte Stimme, die gewiß nicht repräsentativ gewesen sein dürfte, aber dieses Motiv hat bei den Erwägungen der rheinischen Liberalen in diesen Wochen gewiß auch eine Rolle gespielt.

David Hansemann, wie immer aktiver und schneller als die meisten seiner Kollegen, richtete bereits am 1. März 1848 eine neue, umfangreiche Denkschrift an den preußischen Innenminister von Bodelschwingh, in der er mit großer Emphase nahelegte, daß Preußen sich jetzt an die Spitze der politischen Bewegung setzen und unverzüglich insbesondere eine Lösung der deutschen Frage in Angriff nehmen müsse, die den großen Erwartungen der deutschen Öffentlichkeit Genüge leiste und dem Deutschen Bund die dringend notwendige Handlungsfähigkeit gegenüber dritten Mächten verschaffen werde. Die bisherige Politik des monarchischen Absolutismus sei unter Mißachtung der Wünsche der Völker vollständig gescheitert, wie ein Blick auf die Entwicklungen in Spanien, Portugal, Frankreich, der Schweiz und Italien lehre, von den instabilen Verhältnissen in der deutschen Staatenwelt ganz abgesehen. Das Vertrauen der deutschen Öffentlichkeit in die Bundesinstitutionen sei gleich Null, und Österreich habe seine Handlungsfähigkeit weitgehend eingebüßt. Preußen müsse die günstige Gelegenheit wahrnehmen, sowohl in der deutschen Frage wie auf dem Gebiet konstitutioneller Reformen umgehend und energisch die Führung zu übernehmen und dem »ratlosen« Volk Wege in eine bessere Zukunft zu weisen, indem es sich die Ideen der konstitutionell-monarchischen Partei aufrichtig zu eigen mache: Eine »einige deutsche Nation mit deutschem Parla-

2 Hansen, Rheinische Akten, Bd. 2,1, S. 467

mente in der Form eines Bundesstaates, der jedem einzelnen Staate eine gewisse Freiheit der Entwicklung gewährt; bürgerliche, politische und religiöse Freiheit, gesichert durch lebenskräftige Institutionen; eine größere Einwirkung und Berücksichtigung der handarbeitenden Volksklassen bei der allgemeinen und insbesondere der Finanzgesetzgebung der Staaten«.[3] Dies war bei Lage der Dinge ein frommer Wunsch; die preußische Staatsregierung steckte noch tief in äußerst kontroversen Verhandlungen mit dem »Vereinigten ständischen Ausschuß« über ein neues Staatsgesetzbuch; keiner der Minister war fähig, über den Tellerrand hinauszublicken.

Die Liberalen bemühten sich, die Dinge voranzubringen, indem sie auf den politischen Ebenen, die ihnen vorzugsweise zugänglich waren, nunmehr mit Nachdruck die anstehenden Reformen, insbesondere die Aufhebung der Pressezensur und ein freies Versammlungsrecht, vor allem aber die Sicherstellung bzw. den Ausbau der konstitutionellen Verfassungen einforderten. Das waren einerseits die Landtage bzw. im Falle Preußens der gerade tagende »Vereinigte ständische Ausschuß«, andererseits die Gemeinderatsversammlungen, in denen die Liberalen durchweg eine hegemoniale Stellung innehatten. In Württemberg verlangte der Ständische Ausschuß anstelle des nicht versammelten Landtags bereits am 29. Februar 1848 die Gewährung der Märzforderungen und die Aufhebung aller feudalen Grundrechte; der »Vereinigte ständische Ausschuß« in Preußen war etwas zögerlicher mit dem Verlangen, die unverzügliche Einberufung des Vereinigten Landtags als der für die anstehenden Entscheidungen allenfalls befugten parlamentarischen Körperschaft zu verlangen.

Die Hauptrolle spielten in dieser Phase überall die städtischen Vertretungskörperschaften, welche die große Bewegung, die die Bevölkerung erfaßt hatte, gleichsam hautnah erlebten. Die Stadtverordnetenversammlungen bzw. Gemeindevertretungen konnten in gewissem Maße beanspruchen, als Sprecher der Bevölkerung in ihrer Gesamtheit aufzutreten und deren Gravamina vorzutragen. Sie verfaßten eine wahre Flut von Adressen und Pe-

---

3 Ebd., S. 478 f.

titionen an die Regierungen und die Monarchen, in einigen Fällen auch an die Landtage, welche sämtlich – mit einigen meist lokal bedingten Variationen – die klassischen Märzforderungen enthielten, namentlich die Gewährung einer freiheitlichen Verfassung, die Pressefreiheit, die Vereins- und Versammlungsfreiheit, die Öffentlichkeit und Mündlichkeit des Strafverfahrens sowie die Einrichtung von Schwurgerichten und schließlich die Errichtung einer nationalen Volksvertretung aller Deutschen am Bund.

Jedoch wurden die diesbezüglichen Bemühungen der Liberalen, die sich formal im Rahmen des geltenden Rechts zu halten bestrebt waren, von Anfang an begleitet und stellenweise weit überholt von einer breiten, sich von Tag zu Tag verstärkenden Volksbewegung, welche in zahllosen Volksversammlungen und Massendemonstrationen die unverzügliche Einlösung der Märzforderungen verlangte und stellenweise auch vor der Anwendung von allerdings zumeist nur symbolischer Gewalt nicht zurückschreckte. Verschiedentlich gelang es den Liberalen, die zahlreichen freien Bürgerversammlungen, zu denen es vor allem in den größeren Städten kam, in ihrem Sinne zu beeinflussen, aber zumeist scheiterte dies von vornherein. Bereits am 27. Februar kam es in Mannheim zu einer ersten großen Volksversammlung, an der circa 5000 Menschen teilgenommen haben sollen. Hier gelang es zwar noch, äußerlich die Einheit der Liberalen und der radikalen Demokratie zu wahren; doch wurde gleichwohl – unter reichlich turbulenten Umständen – eine Petition beschlossen, die in wichtigen Punkten über die liberalen Postulate hinausging; sie umfaßte unter anderem die allgemeine Volksbewaffnung und die Vereidigung des Heeres auf die Verfassung – Forderungen, die Reformen auf dem Wege der Vereinbarung mit den Dynastien von vornherein negativ präjudizierten. Es war im übrigen bemerkenswert, daß für den 1. September, an dem insgesamt sechzig Petitionen der Städte im badischen Landtag erörtert werden sollten, Demonstranten aus allen Teilen des Landes, manche von ihnen bewaffnet, nach Karlsruhe in der Absicht strömten, diesen Petitionen durch ihre Präsenz zusätzliches Gewicht zu verleihen. Es kam zeitweilig zu chaotischen Zuständen. Während der Beratungen über die von Struve eingebrachte Mannheimer Petition stürmte ein Teil der Demonstranten sogar das Parlamentsgebäude. Nur mit einiger Mühe konnte diese kritische Situation ohne Gewaltanwendung gemeistert werden. Es gelang, eine Beschlußfassung über die Petitionen, insbesondere die Mannheimer Petition, hinter der Struve persönlich stand, für den Augenblick abzuwehren. Aber die radikalen Kräfte hatten sich eindrucksvoll artikuliert, und es war den Liberalen nicht länger möglich, einfach darüber hinwegzugehen.

Ein vergleichbarer Vorgang spielte sich am 3. Februar 1848 in der Stadt Köln ab. Hier hatten die Gemeindeverordneten in einer außerordentlichen Sitzung des Gemeinderats eine Petition an die Staatsregierung beschlossen, in der die sofortige Einberufung des Vereinigten Landtags, seine Umgestaltung zu einer Vertretung mit beschließender Kompetenz, die Erweiterung des Wahlrechts auf möglichst umfassender Grundlage und die Aufhebung der Pressezensur gefordert wurde. Doch wurde die Sitzung in diesem Augenblick durch eine Massendemonstration unter Führung des Kölner Armenarztes Andreas Gottschalk gesprengt und in eine Bürgerversammlung umfunktioniert, in der Gottschalk eine ganz im Sinne der radikalen Demokratie gehaltene Petition zur Annahme brachte; diese enthielt unter anderem die Forderung des allgemeinen Wahlrechts, vor allem aber Postulate tendenziell sozialrevolutionären Charakters, »Schutz der Arbeit und Sicherstellung der menschlichen Bedürfnisse für alle« und »vollständige Erziehung aller Kinder auf öffentliche Kosten«.[4] In einer freien Bürgerversammlung, die zur gleichen Zeit im sogenannten Harfschen Saale in Köln stattfand, gelang es den Repräsentanten des Liberalismus, den Forderungskatalog der radikalen Demokraten, die die Bürgerversammlung einberufen hatten, geringfügig zu mäßigen. Es war unübersehbar, daß die in Bewegung geratenen Massen der Bevölkerung über die von den Liberalen vorgezeichnete Linie hinausdrängten und insbesondere das allgemeine Wahlrecht für alle unbescholtenen männlichen Bürger forderten, etwas, welches der großen Mehrheit der Liberalen zutiefst zuwider war. Jetzt wurde klar, daß Konzessionen an die Linke erforderlich werden

4 Ebd., S. 502

würden, sofern die Liberalen die Führung der Bewegung für sich behaupten wollten.

Die Flutwelle von Petitionen, Flugblättern und Resolutionen, die in den kommenden Wochen ganz Deutschland überschwemmte, löste bei den herrschenden Eliten große Bestürzung aus; die soziale Revolution stand, so schien es, vor der Tür. Die herkömmlichen Mittel der Repression mit Hilfe der Zensur und polizeilicher Maßnahmen vielfältigster Art, unter anderem der Verhaftung einzelner sogenannter Rädelsführer, verfingen nicht mehr. Wenn überhaupt, dann wirkte sich der Einsatz von Polizei und Militär als kontraproduktiv aus. Die städtischen Kommunen begannen, die Bildung von Bürgerwehren bzw. einer Nationalgarde positiv zu betrachten, weil der Rückgriff auf die verhaßte Armee ein zweifelhafter Ausweg geworden war und man vorzog, die Aufrechterhaltung der öffentlichen Ordnung lieber in eigene Hände zu nehmen.

Die Liberalen gerieten durch diese Ereignisse in Zugzwang. Bereits am 28. Februar wurde für den 5. März ein Treffen führender süd- und westdeutscher Liberaler in Heidelberg vereinbart. Als diese 51 Männer, zumeist Abgeordnete in den verschiedenen deutschen Landtagen, am 5. März wie vorgesehen zusammentraten, waren im Grunde bereits wichtige Vorentscheidungen gefallen; die Märzforderungen waren von den Regierungen mancherorts bereits zugestanden worden. An der Versammlung nahm die Mehrzahl der führenden Repräsentanten des Liberalismus, unter anderem Friedrich Bassermann, Karl Mathy, Karl Theodor Welcker, Friedrich Römer, Heinrich von Gagern, Georg Gottfried Gervinus, David Hansemann, teil, aber auch Gustav von Struve, Friedrich Hecker und Johann Adam von Itzstein, die Führer der radikalen Demokratie in Baden. Nur mit einiger Mühe gelang es, sich auf eine gemeinsame Erklärung zu einigen, die sich allerdings auf die deutsche Frage konzentrierte und die Verfassungsfragen nicht im Detail ansprach. In dieser hieß es unter anderem: »Einmütig entschlossen in der Hingebung für Freiheit, Einheit, Selbständigkeit und Ehre der deutschen Nation, sprachen alle die Überzeugung aus, daß die Herstellung und Verteidigung dieser höchsten Güter im Zusammenwirken aller deutschen Volksstämme mit ihren Regierungen – so lange auf diesem Wege Rettung noch möglich ist – erstrebt werden müsse.« Zu diesem Zwecke wurde die »Versammlung einer in allen deutschen Ländern nach der Volkszahl gewählten Volksvertretung ..., sowohl zur Beseitigung der nächsten inneren und äußeren Gefahren wie zur Entwicklung der Kraft und Blüte des deutschen Nationallebens«, gefordert.[5] Die nationale Frage wurde also eindeutig in den Vordergrund gestellt, vielleicht, weil man sich darauf am leichtesten verständigen konnte, vor allem aber, weil dies objektiv am dringlichsten schien; ein Nebengedanke mag gewesen sein, von den so überaus kontroversen sozialen Problemen abzulenken und das Einigende in den Vordergrund zu stellen. Im übrigen setzte die liberale Mehrheit durch, daß die Lösung der großen politischen Probleme zumindest vorläufig noch im Zusammenwirken mit den Regierungen – mit anderen Worten auf dem Wege der Vereinbarung, nicht mit revolutionären Mitteln – angestrebt werden solle. Andererseits verständigte man sich auf die baldmögliche Einberufung einer Versammlung »von Männern des Vertrauens aller deutschen Volksstämme«, das später so genannte Vorparlament, und die Einsetzung eines Siebener-Ausschusses, der das Zusammentreten des Vorparlaments und die Wahlen zur Nationalversammlung vorbereiten sollte. Letzteres waren nun allerdings Schritte, die die Grenzen der Legalität weit überschritten, nahm die Versammlung damit doch Kompetenzen in Anspruch bzw. wies diesen beiden Gremien Aufgaben zu, die nach geltendem Bundesrecht allein der Bundesversammlung als der Vertretung aller deutschen Regierungen zustand. Ein entscheidender Schritt nach vorn war gemacht; die Liberalen hatten, entgegen ihren ursprünglichen Absichten, ihrerseits den Rubikon überschritten. Die Schubkraft der deutschen Nationalbewegung sollte die Fürsten nunmehr dazu zwingen, sich einer Umgestaltung Deutschlands zu einem konstitutionellen Nationalstaat föderalistischen Zuschnitts nicht länger zu widersetzen, sondern an dieser großen nationalen Aufgabe aktiv mitzuwirken.

5 Ebd., S. 530 ff.; Mommsen, Parteiprogramme, S. 122 ff.

Die Regierungen reagierten auf diese dramatischen Entwicklungen mit Bestürzung und Hilflosigkeit. Sehr schnell wurde deutlich, daß an eine Unterdrückung der Protestbewegungen, die stetig an Breite und Intensität zunahmen, mit polizeilichen und militärischen Mitteln nicht mehr zu denken war; dies hätte mit Sicherheit zu einer weiteren Radikalisierung geführt. Anfängliche polizeiliche Maßnahmen gegen Repräsentanten der radikalen Linken wurden nur halbherzig in dem Wissen durchgeführt, daß alle durchgreifenden Repressionsmaßnahmen den Zorn der Volksmassen nur noch weiter gesteigert hätten. Die Politiker und Bürgermeister vor Ort hatten alle Hände voll zu tun, um die Behörden und das Militär von unbesonnenen Schritten abzuhalten. Entscheidend aber war, daß den Regierenden der Wille zum Einsatz massiver Gegengewalt fehlte. Die Legitimität der bestehenden Staatsgewalt war über Nacht zusammengebrochen. Den herrschenden Eliten war das Selbstvertrauen verlorengegangen, das zu entschlossenem politischem Handeln allemal erforderlich ist. Heißsporne gab es zwar immer noch genug; aber überall siegte die Einsicht, daß bei Lage der Dinge Nachgeben unvermeidlich sei. Die Bundesversammlung gab am 1. März eine blasse Erklärung ab, in der die Bevölkerung zur Wahrung von Ruhe und Ordnung und gesetzlichem Verhalten gemahnt wurde; drei Tage später stellte sie es in das Belieben der Regierungen, ihrerseits die Pressefreiheit zu gewähren. Nahezu überall gaben die Monarchen das Spiel verloren und gewährten nach einigem Zögern die Märzforderungen, wenn auch vielfach mit der *reservatio mentalis*, daß sie ihre unter Druck abgegebenen Erklärungen ja später widerrufen könnten.

In München wurde die Abdankung Ludwigs I. unter dem Druck der Proteste der Münchener Bevölkerung unabwendbar; hier brach die Front des Systems der Restauration am frühesten ein. Der neue Monarch Maximilian II. erkannte sogleich die Märzforderungen an. In einer etwas schwülstigen Königlichen Proklamation vom 6. März 1848 erklärte er, daß die Wünsche seines Volkes in seinem Herzen jederzeit vollen Widerhall gefunden hätten und er ungesäumt Gesetzesvorlagen über die verfassungsmäßige Verantwortlichkeit der Minister, über die Pressefreiheit, über die Verbesserung der Wahlordnung für die Ständeversammlung und über eine Reform des Rechtswesens einleiten werde. Und ganz analog geschah dies in der großen Mehrzahl der deutschen Klein- und Mittelstaaten. Am zögerlichsten verhielt man sich in Berlin; erst am 6. März, als die Dinge längst ins Rollen gekommen waren, bequemte sich Friedrich Wilhelm IV. dazu, dem Vereinigen Landtag endlich die Periodizität zu gewähren und diesen für den 24. April 1848 einzuberufen. Dies war unter den obwaltenden Umständen freilich zu wenig, um die liberale Bewegung zu befriedigen, und kam zu spät, um den Ausbruch von Massenprotesten auch in der Hauptstadt noch abzuwenden. Vielmehr riß die Flut von Petitionen aus allen Teilen des Landes nicht ab, in denen es hieß, die Regierung möge umgehend die Märzforderung in ihrer Gesamtheit gewähren und vor allem ein demokratisches Wahlrecht für den Vereinigten Landtag bzw. einen konstituierenden Landtag erlassen, ohne daß sich Friedrich Wilhelm IV. zu entschiedenen Schritten herbeifinden konnte. Im Grunde schwankte er – teilweise unter dem Einfluß seines Bruders Wilhelm – noch und fragte sich, ob der Revolution mit drastischen Maßnahmen und dem Einsatz des Militärs nicht doch noch beizukommen sei.

Unterdessen kam es in Berlin, ebenso wie in vielen anderen Städten Deutschlands, seit dem 7. März, anfangs im Tiergarten, zu öffentlichen Volksversammlungen, auf denen immer nachdrücklicher die sofortige uneingeschränkte Einlösung der Märzforderungen, die unverzügliche Einberufung des Vereinigten Landtags und eine deutsche Nationalvertretung verlangt wurden. Mit Hilfe einer Flut von Adressen suchte man den Magistrat der Stadt Berlin, der sich einstweilen zurückhielt, zu einer entsprechenden Petition an den Monarchen zu bewegen, ganz wie dies ebenso in vielen anderen Städten im Rheinland, in Ostpreußen und in Schlesien geschehen war. Die Demonstrationen nahmen seit dem 13. März eine deutlich schärfere Tonart an; jetzt tauchten vereinzelt auch soziale Forderungen auf, die unter den damaligen Umständen vielfach als sozialrevolutionär empfunden wurden, wie die Forderung nach staatlichen Maßnahmen gegen die Arbeitslosigkeit, die gerade eben einen neuen Höhepunkt erreicht hatte, und nach Bildung eines paritätisch von Arbeitgebern und Arbeitern zu wählenden »Ministeriums der Arbeiter«[6].

Wirklich bedrohlich war dies alles noch nicht, aber die Regierung zog einen Teil der Armee in Berlin zusammen, um sozialen Unruhen, die befürchtet wurden, vorbeugen und die Krone schützen zu können. Dies führte zu ersten Zusammenstößen der Berliner Bevölkerung mit den verunsicherten Soldaten; es gab mehrere Tote. Am 14. März gingen die Truppen erstmals aktiv gegen die demonstrierende Menge vor, und es kam zu einer Eskalation der Lage. In den Unterschichten der Bevölkerung bestand eine tiefe Aversion gegen das Militär, das ihr immer wieder als Instrument der Herrschenden gegenübergetreten war; ebenso war jedermann klar, daß es als Instrument der Krone der gefährlichste Gegenspieler der Revolution war. Die Furcht, daß das Militär sich bei erstbester Gelegenheit gegen die Volksbewegung selbst, und nicht nur gegen deren angebliche Auswüchse, wenden werde, wuchs stündlich, und so entstanden – einstweilen noch als Defensivmaßnahme – die ersten Barrikaden. Der Berliner Magistrat und Deputationen aus verschiedenen Landesteilen suchten den Monarchen zur Zurückziehung der Truppen aus der Stadt zu bewegen, doch damit berührten sie den empfindlichsten Punkt der Herrschaft der Hohenzollernmonarchie; einstweilen war dies nicht zu erreichen.

Friedrich Wilhelm IV., der doch eigentlich von seinem preußischen Volke geliebt werden wollte, war über die Zuspitzung der Entwicklung tief erschüttert, aber außerstande, deren tiefere Ursachen zu erfassen. Er suchte die Lage durch partielle Konzessionen zu entspannen, die aber regelmäßig zu spät kamen. Dazu gehörten auch zwei Patente vom 18. März, in denen die Einberufung des Vereinigten Landtags schon zum 2., nicht wie bisher zum 27. März angeordnet und weiterhin die Pressefreiheit mit geringfügigen verbleibenden Beschränkungen konzediert wurde. Doch konnte dadurch die Situation nicht mehr entschärft werden. Am 18. März

6 Vgl. Karl-Georg Faber, Deutsche Geschichte im 19. Jahrhundert. Restauration und Revolution. Von 1815 bis 1851, Handbuch der Deutschen Geschichte, Bd. 3,1, hg. v. Otto Brandt u. a., Wiesbaden 1979, S. 216

forderte eine große Menschenmenge auf dem Berliner Schloßplatz den Abzug der Armee aus Berlin. Bei dem Versuch, den Schloßplatz mit militärischer Gewalt räumen zu lassen, wurden aus unbekannten Gründen zwei Schüsse abgegeben. Dieses war der Anlaß zum Aufstand gegen den vermuteten Einsatz der Armee zur Unterdrückung der Revolution; überall wurden in Windeseile Barrikaden errichtet. Alle Schichten der Bevölkerung – von den Arbeitern und Handwerkern bis zu den Studenten, Akademikern und Kaufleuten – beteiligten sich an dem erbitterten, verlustreichen Abwehrkampf gegen die Versuche der Armee, wieder Herr der Lage zu werden, oft mit der aktiven Unterstützung der Frauen. Entgegen den Erwartungen der Krone waren die Truppen außerstande, den Aufruhr sogleich niederzuschlagen; die Barrikaden erwiesen sich vielfach als unüberwindlich und der Straßenkampf auch für eine professionelle Armee als verlustreich. Insgesamt kosteten die Kämpfe 303 Tote (einschließlich der an Verwundungen Verstorbenen) und zahlreiche Verletzte. Unter diesem Eindruck entschloß sich Friedrich Wilhelm IV. in der Nacht zum 19. März 1848 zu einer Geste der Versöhnung. Die Truppen sollten Zug um Zug mit dem gleichzeitigen Abbau der Barrikaden aus Berlin zurückgezogen werden; diese Entscheidung wurde in einem pathetischen und gefühlsschwangeren Aufruf »An meine lieben Berliner« bekanntgegeben, mit dem der Monarch mit seinen Unteranen symbolisch Frieden schließen wollte.

Aber auch dabei blieb es, zum äußersten Verdruß der ultraroyalistischen Kamarilla, nicht. Der Abzug der Truppen aus Berlin erfolgte am Ende bedingungslos. Der Triumph der Berliner über den preußischen Militärstaat wurde am folgenden Tage symbolisch bekräftigt; Friedrich Wilhelm IV. und seine Gattin wurden gezwungen, den auf dem Schloßplatz aufgebahrten Märzgefallenen ihre Reverenz zu erweisen. Am 19. März unternahm Friedrich Wilhelm IV., geschmückt mit einer schwarz-rot-goldenen Kokarde, einen feierlichen Umzug durch Berlin. In einer Proklamation vom 21. März bekannte er sich schließlich feierlich zu dem großen Ziel der »Wiedergeburt und Gründung eines neuen Deutschland« und zu den schicksalsschweren Worten: »Preußen geht fortan in Deutschland auf.« Für die Konservativen, die sich eben anschickten, aus ihrer politischen Lethargie zu erwachen, war dies eine bedrohliche Wende der Dinge, welche den Untergang des alten Preußen bringen könne, und der Gedanke kam auf, daß man die preußische Monarchie nun gegen den regierenden Monarchen schützen müsse. Friedrich Wilhelm IV. selbst hingegen erging sich in einer fast träumerischen Zukunftsvision, daß er, indem er auf die nationale Karte setzte, die Demütigungen der Revolution hinter sich lassen und zum »Gestalter der deutschen Zukunft« aufsteigen könne.[7]

Die Berliner Bevölkerung wurde von großer Begeisterung erfaßt, ähnlich wie jene von Paris in den ersten Tagen der Februarrevolution. Jedermann war überzeugt, daß nun alles gut werden würde. Otto Camphausen berichtete schon am 20. März, daß die Stimmung umgeschlagen und die Wiederherstellung der Ordnung in Berlin nicht mehr zweifelhaft sei: »Überall begegnete man fröhlichen, laut aufjauchzenden Banden. In der Mauerstraße ... standen Leute aus der untersten Schicht der Gesellschaft in jubelnden Gruppen zusammen ..., es wurde musiziert, und alles überließ sich der ausgelassensten Freude.«[8] Im liberalen Lager wurden Stimmen laut, ob der Triumph über die traditionellen Gewalten nicht vielleicht etwas zu vollständig ausgefallen sei. Es sollte sich nur zu rasch herausstellen, daß der Sieg der Revolution über die preußische Monarchie nur ein vorläufiger war und die entscheidenden Auseinandersetzungen noch bevorstanden.

Auch in Österreich waren die Dinge in ähnlicher Weise in Bewegung gekommen. Die ersten und in mancher Hinsicht entscheidenden Impulse gingen von Böhmen aus. Lajos Kossuth nutzte das Zusammentreten der böhmischen Stände am 3. März zu einer großen Rede, in der das bestehende autokratische Herrschaftssystem Österreichs in schärfster Form angegriffen und anstelle der betagten – in krassem Widerspruch zu den gesellschaftlichen Verhältnissen stehenden – Ständeordnung konstitutionelle Vertretungen für alle Völker im Rahmen einer demokratischen Monarchie gefordert wurden. Nach dem inzwischen in anderen

7 Blasius, Friedrich Wilhelm IV., S. 132
8 Hansen, Rheinische Akten, Bd. 2,1, S. 609

Regionen Europas gebräuchlich gewordenen Muster wurden diese Forderungen von Bürgerversammlungen aufgegriffen und in die Form von sogleich öffentlich verbreiteten Petitionen an den Monarchen gegossen. Die Zensur, die alles daransetzte, die Rede Kossuths zu unterdrücken, scheiterte kläglich; der Text wurde in Form eines Flugblatts in Hunderten von Exemplaren vertrieben und fand reißenden Absatz.

Auch in Wien gärte es. Die Unzufriedenheit mit dem absolutistischen Herrschaftssystem Metternichs hatte seit längerem breite Kreise nicht nur des Bürgertums, sondern auch des liberalen Adels erfaßt; auch am Hofe hatten sich die Gegner Metternichs beständig vermehrt. Das Gefühl, am Rande eines Abgrunds zu stehen, erfaßte Teile der regierenden Eliten. Der Sturz des Bürgerkönigtums in Frankreich hatte auch hier elektrisierend auf die öffentliche Meinung gewirkt, und vielerorts kam Katastrophenstimmung auf; Metternich selbst gab, als er die Nachricht von den Pariser Ereignissen erhielt, alles verloren.[9] In Wien tauchten Plakate auf, die seinen Sturz binnen Monatsfrist voraussagten: »In einem Monat wird Fürst Metternich gestürzt sein! Es lebe das konstitutionelle Österreich!«[10] Während die Wiener Zeitung die Parole ausgab, angesichts der womöglich bevorstehenden sozialen Revolution müßten sich die Regierten fest an ihre Regierungen anschließen, wurden die bürgerlichen Schichten von der Sorge erfaßt, ob nicht gerade die Inflexibilität und die mangelnde Bereitschaft, den Tendenzen des Zeitgeistes in maßvollen Formen nachzugeben, die Gefahr einer Revolution mit sich bringe. Demgemäß trat man auch dort dafür ein, daß die Donaumonarchie mit der Zeit gehen und konstitutionelle Verfassungen für die einzelnen Kronländer erlassen müsse.

Es waren vornehmlich die bürgerlichen Bildungsvereine, aber auch der die wirtschaftlichen Interessen der Stadt repräsentierende Gewerbeverein, die nun auf unverzüglich vorzunehmende Reformen drängten, um den kommenden Sturm noch abzuwen-

9 Wolfgang Häusler, Von der Massenarmut zur Arbeiterbewegung, Demokratie und soziale Frage in der Wiener Revolution von 1848, Wien 1979, S. 133

10 Ebd., S. 134. Vgl. Peter Kurth/Birgitt Morgenbrod, Wien 1848, in: Irmgard Götz von Olenhusen (Hg.), 1848/49 in Europa, Göttingen 1998

den. Eine von Alexander Bach und Eduard Bauernfeld verfaßte Petition, die trotz der Behinderungen der Polizei mehrere Tage lang zur öffentlichen Unterzeichnung ausgelegen hatte, faßte die Forderungen des liberalen Bürgertums zusammen: Veröffentlichung des Staatshaushalts, Teilnahme der durch bürgerliche Elemente verstärkten Stände am staatlichen Leben, insbesondere der Bewilligung von Steuern sowie der Gesetzgebung, Öffentlichkeit der Rechtspflege und der Verwaltung. Eine Petition der Studentenschaft der Universität Wien machte sich diese Forderungen ihrerseits zu eigen und ergänzte sie in ihrem Sinne: Gefordert wurden Presse- und Versammlungsfreiheit, Lehr- und Lernfreiheit, Gleichstellung der Konfessionen, vor allem aber eine allgemeine Volksvertretung für alle Länder der Monarchie.

Die allgemeine Unzufriedenheit wurde gesteigert durch Protestaktionen der Arbeiterschaft in den Vorstädten, insbesondere einer großen Zahl arbeitsloser Textilarbeiter. All dies verstärkte das Gefühl, auf einem Vulkan zu leben, dessen Ausbruch unmittelbar bevorstehe. Die kaiserliche Regierung aber erwies sich vollkommen handlungsunfähig, zumal klar wurde, daß mit Pressezensur und Redeverboten und dem ganzen Arsenal repressiver Methoden vergangener Jahrzehnte nichts mehr ausgerichtet werden konnte. Metternich selbst sah sich zunehmenden Anfeindungen ausgesetzt; innerlich gespalten, sah die Regierung keinerlei Möglichkeit, auf die verfassungspolitischen Forderungen des bürgerlichen Lagers konstruktiv zu reagieren.

Am 13. März 1848 schlug die latente Krise in den offenen Aufstand um. Die verschiedenen Protestgruppen nutzten den Zusammentritt der niederösterreichischen Stände, um ihre Gravamina wirkungsvoll zur Sprache zu bringen. Die Studenten zogen mit einer Petition, die alle wichtigen Märzforderungen enthielt, zur Ständevertretung, um ihr diese zu überreichen und deren Erörterung zu erzwingen. Schon am Morgen hatte sich eine riesige Menschenmenge vor dem Ständehaus versammelt, die immer zahlreicher wurde. Adolf Fischhof, ein Facharzt am Wiener Allgemeinen Krankenhaus, der bislang öffentlich überhaupt noch nicht hervorgetreten war, hielt eine flammende Rede gegen das bestehende System und zitierte zudem ausführlich Kossuths Rede vom

3. März. Dies löste den Sturm auf das Ständehaus aus. Die Ständeversammlung fühlte sich freilich nicht in der Lage, sich die Beschlüsse der Volksversammlung unbesehen zu eigen zu machen. So wurde beschlossen, diese der Staatskonferenz in der Hofburg persönlich vorzutragen. Versuche des Militärs, die Menschenmassen auseinanderzutreiben, erwiesen sich als aussichtslos. Als es zu Tätlichkeiten der Menge gegen die Soldaten kam, schossen die Truppen ohne Sinn und Verstand in die dichtgedrängte Menschenmasse und töteten fünf Demonstranten. Dies steigerte die Verbitterung der Volksmenge noch mehr. Auch am Zeughaus kam es zu Zusammenstößen der Armee mit unbewaffneten Arbeitern. Die ersten Barrikaden entstanden. Wien befand sich im Aufruhr. Die Bürgerwehr, aufgerufen, gemeinsam mit dem Militär gegen die Insurrektion vorzugehen, stellte sich auf die Seite der Revolution.

In der Hofburg herrschte völlige Verwirrung; die Staatskonferenz tagte unter Hinzuziehung der Mitglieder des königlichen Hauses, konnte sich aber zunächst zu keinerlei definitiven Entschlüssen durchringen. Die Deputationen lösten einander ab, alle rieten zum Nachgeben und zur Gewährung der Märzforderungen. Metternich riet zur Gewalt: Dies sei die soziale Revolution; die Politik könne nun nichts mehr ausrichten. Er schlug vor, dem Fürsten Windischgrätz die diktatorische Gewalt zur Wiederherstellung der Ordnung zu übertragen. Doch neigte die Mehrheit zur Nachgiebigkeit; sie fürchtete den ansonsten unvermeidlichen Bürgerkrieg und hoffte, mit einigen Konzessionen aus der Krise wieder herauskommen zu können. Fürst Metternich, das Symbol des bisherigen autokratischen Systems, wurde als Bauernopfer zum Rücktritt veranlaßt; noch in der Nacht floh dieser aus der Stadt und begab sich nach England. Außerdem wurden die Truppen aus dem Stadtzentrum zurückgezogen und der Bürgerwehr der Schutz der öffentlichen Ordnung überlassen. Dies führte zu einer momentanen Entspannung der Lage. Auf den Straßen Wiens feierte man begeistert den Sieg der Revolution. Aber die Gefahr einer gewaltsamen Unterdrückung der Revolution war nicht gebannt, sondern nur aufgeschoben; Windischgrätz erhielt nun doch die Vollmacht, den Ausnahmezustand auszurufen, doch unterblieb dieser Schritt im letzten Augenblick, weil dies bei Lage der Dinge vermutlich zu einer gewaltigen Eruption des Mißtrauens der Massen geführt haben würde.

Wien befand sich am Abend des 13. März in vollem Aufruhr. Sowohl die Arbeiter als auch die Bürgerwehr, die von allen Seiten Zuzug erhielt, hatten sich vor allem aus dem Zeughaus am Hof Waffen beschafft; am nächsten Morgen standen nicht weniger als 30 000 Angehörige des Bürgertums unter Waffen. In gewissem Sinne befand sich die alte Kaiserstadt in einer akuten Klassenkampfsituation. Der Zusammenbruch und der Legitimitätsverlust der alten Gewalten hatten dazu geführt, daß Teile der Arbeiterschaft in den Wiener Vorstädten nun ihrem langgehegten Groll gegen das bestehende wirtschaftliche System freien Lauf ließen, welches ihnen, wie sie fest glaubten, Arbeitslosigkeit und bittere Not gebracht hatte. Die Symbole der Ausbeutung durch den staatlichen Fiskus waren das erste Ziel; das Verzehrssteueramt an der Marienhilfer Linie, welches die verhaßten Verbrauchssteuern auf Nahrungsmittel erhob, wurde niedergebrannt. Zum zweiten wurden Wirte, Kaufleute, inbesondere Bäcker und Hausbesitzer geplündert, die sich in der Vergangenheit durch wucherische Preise verhaßt gemacht hatten; Versuche, sich gegen Geldzahlungen von diesen Heimsuchungen freizukaufen, erwiesen sich als erfolglos. Es war dies gezielte Gewaltanwendung gegen einzelne im Sinne der traditionellen *moral economy*, nicht ein Angriff auf die bestehende Wirtschaftsordnung als solche. Für die traditionalistische, rückwärtsgewandte Mentalität der beteiligten Akteure spricht auch, daß es in erheblichem Umfang zur Zerstörung von Maschinen in zahlreichen Fabriken vornehmlich des Textil- und Druckgewerbes kam; die Maschinen, so meinten die Arbeiter, seien die Ursache ihrer Arbeitslosigkeit und ihrer Not. Dagegen wurden nur in Ausnahmefällen Fabriken niedergebrannt, und nirgendwo wurde etwas gestohlen. Es war die summarische Exekution der Normen einer traditionellen Arbeitsethik, die freilich im Zeitalter der Freihandels und des anlaufenden Industrialismus ihre Gultigkeit weitgehend eingebußt hatten.[11]

11 Vgl. ebd., S. 153 ff.

Die herrschenden Eliten und mit ihnen das Bürgertum vermochten in diesen Aktionen kontrollierter Gewaltanwendung gegen Sachen, die sich in Wien und seiner weiteren Umgebung vom 13. bis 15. März abspielten, nur Mord, Brandstiftung und Umsturzversuche des Pöbels zu sehen. Die Bürgerwehr und ebenso die von den Studenten gebildete »Akademische Legion« setzten ihrerseits alles daran, diese angeblichen Exzesse so schnell wie möglich zu unterdrücken und die öffentliche Ordnung wiederherzustellen. Sie gerieten dabei in eine doppelte Frontstellung: Sie hatten ein massives, unter anderem materielles Interesse am Schutz des Eigentums und der Pazifizierung der Arbeiterschaft, nicht zuletzt um einem ansonsten drohenden Militäreinsatz zuvorzukommen, der auch sie selbst getroffen haben würde; andererseits waren die traditionellen Gewalten nur unter dem Druck der Revolte der Unterschichten, deren potentielle Ausweitung nach Pariser Muster jedermann fürchtete, zu weitreichenden Konzessionen zu bewegen. In der Tat waren es nicht zuletzt die Flammen des aus den Kandelabern auf dem Glacis ausströmenden Gases, die der Hofburg handgreiflich die voraussichtlichen Konsequenzen einer Ausweitung der Revolution vor Augen stellten. Nur unter diesen Umständen vermochte sich Kaiser Ferdinand I. am 15. März dazu zu entschließen, nunmehr in einem Kaiserlichen Manifest den Erlaß einer repräsentativen Gesamtstaatsverfassung für Österreich in Aussicht zu stellen.

Die Macht in Wien selbst wurde einstweilen von einem Bürgerausschuß unter dem Vorsitz von Alexander Bach übernommen; die Nationalgarde und die Akademische Legion übernahmen die faktische Herrschaft über die Stadt, während das Militär sich zurückzog. Auch hier, so schien es, war der Sieg der Revolution über die alten Gewalten nahezu vollständig. Die gewaltigen Probleme, welche die Vereinbarung einer Verfassung für ganz Österreich angesichts der kaum miteinander zu vereinbarenden Bestrebungen der einzelnen Nationalitäten mit sich bringen mußte, waren einstweilen noch niemandem so recht bewußt.

Der Zusammenbruch des Metternichschen Systems löste an der Peripherie des Kaiserstaates sofort neue Bewegungen gegen die österreichische Vorherrschaft aus. In Ungarn kam es nach dem

Bekanntwerden des Sturzes des Staatskanzlers Metternich zu einer breiten Volksbewegung, welche die traditionelle feudalständische Verfassung Ungarns für obsolet erklärte und die staatliche Selbständigkeit eines konstitutionell regierten magyarischen Staates unter der Stefanskrone forderte. In Prag formierte sich ein Nationalausschuß, der eine unabhängige Nationalrepräsentation für Böhmen anstrebte und eine autonome, tschechisch geführte Regierung für die böhmischen Länder verlangte. Auch in Galizien flackerten die Selbständigkeitsbestrebungen der Polen im Zeichen des »Völkerfrühlings« wieder auf. In Krakau wurde erneut ein polnisches Nationalkomitee gegründet, das die Bemühungen für eine Wiederherstellung des polnischen Nationalstaates koordinieren sollte. Allerdings gelang es hier der österreichischen Politik, die Bauern gegen ihre adeligen Grundherren auszuspielen und auf diese Weise der polnischen Nationalbewegung relativ konfliktlos wieder Herr zu werden.

Anders lagen die Dinge in den italienischen Besitzungen der Monarchie. In Lombardo-Venetien kam es unmittelbar nach Bekanntwerden der Wiener Ereignisse zu einer allgemeinen Erhebung gegen die österreichische Herrschaft, die auch von den unterbürgerlichen Schichten unterstützt wurde. Am 24. März 1848 erklärte daraufhin auch König Carl Albert von Piemont-Sardinien Österreich den Krieg. Radetzky, der Oberkommandeur der österreichischen Armeen in Italien, mußte seine Truppen in das Festungsviereck an Etsch und Mincio zurückziehen. Auch hier schien es, als ob die nationale Revolution bereits den Sieg errungen habe und die Vollendung der Einheit Italiens nur noch Monate auf sich werde warten lassen. Noch war der österreichische Kaiserstaat als solcher nicht in seiner Existenz angefochten, aber seine innere Ordnung war weithin in Frage gestellt.

Nur Großbritannien und die nordischen Staaten blieben von den revolutionären Erschütterungen des Februar und März 1848 unberührt, und in mancher Hinsicht galt dies auch von dem zarischen Rußland, das als einzige konservative Großmacht den revolutionären Bewegungen getrotzt hatte. Die Niederlande entgingen politischen Unruhen durch die unverzügliche Ausweitung der Verfassung im fortschrittlichen Sinne.

VI.
»Schließen« oder Weitertreiben der Revolution?
Die Märzministerien und die radikale Demokratie

Die Revolutionswelle der Märztage hatte in nahezu allen deutschen Staaten zur Berufung der Führer der liberalen Opposition in die Regierungen geführt. Die Bildung der sogenannten Märzministerien bedeutete einen Triumph für den gemäßigten Liberalismus, der nun überraschend an die Schalthebel der Macht gelangte. In Hessen-Darmstadt wurde Heinrich von Gagern bereits am 5. März zum leitenden Minister eines mehrheitlich liberalen Kabinetts berufen, vier Tage später Friedrich Römer in Württemberg und Karl Georg Hoffmann in Baden. Analog verliefen die Dinge in der großen Mehrzahl der süddeutschen und mitteldeutschen Staaten. In Preußen zögerte sich dies ein wenig hinaus; Friedrich Wilhelm IV. versuchte es zunächst mit einem konservativen Interimsministerium unter dem Grafen Arnim-Boitzenburg, der der Kamarilla Ernst Ludwig von Gerlachs nahestand, berief dann aber am 29. März schließlich mit Ludolf Camphausen als Ministerpräsident und David Hansemann als Finanzminister die Führer des rheinischen Liberalismus in die Schlüsselpositionen des preußischen Staates. Allerdings mußten die Liberalen ihre Macht von vornherein mit Repräsentanten des liberalen Adels teilen, und darüber hinaus hatten sie es mit einer Staatsbürokratie zu tun, die sich dem bisherigen System verbunden fühlte. Hansemann erkannte dieses Dilemma sehr früh; er drängte auf Umbesetzungen in den Schlüsselpositionen der preußischen Staatsverwaltung, ohne angesichts des hinhaltenden Widerstands der Bürokratie, nicht zuletzt des Finanzministeriums, das ein Anschwellen des Pensionsfonds befürchtete, viel zu erreichen.

Nicht anders lagen die Dinge auch in den anderen Regionen Mitteleuropas; überall kamen Repräsentanten des gemäßigten Liberalismus in führende Positionen, jedoch waren sie regelmäßig auf die Kooperation mit Repräsentanten des liberalen Adels angewiesen.

Auf den ersten Blick war die strategische Position der Liberalen trotz des Handicaps konservativ gesonnener bürokratischer Verwaltungsapparate und ungeachtet der fortbestehenden Machtstellung des jeweiligen Monarchen überaus günstig. Sie konnten auf der inneren Linie operieren, und dies gab ihnen einen entscheidenden Vorteil gegenüber der radikalen Demokratie. Gleichzeitig eröffnete sich für sie die Chance, die Bestellung des Siebenerausschusses durch die Heidelberger Versammlung vom 5. März sowie die für den 31. März in Aussicht genommene Einberufung eines Vorparlaments, die einer Usurpation entscheidender politischer Befugnisse durch die revolutionäre Bewegung gleichkamen und unzweideutig gegen das Bundesrecht verstießen, nachträglich zu legitimieren und damit zu der von ihnen angestrebten Strategie der friedlichen Vereinbarung mit den dynastischen Gewalten zurückzukehren.

Die Märzministerien zögerten denn auch nicht lange, ihre Bundestagsgesandten entsprechend den neuen Verhältnissen zu instruieren oder führende Repräsentanten des Liberalismus als Bundestagsgesandte zur Bundesversammlung nach Frankfurt am Main zu entsenden und damit dem Bund, obschon er in der Öffentlichkeit jegliches Ansehen verloren hatte, neues Leben einzuhauchen. Dies führte dazu, daß die Bundesversammlung in den folgenden Wochen wieder eine konstruktive Rolle zu spielen begann. Sie unterstützte die Bemühungen des Siebenerausschusses, die Wahlen für die Nationalversammlung zu organisieren. Ebenso kam es in vielen Einzelfragen zur Zusammenarbeit mit dem eigentlich illegitimen Vorparlament, das vom 31. März bis 3. April in Frankfurt am Main tagte und in vieler Hinsicht die Weichen für die weitere Entwicklung stellte. Die Liberalen konnten auf diese Weise gleichzeitig auf der Ebene der einzelstaatlichen Regierungen und der in Entstehung begriffenen nationalen Institutionen arbeiten: Sie vermochten daher die Entwicklungen der nächsten Wochen und Monate weitgehend in ihrem Sinne zu steuern.

Die Lage hatte jedoch einen Schönheitsfehler. Die revolutionäre Protestwelle, die von den breiten Massen der Bevölkerung getragen wurde, hörte nicht einfach auf, sondern wurde von den radikalen Demokraten noch weiter angefacht. Auf einer Zweiten Offenburger Volksversammlung am 19. März 1848, die nach zeitgenössischen Nachrichten 5000 Teilnehmer zusammenführte, forderten Hecker und Struve nichts weniger als die Weiterführung der Revolution. Sie verlangten nicht nur die Umbildung der ersten badischen Kammer, in der die Standesherren und der grundbesitzende Adel dominierten, sondern auch die Reinigung der zweiten Kammer von allen reaktionären und gesinnungslosen Elementen, die Überführung des stehenden Heeres in die Bürgerwehr, die entschädigungslose Aufhebung aller Feudalrechte und die Trennung von Kirche und Staat. Mehr noch, die Durchsetzung dieses Programms sollte einem Zentralausschuß der Vaterländischen Vereine, die in allen Gemeinden zu gründen seien, unter Ausschaltung des Landtags übertragen werden.[1] Im Klartext hieß dies: Weitertreiben der Revolution, Sturz sämtlicher Monarchien und Gründung einer föderativ strukturierten deutschen Republik nach amerikanischem Vorbild.

Dies stellte eine offene Herausforderung der Liberalen dar. Aus deren Sicht war die Revolution bereits mit der Durchsetzung der Märzforderungen im Prinzip zu einem erfolgreichen Abschluß gebracht worden; alle weiteren Schritte, die verfassungsrechtliche Festschreibung der liberalen Freiheitsrechte, die Einführung eines fortschrittlichen Strafrechts, die Vereinbarung von Verfassungen mit den neu zu wählenden einzelstaatlichen Parlamenten, schließlich die Errichtung eines nationalen Bundesstaates – als eines Zusammenschlusses der deutschen Staaten – im Zusammenspiel der Regierungen und der Nationalversammlung, konnten nun in voller Legalität vor sich gehen; dazu bedurfte es aus ihrer Sicht nicht mehr der revolutionären Aktionen der breiten Schichten der Bevölkerung. Die Lösung der außenpolitischen Verwicklungen, insbesondere die Frage der Zukunft Schleswig-Holsteins, sollte ohnehin in den bewährten Händen der fachgeschulten Diplomaten und Militärs bleiben.

1 Walter Grab, Die Revolution von 1848/49. Eine Dokumentation, München 1980, S. 61 ff.

Von einem Weitertreiben der Revolution in gleichviel welcher Richtung wollten die neu berufenen Märzminister nichts wissen; sie waren vielmehr darum bemüht, die unvermutet großen Erfolge der Revolution so rasch wie möglich zu konsolidieren und in rechtliche Bahnen zu lenken. Das historische Beispiel namentlich der Französischen Revolution lehrte, so schien es, daß es zu gefährlichen Konsequenzen führen könne, wenn man einen revolutionären Prozeß immer weiter laufen und sich von ihm treiben lasse; es gelte vielmehr, möglichst bald einen festen Haltepunkt für die revolutionäre Bewegung zu finden. Ihre Parole lautete daher – gemäß einem zeitgenössischen Ausdruck –, die Revolution baldmöglichst zu »schließen«.

Es ist zu einfach, diese Haltung als reaktionär zu verteufeln. Die Märzministerien wollten keineswegs mit den konservativen Mächten gemeinsame Sache machen. An Anfeindungen aus konservativer Sicht gegen ihre Tätigkeit fehlte es wirklich nicht. Durchweg gingen sie unverzüglich daran, die während der Revolution geforderten liberalen Freiheitsrechte in Gesetzesform umzusetzen und die Wahl konstitutioneller parlamentarischer Körperschaften in die Wege zu leiten. Jedoch hatte die Durchsetzung des konstitutionellen Systems für sie vor allem den Sinn gehabt, eine Revolution, deren Konsequenzen niemand voraussehen konnte, nach Möglichkeit zu verhüten; dies galt für sie in vermehrtem Maße auch jetzt. Gervinus mißbilligte damals sogar die revolutionäre Zuspitzung der Dinge in Berlin am 18. März 1848. Er hatte sich wie viele andere Liberale einen evolutionären Ablauf der Ereignisse gewünscht. »Ein solches Überstürzen der Dinge ist nie in der Geschichte erlebt worden. Unsere Hoffnungen einer ruhigen Reform unserer Zustände sind erschüttert. Wir sind unserem 1792, fürchten wir, näher als unserem 1789.«[2] Auch viele andere gemäßigte Liberale waren beunruhigt. Denn die revolutionäre Bewegung der unterbürgerlichen Schichten hatte vielerorts die Grenzen politischer Protestaktionen überschritten

---

2 Franzjörg Baumgart, Die verdrängte Revolution. Darstellung und Bewertung der Revolution von 1848 in der deutschen Geschichtsschreibung vor dem Ersten Weltkrieg, Düsseldorf 1976, S. 36

und gefährdete, wie man meinte, die gesellschaftliche Ordnung als solche.

Im Unterschied zu den Ereignissen in Paris und Wien hatten sich die revolutionären Aktionen der Arbeiterschaft in der deutschen Staatenwelt im allgemeinen auf symbolische Gewaltakte beschränkt; immerhin hatte es verschiedentlich Maschinenstürmerei und Gewaltakte gegen einzelne unliebsame Unternehmer gegeben. In vielen Fällen ließen sich aufgebrachte Arbeitermassen durch mehr oder minder erzwungene Lohnerhöhungen beschwichtigen. Das größte Problem aber war die hohe Fluktuation der Beschäftigung und die verbreitete Arbeitslosigkeit. Im Rheinland war es verschiedentlich zu Gewaltakten der Flußschiffer gegen die neuartigen Dampfschlepper gekommen, die ihnen, wie sie meinten, die Arbeit wegnähmen; die Behörden hatten sich dagegen anfänglich hilflos gezeigt. Im Rheingau kam es sogar zur Zerstörung von Bahnanlagen der Taunuseisenbahn durch die Frachtfahrer, die ihren Beruf mit einigem Recht von diesem neuen Verkehrsmittel akut gefährdet sahen. Und von den Berliner Arbeitern war, ganz im Sinne des Programms der radikalen Demokratie, die Forderung nach Einrichtung eines Arbeitsministeriums erhoben worden, welches dafür sorgen müsse, daß das Verhältnis von Kapital und Arbeit in gerechterer Weise gestaltet würde. In den Kreisen des besitzenden Bürgertums war die Besorgnis weit verbreitet, daß diese Strömungen angesichts der unbezweifelbaren Notlage der arbeitenden Massen und der hohen Arbeitslosigkeit in massenhafte sozialrevolutionäre Aktionen umschlagen könnten, welche nach Pariser Muster das kapitalistische System als solches in Gefahr bringen würden.

Das Gespenst des »Kommunismus«, unter welchem man freilich nurmehr die gewaltsame Erhebung des »Pöbels« gegen die »Reichen« verstand, grassierte in den Köpfen vieler ansonsten aufgeklärter und fortschrittlich denkender Männer und Frauen. Otto Camphausen, der Bruder des amtierenden preußischen Ministerpräsidenten, ein typischer Repräsentant des rheinischen Großbürgertums, schrieb beispielsweise am 3. April an seinen Schwager: »Die Revolution in Frankreich und, obschon in minderem Maße, die ihr in Deutschland gefolgten Bewegungen gehen viel tiefer als alle früheren, überwiegend politischen, Revolutionen. Sie sind von Ideen ausgegangen und getragen, die fast einen völligen Umsturz aller bisherigen Grundlagen der Gesellschaft bedingen, die mit der ›Organisation der Arbeit‹ beginnen, um mit der Vernichtung des Eigentumsrechts aufzuhören. Daß ein solcher Wahnsinn nicht von Dauer sein kann, daß man selbst in dem Hauptherde der die Welt erschütternden Ideen zu dem sonst aufgestellten Satze ›La propriété c'est le vol‹ sich einstweilen nicht zu bekennen wagt, ist ebenso gewiß, als daß auch schon die nur einstweilen aus jenen Ideen abgeleiteten Konsequenzen Europa aus seinen Fugen reißen. Für Deutschland aber liegt die große Gefahr in der allgemeinen Gährung der Gemüter, in seinem unklaren und unbestimmten Drange nach Umsturz des Bestehenden, der zunächst nur im Zerstören sich gefällt ...«[3] Aus diesen Worten sprach die vollständige Unfähigkeit, die wirklichen Motive der Protestaktionen der Arbeiterschaft zu verstehen. Aber immerhin war den Liberalen klargeworden, daß es mit politischen Reformen allein nicht mehr getan sei, um die Unruhe der unterbürgerlichen Schichten zu bekämpfen.

Die liberalen Märzministerien sahen sich überdies im Südwesten Deutschlands, in Hessen und in Schlesien mit einer Aufstandsbewegung der Bauern konfrontiert, die einer Agrarrevolution nahekam und Erinnerungen an den deutschen Bauernkrieg weckte. Anfang März gingen die Bauern im Odenwald und im Tauberngrund angesichts des offenbaren Zusammenbruchs der Staatsgewalt daran, ihr Recht in die eigene Hand zu nehmen und den Grundherren den Verzicht auf ihre überkommenen Feudalrechte durch Androhung kollektiver Gewalt abzuverlangen. Die Bauern rückten in großen Haufen, meist sogar unter Führung ihrer Gemeindebürgermeister, vor die Schlösser und Rentämter und verlangten die Herausgabe der Akten, Urbare und sonstigen dokumentarischen Unterlagen, auf die sich die Erhebung der Abgaben, Ablösungszinse und die Dienstverpflichtungen rechtlich stützten, unter Androhung von Gewalt. Diese wurden dann, meist an Ort und Stelle, seltener auf dem Gemeindeplatz, demonstrativ ver-

3 Hansen, Rheinische Akten, Bd. 2,1, S. 718

brannt. Mehr noch, den Grundherren wurden förmliche, in urkundliche Form gefaßte Verzichtserklärungen abverlangt. Sofern dies verweigert wurde, wurden die Schlösser und Rentämter gestürmt und demoliert sowie, zumindest in einigen Fällen, niedergebrannt.

Diese Aktionen weiteten sich in Windeseile auf den ganzen deutschen Südwesten aus. Sie richteten sich vor allem gegen die Standesherrschaften, denen in den Wiener Verträgen von 1815 die Erhaltung ihrer überkommenen feudalen Privilegien, einschließlich eines vielgestaltigen Bündels von herkömmlichen Feudalrechten sowie der Patrimonalgerichtsbarkeit, zugesichert worden war. Ansonsten bestanden nur in Schlesien noch feudale Abhängigkeitsverhältnisse vergleichbarer Art. Hier hatte die meist von den Grundherren betriebene Ablösung der überkommenen Ansprüche der sogenannten Dreschgärtner an einem Anteil der Erträge der gutsherrlichen Ländereien durch Gewährung geringfügiger Rentenzahlungen zu erheblichen Unzuträglichkeiten geführt und Anlaß zu großer Unzufriedenheit in den kleinbäuerlichen Schichten gegeben. Aber mehr noch, die verbliebenen Dominiallasten, die auf den bäuerlichen Besitzungen ruhten, wurden als schwere Ungerechtigkeit empfunden; sie umfaßten eine große Vielfalt von Abgaben und Dienstverpflichtungen unterschiedlichster Art. Am anstößigsten war das Recht des sogenannten Laudemium, der Verpflichtung zu einer Abgabe an den Grundherrn im Erbfall, die bis zu 10 Prozent des Wertes des bäuerlichen Besitzes betragen konnte. Auch in Schlesien kam es bereits im März 1848 zu Agrarunruhen, die sich gegen die einzelnen Gutsherrschaften richteten. Von diesen wurde unter Androhung von Gewalt ein förmlicher Verzicht auf die Naturaldienste, Laudemien, die herrschaftlichen Jagd- und Forstrechte sowie die Geldabgaben und Servitute verlangt, in aller Regel sogar mit rückwirkender Geltung. Hier kam es in geringerem Umfang zu Gewaltanwendung, vornehmlich weil die örtlichen Behörden, die selbst in aller Regel machtlos waren, gegen diese organisierten kollektiven Aktionen vorzugehen, in höherem Maße als in Baden, Württemberg und Hessen auf die Unterstützung des Militärs zurückgreifen konnten. Aber die Unruhe unter der Bauernschaft war deshalb nicht geringer.

Diese agrarrevolutionären Aktionen waren keineswegs in erster Linie von den unterbäuerlichen Schichten getragen, sondern sie standen zumeist unter Führung der wohlhabenderen Bauern sowie nicht selten der Dorfschulzen. Die Aktionen verliefen überdies in aller Regel in geordneten Bahnen; das Eigentum von nichtbetroffenen Personen wurde ebenso respektiert wie jenes des Staates; die Bauern fühlten sich, ebenso wie schon im Großen Bauernkrieg, subjektiv dazu berechtigt, zur Selbsthilfe zu greifen, um die verhaßten Feudallasten und Dienste abzuschütteln – übrigens nicht allein solche, welche den einzelnen Bauern betrafen, sondern auch jene, die die jeweilige Gemeinde angingen, wie z. B. das Patrimonialrecht der Standesherren auf Bestätigung des Bürgermeisters oder das Jagdrecht des Grundherrn auf sämtlichen gemeindlichen Ländereien. Es konnte im übrigen kein Zweifel bestehen, daß diese Rechte, die in der großen Mehrzahl der deutschen Staaten schon längst gefallen oder in vergleichsweise geordneten Formen abgelöst worden waren, nicht länger aufrechterhalten werden konnten. Weitsichtigere Standesherren, wie der liberal gesonnene Karl Fürst zu Leiningen, erklärten damals von sich aus ihren Verzicht auf diese überkommenen Feudalrechte, ohne doch damit den plötzlichen Proteststurm der Bauernschaft noch abfangen zu können. Es war dies aus der Sicht der ländlichen Bevölkerung die Zurücknahme von Rechten, die ihr ohnehin zustanden und die ihnen nur durch die Machenschaften des Adels genommen worden waren, wie z. B. das Jagdrecht, das die Bauern vielfach sofort für sich in Anspruch nahmen und große Treibjagden veranstalteten. Auch die eigenmächtige Inanspruchnahme der Forstrechte der Grundherren führte in einzelnen Fällen zu wilden Holzungsaktionen großen Umfangs. Die Bauern betrachteten dies in herkömmlicher Denkweise als ihr gutes altes Recht.

Die Beseitigung der Vorrechte des Adels hatte immer schon zum Forderungskatalog der Liberalen gehört, und insoweit konnte es ihnen nur recht sein, wenn nunmehr die Feudalrechte fielen. Aber daß dies sich nicht in rechtmäßigen Formen, sondern unter Androhung bzw. Anwendung von Gewalt gegen Sachen und in einzelnen Fällen auch gegen Personen vollzog, und dies weithin

134

unter den Augen der ohnmächtigen lokalen Behörden, war ganz und gar nicht in ihrem Sinne. Außerdem hatte die radikale Demokratie in diesem Punkte den Liberalen eindeutig den Rang abgelaufen: Ihr Bekenntnis zugunsten der restlosen und natürlich entschädigungslosen Aufhebung aller Vorrechte des grundbesitzenden Adels ging wesentlich über die entsprechenden Vorstellungen im liberalen Lager hinaus.

Der Ausbruch agrarrevolutionärer Unruhen im März 1848 war ein Fanal, welches die herrschenden Eliten in großen Schrecken versetzte. Dies hat dazu beigetragen, daß sich diese überraschend dazu bereit fanden, den Märzforderungen mehr oder minder kampflos nachzugeben. Andererseits aber standen die Liberalen in der Gefahr, zwischen die Mühlsteine zu geraten und ihre Glaubwürdigkeit zu verlieren. Sie konnten unmöglich hinnehmen, daß sich die Bauern in gesetzloser Weise ihrer feudalen Lasten entledigten und dabei vor Brennen und Morden nicht zurückschreckten. Die Vorgänge in Galizien 1846, wo die Bauern in großem Umfang die Herrensitze ihrer polnischen Grundherren zerstört und auf diese Weise der vom Adel geführten polnischen Nationalbewegung das Rückgrat gebrochen hatten, standen jedermann deutlich vor Augen. Die Gefahr, daß die Agrarunruhen die bürgerliche Öffentlichkeit in das Lager der Reaktion zurücktreiben und damit die politische Basis der Liberalen erschüttern könnten, war nicht von der Hand zu weisen. Andererseits mußte ein energisches Einschreiten der Staatsgewalt gegen die Agrarunruhen die Bauern der Revolution entfremden. Der Stuttgarter »Beobachter« sprach dieses Dilemma damals unter Bezug auf die schwierige Lage des badischen Märzministeriums deutlich an: »So steht leicht zu erwarten, daß die neue Regierung zwischen das ungestüme Andringen der Besitzlosen, welche nichts als materielle Erleichterungen wollen, von unten und zwischen die reaktionären Tendenzen, welche jede Verlegenheit benützen werden, von oben in die Mitte kommt.«[4]

Das Problem war im übrigen ein gesamteuropäisches, und noch

4 Langewiesche, Dieter, Liberalismus und Demokratie in Württemberg zwischen Revolution und Reichsgründung, Düsseldorf 1974, S. 131

dazu ein in seinen potentiellen politischen Auswirkungen ambivalentes. In Galizien und Böhmen beispielsweise litten die Bauern nach wie vor schwer unter der Robot, den Dienstverpflichtungen gegenüber ihren Grundherren; hier gelang es den österreichischen Behörden, durch Aufhebung des Robot und der sonstigen Feudalrechte die Bauern gegen den lokalen Adel auszuspielen und dergestalt die nationalen Emanzipationsbewegungen nachhaltig zu schwächen. In Preußen hingegen war die ländliche Agrarverfassung nach der Durchführung der Bauernbefreiung und der Konsolidierung des Großgrundbesitzes so weit stabilisiert, daß es im Bereich des Möglichen lag, die Bauern gegen die liberale Reformbewegung zu mobilisieren; Bismarck hat bekanntlich die Absicht gehabt, mit seinen Schönhauser Bauern nach Berlin zu ziehen und den Monarchen aus seiner bedrängten Lage zu befreien, fand jedoch dafür keine Mitstreiter in Berlin.[5]

Die liberalen Regierungen suchten bei Lage der Dinge die Agrarunruhen so rasch wie möglich in rechtliche Bahnen zu lenken. In Baden legte die Regierung Johann Baptist Bekk bereits am 10. März einen Gesetzentwurf vor, der alle Feudalrechte für aufgehoben erklärte, mit der Maßgabe, daß eine nachträgliche Entschädigung erfolgen solle, die zu Lasten der Staatskasse, nicht der Bauern gehen sollte; am 14. April 1848 wurde dies durch einen Beschluß beider Kammern gesetzlich geregelt. In Württemberg wurde die Ablösung der Feudalrechte ebenfalls unverzüglich in Angriff genommen und am 14. April zum Abschluß gebracht. Auch in Bayern und in Hessen wurden entsprechende Regelungen getroffen.[6] In Preußen waren die Widerstände gegen eine unterschiedslose Ablösung aller Feudalrechte vergleichsweise größer; aber daß hier Handlungsbedarf bestand, war unter den Parteien unstrittig. Bereits auf dem Vereinigten Landtag Ende März kam es darüber zu heftigen Debatten, die durch den Verzicht des Fürsten zu Solms auf alle Feudalrechte für sich persönlich eine besondere Note erhielten. Die Regierung Camphausen bekundete

5 Erich Marcks, Bismarck und die deutsche Revolution 1848–1851, hg. v. Willy Andreas, Stuttgart 1939, S. 22f.
6 Vgl. Langewiesche, Württemberg, S. 130

am 3. April 1848 in einem Erlaß des Innenministers an die Ober-
präsidenten ihre Absicht, die Verhältnisse zwischen den bäuerlichen Grundbesitzern und den Gutsherrschaften so bald wie möglich gesetzlich abschließend zu regeln.[7] Am 17. April wurde unter
Erasmus Robert Freiherr von Patow ein spezielles Ministerium für
Handel, Gewerbe und öffentliche Arbeit geschaffen, das die strittigen Fragen einer gesetzlichen Regelung entgegenführen sollte.
Doch sollte sich in Preußen die endgültige Ablösung der Feudalrechte der Grundherren bis in das Frühjahr 1849 hinziehen.[8]

Insgesamt wurde der bäuerlichen Bewegung in ganz Süddeutschland durch den Rechtsverzicht der Standes- und Grundherren und durch die Gesetzesinitiativen der Märzministerien
und die entsprechenden Beschlüsse der Kammern, unter Einschluß auch der die ersten Kammern dominierenden Aristokratie,
die Spitze abgebrochen. In Schlesien schwelte die Unzufriedenheit
allerdings weiter fort und fand mit der Gründung der Rustikalvereine, die auf dem Höhepunkt ihrer Entwicklung eine Mitgliedschaft von ca. 200000 Bauern erreichten, eine organisatorische
Abstützung. Nur in Nassau konnten die Konflikte zwischen der
Bauernschaft und den Grundherren zunächst nicht unter Kontrolle gebracht werden.

Die radikalen Demokraten hatten vornehmlich in Baden darauf
gesetzt, das revolutionäre Potential der bäuerlichen Massen auf
ihre Mühlen leiten zu können. Ihre Agitation zugunsten einer
vollständigen entschädigungslosen Ablösung aller bäuerlichen Lasten hatte nicht zuletzt den taktischen Sinn, die Bauernschaft auf
ihre Seite zu ziehen. Doch erwies sich dieses Kalkül als eine Fehl-
rechnung. In gewisser Weise waren die Bauern nur auf den Wagen der Revolution aufgesprungen, um ihre Abrechnung mit den
Resten der feudalen Grundherrschaft zu vollziehen; sie scherten
aber wieder aus dem Strom der revolutionären Entwicklung aus,
sobald ihre Ziele erreicht waren oder deren Durchsetzung sicher-

7 Hansen, Rheinische Akten, Bd. 2,2, bearb. v. Heinz Boberach, Köln 1976, S. 1
8 Vgl. Rainer Koch, Die Agrarrevolution in Deutschland 1848. Ursachen – Verlauf – Ergebnisse, in: Dieter Langewiesche (Hg.), Die Deutsche Revolution von 1848/49, Darmstadt 1983, S. 391 f.

gestellt schien. Ihre Proteste setzten an einem Punkte an, der auch von den konservativen Eliten nicht mehr als uneingeschränkt verteidigungswürdig betrachtet wurde. Für die konservativen Eliten und für das liberale Bürgertum war es gleichermaßen wichtig, daß die Aufhebung der Feudallasten in rechtlich einwandfreie Formen überführt und damit das Eigentumsrecht als solches nicht grundsätzlich in Zweifel gezogen würde. In diesem Punkte trafen sie sich im Grunde auch mit der Bauernschaft, die rasch entdeckte, daß sie die neu gewonnenen Rechte ihrerseits gegen die unterbäuerlichen Schichten zu verteidigen haben würde. Die Landarbeiterschaft hingegen lebte in so gedrückten Verhältnissen, daß sie als Potential für eine über blinde Protestaktionen des Augenblicks hinausreichende revolutionäre Politik nicht in Frage kam. Im Gegenteil, insbesondere in den ostelbischen Gebieten Preußens, in Mecklenburg und in Posen, waren die patriarchalischen Strukturen in den Regionen des Großgrundbesitzes noch weitgehend intakt; wenn überhaupt, dann bildeten die bäuerliche Bevölkerung und die Landarbeiterschaft eher ein Widerlager raschen gesellschaftlichen Wandels und insofern ein Reservoir konterrevolutionärer Politik.

Die Machtstellung des regierenden Liberalismus in Preußen und den deutschen Einzelstaaten beruhte auf einigermaßen unsicheren Grundlagen. Die große Popularität, welche die führenden Liberalen in der Opposition während der Zeit des Vormärz erworben hatten, verblaßte angesichts der großen sozialen und politischen Probleme, deren unverzügliche Lösung nun von ihnen erwartet wurde. Dafür mußten sie sich einer konservativen Beamtenschaft bedienen, deren Loyalität weiterhin in hohem Maße den Monarchen, nicht ihnen, galt. Hansemann beklagte sich bitter, daß die unbedingt notwendige »Purifikation« der Beamtenschaft in Preußen, ohne die die Glaubwürdigkeit des Ministeriums schweren Schaden leiden müsse, nicht vorankomme; jedoch war ein tiefgreifendes Revirement in der Beamtenschaft nirgends zu erreichen, und Vorstöße in dieser Richtung waren eher geeignet, die Loyalität der Beamtenschaft gegenüber den liberalen Ministern zu beeinträchtigen. Die Kontrolle über das Militär war ihnen ohnehin entzogen, und auch die auswärtige Politik verblieb weitgehend in den Händen der alten Bürokratie. Darüber hinaus waren die Monarchen wenig geneigt, die Spielregeln der konstitutionellen Monarchie zu respektieren. Friedrich Wilhelm IV. beispielsweise griff immer wieder in krasser Form in den Gang der Geschäfte ein und war schwer davon abzubringen, seinen Ministern bestimmte Forderungen in ultimativer Form zu übermitteln. In gewisser Weise bedurften die Märzregierungen des Wohlwollens der Monarchen; und je mehr die Verhältnisse sich konsolidierten, desto geringere Druckmittel hatten sie zur Hand, um sich dem Monarchen gegenüber durchzusetzen. Davon abgesehen waren die Liberalen selbst geneigt, alles zu tun, um die einzelstaatlichen Gewalten zu stärken, als Gegengewicht gegen die populistischen Bewegungen, welche die Stabilität der gesellschaftlichen Ordnung zu gefährden schienen.

So kam es schon in der ersten Phase der Revolution wieder zu einer nicht unerheblichen Konsolidierung der Machtstellung der Einzelstaaten. Die Märzministerien bemühten sich dementsprechend auch darum, in der Frage der Einigung Deutschlands am Ball zu bleiben, statt dies dem Vorparlament und der demnächst zu wählenden Nationalversammlung allein zu überlassen. Zu diesem Behufe wurde die Bundesversammlung gleichsam reaktiviert und dazu instrumentalisiert, die Weichen für die künftige Entwicklung Deutschlands im liberalen Sinne zu stellen. Die Bundesversammlung, die nunmehr mehrheitlich aus liberal gesinnten Bundestagsgesandten bzw. solchen Gesandten bestand, die sich auf die neuen Verhältnisse umgestellt hatten, berief bereits am 10. März einen Siebzehnerausschuß führender Repräsentanten des deutschen Liberalismus, welcher einen Verfassungsentwurf für den künftigen deutschen Bundesstaat ausarbeiten sollte. In gewissem Sinne lief dies auf eine Präjudizierung der Entscheidungen der Nationalversammlung hinaus, die von vornherein auf bestimmte Grundlinien in der Verfassungsfrage festgelegt werden sollte, und war damit eigentlich ein Teil der Strategie der Liberalen, die Revolution auf den Weg der Legalität und der Vereinbarung mit den bestehenden Gewalten zurückzulenken. Das hohe Ansehen der Repräsentanten des Ausschusses, die jeweils einen der siebzehn Reichskreise repräsentieren sollten, verlieh diesem mit demokratischen Verfahrensregeln an und für sich unvereinbaren Schritt in der Öffentlichkeit freilich ein gewisses Maß an Legitimität. Ihm gehörten unter anderem Friedrich Christoph Dahlmann, Johann Gustav Droysen, Ludwig Uhland, Georg Gottfried Gervinus, Heinrich von Gagern, Friedrich Bassermann und der Österreicher Anton von Schmerling an, eine illustre Versammlung. Der Siebzehnerausschuß, welcher der Bundesversammlung als ein Vertrauensgremium beigeordnet war, bestimmte diese, noch vor dem Zusammentritt des Vorparlaments die deutschen Einzelstaaten anzuweisen, die Wahl von Abgeordneten zur Nationalversammlung gemäß der Richtzahl von einem Abgeordneten auf je 70000 Einwohner in die Wege zu leiten. Ebenso arbeitete er einen Entwurf eines deutschen Reichsgrundgesetzes aus, der allerdings erst am 26. April 1848 veröffentlicht wurde, also für die Beratungen des Vorparlaments zu spät kam. Er hielt sich übrigens an die Grundlinien des knappen Entwurfs des Siebenerausschusses, der im Benehmen mit den Regierungen der Einzelstaaten von Max von Gagern verfaßt worden war.[9] Gagerns Entwurf ging davon aus, daß der deutsche Bundesstaat ein Zusammenschluß der Einzelstaaten sein solle und diese eine angemessene Mitwirkung in Form eines Senats oder eines Bundesrats erhalten sollten. Dies entsprach im Grundsatz der Absicht des Liberalismus, die Reichsverfassung auf dem Wege der Vereinbarung mit den Fürsten zustande zu bringen.

Das Vorparlament, welches am 31. März in Frankfurt am Main zusammentrat, verwahrte sich jedoch dagegen, das Verfassungsprogramm des Siebenerausschusses zur Grundlage seiner Beratungen zu machen. Die Vorlage der knapp gehaltenen Richtlinien des Siebenerausschusses führte sogleich zu heftigen Kontroversen über die Frage, ob das Vorparlament überhaupt befugt sei, die Entscheidungen der Nationalversammlung in irgendeiner Weise vorwegzunehmen. Hinter dieser juristischen Kontroverse standen freilich grundsätzliche Gegensätze, vor allem die Frage, ob der neue Bundesstaat eine Monarchie oder eine Republik sein solle. Das Vorparlament, die erste Gesamtvertretung der deutschen Nation, die 574 Vertreter aus den unterschiedlichsten Regionen

9 Hansen, Rheinische Akten, Bd. 2,1, S. 626 ff.

Deutschlands zusammengeführt hatte, war bekanntlich nicht gewählt, sondern vom Siebenerausschuß aus den Mitgliedern der einzelstaatlichen Parlamente berufen worden; es war jedoch sehr inhomogen zusammengesetzt und konnte schwerlich Repräsentativität im demokratischen Sinne für sich beanspruchen. Die südwestdeutschen Länder waren überrepräsentiert; die preußischen Abgeordneten kamen überwiegend aus den westlichen Provinzen, während die norddeutschen Staaten nur schwach vertreten waren; aus Österreich waren ganze zwei Abgeordnete gekommen. Bei Lage der Dinge waren die Liberalen und die radikale Demokratie, bei relativer Begünstigung der letzteren, unter sich; die Konservativen, die im Augenblick ausmanövriert waren, standen ohnedies abseits.

Die Aufgabe des Vorparlaments hatte es sein sollen, der Nationalversammlung die Wege zu bahnen und deren Arbeit vorzubereiten. Jedoch war der Entwurf des Siebenerausschusses darauf ausgelegt, die Reichsverfassung auf dem Wege der Vereinbarung mit den Einzelstaaten zustande zu bringen; er setzte den Fortbestand der Einzelstaaten und deren Repräsentation im Rahmen der Bundesverfassung als selbstverständlich voraus. Evolutionäre Fortbildung der bestehenden staatlichen Ordnung, nicht revolutionärer Bruch mit der vormärzlichen deutschen Staatenordnung war hier die Devise. Die radikale Demokratie war grundsätzlich unterschiedlicher Auffassung. Nur ein entschiedener Bruch mit der Vergangenheit und insbesondere mit dem verhaßten System des Deutschen Bundes könne zu einer befriedigenden Lösung der deutschen Frage führen. Gustav von Struve legte dem Vorparlament einen ausführlichen Antrag vor, in dem die Forderungen der Linken paradigmatisch zusammengefaßt waren. Hier hieß es ausdrücklich, daß sich in einer langen »Zeit tiefster Erniedrigung ... alle Bande gelöst« hätten, »welche das deutsche Volk an die bisherige sogenannte Ordnung der Dinge geknüpft« hätten. Statt dessen verlangte Struve einen völligen Neubau auf der Grundlage der Volkssouveränität mit dem Ziel der Einführung einer föderativen Bundesverfassung nach dem Muster der Vereinigten Staaten, unter Beseitigung sämtlicher deutscher Monarchien. Außerdem solle das Vorparlament aus sich heraus unverzüglich einen Vollziehungsausschuß einsetzen, der die Dinge bis zum Zusammentritt der Nationalversammlung in die Hand nehme.[10]

Dieses aus heutiger Sicht in vieler Hinsicht moderne Programm, das unter anderem auch einen Katalog sozialpolitischer Forderungen enthielt, gab von vornherein Anlaß zu scharfen Auseinandersetzungen zwischen den Liberalen und den radikalen Demokraten. Struve und Hecker wollten das Vorparlament zu entschlossener revolutionärer Aktion unter Bruch mit den bestehenden Gewalten bewegen. Die Liberalen wiesen eben dies als mit ihren eigenen Überzeugungen unvereinbar zurück. Karl Theodor Welcker bekannte sich einmal mehr zu der Ansicht, daß Monarchie und Volkssouveränität durchaus miteinander vereinbar seien und daß man nicht die Absicht habe, die deutschen Fürsten zu stürzen, sondern im Gegenteil wünsche, mit ihnen gemeinsam eine neue Ordnung aufzubauen. Dem Ziel der radikalen Demokraten, die Revolution weiterzutreiben, diente auch der Vorschlag, das Vorparlament möge bis zum Zusammentritt der Nationalversammlung in Permanenz tagen, um den einzelstaatlichen Regierungen nicht in der Zwischenzeit die Initiative zu überlassen. Letzteres wäre vermutlich in jedem Falle sinnvoll gewesen, aber die Liberalen glaubten, von den Einzelstaaten unter der Ägide der Märzregierungen nichts mehr fürchten zu müssen. So kam es nur zur Einsetzung eines Fünfzigerausschusses, der in der Zeit bis zum Zusammentritt der Nationalversammlung die nationalen Belange der Deutschen gegenüber den Einzelstaaten und dem Bundestag wahren sollte.

Nur in den Modalitäten des Wahlverfahrens für die Nationalversammlung vermochte die Linke ihre Vorstellungen im wesentlichen durchzusetzen, mit weitreichenden Konsequenzen. Die Liberalen fürchteten das allgemeine Wahlrecht zutiefst, obschon sie unter den gegebenen Verhältnissen es kaum noch für abwendbar hielten; sie waren der Überzeugung, daß moderne Großstaaten mit allgemeinem Wahlrecht nicht überlebensfähig seien (Dahlmann), und wollten dieses daher allenfalls dann hinnehmen, wenn ein indirektes Wahlverfahren vorgesehen würde, von dem

---

10 Vgl. Huber, Dokumente zur deutschen Verfassungsgeschichte, Bd. 1, S. 269f.

man sich gemäßigtere Wahlergebnisse erwartete. Doch verständigte man sich im Vorparlament schließlich darauf, daß alle männlichen Bürger eines deutschen Staates unter der Voraussetzung ihrer »Unabhängigkeit« das Wahlrecht erhalten sollten, wobei die Regelung der Modalitäten den Einzelstaaten überlassen bleiben sollte. Die Frage, was unter »Unabhängigkeit« zu verstehen sei, sollte späterhin zu einem Gegenstand heftiger Auseinandersetzungen führen, bot sich doch hier ein Ansatzpunkt für eine indirekte Beschränkung des Wahlrechts. Doch vermied das Vorparlament eine ausführliche Erörterung dieser hochbrisanten Frage.

Jedoch löste die Frage, ob der Bundesversammlung die Ausrichtung der Wahlen zur Nationalversammlung unbesehen überlassen werden dürfe, erhebliche Konflikte aus. Die Linke verlangte, daß die Bundesversammlung zuvor sämtliche Persönlichkeiten aus ihrer Mitte entfernen müsse, die an der Repressionspolitik der vergangenen Jahrzehnte mitgewirkt hätten. Dieser bei Lage der Dinge rein demagogische Antrag, der gar nicht umsetzbar gewesen wäre, wurde von Bassermann modifiziert und in seinem Sinn abgefälscht. Hecker nahm diese erneute Niederlage der Linken zum Anlaß für den Versuch, das Vorparlament zu sprengen, welches für radikale Politik ohnehin nicht tauge. Er verließ mit etwa 40 Abgeordneten der äußersten Linken demonstrativ den Saal. Doch verweigerte die gemäßigte Linke unter Führung von Robert Blum ihm die Gefolgschaft und erklärte sogar, daß man Mehrheitsentscheidungen zu respektieren bereit sei. Hecker nahm dann später wieder an den Verhandlungen teil. Die grundlegenden Differenzen zwischen den Liberalen und der radikalen Demokratie hinsichtlich der künftigen Strategie waren gleichwohl mit großer Schärfe zutage getreten. Dies bestimmte auch die weiteren Verhandlungen. Ein Antrag des badischen Rechtsanwalts Alexander von Soiron, der vorsah, »daß die Beschlußfassung über die künftige Verfassung Deutschlands allein der vom Volke zu wählenden Nationalversammlung zu überlassen« sei, riß die mühsam gekitteten Fronten wieder auf.[11] Soirons Antrag, den dieser auf

11 Frank Eyck, Deutschlands große Hoffnung, Die Frankfurter Nationalversammlung 1848/49, München 1973, S. 71

Befragung unter Berufung auf das Prinzip der Volkssouveränität rechtfertigte, stieß im Lager des gemäßigten Liberalismus auf heftigen Widerspruch, sah man doch dahinter die Absicht, von vornherein zu verhindern, daß die Bundesverfassung auf dem Wege freier Vereinbarung mit den Fürsten zustande gebracht würde. Auf der Linken brach einmal mehr das tiefe Mißtrauen gegen den Deutschen Bund und seine Organe durch, das die deutsche Öffentlichkeit seit Jahrzehnten gehegt hatte, während die Rechte jede unnötige Provokation der Fürsten und der einzelstaatlichen Regierungen vermeiden wollte. Die Position der radikalen Demokratie war klar: Sie wollte der Politik der Kompromisse mit den bestehenden monarchischen Gewalten, wie sie die Märzministerien verfolgten, Einhalt gebieten, die Revolution bis zur Errichtung eines republikanischen Bundesstaates fortsetzen und zu diesem Zwecke die breiten Massen der Bevölkerung mobilisieren. Eine durchaus realistische Einschätzung hinsichtlich der Einstellung der deutschen Fürsten, die in der Tat auf die erstbeste Gelegenheit warteten, um das Heft wieder zu wenden, verband sich mit utopischen Erwartungen hinsichtlich des revolutionären Potentials, das sich für eine solche Politik allenfalls aktivieren lassen würde. Die Wahrheit war, daß die deutschen Verhältnisse für einen radikalen Umsturz nicht reif waren und Versuche, die revolutionäre Entwicklung weiter voranzutreiben, nur die Gefahr konterrevolutionärer Reaktionen heraufbeschworen. Die Liberalen, und insbesondere die Minister der Märzregierungen, wollten es auf dergleichen keinesfalls ankommen lassen. Sie setzten darauf, daß die Welle nationaler Begeisterung, die die deutsche Öffentlichkeit erfaßt und angesichts des eben ausgebrochenen Konflikts mit Dänemark über Schleswig-Holstein einen Siedepunkt erreicht hatte, auch den Bestrebungen zur Schaffung eines konstitutionell verfaßten Bundesstaats aller Deutschen unwiderstehliche Kraft verlieh und man die Fürsten auf diesem Wege mitziehen könne.

Für die radikale Demokratie aber waren die Erfahrungen im Vorparlament äußerst ernüchternd. Es war unübersehbar, daß eine erfolgreiche Durchsetzung ihrer Ziele nicht mit, sondern nur gegen die Märzregierungen erreichbar sein würde. Hecker und

Struve sahen jetzt nur noch einen Ausweg, nämlich von Baden aus, wo sie ihre politische Basis hatten, durch einen Aufstand der entschiedenen Linken die Revolution doch noch vor dem Versumpfen in Kompromissen mit den herrschenden Gewalten zu retten. Das Potential für einen Volksaufstand im südlichen Baden und insbesondere im See-Kreis war erheblich größer, als gemeinhin angenommen wird. Die Unzufriedenheit in den unterbürgerlichen Schichten, aber auch im Kleinbürgertum, mit den bestehenden Verhältnissen hatte sich angesichts einer neuerlichen Verschlechterung der wirtschaftlichen Lage verstärkt. Die zunehmende Zahl von Arbeitslosen war möglicherweise ebenfalls für politische Protestaktionen zu mobilisieren. Und die Bauern waren bereit, ihre jüngst erzielten Erfolge gegenüber den Standesherren gegen die Konterrevolution zu verteidigen. Vor allem aber hatte in dieser Region die Idee der Volkssouveränität weithin Anhang gewonnen, allerdings in einer merkwürdigen Verschmelzung mit lokalistischen Autonomie- und Selbständigkeitsbestrebungen. Die in der Offenburger Versammlung geforderten Volksvereine hatten sich vielerorts bereits etabliert; auch wenn sie vorerst bestenfalls schmale Zirkel bildeten, konnten sie als zusätzliche Basis für eine Aufstandsbewegung dienen. Schließlich stand jedermann das Beispiel der erfolgreichen Aktionen der Freischärler im Schweizer Sonderbundskrieg vor Augen. Mehr noch, aus der Schweiz und ebenso aus Frankreich boten sich Scharen von Freischärlern an, sich am Kampf für die deutsche Republik zu beteiligen, insbesondere Georg Herweghs bunt zusammengewürfelte, aber kampfentschlossene Freischärlerformation in Straßburg.

Allerdings hätte Hecker, der in Baden über ein hohes, nicht zuletzt auf persönliche charismatische Ausstrahlung gegründetes Ansehen verfügte, vermutlich nicht losgeschlagen, wenn nicht Josef Fickler, eine der Schlüsselfiguren der Aufstandsbewegung im See-Kreis, überraschend auf dem Bahnhof in Mannheim verhaftet worden wäre; übrigens auf Veranlassung des badischen liberalen Abgeordneten Karl Mathy, der wohl wußte, welche Gefahren hier für die gemäßigte Richtung drohten. Da Fickler unentbehrlich war, hielten Hecker und Struve ein unverzügliches Losschlagen für die einzig verfügbare Alternative. Am 12. April 1848 begann der Aufstand mit einem flammenden Aufruf an das badische Volk zur Schaffung einer deutschen Republik.[12]

Hecker, Struve und ihre Mitstreiter rechneten keineswegs damit, daß eine Aufstandsbewegung mit rein militärischen Mitteln Erfolg haben könne. Sie gingen davon aus, daß diese nur den auslösenden Funken abgeben müsse und daß sich im weiteren Verlauf eine immer größere Zahl von Menschen aus allen Schichten der Bevölkerung der Bewegung begeistert anschließen würden. Außerdem rechneten sie damit, daß sich die Soldaten mit der Volksbewegung solidarisieren würden. Es ist bezeichnend, daß sich Hecker und der Befehlshaber der badischen und hessischen Truppen, von Gagern, vor dem entscheidenden Gefecht bei Kandern, in dem die Freischärler Heckers von den hessischen und badischen Truppen vernichtend geschlagen wurden, vor der Front ihrer Streitkräfte ein am Ende ergebnisloses Wortgefecht in der Hoffnung lieferten, die Truppen der anderen Seite zu sich herüberziehen zu können.

Die erwartete Unterstützung der Bevölkerung blieb aus, auch wenn durch den Aufstand bis nach Frankfurt am Main und nach Franken hin beträchtliche Unruhe in den Unterschichten ausgelöst wurde, nicht zuletzt deshalb, weil man nunmehr, nicht ganz zu Unrecht, mit der Rückkehr der Reaktion rechnete. Eine Rolle spielte dabei nicht nur, daß die Bauern aus der Gruppe der revolutionsbereiten Gruppen ausgeschert waren, sondern vor allem, daß die Bevölkerung jetzt alles vom baldigen Zusammentritt der Nationalversammlung erhoffte; der Zeitpunkt für den Aufstand war höchst unglücklich gewählt. Die Auswirkungen waren weitreichend; die Erwartung, die Revolution durch die Mobilisierung der Unterschichten der Bevölkerung weitertreiben zu können, hatte sich als illusionär erwiesen. Der Bruch zwischen den Liberalen und der radikalen Demokratie war nun endgültig vollzogen, zum Schaden der weiteren Entwicklung. Er wurde zusätzlich besiegelt durch das ungewöhnlich harsche Vorgehen der Staatsautorität und der Gerichte gegen die am Aufstand Beteiligten, soweit sie nicht, wie Hecker und Struve, ins Ausland fliehen konnten.

12 Valentin, Deutsche Revolutionen, Bd. 1, S. 491

VII.
Die Mobilisierung der Volksmassen
Die politische Vereinsbewegung

Während der ersten Phase der Revolution von 1848 hatte es den politischen Protestbewegungen, die weitgehend spontan hervorgetreten waren, durchweg an einer klaren Zielrichtung gefehlt. Auch die Trägerschaft dieser Bewegungen war äußerst inhomogen; von einer eindeutigen interessengeleiteten Ausrichtung ihres Handelns konnte weithin noch nicht die Rede sein. Werner Näf hat dies auf die prägnante Formulierung gebracht: »Noch standen keine Mächte bereit, sondern nur Träger von Wünschen und Ideen, die geistigen Vorhuten eines politisch noch nicht aufgewachten und marschbereiten Volkes.«[1] Dies begann sich seit Anfang April 1848, im Zusammenhang der Vorbereitungen für die Wahlen zu einer deutschen Nationalversammlung, aber auch der Parlamente der Einzelstaaten, zu ändern. Waren bisher die Parteien eigentlich nur Gesinnungsgefolgschaften gewesen, deren ideologische Ausrichtung von vergleichsweise kleinen Gruppen geprägt wurde, so begann nun ein Prozeß der Politisierung der breiten Schichten der Bevölkerung.

Die radikale Demokratie hatte als erste den Versuch unternommen, sich eine Massenbasis in der Bevölkerung zu schaffen. Auf der Offenburger Volksversammlung vom 19. März 1848 war auf Vorschlag von Struve beschlossen worden, eine alle deutschen Staaten umspannende Organisation der radikalen Demokratie ins Leben zu rufen. Die in jeder Gemeinde zu begründenden Vaterländischen Volksvereine sollten sich zu Bezirksvereinen zusammenschließen. Als Dachorganisation wurde ein zunächst nur Baden umfassender Zentral-Ausschuß gebildet und Friedrich Hecker

---

1 Werner Näf, Die Epochen der neueren Geschichte, Staat und Staatengemeinschaft vom Ausgang des Mittelalters bis zur Gegenwart, Bd. 2, Aarau 1946, S. 194

zu dessen Obmann gewählt. Das Ziel war der Aufbau einer flächendeckenden Organisation in ganz Deutschland, ausgehend von Baden.[2] Dies stand allerdings weitgehend auf dem Papier.

Den radikalen Demokraten gelang es jedoch in den folgenden Wochen und Monaten, eine beachtliche Zahl von Demokratischen Vereinen bzw. Volksvereinen ins Leben zu rufen. Schon am 4. April 1848 trat ein »Demokratisches Central-Comitee« mit einem Wahlmanifest hervor, das im wesentlichen mit dem Antrag Struves im Vorparlament identisch, allerdings geringfügig erweitert war und mit der Aufforderung zum Beitritt an alle schloß, denen »die höchsten Güter des Menschen und des Bürgers am Herzen liegen«.[3] Dieses entfaltete in den folgenden Monaten große Aktivität, obschon die Gründung demokratischer Vereine durch das Scheitern des Hecker-Struve-Aufstandes in Baden einen schweren Rückschlag erlitt; in Baden wurden daraufhin alle demokratischen Vereine vorerst verboten.

Im Gegenzug zu dem Anfang April 1848 in Frankfurt am Main gebildeten »Centralausschuß für die Demokraten Deutschlands«, der von einer Initiative des »Demokratischen Vereins« in Marburg ausgegangen war, wurde am 6. April 1848 in Leipzig der »Deutsche Verein« gegründet, eine Vereinigung des gehobenen Bürgertums, die eine eindeutig liberal-konstitutionelle Ausrichtung aufwies. Diese veröffentlichte am 10. April einen Aufruf zur Gründung gleichartiger Vereine in ganz Deutschland. Es gehe darum, sowohl die »Anarchie«, mit welcher das Programm der radikalen Demokraten gleichgesetzt wurde, wie die Reaktion zu bekämpfen und der konstitutionellen Partei in den bevorstehenden Wahlen zur Nationalversammlung Unterstützung zu geben. Die politische Mobilisierung und Organisation der konstitutionellen Partei in ganz Deutschland sei zu einer Existenzfrage für die bestehende bürgerliche Gesellschaftsordnung geworden: »Erklärt Euch gegenseitig, *faßt eine Partei*! Partei ergreifen ist kein Unrecht mehr, es ist Pflicht, es ist Notwendigkeit geworden; ... legt denn auch Ihr

2 Vgl. Grab, Revolution, S. 61 ff.
3 Werner Boldt, Die Anfänge des deutschen Parteiwesens, Fraktionen, politische Vereine und Parteien, Paderborn 1971, S. 103 f.

die Hände nicht in den Schoß, beginnt den Kampf offen und redlich, es gilt eine Lebensfrage für das Vaterland, für Euer Haus, für Euch selbst und Eure Familien!«[4] Ebenso fühlte sich der »Engere Ausschuß der vaterländischen Vereine« in Württemberg noch am 27. Juli 1848 veranlaßt, seinen Wählern verständlich zu machen, daß die Bildung von Parteien rechtens sei: »die Scheidung der Bürger in Partheien« sei »die notwendige Folge eines freiwerdenden Staatswesens«. »In geknechteten Ländern« gebe »es Verschwörungen, in freien Partheien.«[5]

In der Tat bestanden in der breiteren Öffentlichkeit, und namentlich in den bürgerlichen Kreisen große Vorbehalte gegenüber den Parteien und politischen Vereinen außerhalb der Parlamente, weil damit die Arbeit der Abgeordneten mediatisiert und die Staatsautorität gefährdet würde. Diese Haltung wirkte insbesondere im bürgerlichen Lager noch lange nach: Politische Vereine und Parteien im vorparlamentarischen Raum, welche nicht bloß die Vertretung bestimmter politischer Lehren, sondern die förmliche Bindung und Mobilisierung des einzelnen Bürgers anstrebten, wurden weithin mit Mißtrauen betrachtet; ihre Aktivität könne zur Verfälschung des Volkswillens führen. Auf der Linken waren derartige Einstellungen weniger verbreitet; hier fand sich das Gegenteil, nämlich die Überzeugung, daß die Parteien als Vorhut der noch weithin politisch unaufgeklärten breiten Schichten der Bevölkerung zu agieren hätten.

Ungeachtet dieser Vorbehalte entstand im Sommer 1848 im vorparlamentarischen Raum ein breit gefächertes politisches Vereinswesen, das sich die politische Mobilisierung der breiten Schichten der Bevölkerung im Sinne der jeweils eigenen Programmatik zum Ziele setzte. Allerdings kam es so gut wie überhaupt nicht zu engeren institutionellen oder auch nur personellen Verflechtungen zwischen diesen wie Pilze aus dem Boden schießenden politischen Vereinen und den Parteigruppierungen in den Parlamenten beziehungsweise den Fraktionen in der Nationalver-

---

4 Hartwig Gebhardt, Revolution und liberale Bewegung, Die nationale Organisation der konstitutionellen Partei in Deutschland 1848, Bremen 1974, S. 21
5 Boldt, Anfänge, S. 120

sammlung, die am 18. Mai 1848 erstmals zusammentrat. Dies galt auch umgekehrt; die Parlamentarier lehnten es vielfach ab, politischen Vereinen beizutreten, auch wenn sie mit ihren Zielsetzungen uneingeschränkt übereinstimmten, weil sie befürchteten, daß dadurch ihr Status als unabhängige Vertreter des gesamten deutschen Volkes verletzt werden könnte. Die Vereine sahen ihre Aufgabe in erster Linie in der Vermittlung zwischen den parlamentarischen Fraktionen und der öffentlichen Meinung und bedienten sich dafür in aller Regel des Instruments der Petition an die Parlamente, vornehmlich an die Nationalversammlung.

Aus kleinen Anfängen heraus entwickelte sich in ganz Deutschland ziemlich rasch ein Netzwerk von politischen Vereinen unterschiedlicher politischer Observanz, mit allerdings höchst unterschiedlicher Dichte und Intensität. Die große Mehrzahl dieser Vereine, gleichviel welcher Richtung, besaß allerdings eine stark lokale Ausrichtung. Sie waren entschieden auf ihre Eigenständigkeit bedacht und legten einer Zusammenführung oder Koordinierung ihrer Aktivitäten auf nationaler Ebene vielfach erhebliche Hindernisse in den Weg. Die politische und gesellschaftliche Fragmentierung der deutschen Gesellschaft fand hier einen, wenn auch indirekten, Niederschlag. Dies behinderte die Entstehung eines gesamtstaatlichen Parteiensystems. Insofern darf man die Bedeutung der zentralen Vereinsorganisationen im Rahmen der politischen Vereinsbewegung nicht überschätzen; sie waren zumeist wenig effektiv.

Dennoch wurde durch die Entfaltung eines reich differenzierten politischen Vereinswesens eine beachtliche politische Mobilisierung der deutschen Bevölkerung bewirkt. Die Nachwirkungen dieses Prozesses waren weitreichend; hier wurden die Grundlagen für die Entwicklung der deutschen Parteien seit Beginn der 1860er Jahre gelegt. Insgesamt lassen sich fünf Hauptrichtungen des Vereinswesens während der Revolution von 1848/49 unterscheiden, mit mancherlei Verschränkungen und Überschneidungen:

1. Demokratische Vereine bzw. Volksvereine, welche ideologisch der radikalen Demokratie zugerechnet werden müssen;
2. Konstitutionelle Vereine bzw. Vaterlandsvereine des liberalen Lagers;

3. Arbeitervereine unterschiedlicher ideologischer Observanz;
4. patriotische Vereine und Preußen-Vereine;
5. die katholischen Pius-Vereine;
6. die Rustikalvereine in Schlesien – eher ein Randphänomen – als Vertretung der bäuerlichen Interessen gegenüber den Grundherren und dem Staat.

Diese differenzierte parteipolitische Konstellation bildete sich erst nach und nach, in Abhängigkeit von den politischen Entwicklungen, heraus, und zwar in mehreren Schüben, einem ersten im März und April 1848, einem zweiten im Herbst 1848, im Zuge der Erstarkung der reaktionären Kräfte, und einem dritten schließlich im Zusammenhang der Kampagne für die Rettung der Reichsverfassung im Frühjahr 1849.

In den ersten Monaten der Revolution wurde die Vereinsentwicklung beherrscht von dem Gegensatz der Demokratischen Vereine und der Konstitutionellen bzw. Vaterlandsvereine über die Grundfragen der politischen Strategie der Revolution. Für die Demokratischen Vereine hatte Gustav von Struve bereits im Vorparlament die Marschroute vorgezeichnet, nämlich Weitertreiben der Revolution mit dem Ziel der Durchsetzung einer föderalistischen Bundesverfassung nach dem Muster der nordamerikanischen Freistaaten. Dies verband sich mit sozialpolitischen Forderungen, welche die Beseitigung der Notlage der arbeitenden Klassen zum Gegenstand hatten; dazu sollten vornehmlich die Einführung einer progressiven Einkommensteuer sowie die unentgeltliche Erziehung für alle Schichten der Bevölkerung dienen. Dahinter standen freilich grundsätzlichere Differenzen, die den Kern der politischen Kontroversen zwischen den Konstitutionellen und den Demokratischen Vereinen ausmachten. Dazu gehörte insbesondere die Frage, ob die Verfassungen der Einzelstaaten und namentlich die Bundesverfassung durch Vereinbarung mit den bestehenden Gewalten oder kraft revolutionären Rechts zustande gebracht werden sollten. Damit unmittelbar verknüpft war die Frage, ob das künftige Deutschland eine Republik sein solle oder ein Bund der deutschen Fürsten mit einer Zentralinstanz, welche die nationalen Interessen der Deutschen wirksamer als bisher wahrnehmen solle. Vergleichsweise weniger strittig – weil in der

Hauptsache schon entschieden – war die Frage, ob dem allgemeinen direkten oder einem beschränkten Wahlrecht der Vorzug gegeben werden müsse, obschon die Liberalen das allgemeine Wahlrecht mit großem Mißbehagen betrachteten und Wahlrechtsbeschränkungen, welche die unterbürgerlichen Schichten teilweise vom politischen Prozeß ausschlossen, für angemessen hielten, um den von interessierter Seite leicht beeinflußbaren »Pöbel« außen vor zu halten. Schließlich schieden sich die Geister in der Frage, ob es einschneidende Sozialgesetze zum Schutz der unterbürgerlichen Schichten unter Einschränkung des Freihandels einschließlich der Einführung von Schutzzöllen geben solle oder, umgekehrt, ob die Politik der Freisetzung der Wirtschaft von staatlicher Reglementierung, von der das Wirtschaftsbürgertum mit einigem Recht den weiteren wirtschaftlichen Fortschritt abhängig sah, fortgesetzt werden solle. Schließlich ging es darum, ob das neue Deutschland eine expansive Nationalpolitik oder eine Politik der nationalen Selbstbeschränkung gegenüber seinen Nachbarn, insbesondere den Dänen, Polen und den slawischen Völkern innerhalb der Donaumonarchie, betreiben solle oder nicht. In der Polenfrage plädierten die radikalen Demokraten für einen Verzicht auf überwiegend deutsch besiedelte Regionen zugunsten der Wiederherstellung eines demokratischen polnischen Nationalstaates; ansonsten vertraten sie eine eher noch nationalistischere Linie als ihre Rivalen im liberalen Lager, insbesondere in der schleswig-holsteinischen Frage.

In allen diesen Punkten nahmen die Demokratischen Vereine Positionen ein, die letzten Endes auf ein Weitertreiben der Revolution hinausliefen. Dabei spielte eine Rolle, daß eine entschlossene Minderheit innerhalb der Demokratischen Vereine zielbewußt auf eine Verschärfung des Konflikts hinarbeitete, in der Hoffnung, die Entwicklung über die Schwelle der bürgerlichen Revolution hinauszutreiben und diese in eine soziale, wenn nicht gar sozialistische Revolution umzuwandeln. Dies traf mit Sicherheit für Karl Marx und den unter seinem Einfluß stehenden, von dem Kölner Armenarzt Andreas Gottschalk geführten Kölner Arbeiterverein zu, ansonsten aber nur für einige wenige Einzelgänger im linken Lager. Das Gros der radikalen Demokraten wollte hingegen über eine soziale Republik auf der Grundlage der Volkssouveränität nicht hinausgehen.

Das liberale Bürgertum empfand die Zielsetzungen der radikalen Demokratie als höchst bedrohlich und verteufelte sie als eine Politik, die geradewegs in die Anarchie hineinführen müsse. Dabei spielte nicht zuletzt das französische Beispiel eine abschreckende Rolle. Die Konstitutionellen Vereine entstanden ganz überwiegend aus dem Bestreben heraus, dem gemäßigten Liberalismus, der in den Märzministerien dominierte und im Vorparlament und in der Nationalversammlung die Weichen zugunsten der Vereinbarung mit den Fürsten zu stellen bestrebt war, in der Öffentlichkeit politischen Flankenschutz zu geben, zugleich aber die für gefährlich gehaltenen Bestrebungen der politischen Linken mit allen ihnen zur Verfügung stehenden Mitteln zu bekämpfen. Sie bedienten sich dabei vornehmlich der Flugblätter, der Presse und der Petitionen an die Regierungen bzw. an die Parlamente.

Die radikale Demokratie blieb ungeachtet zunehmender behördlicher Behinderung ihrer Aktivitäten zunächst in der Vorhand. Vom 14. bis 17. Juni 1848 hielt sie in Frankfurt am Main einen eindrucksvollen Demokratenkongreß ab, an dem 234 Delegierte von 89 Vereinen aus 66 Städten unter dem Vorsitz von Julius Fröbel zusammenkamen; dieser wurde von manchen Zeitgenossen gar als eine Konkurrenzveranstaltung zur Frankfurter Nationalversammlung angesehen. Auch die großen Namen der extremen Linken waren anwesend, unter ihnen Karl Schapper, Andreas Gottschalk, Moses Hess sowie Karl Marx und Friedrich Engels. Jedoch gelang es diesen nicht, den Kongreß auf ein Programm sozialer bzw. sozialistischer Postulate festzulegen; die Mehrheit des Kongresses gab den politischen Problemen eindeutig den Vorrang und plädierte in merkwürdig dehnbaren Formulierungen für eine demokratische Republik: »Es gibt nur eine für das Volk haltbare Verfassung, die demokratische Republik, d. h. eine Verfassung, in welcher die Gesamtheit die Verantwortlichkeit für die Freiheit und die Wohlfahrt des einzelnen übernimmt.«[6]

6 Boldt, Anfänge, S. 129

Fröbel richtete ein flammendes Manifest an das deutsche Volk, welches radikal demokratisch und großdeutsch ausgerichtet war.

Nach dem Beschluß der Nationalversammlung vom 22. Juni 1848, einen Reichsverweser zu bestellen und sich damit eindeutig zur konstitutionellen Monarchie auch in der Reichsspitze zu bekennen, richtete der Zentralausschuß der Demokraten Deutschlands eine ganze Reihe von meist von Fröbel verfaßten Aufrufen an die Zweigvereine, ihre Agitation für die demokratische Republik zu intensivieren – mit welchem Erfolg, ist nicht bekannt. Der Zentralausschuß war nicht viel mehr als eine recht inaktive Propagandazentrale, dem für breit angelegte Propaganda allerdings die erforderlichen Geldmittel fehlten. Dennoch wird man die Ausstrahlung dieser Agitation auf die unteren Mittelschichten nicht gering einschätzen dürfen; sie verstärkte dort die Enttäuschung über die Tatenlosigkeit der großbürgerlichen Repräsentanten des vormärzlichen Liberalismus. Ein zweiter großer Kongreß der Demokratischen Vereine in Berlin vom 26. bis 30. Oktober 1848, mit 226 Delegierten, darunter Arnold Ruge, Wilhelm Weitling und Stephan Born als Vertreter verschiedener Arbeitervereine, erwies einmal mehr, daß die Vielzahl der demokratischen Gruppierungen, die in den lokalen Vereinen eine organisatorische Basis besaßen, nicht ohne weiteres auf eine einheitliche politische Linie gebracht werden konnte. Man beschloß einen umfangreichen, stark sozial getönten Katalog von Menschenrechten; unter anderem sollte darin das Widerstandsrecht festgeschrieben werden. Ferner wurden vorgesehen: ein Einkammerparlament, die Möglichkeit, Abgeordneten durch Beschluß ihrer Wähler ihr Mandat wieder zu entziehen, und die unentgeltliche Aufhebung aller Feudallasten.

Die Delegierten gingen darüber hinaus in die politische Offensive; sie stellten die Forderung auf, daß den Abgeordneten der Nationalversammlung, die nach der Wahl eines unverantwortlichen Reichsverwesers nicht mehr das Vertrauen des Volkes besäßen, die Mandate wieder entzogen werden und Neuwahlen anberaumt werden müßten.[7] Dies war des Guten zu viel. Der Vorschlag, einen Appell an die preußische Regierung zu richten, diese möge zugun-

---

7 Grab, Revolution, S. 189f.

sten der Revolution in Wien militärisch intervenieren, spaltete den Kongreß. Er zerplatzte endgültig über den extremen Forderungen der utopischen Sozialisten. Im nachhinein übte Karl Marx bittere Kritik an dem Zweiten Demokratenkongreß, auf dem eine grenzenlose Unordnung geherrscht habe.[8] Mit dem allmählichen Erstarken der Reaktion versank die anfänglich so eindrucksvolle Bewegung der radikalen Demokratie zunehmend in Sektierertum; ihre Agitation für eine demokratische Republik mit einer entschieden sozialen Komponente verlor in der Öffentlichkeit immer mehr an Attraktivität.

Die Konstitutionellen Vereine starteten vergleichsweise später als die Demokratischen Vereine, aber im Zuge der Verschärfung der innenpolitischen Auseinandersetzungen im Sommer 1848 fanden sie in den bürgerlichen Schichten der Bevölkerung in wachsendem Maße Unterstützung. Ihre Zielsetzung war klar: Schaffung eines föderalistischen Bundesstaates auf dem Wege der Vereinbarung mit den Fürsten, »Beibehaltung und zeitgemäße Fortbildung der konstitutionellen Monarchie, als Vertreterin und Vollzieherin des Volkswillens,« wie es im Gründungsprogramm des Deutschen Vaterlandsvereins hieß.[9] Das Festhalten am monarchischen Prinzip ergab sich für die Konstitutionellen vor allem deshalb, weil sie in der Monarchie einen Garanten für die Stabilität der gesellschaftlichen Ordnung erblickten; die Republik setzten sie mit der Herrschaft der Unterschichten und der Anarchie gleich. Ansonsten plädierten sie – in direkter Entgegensetzung zu den Demokratischen Vereinen, die seit Juli 1848 gegen die Nationalversammlung agitierten – für deren bedingungslose Unterstützung. Sie vermochten eine nicht unbeträchtliche Zahl von Anhängern zu rekrutieren. In Sachsen stieg die Zahl der Konstitutionellen Vereine von 75 im Mai 1848 (mit 11 000 Mitgliedern) auf 105 im September 1848 (mit 27 500 Mitgliedern) und 290 Vereine im April 1849 (mit 75 000 Mitgliedern); in Württemberg waren es im September 1848 44 Vereine (mit 6100 Mitgliedern) und im Mai/Juni 1849 202 Vereine. In Norddeutschland – mit Ausnahme

8 Marx / Engels, Werke, Bd. 5, S. 446 f.
9 Grundgesetz des Deutschen Vaterlandsvereins, bei Grab, Revolution, S. 101

Schleswig-Holsteins – dürfte die Zahl der Vaterlandsvereine geringer gewesen sein, wie denn diese Zahlen angesichts der hohen Fluktuation der Mitgliederschaft und der starken Abhängigkeit der Vereine von den Wechselfällen des politischen Geschehens ohnehin nur Näherungswerte darstellen. Erst vergleichsweise spät kam es zu einer effektiven Zusammenfassung der Konstitutionellen Vereine und Vaterlandsvereine in einem Zentralverein, dem »Nationalen Verein«, der auf einem Kongreß in Kassel vom 3. bis 5. November 1848 ins Leben gerufen wurde. Daran hatten Delegierte von insgesamt 66 Vereinen, also einer vergleichsweise kleinen Minderheit, teilgenommen. Allerdings erwies sich auch hier, daß es schwierig war, eine einheitliche politische Linie zu finden, die für alle Vereine gleichermaßen annehmbar war. Dennoch gehörten dem »Nationalen Verein« zur Zeit seiner größten Ausbreitung im April 1849 mehr als 130 Vereine an; allerdings waren Preußen und Bayern und ebenso auch Deutsch-Österreich überhaupt nicht repräsentiert.[10]

Auf dem Höhepunkt der Reichsverfassungskampagne, als sich abzeichnete, daß das Verfassungswerk der Paulskirche als solches in Gefahr geraten war, kam es dann zu einer bemerkenswerten Kursänderung im Lager der Linken: Die gemäßigte Linke beschloß nun, zur Rettung der Revolution gemeinsame Sache mit den Liberalen zu machen. Es kam zur Gründung der sogenannten »Märzvereine«, die nun mit aller Kraft das Werk der Nationalversammlung gegenüber der erstarkenden Reaktion zu verteidigen suchten. Der Sache nach handelte es sich um eine nationale Sammlungsbewegung mit bemerkenswerter Stoßkraft, die das beide Parteirichtungen Einigende, nämlich die nationale Frage, in den Vordergrund stellte und auf diese Weise eine Brücke zwischen beiden Parteien zu schlagen suchte.

Das Programm des »Centralmärzvereins« war, gemessen an den Forderungen, welche die radikale Demokratie bisher mit großer Hartnäckigkeit vertreten hatte, vergleichsweise maßvoll. »Wir wollen die Einheit Deutschlands. Wir wollen, daß die Freiheit als das natürliche Eigentum der Nation anerkannt werde, nicht als

10 Vgl. Gebhardt, Revolution, S. 96

ein Geschenk oder Gnade, die ihm nach Belieben von irgendeiner Seite zugemessen wird. ... Wir wollen die Berechtigung für das Gesamtvolk, wie für das Volk eines jeden einzelnen Landes, sich seine Regierungsform selbst festzusetzen und einzurichten, zu verbessern und umzugestalten, wie es ihm zweckdienlich erscheint, weil jede Regierung nur um des Volkes willen da ist. Wir wollen, daß die Verfassungen, welche der Gesamtstaat und die einzelnen deutschen Staaten sich geben, Bestimmungen enthalten, nach denen sie auf friedlichem, gesetzlichen Wege geändert und verbessert werden können. Wir wollen, daß die auf solcher Grundlage errichteten Verfassungen von dem Gesamtstaate garantiert werden. Damit auf diese Art die Revolution zu Ende gebracht und ein dauernder Zustand der Gesetzlichkeit, des Friedens und der Wohlfahrt der deutschen Nation und der einzelnen deutschen Volksstämme gesichert werde.«[11]

Die Gründung des »Centralmärzvereins« Ende November 1848 wurde vom linken Flügel der Demokraten erbittert bekämpft. Karl Marx, der damals mitsamt seinem Anhang im Kölner Arbeiterverein die demokratische Vereinsbewegung energisch unterstützt hatte, distanzierte sich am 11. März 1849 in der Neuen Rheinischen Zeitung vom »Centralmärzverein« in denkbar schroffer Sprache: »Wir erklären hiermit den linkischen und äußersten linkischen Mitgliedern dieses s.g. [sic] ›Märzvereins‹ der ci-devant ›Reichsversammlung‹, daß die ›Neue Rheinische Zeitung‹ sich nie zum Organ einer parlamentarischen Partei hergegeben hat, wie die ›Neue Rheinische Zeitung‹ überhaupt keinen ›Märzverein‹ kennt.«[12] Andererseits wurde diese Intitiative von vielen Konstitutionellen Vereinen ebenfalls mit großem Mißtrauen betrachtet, als Versuch, sie und ihre Anhänger in ein radikales Fahrwasser zu ziehen. Dennoch gelang es, eine große Zahl von Vereinen beider Richtungen unter der gemeinsamen

11 Rolf Weber, Centralmärzverein (CMV) 1848–1849, in: Lexikon zur Parteiengeschichte. Die bürgerlichen Parteien und Verbände in Deutschland (1789–1945), hg. v. Dieter Fricke, Bd. 1, Leipzig 1983, S. 404 f.

12 Frolinde Balser, Sozial-Demokratie 1848/49–1863. Die erste deutsche Arbeiterorganisation ›Allgemeine Arbeiterverbrüderung‹ nach der Revolution, Stuttgart 1965, S. 209

Flagge der Verteidigung der Revolution zusammenzuführen. Im April 1849 stellte der »Centralmärzverein« mit ca. 950 angeschlossenen Vereinen die stärkste Kraft in der Front der Verteidiger der revolutionären Errungenschaften gegen die heraufziehende Reaktion.

Die politische Mobilisierung der deutschen Nation während der Revolution von 1848/49 gab zugleich den Anstoß für die Ausbildung einer eigenständigen Arbeiterbewegung. Dabei muß bedacht werden, daß es zu diesem Zeitpunkt eine industrielle Arbeiterschaft im heutigen Sinne nur in ersten Ansätzen gab. Nach Ausbruch der Revolution verlagerte Karl Marx die Zentrale des »Bundes der Kommunisten« nach Köln, aber seine Devise war, daß dessen Aufgabe vorerst darin bestehe, Seite an Seite mit der radikalen Demokratie für die vollständige Durchsetzung der bürgerlichen Revolution einzutreten. »In Deutschland kämpft die Kommunistische Partei, sobald die Bourgeoisie revolutionär auftritt, gemeinsam mit der Bourgeoisie gegen die absolute Monarchie, das feudale Grundeigentum und die Kleinbürgerei.«[13] Die »17 Forderungen der Kommunistischen Partei in Deutschland« vom März 1848 unterschieden sich nicht wesentlich von jenen der radikalen Demokratie, vielleicht mit der Ausnahme, daß hier ausdrücklich Nationalwerkstätten nach Pariser Vorbild sowie die staatliche Kontrolle des Kreditwesens gefordert wurden.[14] Jedoch war die unmittelbare Wirkung der Aktivitäten des »Bundes der Kommunisten« auf die revolutionären Ereignisse in Deutschland gering. Allerdings gelang es Marx, mit Hilfe der Neuen Rheinischen Zeitung in nicht unerheblichem Maße auf die öffentliche Meinung im Rheinland einzuwirken. Außerdem engagierten sich Karl Marx und Friedrich Engels aktiv im Kölner Arbeiterverein; das energische Auftreten Gottschalks an der Spitze des Vereins am 8. März 1848 in Köln, das in vieler Hinsicht die Speerspitze der Massenbewegung im Rheinland zur Unterstützung der Revolution darstellte, ging nicht zuletzt auf Marx' Anstiftung zurück. Gleichwohl wird festzuhalten sein, daß der Kölner Arbeiterverein

13 Marx/Engels, Werke, Bd. 4, S. 492
14 Ebd., S. 3 ff.

in der Folge keinen nennenswerten Einfluß auf den weiteren Gang der Dinge gehabt hat.

Seit dem Frühjahr 1848 schossen allerorten Arbeitervereine und Arbeiterbildungsvereine aus dem Boden. In ihrer großen Mehrzahl traten diese jedoch politisch nicht als eigenständige Kraft hervor, sondern engagierten sich, wenn überhaupt, dann in den Demokratischen Vereinen. Allerdings beteiligten sich die Arbeitervereine vielfach an der Wahlbewegung für die Wahlen zur Nationalversammlung. Die Versuche des »Bundes der Kommunisten«, durch Gründung eines »Zentralvereins der Arbeiterbildungsvereine« in Mainz die Arbeitervereinsbewegung in ein kommunistisches Fahrwasser zu lenken und auf die Wahlen zur Nationalversammlung in seinem Sinne Einfluß zu nehmen, scheiterten jedoch. Die Arbeitervereine verharrten in ihrer großen Mehrheit noch auf dem Horizont einer Handwerker- und Gesellenbewegung und zielten auf die staatliche Unterstützung kleingewerblicher Betriebsformen, gegebenenfalls auch durch die Gründung von staatlich geförderten Handwerkerkorporationen, nicht auf einen Umsturz der bestehenden Gesellschaftsordnung. Dies gilt auch für das »Zentralkomitee für Arbeiter« in Berlin, in dem Stephan Born eine maßgebliche Funktion wahrnahm; in Petitionen an die Nationalversammlungen in Berlin und Frankfurt plädierte es für staatliche Maßnahmen zur Sicherung und Verbesserung der sozialen Lage vor allem der Handwerksgesellen und den Schutz der heimischen Arbeit vor »neuer, künstlich einzuführender Industrie« aus dem Ausland.[15]

Diese eher sozialkonservative Grundhaltung, die eigentlich die Erhaltung der überkommenen vorindustriellen Wirtschaftsordnung voraussetzte und nur Korrekturen an dieser zugunsten der Verbesserung der Lage der »Arbeiter« durch den Staat anstrebte, kam auch in der politischen Haltung der von Stephan Born ins Leben gerufenen ersten deutschen Arbeiterbewegung zum Ausdruck. Auf ihrem Gründungskongreß vom 23. August bis 3. September 1848 schloß sich eine größere Zahl dieser Arbeitervereine zur »Allgemeinen deutschen Arbeiter-Verbrüderung« zusammen

---

15 Vgl. Mommsen, Parteiprogramme, S. 292ff. Grab, Revolution, S. 121f.

und richtete ein Centralkomitee unter dem Drucker Stephan Born, dem Geometer Franz Schwenninger und dem Schneidergesellen Georg Kick mit Sitz in Leipzig ein, das hinfort eine eigene Zeitschrift, die »Verbrüderung«, herausgab. Die »Arbeiter-Verbrüderung« appellierte an die Nationalversammlung, diese möge den Vertretungen der Arbeiterschaft eine rechtliche Absicherung auf Dauer schaffen. Ansonsten aber setzte sie auf das Programm der Selbsthilfe, welches die Schaffung von Produktionsgenossenschaften, Krankenkassen, Konsumgenossenschaften und gewerkschaftlichen Bildungsinstitutionen ins Auge faßte. Sie betrieb in dieser Hinsicht eine Art von »sozialer Parallelpolitik« (Th. Schieder) zur Politik der Revolution. Jedoch war die neue Organisation noch schwach und geneigt, sich aus den politischen Tageskämpfen herauszuhalten, um nicht ihre Existenz zu riskieren. Im November 1848 distanzierte sich das Verbandsorgan »Die Verbrüderung« von den Unruhen in Sachsen im Zuge der Reichsverfassungskampagne in ziemlich devoter Form: »Übrigens aber, und unsere Brüder, die Arbeiter, mögen es wohl wissen, wir verwerfen den Aufruhr und protestieren gegen jede Unordnung. Wir verschwören uns nicht gegen die bestehende Regierung, wir wollen nur, daß man uns einen Platz einräume in dem gemeinsamen Vaterlande.«[16] Dahinter stand die Absicht, die zeitgenössische Verteufelung jeglicher Form des Zusammenschlusses der Arbeiterschaft abzuwehren und auf die Respektabilität der eigenen Bemühungen hinzuweisen. Allerdings entsprach dies der Grundhaltung der »Arbeiterverbrüderung«, in erster Linie auf eine Verbesserung der Lage der Gesellen und Arbeiter innerhalb der bestehenden Gesellschaftsordnung hinzuwirken. Im Frühjahr 1849 gehörten der »Arbeiterverbrüderung« mehr als 15000 Arbeiter von ca. 170 lokalen Arbeitervereinen an. Es war den Zweigvereinen vielfach gelungen, durch Lohnstreiks die Lage ihrer Mitglieder fühlbar zu verbessern.

Die Zurückhaltung der »Abeiterverbrüderung« in den tagespolitischen Auseinandersetzungen lief freilich nicht auf absolute Neutralität hinaus. Im Mai 1849 forderte sie ihre Mitglieder auf, sich der Kampagne für die Erhaltung der Reichsverfassung mit der

16 Balser, Sozial-Demokratie, S. 55

Waffe anzuschließen, und am sächsischen Aufstand im Mai 1849 war die »Arbeiterverbrüderung« aktiv beteiligt. In aller Regel unterstützten die Arbeitervereine der »Arbeiterverbrüderung« die Aktivität der radikalen Demokratie. Dabei ist einschränkend zu bemerken, daß die große Mehrheit der Handwerkerschaft, und dies gilt auch für die Gesellen, durchaus für konservative politische Parolen empfänglich waren, war doch die liberale Politik der Aufhebung der Zünfte und ihrer Rechte zur Regulierung der Produktion und der Arbeitsverhältnisse mit ihrem traditionellen Berufsbild nicht vereinbar.

In der Anfangsphase der Revolution waren die Konservativen weitgehend gelähmt; sie befanden sich politisch durchweg in der Defensive. Die revolutionären Bewegungen im März 1848 hatten sie weitgehend unvorbereitet getroffen; nicht nur in Süddeutschland, auch in Preußen rieten viele Adelige in der Frage der feudalen Privilegien in der Einsicht zur Nachgiebigkeit, daß diese nicht mehr zu halten sein würden. Und in den Landtagen kooperierten viele Vertreter des liberalen Adels mit dem konstitutionellen Liberalismus, wohl wissend, daß die neoabsolutistischen Regierungsmethoden der Restauration auch die Stellung des Adels in der Gesellschaft gefährdeten. In den hochkonservativen Kreisen fürchtete man hingegen, daß die Revolution von den angeblich »fanatisierten« Massen der städtischen Bevölkerung unaufhaltsam weiter vorangetrieben würde und eigentlich bereits alles verloren sei. Ernst Ludwig von Gerlach verfaßte am 26. März 1848 einen Sammlungsaufruf an einen engeren Freundeskreis, in dem es hieß, daß »alle Grundlagen deutschen Rechts, deutscher Verfassung, deutscher Freiheit, Alles was uns auf Erden theuer und heilig ist«, bedroht seien.[17] Es komme darauf an, zunächst vermittels der Presse einen Schutzwall um den Monarchen und den Vereinigten Landtag gegenüber »den tobenden Pöbelmassen« zu errichten. Zu diesem Zweck wurde am 22. April die Gründung eines konservativen Presseorgans, der Neuen Preußischen Zeitung, beschlossen, die sich dem Grundsatz verschrieb, daß »nur in der Stärke und

---

17 Wolfgang Schwentker, Konservative Vereine und Revolution in Preußen 1848 / 49. Die Konstituierung des Konservativismus als Partei, Düsseldorf 1988, S. 60

Macht Preußens die Einheit und Selbständigkeit des deutschen Vaterlandes nach innen wie nach außen gesichert« werden könne.[18] Unter der Redaktion von Hermann Wagener gewann die Kreuzzeitung – wie die neue Zeitung bald genannt wurde – sehr rasch einen festen Stamm von Abonnenten und wurde zum Sprachrohr des legitimistischen Konservativismus. Ansonsten hatten die Konservativen der Vereinsbewegung ihrer politischen Rivalen einstweilen wenig entgegenzusetzen; teilweise neigten sie dazu, sich den Konstitutionellen Vereinen des liberalen Lagers anzuschließen.

Erst nach und nach kam es zur Bildung eigenständiger konservativer Vereine. Einer der Erstlinge war der »Patriotische Verein für constitutionelles Königtum« in Berlin, der Ende April 1848 als Abspaltung des rechten Flügels des dortigen Konstitutionellen Vereins entstand und der sich zum Ziel setzte, alle politischen Bestrebungen energisch zu bekämpfen, welche über die Linie der konstitutionellen Monarchie, die ein Zweikammersystem mit einer aristokratisch dominierten Ersten Kammer haben müsse, hinausgingen. Annähernd gleichzeitig entstand im Lande eine ganze Reihe von Patriotischen Vereinen gleicher Ausrichtung, deren organisatorische Zusammenfassung sich der »Patriotische Verein« in Berlin, der zu einem »Central-Verein« mutierte, angelegen sein ließ. Allerdings kamen diese Bemühungen erst im Sommer 1848, nach dem Zeughaussturm in Berlin vom 14. Juni 1848, der eine Schockwirkung auf die konservativen Kreise ausübte, richtig in Gang. Die Patriotischen Vereine standen durchweg unter Führung von Aristokraten oder Angehörigen der hohen Beamtenschaft. In der Provinz Brandenburg bildeten sich darüber hinaus unter Führung des bodenständigen Adels zahlreiche Patriotische Vereine, die dank des noch intakten Klientelsystems vielfach auch die Bauernschaft und die ländlichen Honoratioren an sich zu binden vermochten.

Größeren Erfolg hatten in der Folge freilich die sogenannten Preußenvereine, welche in noch stärkerem Maße die Erhaltung Preußens gegenüber der radikalen Demokratie, aber zunehmend auch gegenüber der Frankfurter Nationalversammlung zu ihrer

---

18 Ebd., S. 62

Devise erhoben. Ihnen gelang es, in die kleinbürgerlichen und teilweise auch die unterbürgerlichen Schichten vorzustoßen. Zwischen dem 17. und 21. Mai 1848 konstituierte sich in Berlin unter der Devise »Mit Gott für König und Vaterland« der »Preußenverein für konstitutionelles Königtum«. Ihm gelang es sehr rasch, ganz Preußen, allerdings mit Ausnahme der rheinischen Territorien und Westfalens, mit einem Netz von Preußenvereinen zu überziehen, die es sich als Aufgabe stellten, »mit Wort, Schrift und That für die Rechte des Königs und *aller* Klassen des Volks, beides auf dem Boden der wahrhaft constitutionellen Monarchie, zu diesem Ende der Republik und Anarchie eben so entschieden wie der Reaction entgegenzuarbeiten und insbesondere die bedrohte Selbständigkeit Preußens, unbeschadet der Vereinigung mit Deutschland, zu wahren«.[19]

Die Preußenvereine versuchten vor allem in den preußischen Kernlanden die wachsenden Besorgnisse in Teilen der Bevölkerung über die Entwicklungen in Berlin und in Frankfurt anzusprechen. Vor allem unter den Beamten und der Handwerkerschaft, teilweise auch in der Geschäftswelt fand ihre massive Kritik an der Revolution und deren angeblicher stetiger Radikalisierung Zustimmung, zumal deren Ängste nach Kräften geschürt und deren wirtschaftliche Schwierigkeiten mit den revolutionären Ereignissen in einen unmittelbaren Zusammenhang gebracht wurden. Die Wiederherstellung eines starken Königtums wurde als die Heilung aller Übel propagiert. Auf diese Weise gelang es, in den mittleren und unteren Schichten der Bevölkerung eine feste Klientel aufzubauen, die in regelmäßigen Zusammenkünften und durch ein hohes Maß an publizistischer Aktivität auf die Linie einer konservativen Politik eingeschworen wurde, welche die Wiederherstellung der Autorität der preußischen Krone, die Wahrung der staatlichen Integrität Preußens und die Zurückdrängung der liberalen und mehr noch der demokratischen Bewegung zum Ziele hatte.

Neben den Patriotischen Vereinen und den Preußenvereinen hat der »Verein für König und Vaterland«, eine exklusive Vereinigung vor allem des preußischen Landadels, nur eine vergleichs-

19 Ebd., S. 84

weise marginale Rolle gespielt. Immerhin gelang es auch hier, unter Ausnutzung der Klientelbeziehungen des Großgrundbesitzes, streckenweise auch die dörfliche Honoratiorenschicht und die Bauern an die lokalen Zweigvereine zu binden. So gelang es dem »Verein für König und Vaterland« Ende Juli 1848, als die provisorische Zentralgewalt der Frankfurter Nationalversammlung die Huldigung der preußischen Streitkräfte auf den Reichsverweser forderte, relativ mühelos 19 173 Unterschriften für eine Adresse zusammenzubringen, in der die Wahrung der Selbständigkeit Preußens gefordert wurde.[20]

In höherem Maße gilt dies für den »Verein zur Wahrung der Rechte des Grundbesitzes und zur Aufrechterhaltung des Wohlstands aller Volksklassen«, der Ende Juli 1848 von Ernst von Bülow-Cummerow ins Leben gerufen worden war. Er konnte seinen Charakter als engstirnige Interessenorganisation des adeligen Großgrundbesitzes nur mühsam durch das Bekenntnis zur Hebung des Wohlstandes auch anderer Klassen der Bevölkerung bemänteln. Der Sache nach ging es um die Verteidigung der Herrenrechte des adeligen Großgrundbesitzes gegen die Vorlagen zur Ablösung der bäuerlichen Abgaben, soweit diese in Preußen noch bestanden, sowie zur Aufhebung der traditionellen gutsherrlichen Privilegien einschließlich der Exemption des Grundbesitzes von den Grundsteuern, obschon letzteres nur logisch war, wenn die Dienstleistungen der Grundbesitzer auf der untersten Ebene der staatlichen Verwaltung entfielen. Dem Monarchen wurden die entsprechenden Gesetzentwürfe des Kabinetts Auerswald als Rechtsbruch und als tödliche Gefährdung des Großgrundbesitzes dargestellt, obschon dies die Tatsachen gröblich verzeichnete. Vergeblich suchten Vertreter des Altkonservativismus wie Adolf von Thadden-Trieglaff und Ernst Ludwig von Gerlach, »dem plumpen Materialismus dieses Vereins« entgegenzutreten und diesen auf die Linie einer weitsichtigen, auf ideelle Prinzipien gegründeten politischen Vereinigung anzuheben.[21] Die Adressen des Vereins verfehlten ihre Wirkung auf den Monarchen nicht; dieser ver-

20 Ebd., S. 95 f.
21 Ebd., S. 107, 109

suchte vergeblich, die parlamentarische Behandlung der betreffenden Vorlagen in letzter Minute zu stoppen und die Regelung der betreffenden Fragen auf einen günstigeren Zeitpunkt zu verschieben.

In ihrer Wirkung auf die Haltung der Öffentlichkeit war die massive Interessenpolitik des »Vereins zur Wahrung der Rechte des Grundbesitzes« hingegen eher kontraproduktiv; das »Junkerparlament« wurde zur Zielscheibe höchst wirksamer Polemik. Durch sein unverblümtes Eintreten für die uneingeschränkte Restituierung der überkommenen Adelsherrschaft auf dem flachen Lande wurden die Widerstände in der Öffentlichkeit gegen die Vorrechte des preußischen Adels in Staat und Gesellschaft eher noch gesteigert. Dies kann man gut an den Entwicklungen in Schlesien ablesen. Dort bestanden die aristokratischen Feudalrechte weithin noch ungebrochen fort, anders als im übrigen Deutschland, wo die Grundherren selbst auf die herkömmlichen Herrenrechte Verzicht geleistet hatten und die Ablösung der bäuerlichen Frondienste effektiv durchgeführt worden war. Soweit die bäuerlichen Dienstverpflichtungen in Schlesien in den letzten Jahrzehnten in finanzielle Leistungen umgewandelt worden waren, hatten sie einen Rattenschwanz von gerichtlichen Auseinandersetzungen nach sich gezogen und allgemein große Rechtsunsicherheit verursacht. In Schlesien leistete die Bauernschaft weiterhin zähen Widerstand gegen die Ansprüche der Grundherren und organisierte sich in den sogenannten Rustikalvereinen. Noch in der Spätphase der Revolution verfügten die schlesischen Rustikalvereine über einen beachtlichen Anhang in der ländlichen Bevölkerung; politisch kam dies in erster Linie der radikalen Demokratie zugute.

Insgesamt gelang es den Konservativen seit dem Spätsommer 1848, in den Kernländern Preußens ein dichtes Netz von politischen Vereinen mit unterschiedlichem Profil, aber gleichartiger Zielsetzung aufzubauen. Nur in der Rheinprovinz und in Westfalen war dies nicht im gleichen Maße erfolgreich, mit Ausnahme der Stadt Düsseldorf, die immer ein Vorort Preußens im Rheinland gewesen ist. Dabei spielten auch konfessionelle Faktoren eine Rolle; in den katholischen Gebieten des Rheinlands kam die konservative Vereinsbewegung nicht zum Zuge; teilweise wurde ihre Funktion hier von katholischen Vereinen konservativer Observanz übernommen. Auch im übrigen Deutschland ist es nirgendwo zur Ausbildung einer konservativen Vereinsbewegung im engeren Sinne des Wortes gekommen. Hier fehlte der Rückhalt an der großagrarischen Besitzstruktur, die vornehmlich im ostelbischen Preußen vorhanden war. Vor allem aber waren hier die politischen Verhältnisse weiter fortgeschritten und demgemäß die Empfänglichkeit für konservative Parolen geringer. Dennoch bleibt festzuhalten, daß die konservativen Vereine in Preußen der schrittweisen Zurückdrängung und schließlich der Unterdrükkung der Revolution eine nicht unbeachtliche politische Rückendeckung verschafft haben, obschon ihr Anhang in den breiten Schichten der Bevölkerung quantitativ eher gering gewesen ist.

Bemerkenswert ist, daß es während der Revolutionsperiode auch zur Ausbildung einer starken katholischen Volksbewegung gekommen ist, die in einem breitgefächerten System von katholischen Laienvereinen eine nicht unwirksame institutionelle Basis fand. Die Katholiken waren auf die revolutionären Ereignisse des Jahres 1848 mental vergleichsweise besser vorbereitet als die Liberalen; die kirchenpolitischen Konflikte mit dem preußischen Staat 1840/41 hatten namentlich im Rheinland das politische Bewußtsein der katholischen Bevölkerung wachgerüttelt. Demgemäß reagierte die katholische Bevölkerung auf den Ausbruch der Revolution zunächst überwiegend positiv. Der Mainzer »Katholik« identifizierte sich bereits am 4. März 1848 mit den Märzforderungen und forderte für die Katholiken »die Freiheit der Kirche im Staat«.

Die Katholiken suchten die Gunst der Stunde zu nutzen, um das Verhältnis von Staat und Kirche in einem für die letzteren günstigen Sinne zu beeinflussen. Der »Piusverein für religiöse Freiheit« in Mainz, der bereits am 22. März 1848 mit einem Aufruf hervorgetreten war, erklärte in seinen Statuten: »Ein großer Umschwung hat stattgefunden; eine allgemeine Neugestaltung der offentlichen Verhältnisse ist eingeleitet; kostbare, wichtige Freiheiten sind proklamiert worden. Dieser entscheidende Zeitmoment legt auch den Katholiken bezüglich ihrer Religion eine große Pflicht auf: nämlich die Pflicht, die Freiheit des Gewissens, die Freiheit der Rede und der Presse, die Freiheit der Association, welche für alle zugestanden ist, zu Gunsten ihrer Religion und ihrer Kirche mit allem Nachdruck und durch alle gesetzlichen Mittel geltend zu machen und zu wahren ...« [22] Die Piusvereine des Mainzer Typs, die in rascher Folge in Deutschland entstanden, verfolgten eine gemäßigt-konservative Linie, allerdings mit der Maßgabe, daß sie in allen nichtreligiösen Fragen strikte Neutralität üben wollten. Die katholischen Vereine des Rheinlands waren durchweg progressiver eingestellt; sie waren prononcierte Anhänger des liberalen Konstitutionalismus, allerdings mit einem deutlichen Einschlag sozialpolitischer Forderungen, mit Rücksicht auf ihre Klientel in den unterbürgerlichen Schichten. Die Satzung des Kölner Piusvereins stieß ausdrücklich auf politisches Gebiet vor; es hieß hier: »Der Zweck des Vereins ist [es], die sozialen und politischen Fragen vom katholischen Standpunkt aus zu behandeln, und insbesondere die Freiheit, Unabhängigkeit und das Wohl der katholischen Kirche zu wahren und zu fördern.« [23] Das Wahlprogramm des »Wahlkomitees der Kölner Katholiken« für die Wahlen zur Nationalversammlung bewegte sich in den allgemeinen politischen Fragen ganz auf der Linie der Liberalen; es bekannte sich zum Prinzip: »Neben einem kräftigen [konstitutionellen] Königtum die größte Freiheit des Volkes.« [24] Dies traf in der ersten Phase der Revolution für die große Mehrheit der katholischen Vereine zu.

Anders lagen die Dinge hingegen in Süddeutschland; hier nahmen die katholischen Vereine von Anfang an eine scharfe Frontstellung gegen die radikale Demokratie ein. Der »Katholische Verein des Erzbistums Freiburg« steuerte unter dem Einfluß des Freiburger Kirchenrechtlers Franz Joseph von Buß einen dezidiert sozialkonservativen Kurs. Dies galt in vermehrtem Maße für den

22 Mommsen, Parteiprogramme, S. 191 f. Vgl. Ernst Heinen, Katholizismus und Gesellschaft, Idstein 1993, S. 23 ff.

23 Karl Bachem, Vorgeschichte, Geschichte und Politik der deutschen Zentrumspartei, zugleich ein Beitrag zur Geschichte der katholischen Bewegung, sowie zur allgemeinen Geschichte des neueren und neuesten Deutschland, Bd. 2, Köln 1927, S. 16

24 Karl Bachem, Joseph Bachem, Bd. 2, Köln 1912, S. 462 ff.

»Verein für konstitutionelle Monarchie und religiöse Freiheit« in München; dieser diente späterhin als Basis des Kampfes gegen die radikale demokratische Vereinsbewegung in München im April und Mai 1849.

Die Katholischen Vereine organisierten einen förmlichen Petitionssturm auf die Frankfurter Nationalversammlung, in dem unter anderem die Unabhängigkeit der katholischen Kirche vom Staat, die Garantie kirchlichen Eigentums durch die Verfassung und das uneingeschränkte Assoziationsrecht gefordert wurden. Auf einer Generalversammlung der Katholischen Vereine in Mainz vom 3. bis 6. Oktober 1848, die in gewissem Sinne als Erstling der späteren Katholikentage gelten darf,[25] präzisierte Adam Franz Lennig die politische Linie der katholischen Vereinsbewegung als eine solche der Mitte und des Ausgleichs: »Wir bekämpfen nicht die Throne, sondern nur die Herrschaft des falschen Staatskirchenrechts, wir bekämpfen den Absolutismus in seiner Anwendung auf die Religion. Wir sind keine Feinde der Volksfreiheit, wir stehen vielmehr mitten im Volke, und zwar stehen wir auf dem Boden der Freiheit.«[26] Als Zusammenschluß der zahlreichen Piusvereine wurde ein »Katholischer Verein Deutschlands« gegründet, der auf eine imposante Gefolgschaft im Lande pochen konnte.

Die katholische Vereinsbewegung gab den katholischen Abgeordneten in der Frankfurter Nationalversammlung, insbesondere dem »Katholischen Club«, und in den Parlamenten der Einzelstaaten politischen Rückhalt. Die zahlreichen Petitionen katholischer Vereine zielten darauf ab, den Abgeordneten diese im Augenblick eher als nachrangig empfundenen Probleme des Verhältnisses von Staat und Kirche bewußtzumachen. Zwar konzentrierten sie ihre politische Aktivität auf die kirchlichen und religiösen Fragen, aber indirekt förderten sie damit auch das Engagement der Katholiken in den großen politischen Auseinandersetzungen des Tages, zumeist in einem gemäßigt fortschrittlichen

25 Vgl. dazu Johannes B. Kißling, Die Geschichte der deutschen Katholikentage, 2 Bde., Münster 1920/23, S. 193ff.

26 Karl Buchheim, Ultramontanismus und Demokratie. Der Weg der Katholiken im 19. Jahrhundert, München 1963, S. 57

Sinne. Langfristig gesehen hat die katholische Vereinsbewegung während der Revolution von 1848/49 wesentlich zur Weckung eines eigenständigen politischen Bewußtseins des katholischen Volksteils beigetragen und damit dem politischen Katholizismus der folgenden Jahrzehnte den Boden bereitet.

Die Bedeutung der politischen Vereinsbewegung während der Revolution von 1848/49 ist in der älteren Forschung, die gebannt auf die Auseinandersetzungen in der Paulskirche blickte, vielfach unterschätzt worden. Es steht jedoch außer Frage, daß die politischen Vereine wesentlich zur Politisierung der breiten Schichten der Bevölkerung beigetragen haben. Das gilt nicht zuletzt für die Frauen, die sich anschickten, aus ihrer traditionell passiven Rolle auf politischem Felde herauszutreten und sich in politischen Frauenvereinen zu organisieren. Das hat dazu geführt, daß die Revolution nicht länger in erster Linie unter den Honoratioreneliten abgemacht werden konnte. Die breiten Schichten der Bevölkerung waren plötzlich aus langer politischer Apathie erwacht und wollten die Ereignisse mitgestalten. So wurden die miteinander ringenden politischen Parteien darauf verwiesen, sich im Lande entsprechenden politischen Rückhalt zu verschaffen, statt sich allein auf die Macht der öffentlichen Meinung zu verlassen. Andererseits zeigt die diffuse Struktur des politischen Vereinswesens, daß die politische Öffentlichkeit noch längst nicht jenen Reifegrad erreicht hatte, der zielbewußtes Handeln auf parteipolitischer Grundlage ermöglicht hätte.

An Versuchen, die politischen Vereine zusammenzufassen und ihre politischen Energien zu bündeln, hat es nicht gefehlt, doch erwiesen sich diese selten als erfolgreich, und dann immer nur für kurze Zeiträume. Die Resistenz der lokalen Vereine gegenüber einer Manipulation durch Parteizentralen und jeglicher Form von Außensteuerung war freilich nicht nur etwas Negatives, sondern ein Zeichen erwachenden politischen Selbstbewußtseins. Im übrigen war die Bildung und die Entwicklung politischer Vereine in den einzelnen geographischen Regionen Deutschlands höchst unterschiedlich und ebenso der Grad der Mobilisierung ihrer potentiellen oder tatsächlichen Anhänger; zumeist waren es nur relativ kleine Gruppen, die sich zu aktiver Vereinstätigkeit zusammenfanden. Außerdem kam es erst in der Endphase der Revolution zu einem engeren Zusammenspiel der Fraktionsparteien in den Parlamenten und der politischen Vereinsbewegungen im Lande. Der Schritt hin zu flächendeckenden, straff organisierten Parteien lag noch in einer fernen Zukunft, obschon es seit 1849 mehrfach Ansätze zu einer förmlichen Parteibildung gegeben hat. Dazu hat freilich auch die seit Herbst 1848 einsetzende Repression des demokratischen Vereinswesens beigetragen. Im April 1849 besiegelte die Reaktion mit dem Verbot aller politischen Vereine einstweilen das Ende der politischen Vereinsbewegung. Doch zeigt die sich seit 1862 fast über Nacht vollziehende Renaissance der parteipolitischen Bewegungen in Deutschland, daß die Aktivität der politischen Vereine während der Revolution von 1848 / 49 keinesfalls spurlos verlorengegangen war, sondern den Boden für künftige politische Aktivität auf breiter Grundlage in Deutschland bereitet hatte.

VIII.
Die Frankfurter Nationalversammlung und
die Einheit Deutschlands

Nach dem Sieg der Märzrevolution setzte die Öffentlichkeit größte Erwartungen in die Frankfurter Nationalversammlung. Sie würde, so hoffte man, die großen nationalen Fragen lösen und damit zugleich auch der Politik der Einzelstaaten die Wege weisen. Der große Enthusiasmus des Augenblicks verdeckte freilich die Tatsache, daß die verschiedenen politischen Lager von der Nationalversammlung ganz unterschiedliche Dinge erwarteten. Der konstitutionelle Liberalismus ging davon aus, daß mit dem Zusammentritt der Nationalversammlung die revolutionären Strömungen in das Bett der Legalität zurückgeleitet würden und die neue Verfassung Deutschlands in friedlicher Vereinbarung zwischen der nationalen Vertretung aller Deutschen und den Fürsten zustande gebracht werden könne. Die radikale Demokratie hingegen sah in der Nationalversammlung eine echte Konstituante, die, gestützt auf die Grundsätze der Volkssouveränität, eine grundlegende Umgestaltung der deutschen Staatenwelt herbeiführen werde; der kommende deutsche Nationalstaat sollte aus ihrer Sicht wenn nicht die Form einer Republik, so doch zumindest einer Wahlmonarchie haben, in welcher der Monarch dem Willen des nationalen Parlaments unterworfen sein würde. Darüber hinaus erwarteten die verschiedensten gesellschaftlichen Gruppen, daß die Nationalversammlung ihre besonderen Bedürfnisse berücksichtigen und ihren Gravamina Rechnung tragen werde. Die Katholiken wünschten die Befreiung der katholischen Kirche von staatlicher Bevormundung, die Arbeiterschaft verlangte staatliche Vorsorge gegen Arbeitslosigkeit sowie eine soziale Gesetzgebung, die ihr zu einer gleichberechtigten Stellung in der Gesellschaft verhelfen würde, die Bauern wollten die definitive Ablösung aller Feudalrechte, die Handwerksmeister eine Beschränkung der freien Konkurrenz und die Wiederherstellung eines Rechtszustands, der dem Handwerk seine hergebrachte gesicherte Stellung im wirtschaftlichen Leben wieder zurückgeben werde, und das Wirtschaftsbürgertum forderte die Schaffung eines nationalen Markts mit einheitlicher Währung, einheitlichem Handelsrecht und einem leistungsfähigem Kreditwesen. Die erhoffte nationale Einheit werde – darin waren sich die verschiedensten Gruppen der Gesellschaft einig – der deutschen Nation nicht nur ein größeres politisches Gewicht im Areopag der Völker bringen, sondern auch eine reale Verbesserung der wirtschaftlichen Verhältnisse, unter anderem durch eine effizientere Wahrnehmung der wirtschaftlichen Interessen der deutschen Staatenwelt gegenüber dritten Mächten.

Doch war, als die Vorbereitungen für die Wahlen zur Nationalversammlung, deren Durchführung vom Bundestag am 7. April, gerade eben noch vor dem Zusammentritt des Vorparlaments, angeordnet worden war, in den Einzelstaaten anliefen, die politische Situation noch einigermaßen verworren. Die politischen Richtungen und die materiellen bzw. ideellen Interessengruppen hatten in der Öffentlichkeit noch kein klares Profil gewonnen, und die unterschiedlichsten Bestrebungen und Tendenzen traten in einer höchst unübersichtlichen Gemengelage hervor. Die Aufstellung von Kandidaten und die Wahlagitation vollzogen sich noch nicht nach säuberlich getrennten Frontlinien. Erst im Zuge des Wahlkampfes für die Wahlen zur Nationalversammlung und zu den einzelnen Länderparlamenten – die Wahlen zur preußischen Nationalversammlung wurden nahezu zeitgleich mit den Wahlen zum Paulskirchenparlament durchgeführt – setzte ein Prozeß der Ausdifferenzierung der verschiedenen politischen Positionen ein; allerdings vollzog sich dieser dann mit bemerkenswert großer Geschwindigkeit, unterstützt durch eine schlagartig einsetzende rege Wahlkampagne, die sich neben der Presse und der öffentlichen Versammlung in reichem Maße des Instruments der Flugschrift und des Plakats bediente.

Seitens der Bundesversammlung war vorgegeben worden, daß in allen deutschen, d. h. zum Deutschen Bund gehörenden, Staaten auf je 70 000 Bürger ein Abgeordneter zu wählen sei; auf

Drängen des Vorparlaments wurde diese Richtzahl dann auf 50 000 herabgesetzt; dennoch waren Ungleichgewichtigkeiten der Repräsentation der einzelnen Regionen des Deutschen Bundes ganz unvermeidlich, da die Bundesmatrikel veraltet war und mit den großen Bevölkerungsverschiebungen der letzten Jahrzehnte nicht schrittgehalten hatte. Gemäß den Vorgaben des Bundestags, die vom Vorparlament nur geringfügig modifiziert wurden, sollte jedem volljährigen männlichen Bürger eines deutschen Staates das aktive Wahlrecht zustehen, freilich mit der einschränkenden Maßgabe der »Selbständigkeit«, eines Kriteriums, auf das man sich im Vorparlament geeinigt hatte, ohne dieses näher zu spezifizieren. Dies führte dazu, daß in einer ganzen Reihe von Einzelstaaten alle diejenigen, die in einem abhängigen Arbeitsverhältnis standen – wie zum Beispiel die Dienstboten und das ländliche Gesinde, gelegentlich aber auch die noch im elterlichen Haushalt lebenden erwachsenen Söhne – von der Ausübung des Wahlrechts ausgeschlossen wurden. In Bayern wurde sogar allen Bürgern, die keinerlei direkte Staatssteuer zahlten, die Wahlrechtsqualifikation versagt; allerdings war dies in der Praxis relativ folgenlos, da dies nur einen geringen Teil der männlichen erwachsenen Bevölkerung traf. Im Regelfall wurde auch denjenigen, welche Armenunterstützung erhielten, sowie umgekehrt Bankrotteuren das Wahlrecht vorenthalten. In einigen Staaten wurde das Wahlrecht an einen ständigen Wohnsitz geknüpft, eine Maßregel, die besonders die unterbürgerlichen Schichten benachteiligte. Gleichwohl wurden durch diese Bestimmungen die Zahl der Wahlberechtigten weniger beschränkt, als man auf den ersten Blick annehmen sollte; in Preußen wurden dadurch circa 5 bis 10 Prozent der männlichen Wählerschaft ihres Wahlrechts beraubt, in den süddeutschen Staaten stellenweise eine deutlich höhere Zahl. Insgesamt wurden mehr als 80 Prozent aller erwachsenen männlichen Bürger zur Ausübung des Wahlrechts zugelassen, eine Regelung, die dem uneingeschränkten, allgemeinen, gleichen Wahlrecht für die männliche Bevölkerung ziemlich nahekam.[1] Das war unter

---

1 Vgl. Manfred Botzenhart, Deutscher Parlamentarismus in der Revolutionszeit 1848–1850, Düsseldorf 1977, S. 140 ff.

den damaligen Verhältnissen bemerkenswert und hatte in ganz Europa keine Parallele, allenfalls während der Französischen Revolution nach 1793.

Eine derartige Ausweitung des Wahlrechts auf große Teile der unterbürgerlichen Schichten war ursprünglich von den Liberalen entschieden abgelehnt worden. Ihre Besorgnis, daß die Einführung des allgemeinen Wahlrechts dazu Anlaß geben werde, daß Angehörige der Unterschichten zur Stimmabgabe im Interesse ihrer Arbeitgeber oder ihrer Obrigkeit veranlaßt oder gar deren Stimmen gekauft werden könnten, war nicht ohne weiteres von der Hand zu weisen. Aber schwerwiegender war die Furcht, daß die Beteiligung der »ungebildeten« Unterschichten, denen man ein selbständiges Urteil in politischen Dingen nicht zutraute, an den Wahlen zur Radikalisierung und womöglich zur Anarchie führen könnte. Im Vereinigten Landtag war Anfang April 1848, also eben zuvor, das Wahlverfahren für die zu wählende preußische Nationalversammlung verhandelt worden. In den Beratungen waren die Bedenken namentlich des liberalen Lagers, aber auch der Konservativen gegen das allgemeine und gleiche Wahlrecht erneut zur Sprache gekommen, aber am Ende hatte sich die Einsicht durchgesetzt, daß es unter den obwaltenden Umständen nicht angeraten sei, die Unterschichten von der Ausübung des Wahlrechts auszuschließen. Gustav Mevissen beispielsweise hatte schon am 2. April die Meinung vertreten, daß »die Agitation im Lande« seiner »Überzeugung nach nur dann aufhören« werde, »wenn das allgemeine Stimmrecht ohne Einschränkung zugestanden wird«.[2] So wurde denn auch verfahren. Im Endeffekt unterschied sich das Wahlrecht für die Wahlen zur preußischen Nationalversammlung nur geringfügig von jenem für die Nationalversammlung in der Paulskirche. In der großen Mehrzahl der kleineren Staaten war man mit dem Erlaß neuer Wahlrechtsordnungen, die an die Stelle der bisherigen ständischen oder Zensuswahlsysteme treten sollten, weit zögerlicher; die Verabschiedung der neuen Wahlgesetze zog sich bis in den Spätherbst 1848, in

---

2 Joseph Hansen, Gustav von Mevissen, ein rheinisches Lebensbild 1815–1899, Berlin 1906, Bd. 2, S. 363

manchen Fällen sogar bis 1849 hin. Die Märzministerien regierten also überwiegend noch mit Kammern, deren Zusammensetzung die politischen Entwicklungen der Märzrevolution nur sehr unvollkommen widerspiegelte.

Der Umstand, daß das Vorparlament, darin dem Votum des Bundestages folgend, es den Einzelstaaten überlassen hatte, über die Modalitäten der Durchführung der Wahlen selbst zu befinden, führte dazu, daß die große Mehrzahl der Einzelstaaten ein indirektes Wahlverfahren festlegte, d. h. die Urwähler hatten Wahlmänner zu wählen, die dann ihrerseits über die Kandidaten und deren Stellvertreter zu befinden hatten. Als Wahlmänner aber wurden durchweg die lokalen Honoratioren bestimmt, ohne Prüfung ihrer politischen Präferenzen und Einstellungen, so daß die Wahlresultate den wahren Willen der Urwähler nicht mit Zuverlässigkeit wiedergaben, sondern, wie man annehmen darf, zur politischen Mitte hin verfälscht waren. Dadurch wurde überdies die Wahl bekannter Persönlichkeiten begünstigt, die sich schon während der Zeit des Vormärz als Vorkämpfer politischer Reformen hervorgetan hatten.

In den zum Deutschen Bund gehörenden österreichischen Ländern wurden die Wahlen zur Frankfurter Nationalversammlung ebenfalls nach den Vorgaben des Bundestages durchgeführt. Doch waren hier die Behörden weit weniger an einer Vertretung der Deutschen in der Paulskirche interessiert. Demgemäß wurden die Wahlen relativ lax gehandhabt, und so gab es vielfach Unregelmäßigkeiten, wie in Tirol, wo statt 14 Abgeordneten 17 gewählt wurden, davon fünf Italiener. Schwerwiegender war, daß in den gemischtsprachigen Gebieten, so in Slowenien, vor allem aber in Böhmen und Mähren, seitens der nichtdeutschen Nationalitäten erhebliche Widerstände gegen die Wahl von Abgeordneten für die Frankfurter Nationalversammlung auftraten, während die Deutschen von ihrer Mitwirkung in Frankfurt eine Stärkung ihrer Position gegenüber den rivalisierenden Nationalitäten erwarteten. Das Tschechische Nationalkomitee in Prag beschloß, die Wahlen zur Frankfurter Nationalversammlung in Böhmen und in den mehrheitlich tschechisch besiedelten Gebieten Mährens zu boykottieren; auch in Slowenien kam es zu Boykottmaßnahmen gegen die Wahlen. Dies führte dazu, daß in vielen Regionen der Monarchie überhaupt keine Abgeordneten nach Frankfurt entsandt wurden, und in anderen Fällen nur Minderheitswahlen erfolgten. Am Ende waren 60 von insgesamt 193 möglichen Wahlkreisen der Habsburger Monarchie in der Frankfurter Nationalversammlung überhaupt nicht vertreten; dies betraf in erster Linie Böhmen, wo nur 23 von insgesamt 68 Mandaten wahrgenommen wurden. Und von den 123 Abgeordneten aus den deutschen Kronländern waren nur zwei Drittel Deutsche; der Rest gehörte unterschiedlichen Nationalitäten an; diese letzteren erhofften sich von ihrer Teilnahme eine Stärkung ihrer Volksgruppe in dem künftigen Staatsgebilde.[3]

Bekanntlich hatte František Palacký, der Sprecher der sich eben formierenden tschechischen Nationalbewegung, schon im April eine Einladung des Fünfzigerausschusses zur Teilnahme an der Frankfurter Nationalversammlung mit dem Hinweis darauf abgelehnt, daß Böhmen mehrheitlich von Westslawen bewohnt sei und daher keinesfalls als Teil des deutschen Reiches gelten könne. Statt dessen forderten die Tschechen die Vereinigung Böhmens, Mährens und Schlesiens zu einem gemeinsamen Staat unter der Wenzelskrone und deren Abtrennung von Deutschland.[4] Auch die Kroaten und Slowenen forderten nun für sich politische Selbständigkeit unter habsburgischer Herrschaft. Am 5. Mai 1848 erging schließlich eine Einladung zu einem allgemeinen Slawenkongreß in Prag, der die gemeinsamen Interessen der slawischen Völker gegenüber der Gefahr einer Einverleibung der deutschen Kronländer in das künftige Deutsche Reich zum Ausdruck bringen und für den Fortbestand eines föderativ organisierten österreichischen Kaiserstaats eintreten sollte. Diese Ereignisse warfen einen dunklen Schatten auf die Tätigkeit der Frankfurter Nationalversammlung; ihr wurde seitens der Slawen in der österreichischen Monarchie gleichsam von Anbeginn die Legitimation abgesprochen,

---

3 Die Daten und Sachverhalte nach Frank Eyck, Deutschlands große Hoffnung, S. 90 ff.
4 Vg. Josef Kolejka, Der Slawenkongreß in Prag im Juni 1848, die slawische Variante einer österreichischen Föderation, in: Rudolf Jaworski / Robert Luft (Hg.), 1848/49, Revolution in Ostmitteleuropa, München 1996, S. 130

für die nichtdeutschen Nationalitäten innerhalb der 1815 auf den Deutschen Bund übertragenen Grenzen des ehemaligen Heiligen Römischen Reiches deutscher Nation zu sprechen.

Ungeachtet der schwerwiegenden Differenzen über die Wahl von Vertretern aus den ethnisch gemischten Regionen des Deutschen Bundes, die zu langwierigen Verwicklungen über die Anerkennung der Wahlen in gemischtsprachigen Gebieten führen sollten, wurde der Nationalversammlung von der breiteren Öffentlichkeit anfänglich ein außerordentlicher Vertrauensvorschuß entgegengebracht. Dies war auch darin begründet, daß eine eindrucksvolle Zahl von Persönlichkeiten nach Frankfurt entsandt worden war, die weit über ihre engere Heimat hinaus bekannt waren.

Die Frankfurter Nationalversammlung war keineswegs, wie man vielfach gesagt hat, ein Professorenparlament, obschon Professoren in ihr ungewöhnlich zahlreich vertreten waren, wohl aber ein Parlament, in der die akademisch gebildeten Schichten ein absolutes Übergewicht besaßen. Die übergroße Mehrheit der Abgeordneten verfügte über ein abgeschlossenes Universitätsstudium und war direkt oder indirekt in Berufen tätig, die eine akademische Qualifikation erforderten, als Beamte, Richter, Staatsanwälte, Professoren, Lehrer und andere im Staatsdienst tätige Personen. Insoweit war die Paulskirche in der Tat mehrheitlich ein Intellektuellenparlament. Aber andererseits fehlten gerade jene freischwebenden Intellektuellen, die man im Auge hat, wenn man von Intellektuellen spricht; nur 2,5 Prozent der Abgeordneten waren Schriftsteller und Journalisten.[5] Die große Mehrheit der Abgeordneten waren Beamte im Staats- oder im Justizdienst, dazu Professoren und Lehrer aller Schularten; sie bildeten zusammen mit insgesamt etwas über 50 Prozent eine knappe Mehrheit im Parlament; hinzu kamen Geistliche beider Konfessionen mit 4,8 Prozent. Auch die Ärzte und Angehörige der Freien Berufe mit 15,8 Prozent bildeten eine vergleichsweise starke Gruppe, wenn man ihre Zahl zur Gesamtzahl der Bevölkerung in Bezug setzt.

5 Diese und die folgenden Angaben nach Max Schwarz, MdR, Biographisches Handbuch der Reichstage, Hannover 1965, S. 8, und Botzenhart, Parlamentarismus, S. 161

Demgegenüber waren jene Berufsgruppen, denen man gemeinhin eine Nähe zur Staatsmacht zuspricht, wie Offiziere und Diplomaten, und ebenso der Großgrundbesitz vergleichsweise schwach repräsentiert. Auf den ersten Blick waren Handels- und Gewerbetreibende mit 6,8 Prozent ebenfalls mit nur wenigen Abgeordneten vertreten. Aber wenn man bedenkt, daß die Vertreter der Wirtschaft gemeinhin in allen Parlamenten kaum, ja nahezu überhaupt nicht zu finden sind, war deren Zahl eigentlich eher hoch; in der Tat spielten die Repräsentanten des rheinischen und des süddeutschen Wirtschaftsliberalismus in den Verhandlungen eine bedeutende Rolle. Handwerker und Bauern hingegen waren in der Paulskirche nur mit verschwindend geringen Anteilen vertreten. Die unterbürgerlichen Schichten als solche waren schlechterdings nicht repräsentiert, wenn auch ihre Gravamina und Bedürfnisse von den Vertretern der radikalen Demokratie vielfach wirksam artikuliert worden sind. Die Aristokratie war in der Nationalversammlung ganz überwiegend nur durch Angehörige ihres liberalen Flügels, darunter nicht selten Repräsentanten der süddeutschen Ständeherrschaften, vertreten; Exponenten des hochkonservativen Flügels, wie etwa die Brüder Gerlach oder Bismarck, fehlten hingegen völlig; soweit sie sich überhaupt zur Wahl gestellt hatten, waren sie angesichts der Ungunst der öffentlichen Meinung chancenlos gewesen oder durch das Filter des indirekten Wahlrechts, das bei Lage der Dinge die politische Mitte begünstigte, nicht hindurchgekommen. Der ehemalige preußische Minister Joseph Maria von Radowitz, nicht eben ein typischer Repräsentant der preußischen Herrenschicht, wurde zum Anführer der konservativen Fraktion, und der Westfale Georg von Vincke, ein Vertreter des westfälischen Beamtenadels, ihr wichtigster Sprecher.

Am 18. Mai 1848, zweieinhalb Wochen später als ursprünglich vorgesehen, wurde die Nationalversammlung mit einem feierlichen Festzug der Abgeordneten vom Römer zur Paulskirche unter Vorantragung zweier schwarz-rot-goldener Fahnen mit militärischen Ehrenbezeugungen und unter dem großen Beifall des Publikums feierlich eröffnet. Die Verhandlungen gestalteten sich zunächst sehr schwierig und diffus, und nur nach einigem Hin und Her gelang es, sich auf eine provisorische Geschäftsordnung zu einigen und mit Heinrich von Gagern eine Persönlichkeit zum Präsidenten zu wählen, die sich in allen politischen Lagern großer Wertschätzung erfreute. Gagern übernahm sein Amt mit einer feierlichen Erklärung, die sogleich eine der strittigen Kernfragen thematisierte, ob nämlich die Nationalversammlung gemäß dem Prinzip der Volkssouveränität uneingeschränkt zur Verfassungsgesetzgebung befugt sei, oder ob dieses Geschäft auf dem Wege der Vereinbarung mit den Einzelstaaten zustande gebracht werden müsse. Er fand dafür eine vermittelnde Formel: »Wir haben die größte Aufgabe zu erfüllen. Wir sollen schaffen eine Verfassung für Deutschland, für das gesammte Reich. Der Beruf und die Vollmacht zu dieser Schaffung, sie liegen in der Souveränität der Nation. Den Beruf und die Vollmacht, dieses Verfassungswerk zu schaffen, hat die Schwierigkeit in unsere Hände gelegt, um nicht zu sagen die Unmöglichkeit, daß es auf anderem Wege zu Stande kommen könnte.« Das Vorparlament habe der Nationalversammlung in Anbetracht der Schwierigkeit, »eine Verständigung unter den Regierungen zu Stande zu bringen ... den Charakter einer constituirenden Versammlung vindicirt«. Dies war eine Konzession an die Linke, die der Nationalversammlung uneingeschränkt den Status einer demokratischen Konstituante zuschrieb. Doch schränkte Gagern diese Position sogleich wieder ein, unter Akzentuierung des nationalen Aspekts der Verfassungsgesetzgebung: »Deutschland will Eins sein, ein Reich, regiert vom Willen des Volkes, unter der Mitwirkung aller seiner Gliederungen; diese Mitwirkung auch [bei] den Staaten-Regierungen zu erwirken«, liege »mit in dem Beruf dieser Versammlung.«[6] Damit hatte Gagern die schwierige Aufgabe der Nationalversammlung umrissen, als Konstituante zu handeln und gleichwohl den Weg der Vereinbarung mit den monarchischen Regierungen zu suchen. Strenggenommen kam die Lösung dieser Aufgabe der Quadratur des Kreises gleich.

Die Nationalversammlung wurde überdies sogleich mit dem

6 Franz Wigard, Stenograpischer Bericht über die Verhandlungen der deutschen constituirenden Nationalversammlung zu Frankfurt am Main, Frankfurt 1848, Bd. 1, S. 17

dornigen Problem des Verhältnisses der Reichsverfassung zu den noch zu beschließenden Verfassungen der Einzelstaaten, vornehmlich Preußens, konfrontiert, ausgelöst durch einen Antrag des Kölner radikalen Abgeordneten Franz Raveaux, der verlangte, daß die Nationalversammlung sich sogleich dahingehend erklären möge, daß das Abgeordnetenmandat für die Paulskirche mit jener für die preußische Nationalversammlung vereinbar sei, ohne daß zuvor eine Ausschußberatung darüber stattfinde. Dies lief auf die Annullierung der eben ergangenen gegenteiligen Anordnung der preußischen Regierung hinaus. In der Tat war dies dringlich; die Frage, ob Abgeordnete der Paulskirche, die gleichzeitig in die preußische Nationalversammlung gewählt worden waren, ihr Mandat niederlegen müßten, bedurfte rascher Entscheidung. Dahinter stand aber die weit grundsätzlichere Frage, wie weit die Nationalversammlung befugt sein sollte, in die Entscheidungen der Regierungen der Einzelstaaten und in ihre Gesetzgebung einzugreifen. Die Anhänger der Linken waren unbedenklich geneigt, dies zu bejahen, während die Liberalen zögerten, der Nationalversammlung schon jetzt explizit das Recht zu geben, die legislativen Entscheidungen der Einzelstaaten zu präjudizieren.

Auf der Linken herrschte die Meinung vor, daß in den Einzelstaaten jegliche Verfassungsgesetzgebung unterbleiben solle, bis die Reichsverfassung fertiggestellt sei, um Konflikte mit dieser zu vermeiden. Für die Liberalen war dies hingegen nicht akzeptabel, weil dies ihre Doppelstrategie untergraben hätte, nämlich liberale Reformen sowohl über die Einzelstaaten wie über die Frankfurter Nationalversammlung voranzutreiben und im übrigen das Instrument der liberalisierten Bundesversammlung als Gegengewicht gegen die Bestrebungen der radikalen Demokratie in der Nationalversammlung zu nutzen. Die bislang nicht eben starke Position der Märzministerien in den Einzelstaaten konnte nur dauerhaft gesichert werden, wenn die Verfassungen der Einzelstaaten konstitutionellen Standards angepaßt oder neue Verfassungen vereinbart würden. Deswegen lehnten die Liberalen es ab, die Verfassungsgesetzgebung in den Einzelstaaten zu sistieren, obschon sich dann unvermeidliche Konflikte und Widersprüche zwischen der Reichsverfassung und den Landesverfassungen ergeben mußten.

Raveaux und einige andere Abgeordnete wollten so weit gehen, schon jetzt festzulegen, daß die Bestimmungen der Verfassungen und Gesetze der Länder nur insoweit gültig sein sollten, als sie mit der Reichsverfassung übereinstimmten. Gegen diese Auffassung, die sich in gewissem Sinne zwingend aus dem Grundsatz herleitete, daß den Beschlüssen der Nationalversammlung kraft des Prinzips der Volkssouveränität uneingeschränkter Verfassungsvorrang zukomme, wurde im liberalen Lager sogleich Widerspruch laut.

Der Krefelder Bankier und Abgeordnete, Hermann von Beckerath, einer der Repräsentanten des rheinischen Liberalismus, gehörte zu jenen, die sich dagegen aussprachen, daß Beschlüsse der Nationalversammlung bereits im vorhinein bindende Kraft für die Gesetzgebung der Einzelstaaten erhalten sollten, weil dies mit dem Prinzip der Vereinbarung in Widerspruch stehe. Er artikulierte den Standpunkt des gemäßigten Liberalismus, daß die Nationalversammlung sich nicht zum Zwingherrn der Einzelstaaten aufschwingen dürfe, sondern einen fairen Ausgleich mit diesen suchen müsse: »Die deutsche Nationalversammlung« müsse »sich die Endbeschlußnahme über die allgemeine deutsche Verfassung unter allen Umständen« vorbehalten. »Allein ... deshalb« dürfe »nicht der Weg der Verständigung mit den Regierungen, deshalb« dürfe »nicht alle und jede Mitwirkung der Regierungen ausgeschlossen« werden, zumal nicht unter »Umgehung der organischen staatsrechtlichen Verhältnisse in diesen einzelnen Staaten«.[7] Beckerath forderte eine behutsame Strategie, welche den besonderen Eigentümlichkeiten der deutschen Stämme Rechnung trage: Man müsse zeigen, »daß wir weise Bauleute sind, daß wir das eigenthümliche Leben der verschiedenen Stämme Deutschlands und die politischen Formen, die es sich geschaffen, nicht zerstören, vielmehr veredeln wollen, daß wir jedes einzelne Glied als ein berechtigtes, lebensvolles Glied eintreten lassen wollen in den Organismus des großen Ganzen, eines Ganzen, das von den geheiligten Grundlagen der Natur und der Geschichte getra-

---

7 Ebd., S. 134

gen wird ...«[8] Es war dies ein leidenschaftliches Plädoyer eines gemäßigten, schrittweise Reformen anstrebenden Liberalismus, der sich im Rahmen der geschichtlichen Tradition halten wollte und von den rationalen Prinzipien aufklärerischen Denkens meilenweit entfernt war. Der bekannte süddeutsche Liberale Welcker pflichtete Beckerath bei und warnte die Versammlung davor, ihre Macht durch Beanspruchung einer »einseitige[n] ausschließliche[n], absolute[n] Souveränität« zu verspielen, durch welche die deutsche Nation schon mehrfach ins Unglück gestürzt worden sei.[9] Die gemäßigten Liberalen wollten es den Parlamenten der Einzelstaaten anheimstellen, ihre Verfassungsgesetzgebung jener der Frankfurter Nationalversammlung aus eigenen Stücken anzupassen.

Der westfälische Abgeordnete Georg von Vincke ging noch einen Schritt weiter und formulierte eine liberal-konservative Position, die jegliche tiefgreifenderen Eingriffe in die Verhältnisse der deutschen Staatenwelt aufgrund abstrakter universalistischer Prinzipien für bedenklich erklärte. Man dürfe das historische Recht nicht einfach unter Berufung auf die Revolution beiseite schieben; vielmehr sei es erforderlich, auf die Besonderheiten der einzelnen deutschen Stämme Rücksicht zu nehmen; zentralistische Lösungen seien daher gänzlich unangemessen. Vincke beschwor einmal mehr den Standpunkt des gemäßigten Liberalismus, der vor allem eines im Auge hatte, nämlich die Revolution in rechtliche Bahnen zu lenken und auf diese Weise zu beenden: »Meiner Überzeugung nach muß es ... der höchste Beruf dieser Versammlung sein, sobald als möglich aus dem Stadium der Revolution herauszukommen, und zur Wiederbegründung eines ordentlichen Rechtszustandes mit allen ihren Kräften beizutragen. Deshalb ist die Versammlung hierher gekommen, um Deutschland zu constituiren, um ihm eine Verfassung zu geben, und an die Stelle ungeordneter Zustände wieder einen geordneten Rechtsboden zu setzen.« Vincke berief sich auf die Notwendigkeit, der Selbstläufigkeit der Revolution ein Ende zu setzen: »... wo ist

8 Ebd., S. 135
9 Ebd., S. 141

das Recht der Revolution, welches System läßt sich aufstellen für die Revolution? Wo wollen Sie die Grenze setzen in einer Zeit, wo der morgende Tag den heutigen verschlingt, wie Saturn seine Kinder?!«[10] Er riet demgemäß, zur Tagesordnung überzugehen, statt zur Sache einen Beschluß zu fassen, der im Zweifel gegen die noch bestehenden deutschen Mächte nicht durchsetzbar sein würde.

In dieser auf den ersten Blick peripheren Frage traten also die unterschiedlichen politischen Richtungen innerhalb der Nationalversammlung bereits deutlich hervor, wenn auch mit noch weithin offenen Abgrenzungslinien. Aber trotz der Schärfe, mit der schon hier zwischen den verschiedenen Positionen gestritten wurde, bestand doch ein Wissen um die Gemeinsamkeit der großen Aufgaben, vor denen man stehe, und dies half, die Gegensätze zu überbrücken. Raveaux selbst modifizierte seine Position in der Erkenntnis, daß er im Bündnis und mit der äußersten Linken nicht würde gewinnen können. Am Ende wurde eine Kompromißformel gefunden, die mit großer Mehrheit angenommen wurde. Darin wurde der Vorrang der Verfassungsgesetzgebung der Nationalversammlung vor jener der Einzelstaaten prinzipiell festgestellt, ohne daß letztere dadurch einfach außer Geltung gesetzt würde. Gleichwohl blieb die Frage auf der Tagesordnung, ob die Nationalversammlung sich kraft revolutionären Rechts, unter Berufung auf die Volkssouveränität, gegen die traditionellen Rechte der Einzelstaaten und der Monarchen rücksichtslos durchsetzen solle, wie dies die radikale Demokratie forderte, oder ob sie, wie die Liberalen meinten, grundsätzlich den Weg der Vereinbarung mit den Einzelstaaten zu gehen habe.

Noch bevor die Initiative Raveaux' ihre parlamentarische Erledigung gefunden hatte, war die Nationalversammlung vor eine zweite Herausforderung gestellt worden, die die Grundlagen ihres Selbstverständnisses berührte. In der Bundesfestung Mainz war es am 21. Mai 1848 zu einem beunruhigenden Zwischenfall gekommen. Die Reibungen zwischen den preußischen Soldaten der Garnison mit der Bürgergarde hatten zu einem blutigen Zusammenstoß geführt, bei dem vier Soldaten getötet, fünfundzwanzig

10 Ebd., S. 137

Soldaten verwundet und zahlreiche Bürger, zumeist Angehörige der Bürgerwehr, verletzt worden waren. Die Schuldfrage war nicht eindeutig zu klären; die Soldaten hatten offenbar verbale Provokationen einzelner Bürger mit Gewaltanwendung beantwortet und wurden dann in eine Schießerei mit Angehörigen der Bürgerwehr verwickelt. Die Erbitterung der Armee war entsprechend groß. Der preußische und der österreichische Militärkommandant der Bundesfestung reagierten mit einem Ultimatum, in dem unter Androhung der Beschießung der Stadt die Auflösung der Bürgerwehr und die Ablieferung aller Waffen binnen zwei Stunden verlangt wurde. Unter den gegebenen Umständen kam die Stadt Mainz notgedrungen diesem Verlangen nach. Es war dies ein typischer Konflikt zwischen den Bürgern, die sich als Wahrer der Errungenschaften der Revolution sahen, und dem Militär, welches die »Soldatenspielerei« der Bürgerwehr als Eingriff in ihre eigene Machtsphäre betrachtete und den revolutionären Ereignissen ohnehin mit größtem Mißtrauen gegenüberstand.

Dieser Konflikt wurde von dem Mainzer Abgeordneten Franz Heinrich Zitz, der selbst Chef der Bürgergarde in Mainz gewesen war, zum Anlaß genommen, die Nationalversammlung zu einem unverzüglichen Eingreifen in Mainz zu veranlassen; sie solle dafür sorgen, daß die preußischen Truppen aus der Stadt zurückgezogen und die von den Militärkommandanten verhängten Maßnahmen gegen die Stadt Mainz zurückgenommen würden. Die Abgeordneten der Nationalversammlung sahen sich vor ein Dilemma gestellt. Einerseits erschien eine Intervention zugunsten der Stadt Mainz, wenn denn die Verantwortung für die Zwischenfälle in erster Linie das preußische Militär traf, wie Zitz behauptete, der Sache nach gerechtfertigt: Übergriffe des Militärs gegen die Bürger konnte man nicht hinnehmen, wenn man sich nicht den eigenen revolutionären Ursprüngen entfremden wollte. Andererseits war die Lage unübersichtlich und die Schuld nicht eindeutig einer bestimmten Seite zuzumessen, wie auch Robert Blum als Sprecher der Linken in den Debatten anerkannte. Die Linke forderte gleichwohl den Abzug oder zumindest die Auswechslung der preußischen Truppen; die Mehrheit der Abgeordneten wollte einer Stellungnahme zu dieser Frage hingegen aus dem Wege gehen, nicht zuletzt auch, weil eine eindeutige Entscheidung zugunsten der Mainzer Bürgerwehr indirekt als Option für die Weiterführung der Revolution hätte gedeutet werden können. Vor allem aber widerstrebte der Mehrheit der Abgeordneten jeglicher Eingriff in die Angelegenheiten der Exekutive, in diesem Falle der Kompetenzen der hessischen Regierung und der Bundesversammlung als Befehlshaber der Truppen der Bundesfestung. Dies wäre aus der Sicht der gemäßigten Liberalen ein gefährlicher Schritt in eine Richtung gewesen, den sie wie der Teufel das Weihwasser fürchteten, nämlich die Umwandlung der Nationalversammlung in eine Art von Vollzugsausschuß, der kraft revolutionären Rechts darangehen könnte, die Befugnisse der Regierungen zu usurpieren. Die große Mehrheit der Nationalversammlung hielt es daher nicht für angezeigt, die revolutionäre Bewegung im Lande gegen die Streitkräfte der traditionellen Mächte zu stützen. Infolgedessen erhielten die Militärbehörden in der Bundesfestung freie Hand, die Bürgerwehr zu maßregeln, obschon dies die konterrevolutionären Tendenzen in der preußischen Armee ermutigen mußte. Im Konfliktfall stellte sich auch die Frankfurter Nationalversammlung auf den Standpunkt des historischen Rechts, wenn dies aus der Sicht der deutschen Nation vorteilhafter aussah, obschon sie auf diese Weise mit ihren eigenen politischen Überzeugungen in Widerspruch geriet. Auch der gemäßigte Liberalismus glaubte, daß die Versammlung in nationalen Fragen nicht dazu berechtigt sei, in die Kompetenzen der Exekutive – in diesem Falle: der Diplomatie und Heerführung Preußens – einzugreifen. Dies hing nicht zuletzt damit zusammen, daß die preußischen Truppen gerade eben wegen der Zukunft Schleswigs in militärische Operationen gegen Dänemark verwickelt waren, die die Nationalversammlung als einen im gemeinsamen Interesse der Nation geführten Krieg betrachtete. In den Verhandlungen der Nationalversammlung wurde geltend gemacht, daß man die preußische Armee keinesfalls desavouieren dürfe. In außenpolitischen Fragen optierte die Mehrheit für die überkommene Ordnung und identifizierte sich mit deren Machtinstrumenten, ungeachtet der bedenklichen innenpolitischen Auswirkungen, die dies zur Folge haben konnte.

In den nationalen Fragen war das Maß der Gemeinsamkeit der verschiedenen politischen Gruppierungen unter den gegebenen Umständen am größten. Dies wurde vollends deutlich im Zusammenhang der Erörterungen über die Schaffung einer provisorischen Zentralgewalt, wie sie namentlich im Hinblick auf die außenpolitischen Verwicklungen dringlich erschien. Es ist nicht wahrscheinlich, daß die Frage der Zentralgewalt ohne die Zuspitzung der schleswig-holsteinischen Frage und die Nationalitätenkonflikte in den peripheren Regionen des Deutschen Bundes von der Nationalversammlung überhaupt zu einem so frühen Zeitpunkt verhandelt worden wäre; die große Mehrheit der Abgeordneten war anfänglich gar nicht geneigt, der Paulskirche irgendeine Form von direkter Regierungsgewalt zuzugestehen, welche konkurrierend zur Exekutivgewalt der Einzelstaaten tätig werden würde. Aber angesichts der drängenden nationalen Fragen, deren Handhabung durch das umständliche und wenig verläßliche Organ der Bundesversammlung in der Tat viel zu wünschen übrigließ, stellten sie diese ihre Bedenken zurück. Es ist jedoch charakteristisch, daß der Anstoß zur Schaffung einer Zentralgewalt von der politischen Linken ausging. Ludwig Simon, ein Rechtsanwalt aus Trier, begründete die Notwendigkeit der Errichtung einer provisorischen Zentralgewalt mit ziemlich hemdsärmeligen Argumenten, und er scheute sich nicht, die in den Augen der Liberalen erschreckende Formel von einem »Vollziehungsausschuß« zu gebrauchen, der an die Terrorherrschaft der Französischen Revolution von 1789 erinnerte. Er meinte, daß die Nationalversammlung, wenn sie in Übereinstimmung mit der allgemeinen Volksstimmung handele, gegenüber »Minoritäten« gegebenenfalls zum Gebrauch von Gewalt imstande sein müsse. Man werde der vollziehenden Gewalt vielleicht bedürfen »gegen die Anarchie, vielleicht aber auch gegen ... die alte Ordnung, die sich in die neue Ordnung nicht zu fügen weiß«.[11] Aber in erster Linie hatte Simon die außenpolitischen und nationalpolitischen Konflikte im Auge, welche nach seiner Ansicht die Errichtung einer provisorischen Zentralgewalt unabweisbar gemacht hätten.

11 Ebd., S. 199

Die provisorische Zentralgewalt wurde weithin als notwendig betrachtet, weil sie die nationalen Interessen der deutschen Nation gegenüber dritten Mächten oder anderen Ethnien durchzusetzen bestimmt sei; hingegen spielte der Gesichtspunkt, daß die provisorische Zentralgewalt unter Umständen die Revolution gegen konterrevolutionäre Kräfte von rechts zu verteidigen haben werde, in den Erwägungen der Nationalversammlung so gut wie keine Rolle.

Dennoch entbrannten über der Frage, wie die Zentralgewalt gestaltet werden solle, erbitterte Auseinandersetzungen. Es versteht sich, daß die große Mehrheit der Versammlung einen Vollziehungsausschuß, wie er der Linken vorschwebte, unter keinen Umständen zu akzeptieren bereit war; dies klang nach Fortsetzung der Revolution, nach Konventsherrschaft, verbunden mit dem Sturz der Monarchien, nach Einführung der Republik. Für die Abgeordneten der Mitte war entscheidend, daß eine Lösung gefunden werden müsse, welche den Weg der Vereinbarung mit den einzelstaatlichen Regierungen und den Fürsten nicht versperrte, sondern in aller Form offenhielt, obschon man sich mit der Schaffung einer provisorischen Zentralgewalt der Ansicht der radikalen Demokratie annäherte, die der Paulskirche wenn nicht die alleinige, so doch die oberste Gewalt in Deutschland zuschrieb.

In der Sache hatte es bereits im April 1848 einen gewissen Vorlauf gegeben. Karl Theodor Welcker, den Baden als Bundesgesandten nach Frankfurt geschickt hatte, hatte der Bundesversammlung die Bildung einer vorläufigen Exekutive in Form eines Dreierdirektoriums vorgeschlagen, in dem Österreich, Preußen und das »Dritte Deutschland« jeweils durch einen monarchischen Repräsentanten vertreten sein sollten; doch war dieser Vorschlag, der auch im Vorparlament eingehend erörtert wurde, dann nicht weiter verfolgt worden, teilweise, weil man darin eine Mediatisierung der Entschlüsse der Nationalversammlung durch eine von der Bundesversammlung gebildete Reichsregierung gesehen hatte.[12]

---

12 Vgl. Jacobys leidenschaftlichen Protest in: Johann Jacoby, Gesammelte Schriften und Reden, Hamburg 1872, Bd. 2, S. 2ff.

Der von der Nationalversammlung zur Prüfung der zahlreichen eingegangenen Vorschläge eingesetzte Ausschuß schlug mit großer Mehrheit ein ähnliches Modell vor: ein Dreierdirektorium, dessen Mitglieder von den Regierungen benannt und anschließend von der Nationalversammlung bestätigt werden sollten; es sollte mit einem der Nationalversammlung verantwortlichen Ministerium regieren, also gleichsam die kollektive Spitze einer parlamentarischen Monarchie bilden. Die Linke hingegen erneuerte ihren Vorschlag auf Einsetzung eines Vollzugsausschusses, der für alle seine Handlungen des Vertrauens der Nationalversammlung bedürfe und jederzeit abrufbar sein sollte; allerdings war dieser eher als ein Gremium gedacht, welches die Beschlüsse der Nationalversammlung den Regierungen der Einzelstaaten übermitteln, diesen jedoch deren Vollzug überlassen sollte. Dies klang weit radikaler, als es der Sache nach war. Die große Mehrheit der Abgeordneten sah in dem Vorschlag der Einsetzung eines Vollzugsausschusses die Gefahr, daß die Nationalversammlung in eine Konventsherrschaft abdriften könne, und wollte daher davon nichts wissen. Umgekehrt verfiel ein Vorschlag einer Gruppe von Repräsentanten des gemäßigten Liberalismus unter der Federführung Bassermanns, welcher der Bundesversammlung unter Verzicht auf eine Reichsspitze unmittelbar die Bildung einer Reichsregierung übertragen wollte, die dann mit dem Nationalparlament zu regieren haben würde, ebenfalls der Ablehnung. Vermutlich hätte sich auf solche Weise am ehesten eine Brücke zwischen der Zentralgewalt und den einzelstaatlichen Regierungen, die bei Lage der Dinge ja noch über die eigentliche Gewalt im Lande verfügten, schlagen lassen; doch war das Mißtrauen gegenüber der Institution der Bundesversammlung, ungeachtet des Umstands, daß diese von den Märzregierungen politisch umgepolt worden war, einfach zu groß, und ebenso wurde mit einigem Recht bezweifelt, ob die 38 deutschen Regierungen dazu imstande sein würden, sich jemals auf ein solches Ministerium zu einigen. Schließlich trat die gemäßigte Linke, die sich wenig später als »Linkes Zentrum« formell etablierte, mit dem Vorschlag eines von der Nationalversammlung auf Lebenszeit zu wählenden Präsidenten hervor, der persönlich nur juristisch verantwortlich sein sollte, jedoch mit einem der Nationalversammlung verantwortlichen Ministerium zu regieren haben werde. Dies wäre auf eine Kombination des parlamentarischen mit einem präsidentiellen System nach amerikanischem Muster hinausgelaufen. Der Pferdefuß dieses Vorschlags war aus der Sicht der Rechten, daß damit eine indirekte Vorentscheidung zugunsten der Republik verbunden gewesen wäre. Die extreme Linke beantragte in Abweichung von dem Antrag Robert Blums schließlich, schon jetzt eine provisorische Regierung einzusetzen, welche ab sofort die gesamte Exekutivgewalt in ganz Deutschland ausüben sollte. Zu diesen unterschiedlichen Vorschlägen kamen in der Debatte noch zahlreiche Varianten hinzu.

In den Auseinandersetzungen über die Schaffung der Zentralgewalt ging es letztendlich darum, ob die zu schaffende Zentralgewalt ein Hort der Stabilität sein solle, der die »Schließung« der Revolution, d. h. die Überführung der Revolution in geordnete rechtliche Zustände, ermöglichen werde, oder ob sie als ein Instrument nicht allein zur Verteidigung, sondern zur Fortführung der Revolution dienen solle. Die große Mehrheit der Nationalversammlung einschließlich auch der von Robert Blum angeführten gemäßigten Linken neigte der ersteren Ansicht zu, während die extreme Linke die Paulskirche als Plattform benutzen wollte, um eine radikale Umgestaltung der deutschen politischen Verhältnisse im Sinne einer demokratischen Ordnung, unter Beseitigung der deutschen Monarchien, herbeizuführen. Karl Theodor Welcker formulierte die Position der Liberalen, die ihre eigentliche Aufgabe in der »Schließung« der Revolution sahen und die deswegen einen grundlegenden Umbau der deutschen politischen Landschaft und den Grundsatz der Volkssouveränität in großer Schärfe ablehnten, mit bemerkenswerter Offenheit. Er erklärte den Weg der rechtlichen Vereinbarung mit den Fürsten für unverzichtbar: »Ich habe kein Mandat empfangen, um die Regierungen vom Throne oder von ihrer Würde und Ehre herabzureißen, um den Schlund der Revolution weiter zu reißen, sondern es lautet: Schließt ... durch rechtliche Begründung eines Verfassungszustandes den unglücklichen Weg, den Abgrund der Revolution, begründet dadurch wieder Vertrauen, gegenseitige Rechtsachtung,

Frieden und Ruhe, damit der Geschäftsmann wieder Wohlstand und Freiheit in seinen Unternehmungen genieße.«[13]

Die Liberalen befanden sich freilich in heilloser Verwirrung über das, was man denn konkret wollen sollte. Man war sich klar darüber, daß man die Schaffung der Zentralgewalt nicht einfach allein der Bundesversammlung überlassen dürfe, sondern daß diese von der Nationalversammlung auszugehen habe. Man scheute sich jedoch, daraus die Konsequenzen zu ziehen, und suchte nach Mitteln und Wegen, um die Zentralgewalt nicht direkt von den Beschlüssen der Nationalversammlung abhängig zu machen, wie dies seitens der Linken gefordert wurde. Der Abgeordnete Wilhelm Adolf Lette räumte gegenüber der Linken ein, daß die Nationalversammlung aus der Revolution hervorgegangen sei und dieser ihre Machtstellung verdanke, aber er lehnte es gerade deshalb ab, das revolutionäre Prinzip der Volkssouveränität zur Grundlage der neuen Ordnung zu machen: »Es ist nicht zu leugnen, daß wir und der neue Zustand der Dinge aus einer Revolution hervorgegangen sind. Diese Revolution dauert noch fort, und wir haben die große Aufgabe, dieselbe zu schließen. Noch, es ist wahr, bebt der Erdboden unter uns, die Schwingungen gehen von einem Ende Deutschlands bis zum andern ... Aber wenn wir die Revolution schließen wollen, haben wir nur das eine Mittel, die Errungenschaften der Revolution, die Einheit und Freiheit Deutschlands zu organisiren.«[14] Gerade deshalb aber dürfe die Zentralgewalt nicht als eine Art von Vollziehungsausschuß konstruiert werden, der aus der Mitte der Versammlung hervorgehe, sondern müsse außerhalb derselben stehen. Demgemäß plädierte er dafür, daß das Direktorium – gegebenenfalls auch eine Einzelpersönlichkeit – unverantwortlich und nicht beliebig abwählbar sein müsse, um ein genügendes Maß von Stabilität, auch gegenüber wechselnden Majoritätsbeschlüssen der Nationalversammlung, zu gewährleisten.[15] Dahinter stand das Modell der Gewaltenbalance, welches einseitigen Machtgebrauch ausschließen

---

13 Wigard, Stenographischer Bericht, Bd. 1, S. 410
14 Ebd., S. 404
15 Ebd., S. 405

sollte; eine unabhängige Exekutive sollte gegebenenfalls ein Gegengewicht gegen die von den Liberalen gefürchtete Mehrheitsherrschaft des Parlaments bilden.

Andererseits näherte sich die Mitte der Linken in der Frage der Rechtsstellung des Ministeriums, mit dem das Direktorium oder eine andere Form der Zentralgewalt zu regieren haben würde. Im Grundsatz war nicht länger strittig, daß dieses Ministerium für seine Amtshandlungen des Vertrauens der Nationalversammlung bedürfe, also parlamentarisch zu regieren habe. Aber auch hier gingen die Meinungen im Detail weit auseinander. Die Linke forderte, daß das Ministerium gehalten sein müsse, die Beschlüsse der Nationalversammlung unverzüglich zu verkünden und uneingeschränkt auszuführen. Doch widersprach dies dem dualistischen Modell des deutschen Konstitutionalismus, der eine scharfe Grenzlinie zwischen Exekutive und Legislative zog. Demgemäß blieb diese Frage bis zum Ende außerordentlich hart umkämpft; die gemäßigte Richtung sah darin eine bedenkliche Beschneidung der Eigenständigkeit der Exekutive, welche dazu führen könne, daß eine Verständigung mit den Einzelstaaten nicht zustande kommen werde.

Aus dieser reichlich verfahrenen Konstellation, in der sich die gemäßigte Linke wesentlich konzilianter verhielt als die Rechte, half dann Heinrich von Gagern mit seinem »kühnen Griff« heraus, indem er der Nationalversammlung vorschlug, die Einrichtung der provisorischen Zentralgewalt nicht den Regierungen zu überlassen, die dies nicht schnell genug zu leisten imstande seien; die Nationalversammlung müsse dies selbst tun. Gagern schlug die Wahl eines Reichsverwesers vor, der »ein Fürst sein müsse, ... nicht weil es, sondern obgleich es ein Fürst ist«.[16] Dieser Vorschlag befriedigte insofern die Wünsche der Linken, als die Wahl der Reichsspitze durch das Parlament ihren demokratischen Vorstellungen entsprach; andererseits kam sie den Wünschen der Rechten entgegen, weil sie eine monarchische Lösung implizierte; schließlich hielt sie die Frage der endgültigen Gestaltung der Reichsspitze offen und ermöglichte somit die Vereinbarung

16 Ebd., S. 522

mit den Regierungen. Durch die Kandidatur des österreichischen Erzherzogs Johann, dessen liberale Neigungen allgemein bekannt waren, wurde zudem das großdeutsche Element zufriedengestellt. Die Einzelheiten dieser Regelung, insbesondere die Kompetenzen der Regierung, mit welcher der Reichsverweser zu regieren haben würde, waren allerdings weiterhin bitter umkämpft. Letztendlich wurde die Frage, in welchem Umfang die Zentralgewalt der Nationalversammlung verantwortlich sein sollte, in der Schwebe gelassen und nur festgehalten, daß der Reichsverweser selbst nicht verantwortlich sein solle. Damit schien der Weg für eine Verständigung mit den Regierungen der Einzelstaaten offengehalten.

Die Wahl und die ihr folgende feierliche Amtseinführung des Erzherzogs Johann zum Reichsverweser am 11. Juli 1848 fand die Nationalversammlung in Hochstimmung. Man glaubte, nun ein großes Stück weitergekommen zu sein. Die Revolution, so schien es, war nun definitiv in ein Stadium rechtlicher Verhältnisse überführt worden, und die endgültige politische Umsetzung der neuen Ordnung schien nur noch eine Frage der Zeit zu sein. Auch die Bundesversammlung akzeptierte die neuen Entwicklungen: Sie übertrug ihre bisherigen Funktionen auf den Reichsverweser und erklärte ihre Tätigkeit für beendet. Andererseits protestierte eine Minderheit von immerhin 100 Abgeordneten der Linken lautstark gegen die Wahl des Reichsverwesers, weil damit der Weg hin zu einer demokratischen Republik ein für allemal verlegt worden sei. Sie tendierten dazu, gegen die Beschlüsse der Nationalversammlung direkt an die Bevölkerung zu appellieren, die, wie sie zuversichtlich glaubten, wesentlich radikaler gesinnt sei als die Mehrheit der Nationalversammlung.

Im Zuge der Auseinandersetzungen über die Zentralgewalt wurde die Nationalversammlung dazu gezwungen, sich in unterschiedlichen politischen Gruppierungen zu organisieren, gemäß den jeweils dominierenden politischen Grundeinstellungen, die in den Debatten aufeinanderprallten. Dazu hatten anfangs pragmatische Gründe beigetragen, insbesondere die Notwendigkeit, die übergroße Zahl von individuellen Anträgen zu bündeln und auf ein überschaubares Maß von Positionen zurückzuschrauben.

Schon am ersten Tage der Debatte über den Antrag Raveaux' hatte Arnold Ruge angeregt, daß die zahlreichen eingebrachten Amendements zurückgezogen werden sollten; die Antragsteller sollten sich »mit ihren politischen Freunden dahin vereinigen ..., daß sie alle Vorschläge zum Ausdruck ihrer Partei umformulieren«.[17] Anfangs stieß dergleichen in dem Honoratiorenparlament, welches die Paulskirche darstellte, auf Widerspruch, aber schon bald wurde seitens der Verhandlungsführung darauf hingewirkt, daß in erster Linie die Sprecher der »Parteien« in den Verhandlungen zum Zuge kamen. Demgemäß bildete sich in der Nationalversammlung relativ rasch eine größere Zahl von Fraktionsparteien, die ihre Namen von den Lokalen erhielten, in denen sich die betreffenden Abgeordneten trafen. Schon bald gingen diese dazu über, förmliche Fraktionssitzungen abzuhalten, in der ein gemeinsames Vorgehen in den parlamentarischen Verhandlungen abgesprochen, offizielle Fraktionssprecher bestimmt und den jeweiligen Mitgliedern in gewissem Umfang Fraktionsdisziplin auferlegt wurde. Rudolf Haym bezeugt, daß anfänglich nicht die Programme, sondern die Tatsachen die Parteien formiert hätten; erst im Zuge der parlamentarischen Auseinandersetzungen und der Notwendigkcit, zu konkreten Fragen Stellung zu nehmen, gelangten die Abgeordneten schrittweise zu einer parteipolitischen Orientierung.[18] Allerdings waren die neu entstandenen Fraktionsparteien nichts weniger als politisch homogen, und ebenso blieben die Grenzen zwischen ihnen fließend. Außerdem kam es immer wieder zu Abspaltungen, so daß es zu keinem Zeitpunkt in der Paulskirche ein definitiv fixiertes Parteienspektrum gegeben hat. Dennoch war dieser Prozeß der politischen Differenzierung für die weitere Entwicklung des politischen Systems in der deutschen Staatenwelt von weitreichender Bedeutung.

Die politische Rechte sammelte sich anfangs im »Steinernen Haus«, späterhin im »Café Milano«. Sie vertrat dezidiert die Ansicht, daß das Prinzip der Vereinbarung die maßgebliche Richt-

---

17 Vgl. Botzenhart, Parlamentarismus, S. 417
18 Vgl. Rudolf Haym, Die deutsche Nationalversammlung bis zu den Septemberereignissen. Ein Bericht aus der Partei des rechten Zentrums, Frankfurt 1848, S. 154

schnur der Verhandlungen der Nationalversammlung sein müsse. Ihr Ziel war die »freie Zustimmung der Regierungen« zu der neuen Gesamtstaatsverfassung. Desgleichen forderte sie eine ausgeprägt föderalistische Struktur der neuen Verfassung, die den Einzelstaaten ein hohes Maß an Mitwirkungsrechten gewähren müsse. Dabei stand der Gesichtspunkt der Stabilisierung der gesellschaftlichen Verhältnisse ganz im Vordergrund.

Bei weitem die bedeutendste Gruppe war das »Rechte Zentrum«, das sich anfangs im »Großen Hirschgraben«, später im »Casino« traf und gemeinhin als das »Casino« bekannt wurde. Sie vereinte die Abgeordneten des gemäßigten liberalen Lagers, darunter viele prominente Namen, mit Dahlmann, Droysen, Waitz, Bassermann, Mathy, Beckerath und Mevissen als den bekanntesten. Droysen hatte bereits Ende Mai die Marschroute vorgegeben; man wolle eine »deutsche Verfassung und diese in so starker Einheitlichkeit und Machtfülle, als bei dem Bestande« der berechtigten Ansprüche der Einzelstaaten »irgend möglich«. Die Einzelstaaten sollten nicht unter Verlust ihrer hergebrachten politischen Identität in die neue Ordnung hineingezwungen werden, »sondern wir, bisher Opposition, jetzt Sieger, wollen auferbauen und mit dem guten Willen der Regierenden und der Regierten, mit deren möglichst guter Haltung und Ordnung, ein überwölbendes neues Werk schaffen«.[19] Dahlmann gab hier dem Optimismus des vormärzlichen Liberalismus Ausdruck, daß sich bei uneingeschränkter Durchsetzung der konstitutionellen Grundsätze eine Konsolidierung der Verhältnisse auf dem bereits im März erreichten Niveau erreichen lasse; eine weitere Destabilisierung der gesellschaftlichen Ordnung, wie sie als Folge eines weitreichenden Umbaus der bestehenden Staatenordnung hätte eintreten können, wollte man unter allen Umständen vermeiden. Als Grundmodell sollte in den Einzelstaaten wie auf bundesstaatlicher Ebene die konstitutionelle Monarchie auf »demokratischer Grundlage« dienen, allerdings unter restriktiver Auslegung der demokratischen Rechte des einzelnen Bürgers; so war insbesondere an eine weitreichende Beschrankung des Wahlrechts ge-

19 Boldt, Anfänge, S. 171

dacht. Hinsichtlich der Hebung der Lage der Arbeiterschaft erklärte sich das »Casino« eher zögerlich für eine Absenkung der konsumptiven Steuern, die Errichtung von Sparkassen sowie eine »wohlfeile Jugenderziehung« und die Gewährung politischer Rechte, ansonsten aber für die »Entfesselung des innern Verkehrs; Handels- und Grundbesitzerwerbs«, also typisch kapitalistischen Maßnahmen zur Förderung der Wirtschaft und des allgemeinen Wohlstands.[20] Insgesamt dominierte hier eine »realpolitische« Tendenz, der es darum zu tun war, die revolutionären Turbulenzen möglichst rasch zu überwinden. Daneben stand das Bewußtsein, daß man gewachsene historische Strukturen nicht aufgrund abstrakter Prinzipien über Nacht umkrempeln dürfe.

Das »Casino« bildete in der Nationalversammlung die zahlenmäßig wie personell stärkste Fraktion; sie bildete den Kern der Gefolgschaft für Gagerns »kühnen Griff« und hat den Gang der Dinge auch sonst wesentlich mitbestimmt. Von ihr spaltete sich im Fortgang der Entwicklung das sogenannte »Linke Zentrum« ab. Zwar teilten die meisten Mitglieder des »Linken Zentrums« die liberalen politischen Grundüberzeugungen des »Casinos«, aber sie waren ungeachtet vieler Zögerlichkeiten bereit, den Vorrang der Gesamtstaatsverfassung vor den Verfassungen der Einzelstaaten prinzipiell anzuerkennen und, um das Geschäft zustande zu bringen, auf gesamtstaatlicher Ebene den Weg hin zu einer demokratischen Monarchie mit parlamentarischer Ministerverantwortlichkeit zu gehen. Doch war das »Linke Zentrum« niemals eine in sich einheitliche Gruppierung; die Meinungen schwankten zwischen einem nach links hin aufgeschlossenen konstitutionellem Liberalismus, wie ihn beispielsweise Robert von Mohl vertrat, bis hin zu Anhängern einer konsequent demokratischen Monarchie sozialen Zuschnitts, wie beispielsweise Sylvester Jordan. Anfangs trafen sich die Abgeordneten des »Linken Zentrums« im »Landsberg«; bereits Anfang Juni konstituierte sich dann aber eine neue Gruppe unter Führung von Raveaux und Biedermann im »Württemberger Hof«. Hier war man bereit – im Unterschied zu den gemäßigten Liberalen des »Casino« –, der Nationalversammlung im

20 Siehe das Programm des Casinos vom Juni 1848, ebd., S. 166 ff.

Prinzip die uneingeschränkte Souveränität und damit ihren Beschlüssen bindende Kraft auch gegenüber der Gesetzgebung der Einzelstaaten zuzugestehen, ohne sich doch deshalb schon auf den Boden der Volkssouveränität zu begeben. Die Reichsverfassung sollte den Parlamenten der Einzelstaaten zwar zur Annahme vorgelegt werden, »damit diese Verfassung nicht als ein von uns ausgehendes absolutes Dictat erscheine, sondern auf dem Wege der Übereinkunft zu Stande komme, und so nicht bloß factische, sondern auch unbesteitbare rechtliche Gültigkeit habe«, aber ihnen sollte nicht das Recht zu einer pauschalen Ablehnung derselben zukommen.[21] Gemäßigte Auffassungen kamen hier also durchaus zum Zuge, und ebenso wurde das Prinzip der Vereinbarung keineswegs vollständig abgelehnt. Aber insgesamt legten die »Württemberger« größere Entschlossenheit an den Tag, das Werk der Nationalversammlung unter Berufung auf das Recht der Revolution gegenüber den partikularistischen Kräften durchzusetzen. Die vergleichsweise progressivere Einstellung des »Linken Zentrums« in den Grundfragen der politischen Ordnung und deren Bereitschaft, eine starke Zentralgewalt gegebenenfalls auch gegen den Willen der Einzelstaaten durchzusetzen, verband sich mit einer ausgeprägt nationaldeutschen, streng unitarischen Einstellung, obschon man auf die nichtdeutschen Gebiete Preußens und des österreichischen Kaiserstaates, von Ungarn abgesehen, nicht zu verzichten bereit war.

Allerdings waren die Übergänge zur Linken fließend. Bereits im August 1848 verließen eine Reihe von führenden Abgeordneten den »Württemberger Hof« und bildeten mit einigen Anhängern der gemäßigten Linken die »Westendhall«-Fraktion, die von den Zeitgenossen »Linke im Frack« genannt wurde. Im Gegenzug wanderten im September 1848 eine Reihe von Abgeordneten nach rechts hin ab und versammelten sich im »Augsburger Hof«, wesentlich deshalb, weil sie eine entschiedene Unterdrükkung der populären Revolten gegen die Nationalversammlung nach dem Frankfurter Aufstand durch die Zentralgewalt begrüßten.

21 Entwurf zu einem Programm des linken Zentrums vom 6. Juni 1848, bei ebd., S. 176

Die demokratische Linke hingegen, die sich uneingeschränkt auf das Prinzip der Volkssouveränität festgelegt hatte und eine radikale Umgestaltung der deutschen Staatenwelt im Sinne einer republikanischen Ordnung anstrebte, war in die Fraktionen des »Deutschen Hofs« und des »Donnersberg« gespalten. Zwar gingen die beiden Fraktionen in den konkreten Entscheidungen des Tages vielfach andere Wege, aber im Grundsätzlichen waren sie sich einig. Für sie war dies keine »ungewollte Revolution«, sondern eine Revolution, die tief in den Notwendigkeiten des geschichtlichen Prozesses begründet war und die es konsequent zu einem erfolgreichen Ende zu führen galt, statt sie, wie dies sowohl das »Rechte« wie das »Linke Zentrum« auf ihre Weise anstrebten, möglichst rasch zu »schließen«. Für beide Fraktionen der Linken war maßgeblich, daß das Prinzip der Volkssouveränität ihre Politik zu bestimmen habe. Dies bedeutete in der konkreten Situation des Augenblicks, daß die Nationalversammlung als die vom Volke gewählte souveräne Konstituante dazu aufgerufen sei, allein über die künftige Verfassung Deutschlands zu befinden, ohne Rücksicht auf die Einzelstaaten und ihre fürstlichen Häupter. Demgemäß war es aus ihrer Sicht nur folgerichtig, wenn die Nationalversammlung baldmöglichst aus sich heraus einen Vollziehungsausschuß wähle, der sogleich die Exekutivgewalt in ganz Deutschland übernehmen müsse – ein Vorschlag, der auf die traditionellen Eliten, aber auch auf die gemäßigten Liberalen wie ein rotes Tuch wirken mußte. Damit einher ging das Plädoyer für eine demokratische Republik, obschon die Republik weithin mit dem *terreur* der Französischen Revolution seit 1793 in Verbindung gebracht wurde.

Allerdings gab es zwischen beiden Fraktionen deutliche Unterschiede hinsichtlich ihrer Strategie und ihrer konkreten Zielvorstellungen. Der von Robert Blum und späterhin von Karl Vogt geführte »Deutsche Hof« verlor nie die Chancen zur Bildung von Koalitionen zur Mitte hin aus dem Auge; für ihn war demnach notfalls auch eine strikt parlamentarische Monarchie hinnehmbar. Aus der Fraktion des »Deutschen Hofs« kam der Vorschlag der Wahl eines persönlich unverantwortlichen Präsidenten, der mit einem der Nationalversammlung verantwortlichen Kabinett regieren sollte – ein Modell –, das sich allenfalls mit den Vorstellungen der Liberalen über eine konstitutionelle Monarchie vereinbaren ließ und offenbar Heinrich von Gagern zu seinem »kühnen Griff« veranlaßt hat. Der »Donnersberg« ließ sich hingegen ganz von seinen aufklärerischen Prinzipien leiten, die auf eine demokratische Republik mit föderativen Elementen hinausliefen, unter radikalem Bruch mit den historischen Traditionen der deutschen Staatenwelt. Er erwartete und wünschte, daß »alle Folgerungen der demokratischen Revolution von 1848 ... überall mit unerbittlicher Strenge gezogen« würden.[22] Die extreme Linke wollte den aus ihrer Sicht gleichsam naturgegebenen revolutionären Prozeß, der im März 1848 in Gang gekommen war, nicht abbremsen, sondern weitertreiben, und dies auch dann, wenn nicht alle Postulate, die sich aus dem Prinzip der Volkssouveränität ableiteten, bereits in der unmittelbaren Gegenwart verwirklicht werden könnten.

Die Anhänger des »Donnersberg«, der sich ganz überwiegend aus freiberuflichen Intellektuellen und Angehörigen der unteren Mittelschichten zusammensetzte, wollten die Revolution gegebenenfalls auch außerhalb der Nationalversammlung weiterführen; der Beschluß, dem Reichsverweser nach Art eines konstitutionellen Monarchen persönliche Unverantwortlichkeit zuzugestehen, wurde von ihnen als Provokation empfunden. Dies führte dazu, daß der demokratische Radikalismus in der Öffentlichkeit eine Kampagne gegen die Nationalversammlung eröffnete, die ihre demokratische Legitimation verwirkt habe und daher neu gewählt werden müsse. Dabei überschätzte die Linke das tatsächliche Maß ihrer Unterstützung in der deutschen Bevölkerung bei weitem; dort, wo sich nun neue Protestpotentiale entluden, waren diese entweder die Folge nationalistischer Hysterie oder – nicht selten hintergründig damit verknüpft – wirtschaftlicher Notlagen. Schlimmer noch, sie spielte damit das Spiel der reaktionären Gewalten, wuchs doch in den Kreisen des Bürgertums die Furcht vor unkontrollierten Ausbrüchen des Volkszorns und fortgesetzten Störungen des Wirtschaftslebens und trieb diese nach und nach in die Arme der etablierten Gewalten zurück.

22 Programm des »Donnersberg« vom 31. Mai 1848, bei ebd., S. 191

Dieses System von Fraktionsparteien, wie es sich im Zuge der erbitterten Debatten vornehmlich über die Schaffung einer provisorischen Zentralgewalt ausgebildet hatte, deckte die politischen Positionen in der damaligen Situation allerdings noch unvollkommen ab; namentlich der politische Katholizismus, der allerdings erst noch seinen Weg finden mußte, wurde dadurch nur indirekt repräsentiert. Überdies trat ein gutes Drittel der Abgeordneten keiner dieser Fraktionen bei. Dennoch zeichnete sich schon jetzt eine grundlegende Konstellation ab, nämlich die Paralysierung des liberalen Lagers durch die Richtungskämpfe zweier sich gegenseitig bekämpfender Fraktionen und die Schwäche sowohl der Linken wie auch der Rechten, die nicht fähig waren, die Entscheidungen der Nationalversammlung maßgeblich in ihrem Sinne zu beeinflussen. Beide tendierten zunehmend dazu, ihre politische Zukunft außerhalb der Paulskirche zu suchen, die Rechte, indem sie auf die wiedererstarkende Macht der Einzelstaaten setzte, die Linke, indem sie die Volksmassen erneut in Bewegung zu bringen suchte. Die vertrauensselige Annahme der Liberalen, daß man auf der Linie einer Beschränkung der Exekutive gemäß dem Modell der konstitutionellen Monarchie mit den etablierten Gewalten ohne weiteres Einvernehmen erreichen werde, und ihre mangelnde Bereitschaft, entschlossen gegen die konservativen Kräfte Front zu machen, obschon diese die Ergebnisse der Revolution so bald wie möglich wieder annullieren wollten, wirkte sich ebenso fatal aus wie die Prinzipienpolitik der Linken, die die Realitäten aus den Augen verloren hatte und sich revolutionäre Szenarien erträumte, die in der Wirklichkeit keinerlei Anhalt besaßen.

Überdies sollte sich schon bald mit großer Schärfe herausstellen, daß die großen Grundsatzdebatten über die Zentralgewalt an der Realität vorbei geführt worden waren. Die provisorische Zentralgewalt mit dem Reichsverweser an der Spitze agierte weitgehend im luftleeren Raume, während die Einzelstaaten rasch wieder aus dem Trauma der Revolutionsmonate des Frühjahrs erwachten und sich nicht länger scheuten, ihre Machtmittel zur Geltung zu bringen.

Das erste Reichsministerium unter dem Vorsitz des Fürsten zu Leiningen, das am 15. Juli 1848 sein Amt antrat, wurde ganz nach parlamentarischer Manier gebildet; getragen wurde es von den Fraktionen des »Rechten« und des »Linken Zentrums«. Doch bestanden von Anfang an Schwierigkeiten, dafür geeignete Persönlichkeiten zu gewinnen. Ludolf Camphausen, der gerade eben in Berlin angesichts unlösbarer Konflikte zwischen Krone und Parlament das Handtuch geworfen hatte, weigerte sich, das bei Lage der Dinge höchst wichtige Außenministerium zu übernehmen, und die Ernennung des preußischen Generals Eduard von Peucker, dessen Stellung am preußischen Hofe sehr schwach war, zum Kriegsminister hatte schon bald die erste große Krise der Paulskirche zur Folge. Als Peucker an die deutschen Regierungen herantrat, ihre Truppen dem neugewählten Reichsverweser Erzherzog Johann in Form einer rechtlich nicht verpflichtenden Huldigungszeremonie symbolisch zu unterstellen, verweigerten dies sowohl Österreich wie Preußen. Die Autorität der Paulskirche war an einem kritischen Punkt in Frage gestellt und ihre faktische Macht mehr denn je von jener der einzelstaatlichen Regierungen, insbesondere der beiden deutschen Großmächte, abhängig. Dies trat dann wenige Tage später manifest hervor, als die Reichsregierung sich *nolens volens* dazu bereit fand, dem Abschluß des Waffenstillstands von Malmö nachträglich ihre Zustimmung zu geben, obschon dessen Bestimmungen mit den diesbezüglichen Beschlüssen der Nationalversammlung in Widerspruch standen.

In einer ungeheuren nationalen Aufwallung verwarf die Nationalversammlung am 5. September 1848 den Waffenstillstand von Malmö und verlangte die Wiederaufnahme des Krieges, um den Waffenstillstand vierzehn Tage später dann dennoch hinnehmen zu müssen. Das Prestige der Paulskirche erlitt in den Augen der Öffentlichkeit, die in der Frage der Zukunft Holsteins und Schleswigs von schier grenzenloser nationalistischer Begeisterung erfaßt worden war, einen nie wiedergutzumachenden Schaden. Schlimmer noch, in Frankfurt selbst versuchte eine aufgebrachte Menge die Paulskirche zu stürmen, um ihren Protesten gegen die Annahme des Waffenstillstands unmittelbaren Ausdruck zu geben. Als die preußischen Truppen, die auf dem Platz vor der Paulskirche zum Schutz der Nationalversammlung zusammengezogen worden waren, daraufhin rüde gegen die Menge vorgingen, kam

es zu einem Aufstand der Volksmassen, der sich gegen die Nationalversammlung, vor allem aber gegen die verhaßten »Preußen«
richtete. Zwei Abgeordnete der Rechten, General Hans von Auerswald und Felix Maria Fürst Lichnowsky, letzterer einer der Sprecher der konservativen Fraktion, wurden grausam ermordet. Der
Aufstand konnte von österreichischen und preußischen Truppen,
die im Auftrage des Reichsverwesers handelten, vergleichsweise
leicht niedergeworfen werden, aber das Ansehen der Nationalversammlung wurde dadurch aufs schwerste beschädigt. Mehr noch,
die Idee der Revolution war gleichsam entheiligt worden.

IX.
Schleppende Reformen und das Wiedererstarken der konservativen Mächte

Die politische Strategie des gemäßigten Liberalismus war in der Anfangsphase der Revolution von 1848 darauf ausgerichtet, den Umbau der politischen Ordnung in Deutschland gleichzeitig auf der gesamtstaatlichen und auf der einzelstaatlichen Ebene voranzutreiben. Die Märzministerien waren darauf bedacht, die Entscheidungen der Frankfurter Nationalversammlung auf dem Wege über die politisch umgepolte, wenngleich nicht wirklich reformierte Bundesversammlung in ihrem Sinne zu lenken. Der von der Bundesversammlung eingesetzte Siebzehnerausschuß hatte sogar einen Vorentwurf einer deutschen Reichsverfassung ausgearbeitet, der ursprünglich von der Nationalversammlung nur abgesegnet werden sollte. Doch erhielt dieser Verfassungsentwurf weder die Billigung der Nationalversammlung, der er nicht einmal formell vorgelegt wurde, noch fand er, was entscheidender war, Gnade bei den Fürsten, vor allem nicht bei Friedrich Wilhelm IV. und Kaiser Ferdinand I. Die Chance, auf diese Weise der Frankfurter Nationalversammlung gleichsam die Richtung vorzugeben, wurde demgemäß gründlich verfehlt.

Dies warf einen Schatten auf die bevorstehenden Entwicklungen in Preußen und den übrigen deutschen Staaten. Die liberalen Staatsmänner, die in den Märzministerien saßen, waren keineswegs Herr der Lage, sondern saßen von Anfang an zwischen zwei Stühlen: einer öffentlichen Meinung, die die schleunige und vollständige Einlösung der Märzforderungen verlangte und stellenweise weit darüber hinausdrängte, und den Monarchen mit ihrer konservativen Umgebung, die die Märzkonzessionen zumeist nur zähneknirschend gewährt hatten und geneigt waren, diese bei erstbester Gelegenheit wieder zurückzunehmen. Schließlich spielten die Armeen die Rolle eines nahezu unabhängigen Machtfaktors, und im Zuge der überall aufflackernden Unruhen, die vielerorts mit Waffengewalt niedergeworfen wurden, konnten diese ihre anfangs angeschlagene Position wieder festigen. Nicht zufällig sahen die breiten Massen in den Armeen ihre gefährlichsten Gegner.

Die deutsche Öffentlichkeit blickte seit dem Zusammentritt der Nationalversammlung gebannt nach Frankfurt; sie erwartete von der Paulskirche die entscheidenden Anstöße für eine fortschrittliche Verfassungsentwicklung in Deutschland. Anfänglich war namentlich die Linke dafür eingetreten, daß in den Einzelstaaten alle Verfassungsgesetzgebung so lange ruhen sollte, bis die Reichsverfassung beschlossen sei, da diese die Richtung vorgeben werde. Bei Lage der Dinge war dies utopisch; der Reformstau in der übergroßen Mehrheit der deutschen Einzelstaaten war viel zu groß. Außerdem war ja die Bildung der Märzministerien selbst gleichsam ein Vorgriff auf eine konstitutionelle Zukunft gewesen, die erst noch der Verwirklichung bedurfte. Davon ganz abgesehen sollte sich das Schicksal der Revolution nicht im Zentrum, in der Paulskirche, sondern an der Peripherie Europas entscheiden; und dabei gewannen die überkommenen staatlichen Machtzentren Europas, die anfangs politisch völlig gelähmt waren, wieder eine entscheidende Bedeutung.

Die Umsetzung der Verfassungsversprechungen, wie sie in den Märztagen von den Fürsten nahezu ausnahmslos abgegeben worden waren, erwies sich als ein dornenvoller Weg. Gemäß den Präferenzen des regierenden Märzliberalismus wurde es überall vermieden, die alten Kammern bzw. Ständeversammlungen kurzerhand aufzulösen und an ihrer Stelle Konstituierende Versammlungen einzuberufen, die kraft revolutionären Rechtes neue Verfassungsordnungen hätten beschließen können. Vielmehr suchten die Märzministerien, wo immer sich dies einrichten ließ, konsequent am Prinzip der Kontinuität des Rechts und dem Grundsatz der Vereinbarung festzuhalten und die kommenden konstituierenden Landtage, wenn sich diese schon nicht verhindern ließen, im vorhinein auf das Prinzip der Vereinbarung festzulegen. In Preußen wurde der Vereinigte Landtag, der eigentlich als völlig obsolet gelten mußte, erneut einberufen, um über ein neues Wahlrecht für die preußische Konstituierende Nationalversammlung zu befinden sowie eine Reihe dringender Gesetzesvorhaben abzusegnen. Im übrigen wurde die Konstituierende Nationalversammlung durch einen förmlichen Beschluß des Vereinigten Landtags von Beginn an auf das Prinzip der Vereinbarung verpflichtet. Andererseits fügte sich die Regierung Camphausen entgegen ihren ursprünglichen Absichten dem Drängen der Öffentlichkeit, die auch im Vereinigten Landtag ihre Sprecher fand, ein relativ weit gefaßtes Wahlrecht zu gewähren, das dem allgemeinen gleichen Wahlrecht ziemlich nahekam.

Nach offizieller Lesart stand die preußische Nationalversammlung, die am 22. Mai 1848 zusammentrat, in der Rechtskontinuität seit dem Vormärz, da ja der Monarch die Einberufung einer Konstituante formell zugesagt hatte; die Tatsache, daß sie der Sache nach ein Kind der Märzrevolution war, wurde, so gut es ging, bemäntelt, um den konservativen Eliten entgegenzukommen und das schwierige Geschäft der Vereinbarung zu erleichtern. Eben dies aber mißglückte bereits in der Anlaufphase der parlamentarischen Beratungen nicht zuletzt deshalb, weil die Zusammensetzung der preußischen Nationalversammlung vergleichsweise weit radikaler ausgefallen war als jene der gleichzeitig gewählten preußischen Abgeordneten für die Paulskirche, teilweise zufolge der Eigenheiten des Wahlverfahrens, aber auch deshalb, weil die preußische Regierung die gleichzeitige Mitgliedschaft in beiden Parlamenten von vornherein ausgeschlossen hatte. Die Unruhe in Berlin und im Lande über die bevorstehende Rückkehr des verhaßten Thronfolgers Prinz Wilhelm nach Berlin war beträchtlich. Er war als Scharfmacher bekannt und hatte sich überdies in die preußische Nationalversammlung wählen lassen. Davon abgesehen hatte sich die Stimmung in den breiten Massen der Bevölkerung angesichts der schleppenden Reformmaßnahmen, von denen man eine unmittelbare Besserung der drückenden Wirtschaftslage erhofft hatte, verdüstert.

Vor diesem Hintergrund stellte der Abgeordnete Berends am 8. Juni 1848 den formellen Antrag, die preußische Nationalversammlung »wolle in Anerkennung der Revolution zu Protokoll erklären, daß die Kämpfer des 18. und 19. März sich wohl ums

Vaterland verdient gemacht haben«.[1] Dies bedeutete eine Herausforderung an die Vereinbarungsstrategie der Regierung Camphausen-Hansemann; der Antrag Berends' zielte darauf ab klarzumachen, daß die preußische Nationalversammlung kraft revolutionären Rechts eine grundlegende Neuordnung der politischen Verhältnisse herbeizuführen berechtigt sei. Die Regierung konnte diesen Vorstoß dank der Unterstützung der Parteien der Rechten und der Mitte zunächst erfolgreich parieren, aber die Grundsatzfrage, wie weit die Kompetenzen der preußischen Nationalversammlung reichten, blieb weiterhin ungeklärt. Die Erstürmung des Zeughauses am 14. Juni 1848 durch eine radikale Menge aus der Arbeiterschaft, die sich von der Teilnahme an der Bürgerwehr ausgeschlossen sah und sich kraft Selbsthilfe die notwendigen Waffen verschaffen wollte, löste dann eine erneute, noch schwerere parlamentarische Krise aus. Die Bürgerwehr galt in der Öffentlichkeit nach wie vor als Symbol der Revolution und als Garantie gegen befürchtete Übergriffe der zutiefst verhaßten preußischen Armee. Die unterbürgerlichen Schichten sahen ihre unmittelbaren Interessen nur dann gesichert, wenn sie daran teilhaben konnten; umgekehrt war die Bürgerwehr gerade für das liberal gesinnte Bürgertum ein Instrument, um sozialrevolutionäre Eruptionen der Unterschichten zu verhindern, ohne auf die Hilfe der antirevolutionär eingestellten regulären Armee zurückgreifen zu müssen. Obschon die öffentliche Ordnung schließlich durch mehrere Einheiten der Bürgerwehr wiederhergestellt werden konnte, hatte der Zeughaussturm eine beunruhigende Signalwirkung. Die Regierung beeilte sich, der preußischen Nationalversammlung den bewaffneten Schutz der Armee anzutragen, doch lehnte letztere dies mit guten Gründen ab; eine ersichtlich von der Armee abhängige Nationalversammlung hätte in der Öffentlichkeit ihre moralische Autorität weitgehend eingebüßt. Umgekehrt sahen Friedrich Wilhelm IV. und mit ihm die Regierung Camphausen darin eine Brüskierung der Armee und der Krone. Die Regierung Camphausen trat daraufhin zurück und machte einem neuen, nunmehr in seiner personellen Zusammensetzung ausge-

---

1 Huber, Deutsche Verfassungsgeschichte, Bd. 2, S. 725

prägt märzliberalen Ministerium Auerswald Platz, in dem David Hansemann die Schlüsselfunktion übernahm, auch wenn er nicht selbst das Amt des Ministerpräsidenten innehatte. Die neue Regierung fand eine kunstvolle Formel, in der die Anerkennung der »damals stattgehabten Revolution« mit der These kombiniert war, daß die preußische Nationalversammlung auf rechtlicher, und nicht länger auf revolutionärer Grundlage stehe. Dies signalisierte den schmalen Grat, auf dem das Ministerium Auerswald-Hansemann zu operieren gezwungen war; verbale Kunstübungen mußten dazu herhalten, die weiterhin bestehende und sich von Tag zu Tag stärker weitende Kluft zwischen dem preußischen Militärstaat und einer noch nicht einmal sonderlich radikal eingestellten Nationalversammlung zu überbrücken.

In den Beratungen über den Entwurf einer neuen preußischen Verfassung, welcher der preußischen Nationalversammlung unmittelbar nach ihrem Zusammentreten vorgelegt worden war, zeigten sich sogleich die Grenzen des konstitutionellen Modells, auf das sich die Regierung Auerswald-Hansemann festgelegt hatte. Der Regierungsentwurf lehnte sich eng an die belgische Verfassung von 1831 an, die schon immer ein Muster für die Verfassungsideale namentlich des rheinischen Liberalismus gewesen war. Jedoch erwies es sich als eine eitle Hoffnung, daß die Nationalversammlung diesen Entwurf relativ problemlos akzeptieren würde. Vielmehr entbrannte ein heftiger Kampf um die Gestaltung der Verfassung. Die Verfassungskommission der preußischen Nationalversammlung stellte der Regierungsvorlage einen eigenen Entwurf entgegen, der zwar sich im Rahmen einer konstitutionellen Verfassung hielt, aber in vielen Einzelfragen auf eine direkte Herausforderung der Krone und der herkömmlichen Gewalten hinauslief. Unter diesen Umständen zeichnete sich bereits Ende Juni 1848 das Scheitern der Vermittlungsstrategie des gemäßigten Liberalismus, wie ihn die Märzministerien verkörperten, ab.

Die Kluft zwischen der preußischen Nationalversammlung und den konservativen Kräften wurde zusehends tiefer. Ein Zwischenfall in Schweidnitz am 31. Juli 1848 führte zu einer weiteren Zuspitzung der Lage. Die Rivalität zwischen der stehenden Armee und der Bürgerwehr in der Festung Schweidnitz hatte zu Differenzen zwischen beiden geführt. Eine Protestdemonstration zahlreicher Bürger vor dem Hause des Festungskommandanten, welche die Rechte der Bürgerwehr auf Eigenständigkeit forderten, endete nach dem Eingreifen einer in letzter Minute hinzugezogenen Militäreinheit, für das eigentlich gar keine Notwendigkeit mehr bestanden hatte, mit einem Blutbad. Durch Schüsse in die Menge wurden 14 großenteils unbeteiligte Bürger getötet. Dieser aus heutiger Sicht kaum verständliche Gewaltakt wies deutliche Parallelen zu den Mainzer Zwischenfällen im Mai 1848 auf; er läßt sich nur aus der schon lange bestehenden Animosität zwischen der Armee und der Bürgerwehr erklären und beruhte im konkreten Fall auf einer rein emotionalen Ablehnung der lokalen Bürgerwehr durch die betreffenden Armee-Einheiten. Dies gab den Anstoß zu einem Antrag des Abgeordneten Stein in der preußischen Nationalversammlung, in welchem die Zurückziehung des betreffenden Truppenteils aus der Festung und die Bestrafung der Verantwortlichen gefordert wurde – eigentlich eine Selbstverständlichkeit; darüber hinaus aber verlangte Stein, daß die Offiziere in einem Erlaß des Kriegsministers darauf verpflichtet werden sollten, sich von allen reaktionären Bestrebungen fernzuhalten; sofern sie dies mit ihrem Gewissen nicht vereinbaren könnten, sei es eine Ehrenpflicht, freiwillig ihren Dienst zu quittieren.

Damit war der Konflikt auf den Punkt gebracht; die Nationalversammlung verlangte, wenn auch nur mit knapper Mehrheit, daß das Offizierskorps auf die neue politische Ordnung verpflichtet wurde; die Krone und mehr noch die Armee sahen darin einen direkten Angriff auf die königlichen Prärogativen und auf die einzige noch intakte Säule des traditionellen Staates. Dies war mehr, als die Regierung Auerswald-Hansemann gegenüber der Krone durchzusetzen vermochte. Ihr Rücktritt am 8. September 1848 stürzte Preußen in eine ausweglose politische Situation. Es war eindeutig, daß das konstitutionelle Modell nicht mehr ausreichte, um die tiefen Risse in Staat und Gesellschaft zu überbrücken. Umgekehrt vermochten die Kräfte des demokratischen Liberalismus, die durchaus an der richtigen Stelle ansetzten, um den preußischen Obrigkeitsstaat auszuhebeln, sich nicht durchzusetzen. Eine Pattsituation hatte sich eingestellt, die zwar durch die Berufung eines reinen Beamtenministeriums unter dem General von Pfuel fürs erste noch einmal überbrückt werden konnte, aber nicht auf Dauer würde bestehen können. Die Revolution war in Preußen an einem Scheideweg angelangt, noch bevor die Verfassungsberatungen ernsthaft begonnen hatten.

In den anderen deutschen Staaten blieb die Verfassungsbewegung, wie man treffend gesagt hat, vor den Thronen stehen. Baden war vor der Revolution das »Musterländle« des süddeutschen Kammerliberalismus gewesen; die badischen Liberalen gingen davon aus, daß nun verfassungspolitische Neuerungen nicht mehr erforderlich seien, sondern nur die Durchsetzung der Grundsätze konstitutioneller Regierungsweise in der politischen Praxis. So wurde beispielsweise das Rechtssystem in liberalem Sinne umgestaltet. Aber ansonsten wurde an die bisherige Verfassung und vor allem an das bestehende Wahlrecht, das zwar unter vormärzlichen Bedingungen als relativ liberal gelten durfte, nicht gerührt, und ebenso wurde das Verlangen der Linken nach Neuwahlen und nach Berufung einer verfassunggebenden Konstituante aufgrund eines demokratischen Wahlrechts abgeblockt. Immerhin wurde eine Reform der Zusammensetzung der Zweiten Kammer ins Auge gefaßt, die statt der bisherigen Zensusbestimmungen eine Drittelung der Wählerschaft gemäß ihrem Einkommen vorsah, aber nicht eben als sonderlich fortschrittlich gelten konnte. Längst hatte in Baden der Gesichtspunkt, wie man dem Vordringen der Radikalen Einhalt gebieten konnte, den Vorrang vor prinzipiellen Erwägungen verfassungspolitischer Natur gewonnen. Überdies wurde die Durchführung dieser Reformen von den Beschlüssen der Frankfurter Nationalversammlung abhängig gemacht und damit einstweilen auf die lange Bank geschoben.

In Württemberg kam es ebenfalls nicht zu weitreichenden Verfassungsreformen. Dies entsprach der Grundhaltung des liberalen Bürgertums, das davon ausging, daß »durch die rasch errungenen oder bewilligten Reformen ... der Bund und Vertrag zwischen Völkern und Regierungen neu besiegelt, der Rechtsboden befestigt, *die Revolution überflüssig*« gemacht worden sei.[2] Auch hier

---

2 Langewiesche, Württemberg, S. 147

wurde im Mai 1848 der Landtag nach den Bestimmungen des vormärzlichen Wahlrechts neu gewählt – in erstaunlicher Wahrung der Kontinuität, obschon weithin Einverständnis bestand, daß das bisherige Wahlrecht überholt sei und dringend reformiert werden müsse. Die Wahlen brachten dem Märzministerium, das bisher mit einer Minorität hatte operieren müssen, erstmals eine schmale Majorität im Landtag. Doch wurde dieser erst im September 1848 einberufen und die Frage einer Revision der Landesverfassung höchst zögerlich behandelt; überdies wurde der Landtag auch hier auf das Prinzip der Vereinbarung im vorhinein rechtlich festgelegt. Erst im Dezember 1848 bequemte sich die Regierung Römer unter dem Druck der Linken, ein neues Wahlgesetz auszuarbeiten. Doch zur Verabschiedung dieser alternativen, ein relativ allgemeines Wahlrecht vorsehenden Vorlage ist es dann nicht mehr gekommen. Auch in diesem Kernland der vormärzlichen Protestbewegung kam es demgemäß nicht zu durchgreifenden Verfassungsreformen.

Ein wenig günstiger lautet der entsprechende Befund in Bayern, aber hier war weit mehr Anlaß zu gründlichen Reformen gegeben. Die dort bestehende Ständeversammlung bestand neben den Prinzen des Königshauses großenteils aus erblichen Reichsräten; dies war ein Anachronismus sondergleichen. Die Wahlberechtigung zur Zweiten Kammer hingegen war extrem restriktiv ausgelegt, so daß im Schnitt die Wahlberechtigung unter einem Prozent der erwachsenen männlichen Bürger lag. Hier kam es unter dem Druck der revolutionären Ereignisse schon im Mai 1848 zur Verabschiedung eines neuen Wahlrechts mit mäßigem Steuerzensus, allerdings mit indirektem Wahlverfahren, welches hinter dem allgemeinen und gleichen Wahlrecht um einiges zurückblieb, aber immerhin eine vertretbare Grundlage für eine konstitutionelle Regierungspraxis abgab. Dabei war bemerkenswerterweise von konservativer Seite der Gesichtspunkt ins Spiel gebracht worden, daß ein allzu restriktives Wahlrecht die Oberschicht des besitzenden Bürgertums zu sehr begünstige und dagegen Vorsorge getroffen werden müsse.

Bitter umkämpft waren die Verfassungsfragen hingegen in Sachsen, einem Lande, in dem die Industrialisierung am weitesten fortgeschritten war und in welchem sich bereits in Ansätzen eine klassenbewußte Arbeiterschaft gebildet hatte. Die vormärzliche Ständeversammlung Sachsens war von einer demokratischen Repräsentation des Volkes ebenfalls weit entfernt; gleichwohl wurden die notwendigen Reformen, insbesondere der Erlaß eines neuen Wahlgesetzes, in den unreformierten Kammern verhandelt. Die Regierung glaubte sich mit einer Reform der Zweiten Kammer, für die ein dem allgemeinen Wahlrecht nahekommendes, allerdings durch ein rigides indirektes Wahlverfahren eingeschränktes Wahlrecht vorgeschagen wurde, aus der Affäre ziehen zu können, während die Erste Kammer in ihrer Zusammensetzung unverändert gelassen wurde. Doch wurde von der Linken immer nachdrücklicher die Beseitigung der bislang höchst exklusiv zusammengesetzten Ersten Kammer und der Übergang zum Einkammersystem gefordert. Die Wahlrechtsdebatten nahmen unter dem Druck der außerparlamentarischen Vereinsbewegung der radikalen Demokratie an Schärfe zu. Am Ende einigten sich die Konservativen und die Liberalen auf eine gemeinsame Linie und setzten die Erhaltung des Zweikammersystems durch, mit einer allerdings in ihrer Zusammensetzung wesentlich offener gestalteten Ersten Kammer und nahezu allgemeinem gleichen Wahlrecht für die Zweite Kammer. Die nach den Wahlen neugebildete Regierung Held bemühte sich redlich, ein Bündel von Reformen auf den Weg zu bringen, aber der nunmehr von den Radikalen beherrschte Landtag drängte darüber hinaus; auch hier standen die Zeichen auf Sturm.

In der großen Mehrzahl der Verfassungen der mittel- und norddeutschen Einzelstaaten blieb die Reform hingegen Stückwerk, und wesentliche Elemente der ständestaatlichen Ordnung, die Interessen, nicht das Volk zu repräsentieren vorgab, überlebten die Ära der Revolution. Ein typischer Fall war das Königreich Hannover, das unter dem Märzministerium Stüve-Bennigsen eine äußerst vorsichtige Reformpolitik betrieb, die bei voller Durchsetzung des rechtsstaatlichen Programms des Liberalismus das altertümliche Zweikammersystem ständischen Zuschnitts dem Zeitgeist höchst behutsam anpaßte und die herkömmliche stark lokalistisch geprägte Repräsentation in der Substanz beibehielt. In den kleineren Staaten aber kam die Verfassungsreform überhaupt nicht in Gang oder verlief so schleppend, daß sich bis in den Sommer 1849 hinein an den realen Verfassungsverhältnissen kaum etwas änderte. Die Revolution blieb im Gestrüpp der deutschen Kleinstaaterei stecken; allem nationalen Pathos zum Trotz überlebte der deutsche Partikularismus die revolutionäre Ära nahezu ungeschoren.

Im Spätsommer 1848 zeichnete sich ab, daß der Reformwille der Märzministerien nahezu überall an die Grenze ihrer Möglichkeiten gelangt war. Das klassische liberale Programm konstitutioneller Reformen, verbunden mit der Durchsetzung der Grundsätze des liberalen Rechtsstaats, genügte nicht mehr, um die erregte Öffentlichkeit zufriedenzustellen, während umgekehrt die fürstlichen und monarchischen Häupter nicht bereit waren, selbst dieses begrenzte Programm uneingeschränkt hinzunehmen. Stellenweise wurden die Märzministerien von den neu gewählten Kammern über die Grenzen des konstitutionellen Modells hinausgedrängt, und auch die Gestaltung des Wahlrechts näherte sich dort, wo Regierungen und Parlamente unter den Druck der außerparlamentarischen Vereinsbewegung gerieten, demokratischen Maßstäben an. In den fortgeschritteneren Staaten, namentlich in Preußen, Sachsen und Baden, entwickelte sich in den Landtagen ein neuer Stil eines parlamentarischen Willens zur Macht, der mit der Zögerlichkeit des vormärzlichen Kammerliberalismus nichts mehr gemein hatte und auf eine Entscheidung in den Grundfragen der Revolution drängte. Dazu gehörten namentlich die Frage der Souveränität der Parlamente, das Verhältnis von Militär und Bürgern, und vor allem die Beschränkung der monarchischen Prärogativen. In allen diesen Punkten geriet der bürgerliche Liberalismus nun in die Defensive; die Neigung, sich angesichts des wachsenden Drucks der radikalen Demokratie mit den konservativen Kräften zu arrangieren, wuchs allenthalben.

Diese Grundprobleme traten im österreichischen Kaiserstaate noch weit schärfer zutage. Der Sieg der revolutionären Bewegung in Wien, Prag, Budapest und den italienischen Besitzungen des Kaiserstaates im März 1848 hatte die kaiserliche Regierung zunächst nahezu handlungsunfähig gemacht; dazu hatten auch die

Richtungskämpfe innerhalb der Führungseliten beigetragen, die sich gänzlich unschlüssig waren, wie man denn auf die revolutionären Ereignisse reagieren solle. Die Gefahr, daß die Donaumonarchie angesichts des in Wien entstandenen Machtvakuums in ihre Bestandteile zerfallen könnte, war unmittelbar gegeben. Das kaiserliche Verfassungsversprechen vom 15. Mai versprach die verfassungspolitischen Forderungen des Liberalismus uneingeschränkt umzusetzen; insoweit entfiel für das liberale Bürgertum jeder Grund, die Revolution weiter voranzutreiben.

In der Kaiserstadt Wien lag die tatsächliche Macht in den Händen der Nationalgarde und der Studentischen Legion, die ihrerseits unter dem Druck der in Bewegung geratenen unterbürgerlichen Schichten, insbesondere der Wiener Arbeiterschaft, standen. Der großbürgerliche Liberalismus, der ursprünglich in erster Linie hinter den Reformforderungen der Märztage gestanden hatte, war zu zersplittert, um die Dinge selbst in die Hand zu nehmen. Zwar war bereits am 15. März 1848 ein 24köpfiger Bürgerausschuß gebildet worden, der sich im wesentlichen aus Mitgliedern des Besitzbürgertums zusammensetzte und der sogleich seine Hauptaufgabe darin sah, die gewaltsamen Protestbewegungen der unterbürgerlichen Schichten wieder unter Kontrolle zu bekommen, nach dem Motto: »Recht muß Recht bleiben in allen Lagen der Gesellschaft, damit wir nicht allesamt untersinken im bodenlosen Abgrund!«[3] Aber die politische Initiative ging weitgehend an die Radikalen über, die sich auf die Unterstützung der breiten Massen der Hauptstadt stützen konnten, die in ihrem politischen Wollen diffusen Vorstellungen einer gerechteren Gesellschaft folgten und ihre Konkretisierung den radikalen Intellektuellen in den Volksvereinen und namentlich den Studenten überließen.

Unter diesen Umständen scheiterte der Versuch des freilich schwachen österreichischen Ministeriums [Karl Ludwig Graf] Ficquelmont vom 25. April 1848, durch die Oktroyierung einer konstitutionellen Verfassung für den österreichischen Gesamtstaat, die sich an die belgische Verfassung von 1831 anlehnte und insoweit den Erwartungen des bürgerlichen Liberalismus zu ent-

---

3 Häusler, Massenarmut, S. 213

sprechen suchte, bereits im Ansatz, unter anderem deshalb, weil die Landstände und das Großbürgertum darin allzu eindeutig bevorzugt wurden. Die Linke protestierte mit großer Schärfe gegen die Oktroyierung, welche die ursprünglich zugesagte Mitwirkung der Parlamentsabgeordneten ausschloß und das Prinzip der Vereinbarung zwischen Fürst und Volksvertretung verletzte, und nahm darüber hinaus Anstoß an der Zusammensetzung des vorgesehenen Senats und an den durch einen relativ hohen Zensus bedingten Beschränkungen des Wahlrechts. Ficquelmont wurde von einer in sein Haus eindringenden Menge zum Rücktritt gedrängt und das nachfolgende Kabinett [Franz Frhr. von] Pillersdorf dazu gezwungen, die Verfassung zur Disposition des zu berufenden Reichstags zu stellen, der den Status einer Konstituante erhalten sollte. Die tatsächliche Macht in Wien ging in die Hände eines revolutionären Sicherheitsausschusses über, der aus Mitgliedern der Studentischen Legion und der Nationalgarde bestand und sich einigermaßen umständlich »Ausschuß der Bürger, Studenten und Garden für Sicherheit, Ordnung und Wahrung der Volksrechte« nannte, während der das besitzende Bürgertum repräsentierende Bürgerausschuß beiseite geschoben wurde und sich sang- und klanglos auflöste.

Der Sicherheitsausschuß ging in den folgenden Wochen dazu über, die Errungenschaften der Revolution, so wie er sie sah, gegen konterrevolutionäre Bestrebungen abzusichern. Er verlangte unter anderem die Abberufung des Fürsten Windischgrätz als Oberbefehlshaber in Prag in der an und für sich richtigen Erkenntnis, daß die eigentliche Gefahr konterrevolutionärer Bestrebungen von den Militärs ausgehe. Sein Programm war die demokratische Monarchie auf der Grundlage eines nach allgemeinem Wahlrecht gebildeten Einkammersystems. Der Sache nach kam es zu einer kumulativen Radikalisierung in Wien, die in krassem Gegensatz zu den Verhältnissen im Lande stand. Ein offener Konflikt konnte zunächst nur verhindert werden, weil Erzherzog Johann vermittelnd eingriff, der von Ferdinand I. als Reichsverweser eingesetzt worden war.

Für die weitere Entwicklung war entscheidend, daß sich der kaiserliche Hof durch die Flucht nach Innsbruck dem unmittelbaren Einfluß der radikalen Bewegung entzog und diese damit gleichsam austrocknete, zumal das Wiener Bürgertum die Verlegung des Hofes aus der Hauptstadt nicht zuletzt aus ökonomischen Gründen bitterlich beklagte. Die Kluft zwischen dem Bürgertum und der radikalen Demokratie, die sich freilich auf die unruhigen unterbürgerlichen Schichten berufen konnte, weitete sich immer mehr. Der Sicherheitsausschuß suchte seine Machtbasis zu stablisieren, indem er umfängliche Projekte zur Arbeitsbeschaffung auf den Weg brachte – zur Beunruhigung des besitzenden Bürgertums, welches alle Experimente mit dem »Recht auf Arbeit« nach französischem Vorbild als äußerst bedenklich betrachtete und am Ende sabotierte. Die Radikalen betrachteten sich als Vorkämpfer einer neuen Gesellschaft, die der Massenarmut ein Ende machen werde, freilich ohne den Arbeitern selbst die Chance zu gleichberechtigter Mitsprache einzuräumen: »... wir sind Emissäre der großen europäischen Propaganda, die 200 Millionen Köpfe zählt, wir zittern nicht ... vor der Frage des Proletariats ... Wir wollen die Monarchie als respektable Spitze eines republikanischen Baues; wir wollen die friedliche Lösung der sozialen Frage, die Erziehung des Proletariats zum bewußten Menschentume und dessen angemessene Versorgung.«[4] Diese hochfliegenden Ideen sollten schon bald an den Realitäten zerschellen; im August 1848 wurde sogar der Sicherheitsausschuß wegen der Lohnforderungen der Arbeiter der Wiener Vorstädte in blutige Konflikte mit demonstrierenden Arbeitern verwickelt.

Auch die Hoffnung, daß der Konstituierende Reichstag, der am 22. Juli 1848 erstmals in Wien zusammentrat, einen Weg aus der Krise eröffnen könne, bewahrheitete sich nicht. Hier waren die radikalen Demokraten unter den deutschen Abgeordneten deutlich in der Minderheit; die Machtansprüche des Wiener Radikalismus entsprachen ersichtlich nicht der Stimmung im Lande. In einem ersten großen Anlauf beschloß der Reichstag die Aufhebung der drückenden Feudallasten, allerdings auf Drängen der Regierung nur unter dem Vorbehalt der Entschädigung – eine Entscheidung, die ganz liberalen Vorstellungen entsprach und bei

4 Ebd., S. 228

Lage der Dinge einer Niederlage der Linken gleichkam, die für die entschädigungslose Beseitigung agitiert hatte. Dies bedeutete eine wesentliche Schwächung des revolutionären Potentials im Lande; die Bauern konnten hinfort nicht mehr für revolutionäre Aktionen begeistert werden. Ansonsten aber war der Konstituierende Reichstag wegen der tiefen Zerklüftung zwischen den einzelnen Nationalitäten außerstande, die Grundlagen für eine Stabilisierung der Verhältnisse auf der Basis eines gemäßigten Konstitutionalismus zu legen.

Dies hing wesentlich mit den Entwicklungen in anderen Teilen des Kaiserstaates zusammen. In Böhmen hatte sich bereits im März 1848 ein von den Tschechen dominierter Nationalausschuß gebildet, der in der Folge zeitweilig den Status einer provisorischen Nationalregierung der böhmischen Länder wahrnahm, entsprechend den sehnlichen Wünschen der tschechischen Bevölkerung, die Länder der Wenzelskrone als einen eigenständigen, dem Deutschen Bund nicht länger angehörenden Reichsteil zu konstituieren. Der Slawenkongreß in Prag hatte darüber hinaus die Föderation aller südslawischen Völker unter österreichischer Herrschaft propagiert. Die Versagung einer eigenständigen böhmischen Nationalregierung durch die Regierung Franz von Pillersdorf, die in dieser Frage unter nationaldeutschen Einflüssen handelte und sich hier einmal wenig nachgiebig zeigte, führte Mitte Juni 1848 zu einem Aufstand, der dann aber von Fürst Windischgrätz relativ mühelos niedergeworfen werden konnte. An diesem Punkt brach die Emanzipationsbewegung der Nationalitäten erstmals ein, noch bevor sie überhaupt richtig in Gang gekommen war, und mit ihr ein Pfeiler, auf den sich eine freiheitliche Neuordnung des österreichischen Kaiserstaates hätte stützen können.

Glücklicher hingegen verliefen die Dinge zunächst in Ungarn. Hier gelang es dem energischen Lajos Kossuth, binnen weniger Wochen die Grundlagen eines konstitutionellen Nationalstaates zu legen, der mit dem österreichischen Kaiserstaat nur durch die Person des Monarchen und ein gemeinsames Heerwesen verbunden sein sollte. Die archaische Verfassung des ungarischen Königreichs wurde dank der Schubkraft der nationalen Idee mit relativ geringen Konflikten modernisiert. Der Adel und der Klerus verzichteten freiwillig und ohne Kompensation auf ihre traditionellen Feudalrechte gegenüber der Bauernschaft, und so konnte dieser Unruheherd stillgestellt werden. Mit den kaiserlichen Aprilerlassen wurden fast über Nacht die Fundamente einer neuen Staatsordnung gelegt; die Versuche des kaiserlichen Hofes, wenigstens Reste der früheren Abhängigkeit Ungarns von Wien zu behaupten – durch Bindung der Person des Palatins an die Krone und Festhalten an der kaiserlichen Finanzhoheit –, blieben erfolglos; diese Forderungen ließen sich angesichts der Massenproteste in Budapest nicht durchsetzen. Ebenso brachte Kossuth gegen den Widerstand der Radikalen im eigenen Land ein vergleichsweise begrenztes Wahlrecht zum ungarischen Reichstag durch, das der magyarischen *Gentry* eine klare Mehrheit garantierte, andererseits aber die Landarbeiter und Bauern sowie die Armen und die Juden von jeder politischen Mitwirkung ausschloß. Von diesem letzteren Schönheitsfehler abgesehen, schien es, als ob das Programm des gemäßigten Liberalismus voll triumphiert habe: die Schaffung eines konstitutionellen Nationalstaats freiheitlichen Zuschnitts, der die historischen Traditionen Ungarns fortsetzte und in dem die Schichten von Besitz und Bildung die Schlüsselstellungen einnahmen. Massive soziale Unruhen, in diesem Falle vielfach gekoppelt mit blutigen Pogromen gegen die jüdische Bevölkerung, blieben dem neuen Ungarn allerdings keineswegs erspart; die liberale Utopie, derzufolge ein fortschrittlich regiertes Land auch die sozialen Probleme werde lösen können, erfüllte sich nur zum geringsten Teil.

Die größten Probleme des neuen Staates aber ergaben sich aus dem Konflikt der Nationalitäten, die von Anfang an zu schweren Auseinandersetzungen führten. Die 5,4 Millionen Magyaren machten weniger als vier Zehntel der Gesamtbevölkerung aus, und die anderen Bevölkerungsgruppen mißbilligten es, daß sie nun unter die direkte Herrschaftsgewalt der magyarischen Mehrheit geraten sollten.[5] Die Rumänen, die Serben, die Slowaken und vor allem die Kroaten drängten ebenfalls auf die Gewährung na-

---

5 Vgl. Istvan Deak, The Lawful Revolution, Louis Kossuth and the Hungarians, 1848/49, New York 1979, S. 119 ff.

tionaler Autonomie innerhalb des Kaiserstaates und weigerten sich, die magyarische Herrschaft in ihren Siedlungsgebieten zu akzeptieren. In der Folge wurde Ungarn in eine Serie von militärischen Auseinandersetzungen verwickelt, die seine staatliche Existenz an den Rand des Untergangs brachten. Der Konflikt mit den Kroaten, Rumänen und Serben und die Bestrebungen der kaiserlichen Regierung, die Kontrolle über die Länder der Stephanskrone zurückzugewinnen, indem sie die verschiedenen Volksgruppen gegeneinander ausspielte, stürzten den neuen Staat in eine Dauerkrise, aus der die magyarische Nation nach heroischen Kämpfen unter der Führung Kossuths, der zu einem Nationalhelden aufstieg, zwar innerlich gefestigt hervorging, aber den Sieg der Gegenrevolution am Ende nicht verhindern konnte.

Auch in den italienischen Territorien war es nach den erfolgreichen Aufständen gegen die österreichische Herrschaft zunächst zu einer Konsolidierung der Verhältnisse auf der Linie eines gemäßigten Konstitutionalismus gekommen. In Neapel war bereits Ende Januar 1848 eine Verfassung durchgesetzt worden, die sich an der französischen Charte von 1830 orientierte. Wenig später wurden in Piemont und im Großherzogtum Toskana Verfassungen erlassen. Diese schlossen zwar die unteren Schichten durch einen relativ hohen Wahlzensus von jeglicher politischen Mitwirkung aus, erwiesen sich aber zunächst als relativ stabil. In dieser Phase lag die Führung in der Hand des Adels – den sogenannten *moderati* –, die allerdings zunehmend von den »demokratischen Zirkeln« der Linken (politischen Vereinen, die den Demokratischen Vereinen in Deutschland vergleichbar waren) herausgefordert wurde. In den österreichischen Besitzungen standen die Chancen für die Durchsetzung liberaler Regierungen ebenfalls nicht ungünstig.[6] Im April und Mai 1848 machte die Regierung Ficquelmont Anstrengungen, die Lage im aufständischen Lombardo-Venetien zu entspannen; der Lombardei wurde unter Ver-

---

6 Vgl. Thomas Kroll, Die Revolte des Patriziats. Der toskanische Adelsliberalismus im Risorgimento, Phil. Diss. Düsseldorf 1997, S. 290 ff. Ders., Das »jakobinische Italien«. Demokratie und Republikaner in der Revolution von 1848/49, in: Götz von Olenhusen, 1848/49, a. a. O.

mittlung der englischen Diplomatie weitgehende Selbstverwaltung angeboten. Noch sah es so aus, als ob der Krieg Piemont-Sardiniens zur Einigung Italiens unter piemontesischer Führung führen werde. Carl Albert sprach stolz von »Italia farà da se«. Dann jedoch wendete sich das Kriegsglück. Radetzky gelang es, die Venezianer am 11. Juni 1848 bei Vicenza vernichtend zu schlagen, und vierzehn Tage später brachte er den Streitkräften Carl Alberts bei Custozza eine schwere Niederlage bei. Anfang August 1848 zogen österreichische Truppen wieder in Mailand ein. Damit setzte ein Prozeß konterrevolutionärer Maßnahmen ein, die jede oppositionelle Regung in Venetien und der Lombardei fürs erste unterdrückten, ohne doch die Bewegung, die in die italienische Staatenwelt gekommen war, auf Dauer ersticken zu können.

Die Armee Radetzkys rettete dergestalt dem Kaiserstaat seine italienischen Besitzungen, die bereits weitgehend als verloren gegolten hatten, und gab damit zugleich das Startsignal für die beginnende Konterrevolution. Die Revolution von 1848/49 hatte ihren Zenit erreicht. Es war allerdings kein Zufall, daß die Gegenrevolution ihre ersten Erfolge an der europäischen Peripherie und nicht in den traditionellen Machtzentren errang, und ebenso war es nicht überraschend, daß die Armee, die sich inmitten der in Bewegung geratenen europäischen Gesellschaften als ein zuverlässiger Träger der traditionellen Staatsmacht erhalten hatte, den ersten Anstoß für die Trendwende der Dinge gab.

X.
Die revolutionären Bewegungen im Strudel nationaler Konflikte

Giuseppe Mazzini hatte die Befreiung der Völker Europas vom Joch anachronistischer Fürstenherrschaft und die Errichtung von freiheitlich regierten Nationalstaaten zur großen Aufgabe des »Jungen Europa« erklärt. Die Vision eines neuen, nationalstaatlich gegliederten Europa, welches an die Stelle überlebter dynastischer Ordnungen treten und eine neue Ära des Fortschritts und des Friedens bringen werde, hatte insbesondere bei den europäischen Intellektuellen tiefen Eindruck hinterlassen. Auch in der Französischen Revolution von 1789 waren die demokratische und die nationale Idee eng verschwistert gewesen, und die Erinnerung an den Mythos der Revolution war, obschon diese dann in der Gewaltherrschaft Napoleon Bonapartes geendet hatte, in den Kreisen der europäischen Intellektuellen nie ganz verloschen. Dies erklärt, weshalb gerade die europäische Linke in besonderem Maße für die nationale Idee empfänglich war, obschon sie die Verständigung der demokratischen Nationen untereinander zu einem ihrer zentralen Programmpunkte erhoben hatte.

Auch in den Reden Siebenpfeiffers auf dem Hambacher Fest war die Vision eines friedlichen Europa freier Nationalstaaten beschworen und insbesondere die Verständigung mit einem neu erstehenden freien Polen gefordert worden. Die Möglichkeit, daß die Gründung eines deutschen Nationalstaates mit einer freiheitlichen Verfassung zum Konflikt mit rivalisierenden Nationalstaaten führen könne, wurde gar nicht wahrgenommen; allenfalls hielt man es für möglich, daß Frankreich den Kampf für eine fortschrittliche Ordnung in Deutschland als Vorwand nehmen könnte, um die Rheinlande mit Krieg zu überziehen. Das Konfliktpotential, das in einer Vielzahl miteinander konkurrierender nationalemanzipatorischer Bewegungen lag, wurde so gut wie überhaupt nicht erkannt; im Gegenteil, man nahm an, daß diese – da ihr Kampf dem gleichen Gegner, nämlich den traditionellen Gewalten, galt – harmonisch nebeneinander bestehen könnten.

Der europäische Liberalismus und insbesondere die europäische radikale Demokratie waren am Vorabend der Revolution von 1848 fest davon überzeugt, daß die Durchsetzung konstitutioneller Regierungsformen und die Umgestaltung der europäischen Staatenwelt auf der Grundlage des nationalen Selbstbestimmungsrechts nur zwei Seiten der gleichen Münze darstellten. Insbesondere in Deutschland ging man durchweg davon aus, daß die Gewährung von konstitutionellen Verfassungen und die Verwirklichung nationaler Selbstbestimmung im Rahmen eines Nationalstaats eng miteinander verknüpft seien.

Die Idee einer deutschen Kulturnation, welche kraft historischer Gesetzmäßigkeit zu einer politischen Nation zu werden bestimmt sei, stellte ein zentrales ideologisches Fundament der revolutionären Bewegung dar; die Nationalidee fungierte als Klammer, welche die verschiedenen sozialen Schichten zu gemeinsamem Handeln gegen die konservativen Mächte zusammenband, ungeachtet ihrer sehr unterschiedlichen ideellen und materiellen Interessen. Dies galt in nicht ganz dem gleichen Maße auch für die italienische Nationalbewegung; die Widerstände gegen die österreichische Herrschaft in Lombardo-Venetien und gegen die absolutistisch regierenden monarchischen Regime in Neapel, der Toskana und Piemont-Sardinien speisten sich aus den verschiedensten Quellen, jedoch erhielten sie ein einigendes Band in der Idee des gemeinsamen Kampfes gegen die österreichische Herrschaft mit dem Ziel der Einigung Italiens als eines Landes mit einer großen kulturellen Vergangenheit. Auch für den polnischen Freiheitskampf gegen die drei Teilungsmächte, der freilich 1846 zunächst einmal mit einer schweren Niederlage geendet hatte, trifft dies zu.

Die Ära des Vormärz war die Zeit der Entfaltung und des Aufstiegs der nationalen Bewegungen in ganz Europa. Vor dem Ausbruch der Revolution von 1848 standen die unterschiedlichen Elemente des nationalen Denkens noch weitgehend ungeschieden nebeneinander. Solange sich die nationalistische Bewegung in erster Linie gegen die dynastischen Gewalten, nicht aber gegen rivalisierende Völker richtete, besaß die nationale Idee eine emanzipatorische Qualität, obschon sie unterschwellig immer schon mit Aggressivität gegenüber anderen Nationen verbunden war. Im Zuge der revolutionären Entwicklungen seit März 1848 änderte sich dies schlagartig; schon sehr bald trat die dem nationalen Denken inhärente Aggressivität gegenüber rivalisierenden Nationen offen hervor und drängte die emanzipatorischen Elemente in den Hintergrund. Der idealistische Nationalismus der vergangenen Jahrzehnte, der die Utopie eines Europa harmonisch miteinander lebender Nationen propagiert hatte, machte schlagartig einer Pluralität von Nationalismen Platz, die sich sehr viel handfester gerierten und sich nicht scheuten, die Staatsmacht als Instrument zur Durchsetzung expansiver Bestrebungen in Anspruch zu nehmen; Machtgewinnung und Machterweiterung für die eigene Großgruppe wurden zu wesentlichen Komponenten der nationalen Idee. Zugleich aber zeigte sich, daß unter Nation und Nationalität sehr verschiedene Dinge verstanden wurden; schon deshalb war der Konflikt der Nationalbewegungen vorprogrammiert.

Nach Eugene Andersons bekannter Formulierung ist die »Nation« eine »imagined community«, mit anderen Worten das Konstrukt einer Intellektuellenelite, die einer gesellschaftlichen Großgruppe das Bewußtsein einer eigenständigen, unverwechselbaren Identität vermittelt, welche, einmal entstanden, dann freilich ihre eigene Dynamik entfaltet. Dies trifft insbesondere für die Entwicklung der Idee der Nation in der ersten Hälfte des 19. Jahrhunderts zu. In Mittel- und Ostmitteleuropa war das auf Herder zurückgehende Konzept der Nation dominant, das eine eigenständige Nationalsprache und eine unverwechselbare Nationalkultur als Grundelemente ansah, auch wenn der Faktor historischer Gemeinsamkeiten einer Großgruppe von Menschen, die in einer bestimmten Region leben, ergänzend hinzutrat. Diese in ihrem Kern idealistische Bestimmung des Wesens der Nation hat großen Einfluß insbesondere auf den Nationsbildungsprozeß in Ostmittel- und Südosteuropa gehabt; sie war allerdings im Zuge der Entwicklung weithin reduziert worden auf einen ethnischen Nationsbegriff, der sich primär auf sprachliche, gelegentlich subsidiär auch auf religiöse Kriterien berief.

Diesen Varianten der Nationsidee trat zunächst ganz unvermittelt ein Begriff der Nation gegenüber, der sich in erster Linie am Staate, nicht aber an den vermeintlich objektiven Kriterien der Sprache und der Kulturzugehörigkeit orientierte. In seiner Substanz war diese staatsnationale Bestimmung der Nation westeuropäischen Ursprungs. Namentlich die europäische Linke machte sich, in der Tradition der Aufklärung und der Französischen Revolution von 1789, diese Begrifflichkeit zu eigen. Jedoch erhielt diese Variante der Nationsidee in Mitteleuropa zunehmend eine eher expansive Stoßrichtung, rechtfertigte sie doch die Vereinnahmung ethnischer oder kultureller Minoritäten durch die jeweils herrschende Nation. Besondere Bedeutung gewann dieser Begriff der am Staate orientierten Nationalität, in Kombination mit der Idee eines ethnisch und kulturell legitimierten Zusammengehörigkeitsbewußtseins, in solchen Fällen, in denen als Bezugsgröße nicht der bestehende Staatsverband, sondern ein zeitlich mehr oder minder weit zurückliegender, bisweilen gar fiktiver historischer Staat als Bezugsgröße diente, unter Berufung auf das sogenannte »historische Staatsrecht«. Dies war insbesondere in Südosteuropa der Fall, wo die einzelnen nationalen Gruppen, insbesondere die Tschechen, für sich die Anwendung des »historischen Staatsrechts« verlangten, mit anderen Worten die Vereinigung Böhmens und Mährens unter der Wenzelskrone sowie deren Ablösung vom Deutschen Bund. Die Magyaren hingegen forderten die Umwandlung des Königreichs der Stephanskrone in einen homogenen Nationalstaat, obwohl sie nur 40% der Bevölkerung ausmachten.

Der Zusammenprall von revolutionären Nationalbewegungen unterschiedlicher Qualität und Stoßrichtung, die sich während der beiden Revolutionsjahre herausbildeten, machte eine friedliche Regelung der nationalen Konflikte in der europäischen Staatenwelt nahezu unmöglich. Die revolutionären Kräfte hätten ohne die Schubkraft der nationalen Bewegungen nicht über die traditionellen Gewalten obsiegen können; aber gleichzeitig gilt, daß die nationalen Bewegungen sich gegenseitig ausmanövrierten und es den konservativen Mächten leicht machten, die Revolution schließlich gewaltsam zu unterdrücken.

Dabei muß allerdings berücksichtigt werden, daß sich die Nationalbewegungen 1848/49 in einem sehr unterschiedlichen Grad ihrer Entfaltung befunden haben; dies hat die Strategien der Führungseliten während der Revolution wesentlich beeinflußt. In Frankreich war es im Zuge der Revolution von 1789 zu einer weitgehenden Demokratisierung der Nationsidee gekommen. In Deutschland hatte die Nationalbewegung, obschon die Bildungsschichten dabei eine unbestrittene Führungsrolle einnahmen, die unterbürgerlichen Schichten, mit Ausnahme der Bauernschaft, bis 1848 in hohem Maße integriert und auch die aristokratischen Eliten mitgerissen. In Italien war die Nationalidee zunächst eine Sache vor allem der intellektuellen Eliten, die dann schrittweise auch vom kommerziellen Bürgertum aufgegriffen wurde und der sich dann sehr zögerlich auch die liberale Aristokratie anschloß, während die Unterschichten davon zunächst wenig berührt wurden. In Polen hatte sich in den führenden Schichten des Adels und des Bürgertums ein starkes Nationalbewußtsein entwickelt, welches sich an dem historischen polnischen Staate von 1772 orientierte; die große Masse der überdies ethnisch ruthenischen Bauernschaft stand hingegen noch weithin abseits. Am differenziertesten waren die Verhältnisse im österreichischen Kaiserstaate. Nur die Deutschen und die Magyaren besaßen ein starkes Bewußtsein ihrer Nationalität. Für die Deutschen war die enge Verbindung zum übrigen Deutschland ein wesentliches Konstituens ihrer nationalen Identität; andererseits sonnten sie sich in ihrer Rolle als führende Nation innerhalb des österreichischen Vielvölkerstaates. Der Gedanke eines engeren Zusammenschlusses der Deutschen innerhalb des Kaiserstaates, womöglich gar die Konstituierung eines ausschließlich deutschen Kronlandes, lag gänzlich außerhalb ihrer Perspektiven; sie fühlten sich als die natürliche Herrennation in den österreichischen Erblanden. Ganz entsprechend sahen sich die Magyaren innerhalb der Länder der Stephanskrone; sie hatten sich aus einer Adelsnation schrittweise zu einer bemerkenswert homogenen, primär kulturell und sprachlich definierten Großgruppe entwickelt, die die Rolle einer Staatsnation beanspruchte, obschon innerhalb der Länder der Stephanskrone drei Fünftel fremdnationaler Bevölkerungsgruppen lebte. Die südslawischen Nationen befanden sich hingegen noch in unterschiedlichen Stadien ihrer Entwicklung; hier hatte die nationale Idee nur in den Kreisen der Intellektuellen und in der bürgerlichen Oberschicht Fuß gefaßt, nicht aber in der Masse der Bevölkerung. Die tschechische Nationalbewegung wurde freilich in ihrer Entfaltung durch den Umstand behindert, daß die Tschechen in den Städten ebenfalls von einer schmalen Intellektuellenelite getragen wurde. Überdies lebten sie in enger Gemengelage mit einer nur wenig kleineren Zahl von Deutschen zusammen, die im kulturellen und wirtschaftlichen Leben eine Vorrangstellung innehatte.

Die Revolution von 1848/49 führte anfänglich zu einer nachhaltigen Schwächung der europäischen Machtzentren. Dies hatte zur Folge, daß die bisher durch staatliche Repression weithin gebändigten Nationalbewegungen mit einem Mal einen großen politischen Spielraum erhielten. Dies erklärt die plötzliche Eruption nationaler Bestrebungen zu Beginn der Revolution, zugleich aber auch die sprunghafte Zunahme der nationalen Konflikte. Schon sehr bald zerstob die Illusion, daß der »Völkerfrühling« des Frühjahrs 1848 einen Aufbruch in eine neue Ära freiheitlicher Nationen bringen werde, die in Frieden miteinander leben wollten.

Dies trat in der polnischen Frage geradezu paradigmatisch zutage. Der Enthusiasmus der deutschen, aber auch der französischen Liberalen für die Polen und ihre mutigen Versuche, dem zarischen Rußland und, in freilich geringerem Maße, den beiden anderen Teilungsmächten die Stirn zu bieten, war groß. Unmittelbar nach dem Ausbruch der Revolution wurden die Polen, die 1846 im Zusammenhang ihres fehlgeschlagenen Aufstandsversuchs von den preußischen Behörden verhaftet worden waren, amnestiert und aus dem Gefängnis entlassen. Nur wenig später bildete sich unter allgemeinem Enthusiasmus in Posen ein Nationalkomitee, das eine nationale Reorganisation des Großherzogtums in Angriff nahm; anfangs bestand dabei bei der deutschen Minderheit in Posen einige Bereitschaft, daran partnerschaftlich mitzuwirken. Aber binnen weniger Wochen änderte sich das Bild. Während die Polen das Nationalkomitee einseitig auf das Ziel der Schaffung eines polnischen Nationalstaats ausrichteten, gewannen die Proteste der deutschen Minderheit im Großherzogtum Posen gegen eine Überlassung des Landes an das neue Polen zunehmend an Lautstärke. Das preußische Militär griff ein und unterdrückte die Ansätze einer polnischen nationalen Erhebung mit militärischer Gewalt. Die preußische Regierung legte eine Demarkationslinie fest, durch die das Großherzogtum Posen in eine zu Deutschland zu schlagende Provinz Posen und ein mit der preußischen Krone in Personalunion verbundenes Großherzogtum Gnesen geteilt werden sollte, unter Berücksichtigung der Sprachgrenze, aber auch strategischer Erwägungen; dabei wurde der polnische Volksteil deutlich benachteiligt. Von polnischer Seite wurde dies als Untergrabung der Hoffnungen auf die Wiedererrichtung eines eigenständigen polnischen Staates, ja als eine »vierte Teilung« Polens verstanden und entsprechend scharf angegriffen.

Die Frankfurter Nationalversammlung wurde vom ersten Tage ihres Zusammentritts an vor die schwierige Frage gestellt, wie sie es mit den nationalen Fragen halten sollte. Die nichtdeutschen Nationalitäten innerhalb des Deutschen Bundes bestritten der Nationalversammlung das Recht, sie in den Verband des künftigen deutschen Staates einzubeziehen und lehnten überwiegend die Wahl zur Nationalversammlung ab. Schon das Vorparlament hatte, wie bereits erwähnt, Palacký feierlich zur Teilnahme an den Beratungen der Paulskirche eingeladen, aber dieser hatte mit der berühmten Erklärung abgelehnt, daß er »ein Slawe an Leib und Seele« sei und der Nationalversammlung des Recht bestreite, die Territorien des Königreichs Böhmen für Deutschland zu beanspruchen. Die Erhaltung Österreichs als eines multinationalen Staates sei eine historische Notwendigkeit: »Wahrlich, existierte der österreichische Kaiserstaat nicht schon längst, man müßte im Interesse Europa's, im Interesse der Humanität selbst sich beeilen, ihn zu schaffen.«[1]

Insbesondere in Böhmen, aber auch in anderen Regionen des österreichischen Kaiserstaates waren die Wahlen boykottiert worden; dabei war es vielfach zu gewaltsamen Auseinandersetzungen der rivalisierenden Volksgruppen gekommen. Der Ende Juni 1848

---

1 Zit. bei Robert A. Kann, Das Nationalitätenproblem der Habsburgermonarchie, Bd. 1, Köln (2)1964, S. 172

in Prag zusammentretende Slawenkongreß verschärfte die Lage noch mehr, indem er die Einigung aller slawischen Nationalitäten unter dem Dach des österreichischen Kaisertums zu seinem Programm erhob, eine Lösung, die die Deutschen perhorreszierten. Die Deutschen und die Tschechen gingen von Anfang an auf Konfliktkurs. Es paßt dazu, daß die Abgeordneten der Paulskirche die Niederwerfung der tschechischen Revolution in Prag Ende Juni 1848 durch Fürst Windischgrätz willkommen hießen, statt darin ein bedrohliches Signal der beginnenden Gegenrevolution zu sehen.

Die Frankfurter Nationalversammlung stellte sich auf den Standpunkt, daß für die Frage der Zugehörigkeit zu dem künftigen deutschen Bundesstaat nicht ethnische oder nationale Kriterien maßgeblich sein sollten, sondern die historische Tradition, nämlich die Zugehörigkeit der betreffenden Territorien zum Deutschen Bund, obschon dieser selbst ja auf historische Verhältnisse zurückging, die gutenteils durch die gesellschaftliche Entwicklung überholt waren. Dennoch pochten die Abgeordneten der Paulskirche darauf, daß die Länder und Territorien des Deutschen Bundes dem künftigen deutschen Bundesstaat unvermindert erhalten bleiben müßten. Sie dachten nicht daran, auf Böhmen und Mähren auch nur teilweise zu verzichten oder die unbestritten rein italienischen Provinzen Südtirols den Italienern zu überlassen. Ja, selbst Limburg, das, obschon eine holländische Provinz mit einer bescheidenen deutschen Minderheit, erst 1839 in den Deutschen Bund aufgenommen worden war, wollte man nicht gehen lassen. Umgekehrt beanspruchte die Nationalversammlung unter Berufung auf das Prinzip der Ethnizität und der Zugehörigkeit zur deutschen Kultur die Einbeziehung von Schleswig und Posen in den Staatsverband des künftigen deutschen Reiches, obschon diese nicht zum Deutschen Bund gehört hatten.

Allerdings versuchte die Nationalversammlung von Anfang an, den Angehörigen der anderen Nationalitäten die Sorge zu nehmen, daß ihre nationalen Interessen in dem künftigen deutschen Bundesstaat Schaden nehmen würden. Auf Vorschlag des österreichischen Abgeordneten Mareck beschloß die Nationalversammlung, den nationalen Minoritäten innerhalb des zu schaffenden deutschen Bundesstaates bereits im vorhinein Gleichberechtigung und uneingeschränkte kulturelle Autonomie zuzusichern. Mit großer Einmütigkeit bekannten sich die Abgeordneten zum Prinzip der Gleichberechtigung der Sprache und der freien Entfaltung der kulturellen Eigenart aller »nichtdeutschen Volksstämme« innerhalb der »im Bau begriffenen Gesammtverfassung« des deutschen Volkes. »Das fortan einige und freie Deutschland ist groß und mächtig genug, um den in seinem Schoße erwachsenen andersredenden Stämmen eifersuchtslos in vollem Maaße gewähren zu können, was Natur und Geschichte ihnen zuspricht; und niemals soll auf seinem Boden weder der Slave, noch der dänisch redende Nordschleswiger, noch der italienisch redende Bewohner Süddeutschlands, noch wer sonst, uns angehörig, in fremder Zunge spricht, zu klagen haben, daß ihm seine Stammesart verkümmert werde, oder die deutsche Bruderhand sich ihm entziehe, wo es gilt.«[2] Die Hoffnung, daß diese wohlmeinende Zusicherung kultureller Autonomie genügen werde, um die Erregung in Böhmen und andernorts über die Perspektiven zu beschwichtigen, welche die Begründung eines nationalen Bundesstaates unter Einschluß der deutschen Gebiete Österreichs bei den anderen Nationalitäten, insbesondere den Tschechen, auslöste, erwies sich freilich als illusionär. Immerhin war dies ein bemerkenswerter Schritt in liberaler Richtung, der den nichtdeutschen Nationalitäten Minderheitenschutz versprach, allerdings dies im Gegenzug auch für deutsche Minoritäten in anderen Staaten erwartete.

Ende Juli 1848 wurde die Nationalversammlung mit der Frage konfrontiert, ob die Wahl der zwölf deutschen Abgeordneten im Großherzogtum Posen, obschon dieses von den Polen als integraler Teil des nunmehr zu schaffenden polnischen Nationalstaats betrachtet wurde, rechtens gewesen sei oder nicht. Bislang hatten die Liberalen und mehr noch die radikalen Demokraten das Streben der Polen nach einem eigenen Nationalstaat begeistert begrüßt und nach Kräften unterstützt; jetzt standen sie vor dem Problem, daß sich die deutsche Minderheit in Polen gegen die

2 Wigard, Stenographischer Bericht, Bd. 1, S. 183

Bestrebungen des polnischen Nationalkomitees, einen selbständigen polnischen Nationalstaat zu gründen, erhoben und den Beitritt Posens zum Deutschen Bund verlangt hatte.

Über dieser Frage kam es in der Frankfurter Nationalversammlung zu einer bemerkenswerten Grundsatzdebatte. Der Völkerrechtliche Ausschuß hatte die Annahme der von Preußen getroffenen Teilung des Großherzogtums mit dem etwas verlegenen Hinweis empfohlen, daß es unmöglich sei, eine bestimmte fortlaufende Linie zwischen den beiden Nationalitäten zu ziehen.[3] Doch gingen die Meinungen in der Paulskirche weit auseinander. Während die Linke mit Eloquenz und großem rhetorischen Aufwand und unter Berufung auf die einschlägigen Beschlüsse des Vorparlaments das Recht der Polen auf einen eigenen Nationalstaat verteidigte, verlangte die Rechte, die Maßnahmen der preußischen Regierung in der Posenfrage uneingeschränkt zu akzeptieren. Arnold Ruge, Ludwig Simon und Lorenz Brentano stellten den formellen Antrag, die Zentralgewalt zu beauftragen, »in Gemeinschaft mit England und Frankreich einen Congreß zur Wiederherstellung eines freien und unabhängigen Polens ... einzuleiten« und die Entscheidung über die Frage der Aufnahme Posens in den Deutschen Bund einstweilen aufzuschieben.[4] Robert Blum hielt eine eindrucksvolle, tief emotionale Rede, die der Verteidigung Polens gewidmet war und auf die Notwendigkeit verwies, vergangenes Unrecht wiedergutzumachen. Weit grundsätzlicher aber wies er auf die doppelte Moral hin, welche die Nationalversammlung in diesen Fragen an den Tag lege. Diese wende ansonsten gegenüber den nationalen Minoritäten das Territorialprinzip an, welches auf die staatliche Zugehörigkeit, nicht aber auf die nationale Gesinnung der Betroffenen abhebe: »Ist es die territoriale Auffassung der Dinge, die Sie bestimmt, wie das z. B. hinsichtlich Schleswig-Holstein's, der Slaven und Triest's der Fall gewesen zu sein scheint? Warum sind Sie dann nicht von demselben Principe ausgegangen, wenn es sich darum handelt, ein anderes Volk zu beurtheilen, dem eine Anzahl Deutscher einverleibt ist, wie uns

3 Wigard, Stenographischer Bericht, Bd. 2, S. 1123 ff., insb. S. 1127
4 Ebd., S. 1131

eine Anzahl Dänen, Slaven und Italiener, und wie sie heißen mögen? Oder ist es der National-Gesichtspunkt, der Sie leitet? Nun, dann seien Sie auf der andern Seite so gerecht, und wenn Sie Posen durchschneiden, um die Deutschen zu reclamieren, so schneiden Sie auch Schleswig durch, geben Sie die Slaven los, die zu Österreich gehören, und trennen Sie auch Südtyrol von Deutschland.«[5] Er legte damit die Widersprüchlichkeit der Haltung der Nationalversammlung in den nationalen Fragen bloß, ohne damit freilich viel zu bewirken.

Wilhelm Jordan hingegen ging die Frage mit »einem gesunden Volksegoismus« an, »welcher die Wohlfahrt und Ehre des Vaterlandes in allen Fragen oben anstellt«.[6] Er zeichnete ein äußerst negatives Bild der angeblich völlig heruntergekommenen polnischen Adelsnation und pries demgegenüber die kolonisatorische Leistung Preußens im Osten. In seiner Philippika gegen die Polenbegeisterung der Linken fehlte keines der landläufigen Klischees bezüglich der Überlegenheit der deutschen über die polnische Kultur; auch massive Kritik an der angeblich maliziösen Rolle der polnischen Geistlichkeit blieb nicht aus. All dies berechtige es, daß Preußen, wie in der Vergangenheit, so auch in Zukunft die Herrschaft in Posen ausübe, zum Besten der Polen selbst.[7] Der Abgeordnete Franz Schuselka ging noch einen Schritt weiter; er wollte das Großherzogtum Polen wie bisher als Ganzes von Preußen verwaltet sehen und begründete dies mit machtpolitischen Erwägungen: »Ein großes Volk braucht Raum, um seinen Weltberuf zu erfüllen.«[8] Gegen diese Flutwelle nationalistischer Argumente vermochte die entschiedene Linke ebensowenig auszurichten wie der pathetische Appell des polnischen Abgeordneten Jan Janiszewski an die »Rechtlichkeit« und Gerechtigkeit der Abgeordneten.[9] Politische Opportunität und machtpolitische Gesichtspunkte verdrängten zunehmend die emanzipatorischen Elemente in den nationalpolitischen Fragen.

5 Ebd., S. 1142
6 Ebd., S. 1145
7 Ebd., S. 1143–51
8 Ebd., S. 1160
9 Ebd., S. 1168f.

Der Gesichtspunkt, daß die Nationalbewegungen in ihren Bemühungen, an die Stelle der traditionellen dynastischen Herrschaftssysteme freiheitliche Verfassungsordnungen zu setzen, eigentlich am gleichen Strang ziehen müßten, geriet nahezu gänzlich außer Sicht. Dies trat besonders deutlich hervor in der großen Auseinandersetzung über die Zukunft Schleswigs und Holsteins, die für das Schickal der Frankfurter Nationalversammlung besondere Bedeutung erhalten sollte. Nach dem Ableben des dänischen Königs Christian VIII. hatte sein Nachfolger Friedrich VII. unter dem Druck der dänischen Nationalbewegung eine Gesamtstaatsverfassung erlassen, die auch das überwiegend deutschbesiedelte Schleswig einbezog, während Holstein als ein zum Deutschen Bund gehörendes Land in Personalunion mit der dänischen Krone verblieb. Gegen die Trennung der beiden Herzogtümer, die seit alters miteinander verbunden gewesen waren, und die Vereinigung Schleswigs mit dem dänischen Gesamtstaat hatte sich in der deutschen Öffentlichkeit ein ungeheurer Proteststurm erhoben. Gleichzeitig setzten die schleswig-holsteinischen Stände am 24. März 1848 eine provisorische Regierung unter dem Herzog von Augustenburg ein, die sich den Erhalt Schleswigs und dessen Aufnahme in den Deutschen Bund zum Ziel setzte. Auch hier argumentierte die deutsche Nationalbewegung mit dem eigentlich archaischen Argument des historischen Staatsrechts, das eine Auflösung der staatlichen Verbindung beider Herzogtümer nicht zulasse.

Als der von preußischen Truppen und einem Detachement von Truppen der norddeutschen Staaten geführte Reichskrieg gegen Dänemark dann in eine Sackgasse geriet, weil die Dänen zwar zu Lande geschlagen werden konnten, aber im Seekrieg den norddeutschen Staaten herbe Verluste zufügten und überdies eine Intervention Großbritanniens und Rußlands drohte, lenkte Preußen überraschend ein und schloß, wie bereits an anderer Stelle dargelegt, den Waffenstillstand zu Malmö, ohne die Zentralgewalt darüber im Detail in Kenntnis zu setzen. Die nationale Erregung war ungeheuer. Dabei ging jegliches Augenmaß verloren. Über Nacht entstand eine nationale Volksbewegung für den Bau einer deutschen Flotte, um einer maritimen Erpressung wie jener Dänemarks in Zukunft nicht mehr ausgesetzt zu sein; eine große Spendenaktion wurde ins Werk gesetzt, um die notwendigen Mittel beizubringen. Hier traf Robert Blums Wort von der Überspanntheit des jugendlichen Nationalismus der Deutschen voll zu.

Die deutsche Nationalbewegung erhob in irrationaler Erregung die Schleswig-Holstein-Frage zu einem Ehrenpunkt der ganzen Nation. Die nationalen Leidenschaften gingen hoch. In dieser Situation fühlte sich die Frankfurter Nationalversammlung veranlaßt, aus ihrer Reserve herauszutreten. In allen politischen Lagern erhob sich die Forderung, daß Schleswig dem Deutschen Reiche unter allen Umständen erhalten bleiben müsse. Friedrich Christoph Dahlmann plädierte in einer leidenschaftlichen Rede, die bei den Abgeordneten einen tiefen Eindruck hinterließ, unter Berufung auf die historische Tradition für die ungeschmälerte Erhaltung der staatlichen Einheit Schleswigs und Holsteins. Er bestritt rundweg, daß die dänische Bevölkerung Nordschleswigs überhaupt den Wunsch nach Eingliederung in den dänischen Staat hege. Die Tatsache, daß in der schleswig-holsteinischen Frage schwierige Verhandlungen mit den Großmächten geführt wurden, focht ihn nicht an. Er bestritt, daß das europäische Gleichgewicht durch den Beitritt Holsteins und Schleswigs zum Deutschen Bund im geringsten erschüttert werde, und verknüpfte den Ausgang des schleswig-holsteinischen Konflikts mit dem Schicksal der Nationalversammlung: »Wenn Sie in der schleswig-holstein'schen Sache versäumen, was gut und recht ist, so wird damit auch der *deutschen* Sache das Haupt abgeschlagen.«[10]

Die Nationalversammlung folgte den leidenschaftlichen Appellen, die außer von Friedrich Christoph Dahlmann auch von Jacob Grimm, Wilhelm Jordan und Georg Waitz an diese gerichtet wurden, und forderte die Fortführung der militärischen Operationen bis zum Abschluß eines Friedens, bei dem »das Recht der Herzogtümer Schleswig und Holstein und die Ehre Deutschlands gewahrt« sein würden. Immerhin widerstand sie dem weitergehenden Vorschlag, den Friedensschluß von der förmlichen Genehmigung der Nationalversammlung abhängig zu machen. Dies alles wurde spontan beschlossen, ohne jegliche Prüfung der inter-

---

10 Wigard, Stenographischer Bericht, Bd. 1, S. 274

nationalen Situation und ohne die Proteste der Großmächte zur Kenntnis zu nehmen, obschon, wenn man das von der Nationalversammlung selbst anerkannte Recht auf nationale Selbstbestimmung als Maßstab des Handelns gewählt hätte, der englische Vermittlungsvorschlag, der auf eine Teilung Nordschleswigs entlang der Sprachgrenze hinauslief, durchaus annehmbar gewesen wäre. Als sich die Nationalversammlung wenig später dann doch noch dazu bereit fand, den Waffenstillstand von Malmö auch ihrerseits anzuerkennen, kam es zu einer unkontrollierten Eruption nationalistischer Leidenschaften. Eine Massendemonstration auf dem Pfingstfeld in Frankfurt gegen die angebliche Preisgabe Schleswigs durch die Nationalversammlung, weil diese dem Waffenstillstand von Malmö nachträglich doch noch ihre Zustimmung gegeben hatte, weitete sich in einen förmlichen Aufstand der Massen gegen die Paulskirche aus. Der Nationalismus der Linken tobte sich in gewaltsamen Aktionen gegen die preußischen Truppen aus, die die Ordnung wiederherzustellen suchten; indirekt richteten sich diese auch gegen die preußische Diplomatie, der man Unaufrichtigkeit unterstellte.

Ebenso ambivalent wie in der Schleswig-Holstein-Frage war die Haltung der Frankfurter Abgeordneten gegenüber dem Problem der Einbeziehung Österreichs in den künftigen gesamtdeutschen Bundesstaat. Im Grunde war die große Mehrheit der Nationalversammlung und namentlich der österreichischen Abgeordneten nicht geneigt, den nationalen Aspirationen der nichtdeutschen Nationalitäten in den deutschen Kronländern nennenswert entgegenzukommen. Die Hegemonie der Deutschen innerhalb der Monarchie sollte nicht in Frage gestellt, sondern vielmehr durch deren Verbindung mit dem deutschen Bundesstaate gestärkt werden. Insbesondere wollte man den Tschechen keine eigenständige nationale Vertretung zugestehen, geschweige denn ihr Modell eines autonomen böhmischen Königreichs innerhalb der Habsburger Monarchie akzeptieren. Eine Flugschrift des »Vereins der Deutschen« in Böhmen vom 4. Juni 1848 malte ein düsteres Bild der Konsequenzen einer solchen Entwicklung: »Im Verband mit dem Gesammtösterreich, im Verband mit unsern übrigen deutschen Brüdern, stehen wir [d. i. die Deutschböhmen] als eine

Macht in Ehren und Freiheit dar … Aber wenn der Czeche über uns herrschen sollte«, dann stehe den Deutschen eine Zukunft der Schmach, der Unterdrückung, eines blutigen Vernichtungskampfes bevor.[11]

Ebenso unklar waren die Vorstellungen, wie man mit den Slowenen und den Kroaten innerhalb der deutschen Kronländer verfahren sollte. Dies hatte zur Folge, daß die anderen Nationalitäten, besorgt ob der drohenden Übermacht der Deutschen in dem künftigen deutschen Bundesstaate, sich auf die Seite jener Kräfte schlugen, die die integrale Erhaltung des Kaiserstaates der Integration in den künftigen deutschen Bundesstaat vorzogen, wie dies Palacký schon im April 1848 angedeutet hatte. Die Probleme und Widersprüche der Nationalitätenpolitik der Nationalversammlung und späterhin der großdeutschen Fraktion traten nur deshalb nicht voll hervor, weil die zentralistische Politik des Fürsten Schwarzenberg alle Erwägungen in dieser Richtung ohnehin zu Makulatur werden ließ.

Aus der Fülle der Positionen kristallisierten sich unter anderem zwei unterschiedliche Modelle heraus, ein deutschnational-hegemoniales, das die Deutschösterreicher in den deutschen Bundesstaat einbeziehen und das übrige Österreich diesem als weiterer Bund zuordnen wollte, und ein großdeutsch-mitteleuropäisches, welches die Aufnahme des, gegebenenfalls föderativ aufgegliederten, österreichischen Gesamtstaates in den Deutschen Bundesstaat anstrebte. Die Vertreter der deutschnationalen Position betrachteten die Gründung eines starken deutschen Bundesstaates unter Einfluß der deutschen Gebiete Österreichs als vorrangiges Ziel, wollten aber dieserhalb keineswegs die überkommene Hegemonialstellung der Deutschen in Österreich aufgeben; im Gegenteil, ein starker gesamtdeutscher Staat werde die Stellung der Deutschen in der Monarchie stärken und überdies eine Magnetwirkung auf die anderen südostdeutschen Nationen ausüben. Auf diese Weise werde der künftige deutsche Bundesstaat zu einer europäischen Großmacht aufsteigen, die den anderen Großmäch-

---

11 Zitiert bei Peter Burian, Die Nationalitäten in »Zisleithanien« und das Wahlrecht der Märzrevolution 1848/49, Graz 1962, S. 74

ten ebenbürtig, ja überlegen sein werde. Allenfalls Ungarn, Galizien und die Lombardei, nicht aber Triest, da man einen freien Zugang zur Adria für den künftigen deutschen Bundesstaat für unverzichtbar erachtete, sollten gegebenenfalls ihre eigenen Wege gehen. Selbst auf der Linken, die eher dazu neigte, den anderen Donauvölkern eine freie nationale Entwicklung zuzugestehen und gegebenenfalls den Zerfall des österreichischen Kaiserstaates in Kauf zu nehmen, war man zuversichtlich, daß diese Völker stets ihre Anlehnung bei einem starken Deutschland suchen würden. Auch bei den Vertretern der Linken flossen unversehens machtstaatliche, ja imperialistische Gesichtspunkte in die Erwägungen ein.

Ungleich ausgeprägter war dies bei den Vertretern einer großdeutsch-mitteleuropäischen Lösung. Sie propagierten die Aufnahme des österreichischen Gesamtstaates in den künftigen Bundesstaat, zumeist in Form eines Doppelbundes, der die Vorteile einer rein nationalstaatlichen Lösung im Kernbereich mit der mitteleuropäisch-hegemonialen Vorrangstellung der Deutschen in der österreichischen Monarchie verbinden wollte. Der Wiener Abgeordnete Eugen von Mühlfeld-Megerle stellte der Nationalversammlung die »großartige« Vision eines deutschen Bundesstaates und neben ihm eines österreichischen Föderativstaates vor Augen, »beide national verbunden durch das deutsche Element, welches jetzt in Österreich noch gilt und auch fernerhin bei zweckmäßiger Verfassung Geltung haben wird«. Grundgesetzlich durch einen engen Staatenverband vereint, würden beide Staaten »eine noch nicht dagewesene welthistorische Macht bilden«, »gebietend weithin in Mitteleuropa, von der Nord- und Ostsee bis zum adriatischen Meere, über den Rhein und über die Weichsel«.[12] Noch weiter ging Georg von Vincke, der ebenfalls einen Doppelbund forderte: »Wir wollen einen Bau gründen, der Deutschland groß und mächtig machen, der ihm seinen alten Ruhm sichern soll an der

---

12 Wigard, Stenographischer Bericht, Bd. 4, S. 2857; vgl. Günter Wollstein, Die Oktoberdebatte der Paulskirche: Das Votum für Deutschland mit Österreich, in: Jaworski/Luft, Revolutionen in Mitteleuropa, S. 290 ff.; ders., Das »Großdeutschland« der Paulskirche. Nationale Ziele in der bürgerlichen Revolution 1848/49, Düsseldorf 1977, S. 266 ff.

Spitze der Staaten von Europa. Wir wollen alle Küsten wieder gewinnen an den Meeren, worin unsere Ströme münden, und unsere Flaggen flattern lassen auf der weiten See.« Dies aber sei nur in einem engen Verbund mit Österreich erreichbar.[13] Auch die Idee eines deutsch geprägten mitteleuropäischen Staatenbundes, verbunden mit einer aktiven deutschen Südostkolonisation, die Schwarzenbergs Siebzigmillionenreich antizipierte, fand leidenschaftliche Befürworter. Selbst Heinrich von Gagern wollte »diejenigen Völker, die längs der Donau zur Selbständigkeit weder Beruf, noch Anspruch haben, wie Trabanten« in das deutsche »Planetensystem« einbeziehen. Deshalb hielt er eine staatsrechtliche Trennung der deutschen und der nichtdeutschen Völker der Monarchie für äußerst bedenklich.[14] Über imperialen Träumen von künftiger deutscher Machtentfaltung im Donauraum und im Orient gerieten die konkreten Probleme der Neuordnung des österreichischen Vielvölkerstaates unter freiheitlichen Gesichtspunkten weitgehend außer Sicht.

Alle diese Modelle ließen die Frage großenteils unbeantwortet, wie denn mit den nichtdeutschen Nationalitäten zu verfahren sei; unterschwellig bestand vielfach die Auffassung, daß unter den gegebenen Umständen staatlicher Zwang gegenüber den kleineren Nationalitäten nicht nur unvermeidlich, sondern sogar berechtigt sei, während man die Magyaren als Bundesgenossen zu gewinnen hoffte. Unter diesen Umständen gelang es Schwarzenberg leicht, für sein Konzept der Erhaltung des österreichischen Gesamtstaates bei den Tschechen, Slowaken, Kroaten und Slowenen Unterstützung zu finden. Die Unmöglichkeit, eine die Deutschen Österreichs in den künftigen Bundesstaat einbeziehende Lösung der Verfassungsfrage zu finden, die gleichzeitig den nationalen Interessen der anderen Donauvölker angemessen Rechnung trug, beeinträchtigte maßgeblich das Ansehen und die Chancen einer Verwirklichung des Werks der Frankfurter Nationalversammlung.

Die Deutschen standen in dieser Hinsicht freilich keineswegs allein. Auch in Ungarn hatten die Widersprüche der Nationalitäten-

13 Ebd., S. 2861
14 Ebd., S. 2898 f. Für Gagern siehe auch Wollstein, »Großdeutschland«, S. 279 f.

politik der Regierung Batthyàny-Kossuth schwerwiegende Konsequenzen. Die magyarische Nation war in ihrem Ursprung eine Adelsnation und die Zugehörigkeit zu dieser auf die oberen Schichten beschränkt; Nationalität war eine Sache vornehmlich der gesellschaftlichen Eliten. Außerdem orientierte sich die magyarische Nationsidee in besonderem Maße am historischen Herkommen, insbesondere dem Ungarn der Stephanskrone. Auch der von Kossuth geschaffene liberale Staat wurde in erster Linie von der liberalen Adelselite und dem Komitatsadel getragen. Unter diesen Umständen beanspruchte die magyarische Adelselite eine gleichsam naturgegebene Führungsrolle nicht nur gegenüber den magyarischen Unterschichten, sondern auch gegenüber den fremdethnischen Gruppen. Aus ihrer Sicht machte es keinen nennenswerten Unterschied, ob man der eigenen Unterschicht oder den anderen, ebenfalls auf einem niedrigen Entwicklungsstand stehenden, Bevölkerungsgruppen das Magyarische als Amtssprache verordnete. Die erfolgreiche Gründung eines liberalen ungarischen Nationalstaats unter der Stephanskrone in der Anfangsphase der Revolution wurde infolgedessen durch eine intolerante Magyarisierungspolitik gegenüber den kroatischen, slowenischen und serbischen Minoritäten in Südungarn, deren nationale Autonomieansprüche man ursprünglich überhaupt nicht hatte wahrnehmen wollen, wieder verspielt.

Diese Probleme bestanden im italienischen Fall nicht. Denn die Entfaltung der italienischen Nationalbewegung vollzog sich vor dem Hintergrund wachsender Unzufriedenheit mit der österreichischen Herrschaft in großen Teilen des Landes. Auch hier war die Idee der Nation urprünglich ein Produkt einer schmalen Elite von Intellektuellen, die allerdings eine lange Vorgeschichte besaß und überdies auf die jakobinische Tradition während der napoleonischen Zeit zurückgreifen konnte. Für Giuseppe Mazzini strebte die italienische nationalrevolutionäre Bewegung nicht nur die Einigung Italiens an, sondern auch »die Abschaffung aller Privilegien außer denen, die sich aus dem ewigen Prinzip der persönlichen Leistung herleiten, sofern diese guten Zwecken zugewandt ist, die stufenweise Abnahme [der Zahl] derer, die ihre Arbeitskraft verkaufen müssen ...; die graduelle Annäherung aller sozialen Klassen, mit dem Ziel, ein Volk zu bilden und die höchste Entfaltung der individuellen Begabungen [zu erbringen] und der Erlaß von Gesetzen, die den Bedürfnissen des Volkes entsprechen«.[15] Nationale und soziale Zielsetzungen waren hier also eng miteinander verbunden. Allerdings war der Nationalbewegung größerer Erfolg erst in dem Augenblick beschieden, als sich ihr auch der liberale Adel, und schließlich die Regierungen insbesondere Piemont-Sardiniens anschlossen. Die anfänglich überaus erfolgreichen Aufstände gegen die österreichische Herrschaft trugen dazu bei, die Massenbasis der italienischen Nationalbewegung wesentlich zu erweitern; unter antiösterreichischem Vorzeichen wurden die unterbürgerlichen Schichten schrittweise in den Prozeß der Nationsbildung einbezogen. Im Juni 1848, nach der Niederlage Carl Alberts bei Custozza, die Piemont-Sardinien zum einstweiligen Abbruch des Nationalkrieges gegen Österreich zwang, meinte der toskanische radikale Politiker Piero Cironi zur Entrüstung der Linken: »Unsere Sache ist gerecht, und sie wird siegen. Aber die Könige haben sie verraten und das Volk ... beginnt gerade eben seine Größe zu begreifen.«[16]

15 Zit. bei Clara M. Lovett, The Democratic Movement in Italy 1830–1876, Cambridge/ Mass. 1982, S. 49 (Übers. vom Vf.)
16 Ebd., S. 122

XI.

Die Gegenrevolution in den europäischen Machtzentren

Der Sieg der Gegenrevolution in Mailand und Paris, und nur wenig später dann auch in Budapest, Wien und Berlin verdankte sich in erster Linie der Macht des Militärs und der Entschlossenheit der Generäle, die Schlappen, die sie im März und April 1848 gegen die revolutionäre Bewegung erlitten hatten, wieder auszuwetzen. Die Armeen der europäischen Staaten waren von den revolutionären Strömungen und ebenso von den nationalistischen Zeittendenzen nahezu unberührt geblieben. Die Versuche, sie auf die neuen konstitutionellen Ordnungen einzuschwören, waren durchweg gescheitert; sie erwiesen sich in dem Augenblick, in dem die politischen Verhältnisse dafür reif geworden waren, als zuverlässige Instrumente der Gegenrevolution. Überdies neigten die bürgerlichen Schichten seit dem Herbst des Jahres 1848 immer stärker dazu, ihren Frieden mit den konservativen Mächten zu machen. Die revolutionären Ereignisse hatten das Vertrauen der Unternehmer und der Bankiers in die wirtschaftliche Entwicklung erschüttert. Der Rückgang der Produktion und der Massennachfrage wurde durch eine allgemeine Kreditkrise verschärft, ungeachtet verschiedentlicher Gegenmaßnahmen der Regierungen. Die hohe Arbeitslosigkeit und die Unruhe in den Unterschichten, die ja vielfach zu gewaltsamen Protestaktionen geführt hatten, hatten namentlich in den Kreisen des Großbürgertums Furcht vor eben jener sozialen Revolution übermächtig werden lassen, deren Abwendung man ursprünglich vermittels durchgreifender politischer Reformen gerade hatte erreichen wollen. Von Tag zu Tag wurden die Stimmen lauter, die nahezu um jeden Preis ein Ende der revolutionären Bewegung herbeiwünschten. Auch in den kleinbürgerlichen Schichten wuchs die Enttäuschung über die Auswirkungen der Revolution, die, wie es schien, keinesfalls jene

Entlastungen von Steuern und von drückenden Abgaben gebracht hatten, die man sich ursprünglich davon erhofft hatte. Und die Bauernschaft wurde vielfach von der Sorge erfaßt, daß sich die soziale Unrast auf ihr Gesinde und die Landarbeiter ausdehnen und sich gegen sie selbst kehren könnte.

In Paris hatte die Revolution von 1848/49 ihren Anfang genommen; in der Seinemetropole setzte auch die Gegenrevolution ein. Ausgangspunkt war ein spontan und ohne jegliche Vorbereitung unternommener Versuch der extremen Linken, eine Demonstration für die Wiederherstellung eines selbständigen polnischen Staates in der Nationalversammlung am 15. Mai 1848 in einen Putsch umzufunktionieren, der die Auflösung der Nationalversammlung und die Bildung einer revolutionären Konventsregierung zum Ziele hatte. Der schmähliche Zusammenbruch dieses dilettantischen Unterfangens ließ die Schwäche der politischen Linken offen zutage treten; Armand Barbès und der Arbeiter Albert wurden verhaftet und ihrer Ämter enthoben; die Arbeiterschaft wurde damit ihrer Fürsprecher in der Regierung beraubt. Ein massiver Rechtsruck war die Folge, der sich auch in den Neuwahlen zur Nationalversammlung niederschlug. Am spektakulärsten war freilich, daß Louis Napoléon Bonaparte, einem Neffen des großen Napoleon, der Sprung in die Nationalversammlung gelang, obgleich er schon zwei gescheiterte Putschversuche hinter sich hatte; weil er jedoch die Zeit für seinen politischen Aufstieg noch nicht für gekommen hielt, zog er es vor, sein Mandat nicht anzunehmen.

Wichtiger war freilich, daß die neue Regierung beschloß, das System der Nationalwerkstätten durchgreifend zu reformieren. Es war ein offenes Geheimnis, daß die Nationalwerkstätten höchst unproduktiv operierten und praktisch nur Versorgungseinrichtungen waren, um die arbeitslosen Unterschichten von der Straße zu bringen und auf diese Weise als revolutionäres Potential zu neutralisieren. Pläne, die Pariser Arbeitslosen in staatlich finanzierten Eisenbahnbauprojekten produktiv zu beschäftigen und damit das System der Nationalwerkstätten auf Dauer zu stellen, wurden nun definitiv aufgegeben. Die Pazifizierung der Pariser Arbeiter unter Einsatz von gewaltigen öffentlichen Mitteln, deren

Aufbringung die Steuerlast im Lande unerträglich weit nach oben gedrückt hatte, erschien nicht länger erforderlich.

Die Beendigung des großen sozialen Experiments der Nationalwerkstätten aber löste sogleich Massendemonstrationen der Arbeiterschaft aus, die sich angesichts der Unwilligkeit der Regierung, in der Sache auch nur ein Stück weit nachzugeben, in der dritten Juniwoche 1848 zu einer förmlichen Aufstandsbewegung ausweiteten. Diese nahm die Züge eines regelrechten Klassenkampfes an, welcher sich gegen den Reichtum der oberen Schichten schlechthin richtete. Der Aufstand wurde in einem dreitägigen Ringen von regulären Armee-Einheiten unter Führung von General Eugène Cavaignac, einem in den algerischen Kolonialkriegen gehärteten wie erfahrenen Offizier, in Zusammenarbeit mit der bürgerlichen Nationalgarde blutig niedergeworfen; erstmals versagte die revolutionäre Strategie des Barrikadenbaus gegenüber entschlossenen, umsichtigen Operationen der regulären Armee. Der Aufstand wurde in einem Blutbad erstickt. Das kühne Projekt öffentlich geförderter Produktionsgenossenschaften, die der Arbeiterschaft stetige Beschäftigung und angemessene Löhne gewährleisten sollten, um nicht länger von den Wechselfällen der Konjunktur und der Willkür der Unternehmer abhängig zu sein, wurde in das Museum historischer Kuriositäten verbannt und die Klassenherrschaft der Bourgeoisie wiederhergestellt, was sich sogleich in einer drastischen Erhöhung der täglichen Arbeitszeit auf 12 Stunden niederschlug.

Die Signalwirkung dieser Ereignisse auf die europäischen Gesellschaften war ungeheuer. Die Verteidiger der traditionellen Ordnung durften aufatmen; jedenfalls in Frankreich war dem Gespenst des Sozialismus das Rückgrat gebrochen worden. Allerdings kam es unter dem Regime Cavaignacs nicht, wie man hätte annehmen können, sogleich zum Zusammenbruch des parlamentarischen Systems, sondern zu seiner Konsolidierung auf einer gemäßigteren politischen Linie. Am 21. November 1848 proklamierte die Nationalversammlung eine neue Verfassung, die das republikanische Einkammersystem mit der Institution eines volksgewählten Präsidenten auf der Grundlage des allgemeinen, gleichen Wahlrechts kombinierte. Der Versuch der extremen Linken, das »Recht auf Arbeit« in die Verfassung hineinzubringen, scheiterte hingegen vollständig; ihr Einfluß auf die Delegierten und mehr noch auf die Bevölkerung im Lande war dahingeschmolzen. Die linke Mitte bemühte sich, ihre Anhänger in Erinnerung an die Französische Revolution von 1789 unter der Flagge des »Montagne« zu sammeln, im Zeichen einer Politik der Konsolidierung und vorsichtigen Reform. Das bürgerliche Lager fand sich in einer breiten Front der »republikanischen Solidarität« zusammen. Die Monarchisten und Legitimisten, die die republikanische Politik der vorausgegangenen Monate nur mit Zähneknirschen ertragen hatten, organisierten sich nun offen als eigenständige Fraktion, etwas, was sie sechs Monate zuvor gewiß nicht gewagt hätten, und Cavaignac, der die Regierungsgeschäfte weiterführte, begann sie zu hofieren. So bot er dem aus Rom geflüchteten Papst Pius IX. Asyl in Frankreich an, eine großes Aufsehen erregende Geste, die sich gegen die in den Vatikanstaaten regierenden Republikaner richtete und gegen welche die Linke in zahlreichen Städten Frankreichs vergeblich protestierte.

Die große Überraschung kam dann wenig später bei der Wahl des ersten Präsidenten der zweiten französischen Republik. Weder Lamartine mit seinem großen persönlichen Prestige, noch Ledru-Rollin als Repräsentant der bürgerlichen Mitte, noch Cavaignac, der »Retter von Paris«, konnten den dramatischen Wahlsieg Louis Napoléon Bonapartes bei den Präsidentschaftswahlen vom 10. Dezember 1848 aufhalten; dieser siegte mit 5,4 Millionen Stimmen gegen 1,4 Millionen Stimmen für Cavaignac und zusammen ca. 450 000 Stimmen für die anderen Kandidaten. Obschon allgemein bekannt war, daß Louis Napoléon die Wiederherstellung des Empire anstrebte, leistete dieser einstweilen den vorgeschriebenen Eid auf die republikanische Verfassung und wurde als Präsident der Republik installiert. Es schien, als ob die Revolution in Frankreich ihr Ende auf der Linie eines gemäßigten Republikanismus konservativer Prägung gefunden habe. Es sollte freilich nur zweieinhalb Jahre dauern, bis Louis Napoléon sein geheimes Ziel erreichte, Kaiser der Franzosen zu werden.

Das Wahlergebnis war bei Lage der Dinge ein Mißtrauensvotum der breiten Massen der Bauern, der kleinen Leute und auch eines

Teils der Arbeiterschaft gegen die bisherige politische Klasse, welche die Februarrevolution getragen hatte; der Mythos des großen Napoleon, der die erste Französische Revolution beendet und gleichzeitig das Land zu einer glanzvollen Machtstellung in Europa geführt hatte, hatte sich als weit stärker erwiesen als der Appell an rationale politische Argumente, namentlich im Lande, das der sich weitgehend in Paris abspielenden Wechselfälle der Revolution müde war und wieder Stabilität und Ordnung herbeisehnte.[1] Erstmals hatte sich gezeigt, daß das allgemeine Wahlrecht nicht zwangsläufig linke politische Mehrheiten hervorbrachte, sondern unter bestimmten Umständen zu hochkonservativen Ergebnissen führen konnte.

Auch in Österreich waren es die Generäle, die die Konterrevolution einleiteten. Radetzkys Sieg über Carl Albert von Piemont-Sardinien gab gleichsam den Startschuß für eine radikale Kurswende am kaiserlichen Hofe, zunächst nur im Hinblick auf das konstitutionelle Regime in Ungarn. Hier war es der Kroatenführer Joseph Frhr. von Jellačić, der, ermächtigt von der Kaiserlichen Regierung in Wien, am 11. September 1848 an der Spitze eines starken Heeres die ungarische Grenze überschritt mit dem Ziel, die konstitutionelle Regierung Batthyàny zu stürzen und Zisleithanien wieder der direkten Kontrolle der kaiserlichen Krone zu unterwerfen. Vorausgegangen waren heftige Auseinandersetzungen über den Status der kroatischen Minderheit innerhalb des neuen ungarischen Staates. Jetzt half es nichts mehr, daß die Magyaren den Kroaten in letzter Minute weitgehende Autonomie oder gegebenenfalls sogar die Loslösung vom ungarischen Staate angeboten hatten; Jellačić marschierte als »Banus« der Kroaten auf Budapest zu, und Versuche, durch eine Intervention am kaiserlichen Hofe das Schlimmste zu verhüten, schlugen nicht zuletzt fehl, weil der kaiserliche Emissär General Ferenc Graf Lamberg, der zwischen Jellačić und der ungarischen Regierung Batthyàny vermitteln sollte, am 28. September 1848 von einer aufgebrachten Menge in Budapest erschlagen worden war. Dies verschaffte der

---

1 Vgl. Maurice Agulhon, 1848 ou l'apprentissage de la république 1848–1852, Paris 1973, S. 91 ff.

gegenrevolutionären Kriegspartei am kaiserlichen Hofe endgültig Oberwasser; es wurde beschlossen, in gemeinsamer Aktion der kroatischen Armee Jellačićs und der österreichischen Armee Fürst Windischgrätz', die ungarische Revolution zu unterdrücken. Ein Kaiserliches Manifest vom 3. Oktober 1848 erklärte die Aprilerlasse für null und nichtig und die ungarische Nationalversammlung für aufgelöst. Damit trat die ungarische Revolution in eine zweite, radikalere Phase ein. An die Stelle des liberalen Regiments Batthyàny trat das nahezu diktatorische Regiment eines nationalen Verteidigungsausschusses unter Führung Kossuths. Die Gegensätze zwischen den Liberalen und den Radikalen, welche Kossuth dank seines großen persönlichen Ansehens zu disziplinieren wußte, konnten in dieser Situation eines nationalen Notstands einstweilen überbrückt werden, zumal die innere Politik gänzlich den Notwendigkeiten der Kriegführung untergeordnet werden mußte.

Anfänglich standen die Dinge freilich für die österreichische Kriegspartei nicht sonderlich günstig. Die Armee Jellačićs entging nur mit knapper Mühe einer schweren Niederlage und zog sich in Richtung auf die österreichische Grenze zurück. Der österreichische Kriegsminister Theodor Graf Baillet de Latour suchte Jellačić durch Zuführung von Kriegsmaterial und Truppen aus Wien zu unterstützen, um dessen Lage zu stabilisieren. Doch wurden in der Kaiserstadt bereits am 4. Oktober 1848 leidenschaftliche Proteste in der Öffentlichkeit gegen den Abzug der Wiener Garnison laut; die Furcht, daß diese zu einer gegenrevolutionären Aktion eingesetzt werden könnte, vermischte sich mit Protesten gegen ihren Einsatz zur Unterdrückung der ungarischen Revolution. Am Morgen des 6. Oktober widersetzte sich das in Wien stationierte Grenadierbataillon Richter dem Befehl zum Abmarsch und weigerte sich, gegen die Ungarn eingesetzt zu werden. Als die rebellierende Truppe dann von einer Kavallerieeinheit zum Abmarsch gezwungen werden sollte, kamen ihr die »Akademische Legion« und eilends herbeigerufene bewaffnete Gruppen der Arbeiterschaft zu Hilfe. Die Armee-Einheiten sahen sich in Windeseile von protestierenden Menschenmassen umringt; den Nordbahnhof fanden sie von protestierenden Massen blockiert und die Schienen aufgerissen. Als die in Panik geratenen Offiziere dann an der Taborbrücke in die Menge schießen ließen, um der Truppe den Weg freizumachen, kam es zu einem regelrechten Gefecht mit der »Akademischen Legion«, während die Grenadiere in das Lager der Aufständischen übergingen. Der Aufstand, an dem sich neben der »Akademischen Legion« auch Teile der Nationalgarde und eine große Zahl von zumeist primitiv bewaffneten Arbeitern beteiligte, war zunächst äußerst erfolgreich. Die kaiserlichen Truppen zogen sich aus Wien und den Vororten zurück. Der Kriegsminister Latour, der, wie allgemein bekannt war, ein Exponent der Kriegspartei war und energisch für die gewaltsame Niederwerfung der ungarischen Revolutionsbewegung eingetreten war, wurde von einer rebellierenden Menge aus dem Kriegsministerium herausgeholt, auf grausame Weise ermordet und anschließend nackt an einem Lampenpfahl aufgehängt. Wenig später stürmte eine Menge von Arbeitern das Zeughaus, um sich der dort befindlichen, freilich zumeist höchst altertümlichen Waffen zu bemächtigen. Wien befand sich in der Hand der Aufständischen, die ihren Sieg über die reguläre Armee zunächst triumphierend feierten.

Der Konflikt zwischen den breiten Massen der Wiener Bevölkerung und der kaiserlichen Regierung hatte allerdings schon länger in der Luft gelegen. Das Wiener Bürgertum wünschte sehnlichst eine Eindämmung der radikalen Bewegungen, auch wenn es noch nicht gewillt war, uneingeschränkt ins konservative Lager überzuschwenken. Am 5. September 1848 wurde in Wien ein »Constitutioneller Verein« gegründet, der es zu seiner Aufgabe erklärte, »sowohl jeden unsere errungene Freiheit bedrohenden Rückschritt zum Absolutismus, als auch jeden frechen Übergriff zur Republik als Verrath am Vaterlande« zu bekämpfen; es war vorgesehen, Zweigvereine im ganzen Land zu gründen.[2] Die schrittweise Beschneidung der Aktionsfreiheit der Revolutionsorgane durch die Staatsbehörden, die mit dem Verbot des Sicherheitsausschusses bereits Ende August ihren Anfang genommen

---

2 Herbert Steiner, Karl Marx in Wien, Die Arbeiterbewegung zwischen Revolution und Restauration 1848, Wien 1978, S. 128

hatten, konnte auf die Unterstützung der Mehrheit des Wiener Bürgertums rechnen, soweit dieses nicht ohnehin die Kaiserstadt verlassen hatte. Die Übertragung der Funktionen des Ministeriums für öffentliche Arbeiten an das Innenministerium und die Schließung der Wiener Universität waren Vorboten bevorstehender gegenrevolutionärer Aktionen. In der Tat hatte der Kriegsminister Latour schon Mitte September eine militärische Niederwerfung der Revolution in Wien in Aussicht genommen, aber Windischgrätz hatte ihm zu diesem Zeitpunkt die dafür notwendigen zusätzlichen Truppen verweigert. Ein Aufstand in Wien wäre den Scharfmachern am kaiserlichen Hofe nicht unrecht gekommen, um die immer noch vorwaltende Scheu der Umgebung des Kaisers vor einem Einsatz der Armee gegen das revolutionäre Wien, mit seinen unkalkulierbaren Risiken, zu überwinden.

Jetzt freilich spielten die Wiener Ereignisse den Befürwortern eines konterrevolutionären Kurses in die Hände. Die Ermordung Latours, die von besonnenen Vertretern der Linken nicht mehr hatte verhindert werden können, war ein bedrohliches Fanal, das sich nur zu leicht propagandistisch im konservativen Sinne ausnutzen ließ. Der Studentenausschuß, der nach wie vor über großen Einfluß auf die Massen verfügte, suchte zu vermitteln; er veranlaßte den gerade tagenden konstituierenden Reichstag, eine Botschaft an den Kaiser zu senden, in der zwar die Zurücknahme des Manifests vom 3. Oktober 1848 und die Einsetzung eines neuen, volkstümlichen Ministeriums gefordert wurde, welches das Vertrauen der Öffentlichkeit genieße, aber andererseits dem Monarchen die uneingeschränkte Loyalität seiner Untertanen und deren Bereitschaft zur friedlichen Zusammenarbeit mit der kaiserlichen Regierung zusicherte. Aber dies verschlug unter den gegebenen Umständen nicht. Der kaiserliche Hof kehrte Wien erneut den Rücken und zog sich nach Olmütz zurück, um dem Druck der revolutionären Bewegung nicht unmittelbar ausgesetzt zu sein. Dort aber gewann jene hochkonservative Clique von Beratern, die schon bisher jegliche Konzessionen an die Revolution abgelehnt hatten, vollends die Oberhand. Am 16. Oktober wurde Fürst Windischgrätz mit unbeschränkten Vollmachten ausgestattet, um die Revolution in Wien niederzuschlagen und die Ordnung mit eiserner Hand wiederherzustellen. Zwar erließ der neue Kaiser Franz Joseph nur drei Tage später ein versöhnlich gehaltenes Manifest, in dem er versprach, künftig konstitutionell regieren zu wollen, doch wurde dieses in Wien tunlichst unterdrückt. Windischgrätz nahm nach Art eines Prokonsuls die Dinge in die Hand; von Konzessionen an die Revolution oder Milde gegenüber den revolutionären Akteuren wollte er nichts wissen.

In Wien selbst herrschte größte Verwirrung. Die nichtdeutschen Abgeordneten des Konstituierenden Reichstags verließen die Stadt und konstituierten sich in ihren Heimatregionen als eigenständige Körperschaften; dem Rumpfparlament, das sich in Permanenz erklärte, fehlte jegliche Autorität und ebenso den wenigen Ministern der kaiserlichen Regierung, die nicht dem Hofe nach Olmütz gefolgt waren. Die faktische Macht ging nun vollends an die Studentische Legion und an die Nationalgarde über. Unter ihrem Druck erklärte sich auch der Wiener Gemeinderat bereit, die Mittel für die Aufstellung einer Mobilgarde bereitzustellen. Die Bevölkerung bereitete sich fieberhaft auf den bevorstehenden Verteidigungskampf gegen die Truppen Windischgrätz' vor. Die Aufständischen erhielten nur bescheidenen Zuzug aus anderen österreichischen Städten; der Versuch einer Mobilisierung der Bauern erwies sich als erfolglos. Vermittlungsversuche von dritter Seite scheiterten: Windischgrätz wollte die revolutionäre Eiterbeule Wien mit aller Gewalt ausbrennen. Eine offizielle Delegation der Frankfurter Nationalversammlung, die zu vermitteln suchte, wurde von Windischgrätz kalt abgewiesen. Die radikale Demokratie der Paulskirche, die zuvor den aussichtslosen Versuch unternommen hatte, die Reichsgewalt beziehungsweise Preußen zum militärischen Eingreifen zugunsten der Wiener Revolution zu bewegen, entsandte ihrerseits die Abgeordneten Julius Fröbel, Moritz Hartmann und Robert Blum nach Wien. Diese konnten freilich am Gang der Dinge nichts ändern. Die einzige Hoffnung war, daß die Ungarn nun zugunsten der Wiener revolutionären Bewegung gegen Windischgrätz vorgehen würden; doch kam das Eingreifen der ungarischen Armee, die zögerte, außerhalb der eigenen Grenzen gegen kaiserliche Truppen vorzugehen, zu spät, um am Ausgang der Dinge noch etwas zu ändern.

Damit war das Schicksal Wiens besiegelt. Am 24. Oktober begann der Angriff der Truppen von Windischgrätz; trotz des heldenhaften Widerstands der Aufständischen, an dem sich in erster Linie die Arbeiterschaft beteiligte und unter denen sich auch zahlreiche Frauen befanden, konnte der Ausgang nicht zweifelhaft sein. Am 29. Oktober übergab der Gemeinderat die Stadt an Fürst Windischgrätz; am folgenden Tage dankte eine Delegation der Handels- und Gewerbevereine dem Fürsten in einer unterwürfigen Deklaration dafür, daß er »alle Menschen guten Willens aus der Nacht der Anarchie und den Ketten des Terrors einer Partei gerettet« habe, welche die »Vernichtung aller wohlmeinenden Bürger« zu ihrem erklärten Ziele erhoben habe.[3] Die Kämpfe dauerten gleichwohl noch bis zum 31. Oktober und forderten hohe Blutopfer unter den Verteidigern der Stadt. Erst eine gemeinsame Erklärung der Nationalgarde und des Gemeinderats brachte die Aufständischen endgültig dazu, sich dem Unabwendbaren zu fügen: »... heldenmütiges Volk von Wien, sei so groß in Deinem Falle, als Du es in der Erhebung warst.«[4]

Ein fürchterliches Strafgericht folgte; über tausend Bürger wurden verhaftet und fünfundzwanzig von ihnen als Rädelsführer hingerichtet. Unter letzteren befand sich auch Robert Blum, der ungeachtet zahlreicher Bemühungen, dessen Leben zu retten, mit ausdrücklicher Billigung des Fürsten Schwarzenberg, dem Ministerpräsidenten des eben gebildeten hochkonservativen kaiserlichen Kabinetts, am 10. November 1848 kaltblütig erschossen wurde. Es war dies eine bewußt kalkulierte Demütigung der Frankfurter Nationalversammlung, die vergeblich die Immunität Robert Blums eingeklagt hatte. Alle politischen Vereine Wiens wurden verboten, die Pressezensur wiederhergestellt; mehr noch, der Konstituierende Reichstag wurde vertagt und in das niederösterreichische Landstädtchen Kremsier verlegt. Die neue Regierung unter dem Fürsten Schwarzenberg ging nun zielbewußt daran, die Revolution auch in den anderen Regionen des österrei-

---

3 Zit. bei C. A. Macartney, The Habsburg Empire 1780–1918, London 1968, S. 403 (Übers. vom Vf.)
4 Steiner, Karl Marx in Wien, S. 205

chischen Kaiserstaates mit rücksichtsloser Anwendung von Gewalt zurückzurollen.

Robert Blum hatte am 20. Oktober, nur wenige Wochen vor seinem Tode, aus Wien an seine Frau geschrieben: »... in Wien entscheidet sich das Schicksal Deutschlands, vielleicht Europas. Siegt die Revolution hier, so beginnt sie von neuem ihren Kreislauf; erliegt sie, dann ist wenigstens für eine Zeitlang Kirchhofsruhe in Deutschland.«[5] Es war dies ein prophetisches Wort. Die Niederwerfung der Wiener Revolution vom Oktober 1848 war in gewissem Sinne der Kulminationspunkt der europäischen revolutionären Bewegung überhaupt; nun trat die Gegenrevolution zu ihrem unaufhaltsamen Vormarsch an. Man wird zwar einräumen müssen, daß das Bündnis der radikalen Demokratie, die in Wien nur von einer Minderheit von Intellektuellen und Handwerkern getragen wurde, mit der Arbeiterschaft auf längere Sicht ohnehin keine Zukunft gehabt hätte. Ihm fehlte es an einem klaren Programm, und auch Karl Marx, der im August 1848 Wien besucht hatte, hatte seinen Gesinnungsgenossen im Wiener Arbeiterverein nur allgemeine geschichtsphilosophische Betrachtungen über den unvermeidlichen Kampf zwischen Proletariat und Bourgeoisie an die Hand geben können, welcher im Augenblick ein Bündnis mit der radikalen Demokratie angeraten sein lasse.[6] Die soziale Notlage der Unterschichten ließ sich auf Dauer nicht mit den herkömmlichen Mitteln der Arbeitsbeschaffung durch die Gemeinden zu defizitären Bedingungen lösen, wie sich dies bereits in Paris gezeigt hatte.

Dennoch war der revolutionäre Kampf wenn schon nicht für die Republik, so doch für eine demokratische Regierung aus der Sicht der Arbeiterschaft konsequent, denn – kurzfristig gesehen – konnte sie nur von einer Staatsgewalt, die von den Stimmen des Volkes abhing, eine Besserung ihrer Lage erwarten, in erster Linie durch soziale Leistungen aller Art, in zweiter Linie durch die Senkung der direkten und indirekten steuerlichen Belastung der breiten Massen. Aber in einer Periode des Übergangs zur indu-

5 Ebd., S. 198
6 Vgl. ebd., S. 149

striellen Gesellschaft, die überall, gerade auch in England, mit Massenarmut verbunden war, konnte eine Lösung der sozialen Probleme als solcher nicht wirklich erreicht werden. Bei Lage der Dinge war die Niederlage der Arbeiterschaft zum damaligen Zeitpunkt unabwendbar. Gleichwohl gelangte sie in diesen Kämpfen erstmals zum Bewußtsein ihrer selbst als Klasse. Sie setzte damit ein deutliches Zeichen dafür, daß die Interessen der Unterschichten nicht länger einfach vernachlässigt werden durften, sofern Europa zu stabilen gesellschaftlichen Verhältnissen zurückfinden wollte.

Zunächst freilich hatten nun die kaiserlichen Prokonsuln in den Außenpositionen des Kaiserstaates vollends das Sagen. Ein neuer, zu spät kommender Aufstand der Polen in Lemberg konnte von der österreichischen Armee mühelos niedergeworfen werden; die von den Aufständischen erhoffte Ausbreitung des nationalpolnischen Kampfes auf ganz Galizien konnte, nicht zuletzt zur Zufriedenheit der russischen Regierung, die ein Übergreifen der Bewegung auf Kongreßpolen befürchtet hatte, bereits im Ansatz erstickt werden. In Galizien und Kongreßpolen jedenfalls herrschte für die nächsten Jahrzehnte Friedhofsruhe. Ebenso konnte General Radetzky seinen Triumph über Carl Albert von Piemont-Sardinien ungehindert weiter ausbauen. In Mailand ließ er ein fürchterliches Strafgericht abhalten, das die landflüchtigen Aristokraten großenteils enteignete und der Oberschicht drastische finanzielle Kontributionen auferlegte, um einer erneuten Rebellion gegen die »legitime« Herrschaft des Hauses Habsburg ein für allemal vorzubeugen. Radetzky handelte dabei nach dem Prinzip, daß allein die Unterschichten, namentlich die Bauern, treue Gefolgsleute der Monarchie gewesen seien und auch künftig sein würden; deshalb sei es nur zu gerechtfertigt, wenn ausschließlich die besitzenden Klassen für die Folgen des Krieges zur Kasse gebeten würden. Er ging dabei so drastisch vor, daß die britische Regierung unter Henry Lord Palmerston Anlaß gegeben sah, auf diplomatischem Wege gegen Radetzkys »kommunistische Aufwiegelung der unteren Schichten gegen ihre Herren« zu intervenieren, freilich ohne damit etwas auszurichten. Ebenso unterwarf Radetzky nun Schritt für Schritt Venetien, während die Stadt Venedig selbst unter dem republikanischen Regiment Daniele Manins der österreichischen Belagerung weiterhin standhielt.

Unter diesen Umständen gestaltete sich auch die Lage der Magyaren immer bedrohlicher. Anfänglich war es ihnen gelungen, die Herausforderung des Generals Jellačič abzuwehren, aber auf die Dauer konnten sie dem konzentrischen Angriff mehrerer kaiserlicher Armeen nicht widerstehen; im Januar 1849 konnte Windischgrätz Pest nahezu kampflos besetzen. Allerdings gaben sich die ungarische Nationalbewegung und ihre Armee unter General Görgey noch keineswegs geschlagen. In den folgenden Monaten machte die Revolutionsregierung verzweifelte Anstrengungen, sich gegen die weit überlegenen Kräfte Jellačićs und mehrerer österreichischen Armeen – zu denen Kontingente der verschiedensten Nationalitäten, unter anderem Rumänen und Siebenbürger Sachsen von der Militärgrenze und sogar einzelne konservative ungarische Adelige hinzustießen – zu behaupten. Es war dies im Grunde ein aussichtsloser Kampf, den die von Kossuth mit eiserner Hand geführte magyarische Revolutionsregierung auf die Dauer niemals gewinnen konnte.

Hier wie auch sonst spielte der Widerstreit der Nationalitäten einmal mehr der Regierung Schwarzenberg in die Hände. Die monatelangen Bemühungen des Kremsierer Reichstags, eine befriedigende Lösung der österreichischen Nationalitätenprobleme auf konstitutioneller Grundlage zu finden, liefen ins Leere. Schwarzenberg steuerte statt dessen eine bürokratische Lösung an, in der für die Autonomie der Nationalitäten, geschweige denn für deren Selbstbestimmung kein Platz war. Am 6. März 1849 wurde der Kremsierer Reichstag überraschend aufgelöst und eine neue Gesamtstaatsverfassung für die ganze Monarchie oktroyiert. Der Sieg der Gegenrevolution war nahezu vollkommen; die Ansätze für eine Neuordnung des Kaiserstaates auf liberaler und demokratischer Grundlage waren verschüttet; eine neue Ära eines kaum eingeschränkt absolutistischen Regiments in Österreich begann.

Die Rückwirkungen der Ereignisse in Wien, Lemberg, Mailand und Budapest auf die deutschen Verhältnisse waren nachhaltig. Die Frankfurter Nationalversammlung mußte ihre Hoffnungen, daß der künftige deutsche Bundesstaat auch die Deutschösterreicher umfassen werde, endgültig begraben, auch wenn man ihnen den Beitritt zu einem späteren Zeitpunkt demonstrativ offenhielt. Die nunmehr allein noch mögliche Option für eine kleindeutsche Lösung aber machte die Frankfurter Nationalversammlung von dem Wohlwollen Friedrich Wilhelms IV. abhängig; dieser aber schlug, durch das österreichische Beispiel ermutigt, nun seinerseits den Weg der Gegenrevolution ein.

Die konservative Wende hatte sich in Preußen schon seit längerem angebahnt. Die preußische Nationalversammlung war, obschon zum gleichen Zeitpunkt wie die Frankfurter Nationalversammlung gewählt, erheblich radikaler ausgefallen; das Parteienspektrum war, verglichen mit den Verhältnissen in der Paulskirche, deutlich nach links hin verschoben. Teilweise lag dies an der unterschiedlichen sozialen Zusammensetzung der preußischen Nationalversammlung; in ihr spielten die Beamten, von denen viele im Vormärz wegen oppositioneller Haltung gemaßregelt worden waren, eine dominante Rolle. Die eigentlich konservative Rechte, die ihr Sprachrohr in der Neuen Preußischen [Kreuz]Zeitung gefunden hatte, war in der Nationalversammlung so gut wie gar nicht vertreten; sie agierte hingegen gleichsam auf der inneren Linie, durch Einflußnahme auf die Krone und die hohe Beamtenschaft. Die Rechte in der Nationalversammlung bestand in ihrer großen Mehrzahl aus altpreußischen Liberalen, die eine Konsolidierung der Revolution auf der Linie eines Kompromisses mit der Krone anstrebten, aber über die Linie einer streng konstitutionellen Monarchie nicht hinausgehen wollten. Sie gerieten durch die Unnachgiebigkeit der Regierungen jedoch in eine taktisch wenig günstige Situation. Die verschiedenen Fraktionen des Zentrums hingegen neigten dazu, die Rechte des Parlaments gegenüber der Regierung und der Krone nachdrücklich zur Geltung zu bringen und die Regierung zu zwingen, auch in Sachfragen in ihrem Sinne zu verfahren, was diese ihrerseits als ungerechtfertigte Eingriffe in die Exekutive zurückwies. Ohne das parlamentarische Prinzip als solches zu propagieren, bestand das Zentrum doch darauf, daß die Regierungen, wie widerstrebend auch immer, verpflichtet seien, nicht nur gemäß der frühkonstitutionellen Doktrin im Rahmen der vom Parlament beschlossenen Gesetze zu regieren, sondern auch Beschlüsse des Parlaments zu konkreten politischen Sachfragen unverzüglich umzusetzen. Die Linke hingegen drängte auf ein rein parlamentarisches System auf der Grundlage des allgemeinen, gleichen und direkten Wahlrechts. Sie war auch nicht bereit, sich mit dem Gedanken abzufinden, daß die Nationalversammlung hinsichtlich der Verfassungsgesetzgebung ausdrücklich auf das Prinzip der Vereinbarung verpflichtet war; ein Antrag, dieses Prinzip fallenzulassen, fand allerdings keine Mehrheit. In den parlamentarischen Geschäften gab die Linke durchweg den Ton an, obschon sie keineswegs über eine Mehrheit verfügte; ihre Sprecher, der Geheime Obertribunalrat Benedikt Franz Waldeck und der Oberlandesgerichtsdirekter Jodocus Temme, bestimmten in vieler Hinsicht den Gang der Verhandlungen; nur der Nationalökonom Karl Rodbertus, der Führer des Linken Zentrums, und in Grenzen auch Georg von Vincke, einer der Sprecher der Rechten, vermochten ihnen pari zu bieten.

Im Grunde war die preußische Nationalversammlung in den politischen Kernfragen durchaus zur Verständigung mit der Krone bereit; aber die Abgeordneten erkannten klarer und deutlicher die kritischen Punkte, an denen die Gegenrevolution den Hebel ansetzen konnte, und suchten diese in frontaler Auseinandersetzung mit der königlichen Regierung zu beseitigen. Ihre Kritik richtete sich in unmißverständlicher Sprache gegen die Stützpfeiler des überkommenen halbabsolutistischen Systems und ließ dabei wenig Kompromißbereitschaft erkennen. Allerdings versteifte sich die Haltung der preußischen Nationalversammlung gegenüber der Krone und dem Staatsministerium zusätzlich unter dem Einfluß der zunehmenden radikalen Tendenzen in der breiteren Öffentlichkeit; diese waren nicht zuletzt von dem Wiener Vorbild inspiriert, das in den Kreisen der radikalen Demokratie für einige Wochen die Hoffnung aufkeimen ließ, daß nun doch eine tiefgreifende Umgestaltung der europäischen Staatenwelt anstehe. Daraus erklärt sich auch, daß die Linke Ende Oktober, als die Niederwerfung der Wiener Revolution durch die Armee von Windischgratz drohte, innerhalb und außerhalb des Parlaments mit großer Leidenschaft für eine militärische Intervention Preußens beziehungsweise der Frankfurter Zentralgewalt zugunsten der

Aufständischen agitierte. Auch der Ende Oktober in Berlin tagende Demokratenkongreß und das sogenannte »Gegenparlament«, eine Versammlung von Abgeordneten der demokratischen Linken aus zahlreichen deutschen Landtagen, die am 27. Oktober in Berlin zusammengekommen waren, nährten die Hoffnung, daß die demokratische Linke nunmehr mit vereinter Kraft agieren und die politische Offensive ergreifen könne.

Tatsächlich war das Gegenteil der Fall; die Gegenrevolution stand vor der Tür, und papierene Beschlüsse, wie die Forderung, Preußen möge »zum Schutze der in Wien gefährdeten Volksfreiheit« intervenieren, bestärkten das konservative Lager nur in seiner Absicht, der revolutionären Bewegung baldmöglichst ein Ende zu bereiten. Die eigentliche Ursache der Verschärfung des politischen Klimas war jedoch in der deutlich verschlechterten sozialen Lage der unterbürgerlichen Schichten zu suchen, die in vermehrtem Maße zu den traditionellen Formen des gewaltsamen Protests gegen Sachen griffen.

Im konservativen Lager hatten sich schon seit geraumer Zeit starke gegenrevolutionäre Kräfte formiert, die dank der großen Aktivität der konservativen Vereine namentlich in den altpreußischen Kerngebieten der Monarchie über ein nicht geringes Maß von Rückhalt im Lande verfügten. Die Kamarilla mit Ernst Ludwig und Leopold von Gerlach an der Spitze arbeitete zielbewußt auf einen Umsturz hin und hielt nach geeigneten Persönlichkeiten für eine konterrevolutionäre Politik Ausschau. Auch in der erstarkenden konservativen Vereinsbewegung mehrten sich die Stimmen, die forderten, daß »endlich die Regierung kräftiger eingreife und die [preußische] Nationalversammlung auf ihre wahre Stellung zurückführe«.[7] Friedrich Wilhelm IV. selbst hatte schon länger das Steuer herumreißen wollen; schon Anfang September hatte er mit Hilfe der Kamarilla ein Kampfprogramm gegen die Nationalversammlung entwickelt, jedoch anfänglich noch vor dem offenen Konflikt zurückgeschreckt. Die Berufung des Generals Ernst von Pfuel war von vornherein als eine Übergangslösung gedacht gewesen, um Zeit zu gewinnen, bis die Lage für die Gegenrevolu-

---

7 Schwentker, Konservative Vereine, S. 123

tion reif sei. Leopold von Gerlach hatte Pfuel als eine »höchst bedenkliche« Wahl bezeichnet und alles in seiner Macht Stehende getan, um dessen ohnehin schwache Stellung bei Hofe zu unterminieren.[8]

Die Vorgänge auf parlamentarischer Ebene spielten der gegenrevolutionären Fronde in der Umgebung des Monarchen in die Hände. Die Einbringung der sogenannten Charte Waldeck, eines Gegenentwurfs zu dem noch von dem Ministerium Auerswald-Hansemann eingebrachten Verfassungsentwurf, löste in konservativen Kreisen und nicht zuletzt bei Friedrich Wilhelm IV. selbst große Unruhe und Empörung aus. Die Charte Waldeck hielt sich im ganzen an die Regierungsvorlage, enthielt jedoch an einigen kritischen Punkten bedeutsame Verschärfungen, die darauf abzielten, die rechtliche Sicherung der Bürger gegenüber willkürlichen Eingriffen des Staates so stark wie nur möglich zu machen, vor allem aber den Grundsatz der Gleichheit aller Bürger in rechtlicher wie gesellschaftlicher Hinsicht in aller Form festzuschreiben. Dazu gehörte nicht nur die Abschaffung des Adels als eines besonderen Standes, sondern sogar das Verbot der Führung aristokratischer Titel und der Annahme von Orden und Ehrenzeichen. Diese Bestimmungen griffen tief in aristokratische Lebensformen ein und liefen in ihrer Konsequenz darauf hinaus, die preußische Monarchie ihrer traditionellen gesellschaftlichen Basis in der preußischen Hocharistokratie zu berauben. Dies galt auch für das Postulat der Schaffung einer »Volkswehr« neben dem stehenden Heer, mit anderen Worten die Durchbrechung des Waffenmonopols der verhaßten Armee. Von noch größerer psychologischer Tragweite war die vorgeschlagene Streichung des Passus »von Gottes Gnaden« in der Präambel der Verfassung; dies traf Friedrich Wilhelm IV. in seinem persönlichen Selbstverständnis, war er doch von der religiösen Fundierung seiner monarchischen Stellung tief überzeugt. Gleiches galt von der vorgesehenen Ersetzung des absoluten Vetos des Monarchen durch ein, allerdings in seiner Anwendung sehr stark restringiertes, suspensives Veto; erst nach dem positiven Votum des Parla-

8 Ebd., S. 130 f.

ments in drei aufeinanderfolgenden Parlamentssessionen hätte der Monarch überstimmt werden können, ein – was man damals freilich nicht wußte – kaum jemals praktisch realisierbares Verfahren. Aber das konstitutionelle Prinzip war an einem entscheidenden Punkt durchbrochen, die Grenzüberschreitung vom konstitutionellen hinüber zum parlamentarischen System angebahnt.

Gegen diese Vorschläge erhoben sich in konservativen Kreisen und in Teilen der bürgerlichen Schichten massive Proteste. In der Öffentlichkeit mehrten sich die Stimmen, die die Tendenz der preußischen Nationalversammlung mißbilligten, in ihren Verfassungsbeschlüssen über das klassische Modell der konstitutionellen Monarchie hinauszugehen. Zahlreiche Konstitutionelle Vereine, die bislang einen gemäßigt-liberalen Kurs gesteuert hatten, schlossen sich nunmehr dem konservativen Lager an. Die große Mehrheit des Bürgertums hatte bisher in der konstitutionellen Monarchie eine Rettungsplanke vor revolutionären Eruptionen der Unterschichten gesehen. Die Unabhängigkeit des Monarchen innerhalb des konstitutionellen Regierungssystems galt ihm als Garant der Stabilität der Sozialordnung; auch jetzt sollte daran nicht gerüttelt und die Grenze hinüber zur Demokratie nicht überschritten werden. Unzweifelhaft gewann die Gegenrevolution nicht nur am Hofe, im Offizierskorps und der Aristokratie zunehmend an Boden, sondern auch in bürgerlichen Kreisen und in Teilen der Bauernschaft.

Umgekehrt kam es in den städtischen Unterschichten und insbesondere der Arbeiterschaft zu einer fühlbaren Radikalisierung. Die Signalwirkung der Ereignisse in Wien führte zu verstärkter Agitation der radikalen Demokratie, die vielfach glaubte, am Beginn einer neuen, zweiten Welle der Revolution zu stehen, die den Durchbruch zur republikanischen Staatsform bringen werde. In diesem Klima eskalierten auch lokale soziale Konflikte, die an sich unpolitischer Natur waren, zu politischen Massendemonstrationen, die in gewaltsame Auseinandersetzungen einmündeten. Ein solcher Fall war die Zerstörung einer dampfgetriebenen Wasserpumpe am 16. Oktober 1848 durch Berliner Kanalarbeiter, die ihre Arbeitsplätze gefährdet sahen – ein klassischer Fall

255

von Maschinenstürmerei. Das Eingreifen der Berliner Bürgerwehr führte zu einer gewaltsamen Auseinandersetzung mit den Arbeitern, die von einzelnen Trupps radikaler Freischärler Zuzug erhielten. In der Folge kam es zu einer blutigen Straßenschlacht in Berlin. Dabei hatte eine Rolle gespielt, daß in dem eben von der preußischen Nationalversammlung beschlossenen Gesetz über die Bürgerwehr alle illegalen Wehrformationen, namentlich die Freischaren der äußersten Linken, aufgelöst werden sollten. Die Berliner Kämpfe vom 16. bis 18. Oktober wurden von der radikalen Demokratie im nachhinein als Kampf für Freiheit und Republik gegen die drohende Reaktion umgedeutet, während die gegenrevolutionäre Fronde sie als blanke Anarchie brandmarkte, die ein energisches Eingreifen der Armee rechtfertigte.

Diese Vorgänge boten einen günstigen Ansatzpunkt für gegenrevolutionäres Handeln. Friedrich Wilhelm IV. verlangte von General Pfuel zur Wiederherstellung der öffentlichen Ordnung den unverzüglichen Erlaß des Belagerungszustands, was den vor den Toren Berlins stehenden Streitkräften des eben neu ernannten preußischen Oberkommandierenden General Friedrich Graf von Wrangel die Möglichkeit eröffnet hätte, die Bürgerwehr beiseite zu schieben, obschon diese die Lage längst wieder unter Kontrolle hatte, und die uneingeschränkte Herrschaft der Armee über die Hauptstadt wiederherzustellen, als Voraussetzung für ein energisches Vorgehen gegen die preußische Nationalversammlung. Der Ministerpräsident von Pfuel weigerte sich jedoch, dies zu tun, weil dann jede Möglichkeit einer Verständigung mit der Nationalversammlung entschwunden wäre. Ende Oktober 1848 wurde dann Friedrich Wilhelm Graf Brandenburg, der Kandidat der Kamarilla, zum Ministerpräsidenten eines hochkonservativ zusammengesetzten Kabinetts berufen, das bereit war, den offenen Konflikt mit der Nationalversammlung zu wagen. Am 2. November 1848 wurde der Nationalversammlung überraschend die Neubildung der Regierung mitgeteilt. Vorstellungen einer Delegation des Parlaments bei Friedrich Wilhelm IV., er möge doch im Sinne herkömmlicher konstitutioneller Regierungspraxis ein Ministerium berufen, welches »eine Majorität in der Versammlung und Vertrauen im Lande zu gewinnen« in der Lage sei, wurden vom Monarchen in brüsker Form zurückgewiesen.[9]

Die nächsten konterrevolutionären Maßnahmen der Regierung folgten Schlag auf Schlag. Am 3. November 1848 wurde die Nationalversammlung vertagt und für den 27. November 1848 in der Provinzstadt Brandenburg mit dem vorgeschobenen Argument einberufen, daß die Sicherheit der Versammlung in Berlin nicht mehr gewährleistet sei. Dies war ein glatter Rechtsbruch. Die Nationalversammlung versuchte zunächst, unter formellem Protest gegen die Vertagung und die Verlegung nach Brandenburg ihre Beratungen in einem anderen Versammlungslokal fortzusetzen; doch wurde sie aus diesem am 10. November mit Waffengewalt vertrieben; eine Rumpfversammlung forderte die Bürger am 15. November 1848, unmittelbar bevor sie von Armee-Einheiten auseinandergetrieben wurde, zum Steuerboykott auf, solange die Nationalversammlung nicht ordnungsgemäß in Berlin tagen könne. Doch erwies sich dies als eine inhaltsleere Geste, die in der Öffentlichkeit als Rechtsbruch gebrandmarkt und als Argument gegen die Nationalversammlung gewendet wurde; selbst die Frankfurter Nationalversammlung mißbilligte den Steuerverweigerungsbeschluß als unrechtmäßigen Eingriff des Parlaments in die regulären Staatsfunktionen.

Als die preußische Nationalversammlung dann Ende November 1848 in Brandenburg wieder zusammentrat, wurde sie nach erneuten erbitterten Auseinandersetzungen über die Rechtmäßigkeit oder Unrechtmäßigkeit der Maßnahmen der Regierung Brandenburg am 5. Dezember – nach dem Vorbild der Politik Schwarzenbergs – mit einer oktroyierten Verfassung konfrontiert; dies war ein eindeutiger Bruch mit dem konstitutionellen Prinzip der Vereinbarung von seiten der Krone. Gleichzeitig wurde, auch dies unter Verletzung des geltenden Rechts, die Auflösung der Nationalversammlung angeordnet, nicht zuletzt deshalb, weil sie es gewagt hatte, für die uneingeschränkte Übernahme der Grundrechte der Frankfurter Nationalversammlung zu votieren.

Die oktroyierte Verfassung vom 5. Dezember 1848 lehnte sich

9 Vgl. Botzenhart, Parlamentarismus, S. 544

formal auf weiten Strecken an die Charte Waldeck an; sie präsentierte sich in einem liberalen Gewand mit reaktionären Fußangeln. Das Prinzip des Gottesgnadentums war ebenso wiederhergestellt wie das umfassende Vetorecht der Krone; wichtiger war, daß die Notverordnungsparagraphen 105 und 108 das Parlament im Konfliktfall der Willkür der Krone auslieferten. Aus konservativer Sicht machte die oktroyierte Verfassung dem liberalen Zeitgeist dennoch viel zu weitgehende Konzessionen; Adolf von Thadden-Trieglaff meinte entrüstet, die Verfassung sei »eine Summe feiger, ganz unnötiger Konzessionen.«[10] Aber das Kalkül der Regierung ging auf; die oktroyierte Verfassung wurde weithin, auch in den Kreisen des liberalen Bürgertums, als glückliche Beendigung des Konflikts zwischen Krone und Parlament, der neue revolutionäre Eruptionen hätte nach sich ziehen können, willkommen geheißen; die Regierung erhielt eine unabsehbare Flut von – freilich zumeist organisierten – Dankadressen.[11] Der »Verein für König und Vaterland« erklärte sogar, der Verfassungsoktroi sei die »sicherste Gewähr unserer Freiheit«.[12] Im gleichen Sinne äußerten sich auch zahlreiche liberale Vereine. Das Klima war umgeschlagen, die gegenrevolutionäre Politik der Regierung Brandenburg konnte auf eine beachtliche Massenbasis zählen, nicht zuletzt auch in den ländlichen Gebieten Preußens. Dazu hatte beigetragen, daß der neue Innenminister Otto Frhr. von Manteuffel, ungeachtet des Widerstandes der hochkonservativen Kreise, das Bündel von Agrarreformgesetzen, welches die Nationalversammlung beschlossen hatte, im Oktober und November 1848 in Kraft setzte und damit die Bauern pazifizierte.

Der Umschwung in der öffentlichen Meinung kam dann auch bei den Wahlen zum preußischen Abgeordnetenhaus im Januar 1849 zum Ausdruck. Zahlreiche liberale Vereine kooperierten nun unter dem Banner des konstitutionellen Prinzips mit den Konservativen und gründeten vielerorts gemeinsame Konstitutionelle

10 Schwentker, Konservative Vereine, S. 241
11 Ebd., S. 242 ff.
12 Ebd., S. 244

Vereine. Im Lande breitete sich eine antirevolutionäre Grundstimmung aus, die sich auch gegen die Idee eines Aufgehens Preußens in Deutschland richtete. Die Agitation der Preußenvereine für die unbeschadete Erhaltung Preußens unter seiner angestammten Dynastie erwies sich als überaus erfolgreich, während die deutsche Politik der Frankfurter Nationalversammlung zunehmend an Boden verlor.

Das Netz konservativer Vereine, welches in den vergangenen Monaten über ganz Preußen gespannt worden war, erwies sich als nützliche Stütze der Rechten. Das Ergebnis der Wahlen zum Abgeordnetenhaus vom 22. Januar und 5. Februar 1849, die unter den Bedingungen des Belagerungszustandes durchgeführt wurden und daher den Behörden ermöglicht hatten, die Aktivität der demokratischen Vereine wirkungsvoll zu behindern, brachten allerdings nicht ganz die ersehnten konservativen Ergebnisse. Das Bündnis der Konservativen und der rechten Mitte, genauer gesagt, der Repräsentanten des gemäßigten Bürgertums, brachte es auf 46,6 Prozent der Stimmen, das Zentrum, also die auf entschiedene Wahrnehmung der Rechte der Volksvertretung im Rahmen des konstitutionellen Verfassungsrechts drängende bürgerliche Minderheit, kam auf 8,5 Prozent und die Linke auf 44,9 Prozent.[13] Dies entsprach einer zunehmend schärferen Polarisierung innerhalb der Wählerschaft; die bisher bestehenden Gemeinsamkeiten der politischen Parteiungen im Kampf gegen die Unbeugsamkeit der preußischen Krone und gegen die von der Regierung Brandenburg betriebene Politik eines Kryptoparlamentarismus waren aufgebraucht. Denjenigen, welche die Sache der Revolution noch nicht verloren geben wollten, wehte der Wind ins Gesicht; selbst mit dem Fortbestand des Ausnahmezustands wollte man sich abfinden: »Das Land ist müde der Anarchie und will Ordnung und Ruhe mit aller Kraft aufrecht erhalten wissen.«[14] Das Rad der Gegenrevolution ließ sich nun nicht mehr anhalten. Im März 1849 begann die preußische Regierung mit den Vereins-, Plakat- und Pressegesetzen die Vereinsbewegung im Lande einzudämmen und

13 Angaben nach ebd., S. 264
14 Ebd., S. 296

die politische Bewegung in den breiten Massen der Bevölkerung nach und nach zum Erliegen zu bringen.

Der Sieg der Gegenrevolution in Preußen aber strahlte unvermeidlich auch auf die anderen deutschen Staaten aus. Auch hier kam es durchweg, insbesondere in Sachsen und in Bayern, zu einer ausgeprägten Polarisierung der politischen Kräfte. In den Wahlen im Frühjahr 1849 büßten die Märzministerien überall ihre parlamentarischen Mehrheiten ein. Gestützt auf die massive Unterstützung durch die demokratische Vereinsbewegung, drängten die Kammermehrheiten auch hier über die Grenzlinie des konstitutionellen Systems hinaus und forderten maßgeblichen Einfluß auf die Regierungsgeschäfte; ebenso verlangten sie ebenso die Annahme des Grundrechtskatalogs der Paulskirche. Ihnen traten Beamtenministerien entgegen, die sich auf Finassierung und Zeitgewinn verlegten und ihre Aufgabe in der Blockierung fortschrittlicher Gesetzesvorlagen sahen. Auf der Ebene der einzelstaatlichen Parlamente kam die politische Bewegung zum Stillstand; die aufgestaute Frustration der demokratischen Linken drängte demgemäß auf eine Entladung im vorparlamentarischen Raum hin, während der gemäßigte Liberalismus Anstalten machte, sich aus Furcht vor einer Radikalisierung der Revolution mit womöglich unkalkulierbarem Ausgang in den Schoß der Regierungen zurückzuflüchten.

XII.
Die Frankfurter Reichsverfassung und ihr Scheitern

Ende Juli 1848 hatte die politische Bewegung in den deutschen Staaten ebenso wie in den nichtdeutschen Territorien Österreichs einen kritischen Punkt erreicht. Die konservativen Eliten hatten wieder Tritt gefaßt und warteten nur auf günstige Möglichkeiten, um die Resultate der Revolution wieder zurückzurollen; die blutige Niederwerfung des Aufstands der Pariser Arbeiter durch Cavaignac im Juni 1848 war von ihnen als große Ermutigung aufgenommen worden. Das besitzende Bürgertum war durch die Wellen sozialer Unruhen, die die Unterschichten erfaßten, zunehmend verunsichert und wollte, wenn irgend möglich, die ungewollte, aber dann von ihm mitgetragene Revolution möglichst zu einem konstruktiven Ende führen. In dieser Konstellation wurde der Tätigkeit der Frankfurter Nationalversammlung große Bedeutung zugemessen; nur von ihr konnten jetzt noch positive Impulse zur Stabilisierung der revolutionären Prozesse ausgehen.

Am 3. Juli 1848 hatte die Nationalversammlung mit ihrer eigentlichen Aufgabe begonnen, der Ausarbeitung einer deutschen Verfassung. Es ist immer wieder mißbilligt worden, daß die Nationalversammlung die Beratung der »Grundrechte des deutschen Volks« an den Anfang ihrer Arbeit stellte, statt sich sogleich den weit schwerwiegenderen Fragen der verfassungspolitischen Neuordnung der deutschen und mitteleuropäischen Staatenwelt zuzuwenden. Allein, die Liberalen des »Casino« und des »Rechten Zentrums«, die eine dominante Rolle im Verfassungsausschuß einnahmen, hatten dafür gute Gründe. Von dem möglichst raschen Erlaß der »Grundrechte« erhofften sie sich, die revolutionären Strömungen gleichsam in stabilen rechtlichen Dämmen einzufangen. Sie wollten die Grundsätze einer liberalen Gesellschafts- und Rechtsordnung gegenüber den Bedrohungen von unten wie von oben verfassungsrechtlich festschreiben und damit der Rechts- und Verfassungsgesetzgebung der Einzelstaaten vorgeben. Anders gesagt, man wollte die Errungenschaften der Märzrevolution ein für allemal sicherstellen. Der Vorsitzende des Verfassungsausschusses, Carl Georg Beseler, erklärte zu Beginn der Verhandlungen, man habe es für notwendig gehalten, »bei der großen socialen Bewegung, die ganz Deutschland ergriffen« habe, »von hier aus ein Wort darüber« zu sprechen, »wo wir die Grenze finden, über welche diese Bewegung nicht hinausgeführt werden soll«.[1]

Die »Grundrechte« hatten also nicht nur eine offensive, sondern auch eine defensive, eine sozial stabilisierende Funktion, sie waren keineswegs nur eine akademische Fingerübung. Daraus geht auch hervor, daß der Grundrechtskatalog weit über die klassischen Vorbilder der amerikanischen *Declaration of Rights* hinausging und nicht nur Bestimmungen bezüglich der Freiheitsrechte des Individuums aufnahm, sondern eine Fülle materieller Sachverhalte regelte, die man normalerweise dort nicht suchen würde – ein Verfahren, das später von den Vätern der Weimarer Verfassung wieder aufgenommen wurde. Die »Grundrechte« erstreckten sich nicht nur auf die Sicherstellung der persönlichen Freiheitsrechte des Bürgers und einer rechtsstaatlichen öffentlichen Ordnung, sondern zielten darüber hinaus darauf ab, die Gesellschaft von traditionellen Fesselungen feudalen oder obrigkeitlichen Ursprungs zu befreien.

An den Anfang stellten die Verfassungsgeber die Einführung eines deutschen Reichsbürgerrechts, das an die Stelle der bisherigen Staatsbürgerrechte der Einzelstaaten treten und dem einzelnen Bürger uneingeschränktes Niederlassungsrecht und uneingeschränkte Berufsausübung in allen Einzelstaaten garantierte. Dies erwies sich als umstritten, da die Gewährung unbegrenzter Freizügigkeit mit dem traditionellen, auf dem sogenannten Heimatrecht beruhenden Armenrecht der Gemeinden kollidierte und daher ergänzende Gesetzgebung notwendig machte. Außerdem gab es Bedenken, ob damit unbegrenzte Gewerbefreiheit verbunden

---

1 Wigard, Stenographischer Bericht, Bd. 1, S. 700

sein solle, wie dies übrigens nicht nur aus ökonomischen Gründen, sondern auch im Interesse der Unterschichten gefordert wurde. Politisch brisant war die Aufhebung aller Standesvorrechte, insbesondere jene des Adels. Besonderes Gewicht erhielt – dies war nach vierzig Jahren politischer Repression unter dem System Metternich gewiß nicht überraschend – die Garantie der persönlichen Freiheitsrechte nach dem Vorbild der englischen *habeas-corpus*-Akte. Schließlich wurden die Grundsätze eines liberalen Gerichtsverfahrens einschließlich der Einführung von Schwurgerichten für schwerere Delikte verordnet und die Todesstrafe abgeschafft. Mit der Festlegung voller Glaubens- und Gewissensfreiheit wurde schließlich, implizit aber eindeutig, auch die rechtliche Emanzipation der Juden sanktioniert, ein damals durchaus noch umstrittener und angesichts zahlreicher Judenpogrome sensitiver Punkt.

Darüber hinaus wurden, vergleichbar dem Paragraphen 13 der Bundesakte, allen Einzelstaaten die Mindestbedingungen konstitutioneller Regierungsweise einschließlich der – allerdings nur justizförmig verstandenen – politischen Verantwortlichkeit der Minister vorgeschrieben und ebenso den Gemeinden die selbständige Wahrnehmung ihrer eigenen Angelegenheiten einschließlich der freien Wahl ihrer Vorsteher zugesichert. Außerdem wurden unter sozialem Aspekt die bisherigen Beschränkungen des Erwerbs des Bürgerrechts und damit die herkömmliche Privilegierung der besitzenden Schichten aufgehoben.

Heiß umstritten war die Frage, ob der Adel ganz abgeschafft oder nur sein Status als eines privilegierten Standes beseitigt werden solle. Carl Georg Beseler argumentierte mit einiger Überzeugungskraft, daß, sofern die Nationalversammlung die Aufhebung des Adels als solchem beschließe, die Bahn der Reformen verlassen und jene der Revolution betreten werde, und die Abgeordneten folgten ihm in diesem Punkte mit einer Mehrheit von 282 zu 146 Stimmen. Aber andererseits wurde mit den Residuen aristokratischer Vorherrschaft im gesellschaftlichen Raum aufgeräumt. Die Wahrnehmung hoheitlicher Funktionen durch die Grundherren wurde beseitigt, einschließlich der Patrimonialgerichtsbarkeit, und das Jagdrecht auf fremdem Grund und Boden aufgehoben. Weiterhin wurde die grundsätzliche Ablösbarkeit aller an Grund und Boden haftenden Feudallasten festgelegt. Schließlich wurde die Aufhebung aller Familienfideikommisse verfügt, die adeligen Grundbesitz den Regeln des freien Marktes entzogen. Dem stand gegenüber, daß, in Abwehr aller sozialistischen Tendenzen, die Unverletzlichkeit des Eigentums in aller Form mit der Maßregel festgeschrieben wurde, daß eine Enteignung in jedem Falle nur gegen »gerechte Entschädigung« vorgenommen werden dürfe – ein Kernsatz des bürgerlich-liberalen Credos. Beiläufig sei erwähnt, daß neben der Garantie der Freiheit der Wissenschaft nicht zuletzt auch kostenloser Volksschulunterricht vorgesehen war sowie »Unbemittelten auf allen öffentlichen Unterrichtsanstalten freier Unterricht gewährt« werden sollte. Dies war die einzige im engeren Sinne »soziale« Grundrechtsbestimmung, wenn man nicht den Grundsatz gleicher Besteuerung für alle als solche ansehen will. Von der Aufnahme von Bestimmungen wie des »Rechts auf Arbeit« der französischen Februarrevolution waren die Abgeordneten der Paulskirche weit entfernt.

Der Grundrechtskatalog war insgesamt nichts weniger als radikal. Dennoch ist es verfehlt, die Bedeutung der großen Entscheidungen über die »Grundrechte« herunterzuspielen. Diese stellten einen bemerkenswert geschlossenen Katalog der Grundprinzipien einer freiheitlichen Gesellschaft dar und zugleich ein wichtiges Element der Sanktionierung und Stabilisierung der Errungenschaften der Revolution. Die »Grundrechte« wurden am 27. Dezember 1848 durch Reichsgesetz verkündet und wurden von einer ganzen Reihe der Einzelstaaten als bindendes Recht anerkannt. Es war freilich ein bedrohliches Zeichen kommenden Unheils, daß sich Preußen und Österreich, und ihnen folgend auch Bayern und Hannover, weigerten, die »Grundrechte« anzuerkennen und sie ihrerseits amtlich zu veröffentlichen. Insofern blieben die Dinge einstweilen in der Schwebe. Gleichwohl kam die Veröffentlichung der »Grundrechte« einer moralischen Stützung des Werks der Nationalversammlung in einem Augenblick gleich, in dem ihre Wirksamkeit nicht länger unumstritten war. Soviel ist sicher: Für die künftige politische Entwicklung in Deutschland wäre es viel wert gewesen, wenn die »Grundrechte« in der deutschen Staatenwelt auf Dauer durchgesetzt und nicht großenteils wieder zurückgenommen worden wären; gänzlich dahinter zurückgehen konnte man auch späterhin nicht mehr.

Die Abgeordneten der Paulskirche waren sich durchaus darüber im klaren, daß die Beschlüsse über die Grundrechte und über die Reichsverfassung als solche im Hinblick auf die sich rapide verändernden politischen Rahmenbedingungen eilbedürftig waren. Bassermann war nur einer von vielen Abgeordneten, die auf eine Beschleunigung der Verhandlungen drängten: »Ich fürchte, der Particularismus in Deutschland schreitet schneller vorwärts, als unser Verfassungswerk.«[2] Doch ließ sich dies bei der Fülle der Probleme, die auf die Nationalversammlung einstürmten, nicht leicht bewerkstelligen. Nationalpolitische Streitfragen und Konflikte aller Art, angefangen von der Frage des Waffenstillstands von Malmö und der polnischen Frage bis hin zu den bestürzenden Entwicklungen in Wien, die eine Reaktion der Nationalversammlung erforderten, traten dazwischen. Die Beratungen über die Reichsgewalt begannen demgemäß erst Ende Oktober 1848, und sie blieben nicht unberührt von den politischen Wechsellagen der kommenden Monate.

Die Frankfurter Nationalversammlung stand vor einer schwierigen Aufgabe, die sie freilich im Vertrauen auf das große Prestige, welches die Paulskirche im Lande besaß, zu meistern hoffte – ungeachtet immer neuer Hürden und Schwierigkeiten, die sich ihr in den Weg stellten. Schon in den Debatten über die Schaffung einer provisorischen Zentralgewalt waren die Vertreter der Linken, die eine Neugestaltung der politischen Länderkarte Deutschlands von Grund auf, ohne Rücksicht auf die bestehenden Einzelstaaten und ihre Dynastien, anstrebten, womöglich nach dem Vorbild der Vereinigten Staaten, in der Minderheit geblieben. Allerdings hatte die Linke ihre Hoffnung, am Ende doch noch eine republikanische Ordnung durchzusetzen, durchaus noch nicht völlig aufgegeben. Die Vielgestaltigkeit der staatlichen Gegebenheiten und Traditionen in der deutschen Staatenwelt ließen eine

---

2 Wigard, Stenographischer Bericht, Bd. 2, S. 977

glatte, überzeugende Lösung der Verfassungsfragen eigentlich überhaupt nicht zu, zumal die Alleinzuständigkeit der Frankfurter Nationalversammlung für die Verfassungsgesetzgebung von vielen Seiten, insbesondere von den größeren Einzelstaaten, bestritten wurde. Dennoch war die Marschroute klar: Deutschland sollte ein Bundesstaat mit einem konstitutionellen Monarchen an der Spitze werden, der mit einem demokratisch gewählten Reichstag und einem verantwortlichen Reichsministerium zu regieren haben werde, unbeschadet der Fortexistenz der Einzelstaaten.

Auch über das Reichsgebiet bestand unter den Fraktionen der Nationalversammlung, allenfalls mit Ausnahme des »Donnersberg«, zumindest anfänglich Einverständnis; der neue Bundesstaat sollte alle jene Länder und Territorien umfassen, die bisher dem Deutschen Bund angehört hatten, einschließlich der deutschen Erbländer der Donaumonarchie, und dazu außerdem, sofern dies durchsetzbar sein würde, Schleswig und die westlichen Teile des Großherzogtums Posen.

Im Grundsatz stellte sich die Nationalversammlung auf den Boden des Territorialprinzips, und dies nach der Maßgabe der territorialen Regelungen des Deutschen Bundes, obschon dieser längst nicht mehr deckungsgleich mit dem ausschließlich von Deutschen besiedelten Kultur- und Sprachraum Mitteleuropas war. Wilhelm Jordan beispielsweise erklärte, man könne ruhig sagen: »Alle, welche Deutschland bewohnen, sind Deutsche, wenn sie auch nicht Deutsche von Geburt und Sprache sind.« Der Begriff »Nation« sei ein viel weiterer geworden; »die Nationalität ist nicht mehr begrenzt durch die Abstammung und die Sprache, sondern ganz einfach bestimmt durch den politischen Organismus, durch den Staat.«[3] Andererseits hinderte dies die Abgeordneten der Paulskirche nicht daran, überall, wo dies angemessen erschien, mit ethnischen und kulturnationalen Argumenten oder auch mit dem »historischen Staatsrecht« bestimmte Territorien für den neuen Bundesstaat zu reklamieren, wie beispielsweise Posen und Schleswig. Die hier auftretenden, beständig an Schärfe zunehmenden Konflikte konnten durch die Zusicherung des Schutzes

3 Wigard, Stenographischer Bericht, Bd. 1, S. 737

der nationalen Minoritäten, der auch in die Grundrechte aufgenommen worden war, nicht wirklich beseitigt werden. Der Anspruch, einen homogenen, wenn auch föderativ gegliederten deutschen Nationalstaat ins Leben zu rufen, kollidierte mit der Tatsache, daß der Deutsche Bund zahlreiche gemischtsprachige Gebiete umfaßte – aber in diesem Punkte war die Paulskirche grundsätzlich nicht bereit zurückzustecken.

Umgekehrt stellte sich das Problem, daß mehrere deutsche bzw. europäische Staaten dem Deutschen Bund nur mit Teilen ihrer Territorien angehört hatten; dies sollte nunmehr eine klare Regelung finden. Hier beschlossen die Abgeordneten, daß diese Staaten nur mit ihren deutschen Territorien dem Bunde angehören dürften und daß letztere eine von den nichtdeutschen Territorien getrennte Verfassung, Regierung und Verwaltung haben müßten. Dies bedeutete, daß den betreffenden Staaten nur die altertümliche Rechtsform der Personalunion blieb, um ihre Staatseinheit zu erhalten, und dies, obschon das Institut der Personalunion gerade eben in Schleswig-Holstein seine Unzulänglichkeit erwiesen hatte. Alle Warnungen, daß diese Lösung namentlich von Österreich nicht hingenommen werden könne, wurden in den Wind geschlagen; in dieser Hinsicht wollte die Nationalversammlung beides zugleich: ein möglichst hohes Maß nationaler Homogenität und die Erhaltung, ja Ausdehnung des Besitzstandes des ansonsten so angefeindeten Deutschen Bundes.

Die Abgeordneten der Nationalversammlung wurden ganz überwiegend von einer Flutwelle nationaler Empfindungen erfaßt, welche sie dazu bestimmte, die Reichsgewalt so stark wie möglich zu machen, um ein Höchstmaß nationaler Einheit zu erreichen. Dies fand seinen Niederschlag in dem großen Maß von Kompetenzen, die der Reichsgewalt zugewiesen wurden. Diese sollte nicht nur für die auswärtigen Beziehungen und für die Wehrverfassung, einschließlich des Rechts, über Krieg und Frieden zu befinden, zuständig sein, sondern auch für die gesamte Handels- und Wirtschaftsgesetzgebung, einschließlich des Verkehrswesens und der Schiffahrt, ferner des Post-, Telegraphen- und Münzwesens sowie der Patentangelegenheiten sowie der Zölle und Handelsverträge mit dritten Staaten. Ersichtlich strebte die Nationalversammlung eine Vereinheitlichung aller dieser Fragen auf Reichsebene an, in der Erwartung, daß sich dies auf die Entfaltung von Wirtschaft und Handel günstig auswirken werde. Gleiches galt auch für das Rechtswesen, einschließlich einer Neugestaltung des Handels- und Wechselrechts. Eine neue, reichseinheitliche Gewerbeordnung sollte die umstrittene Frage regeln, wie weit man an Beschränkungen des Freihandels zugunsten des Handwerks und sonstiger organisierter Berufsgruppen festhalten oder diese gar neu einführen solle, ein neues Heimatgesetz die Armenunterstützung durch die Gemeinden, deren bisherige Wahrnehmung durch die Gewährung unbeschränkter Freizügigkeit unterminiert zu werden drohte, auf eine neue Grundlage stellen. Diese Kompetenzzuweisungen an die Reichsgewalt, die durch eine generelle Ermächtigung ergänzt wurde, daß diese, sofern dies im Gesamtinteresse notwendig werden sollte, auch in anderen Bereichen gesetzgeberisch tätig werden sollte, griffen tief in die herkömmlichen Zuständigkeiten der Einzelstaaten ein. Gleichwohl verblieb diesen indirekt ein erheblicher Anteil an der Reichsexekutive, da die Zentralgewalt sich zur Ausführung der Reichsgesetze durchweg der Verwaltungen der Einzelstaaten bedienen sollte, statt parallel zu den einzelstaatlichen Verwaltungen eine eigene Reichsverwaltung aufzubauen. Dies galt entsprechend auch für das Reichsheer, das sich aus den Kontingenten der einzelstaatlichen Armeen zusammensetzte, denen demgemäß auch der Oberbefehl über die jeweils eigenen Kontingente verbleiben sollte.

Die unitarische Tendenz der Reichsverfassung wurde weiter verstärkt durch die Einführung eines Reichsgerichts, als einer dritten, juridischen Gewalt, die nicht nur für Angelegenheiten des Reichs, sondern auch für Streitigkeiten zwischen dem Reich und den Einzelstaaten sowie für verfassungspolitische Konflikte in den Einzelstaaten, beziehungsweise der Einzelstaaten untereinander, zuständig sein sollte. Unter anderem sollte es über Ministeranklagen in den Einzelstaaten zu befinden haben. Das Reichsgericht hätte zudem, wäre es zustande gekommen, nahezu jede beliebige Rechtsmaterie an sich ziehen können, da es über seine Zuständigkeit im konkreten Fall allein zu entscheiden gehabt hätte.

Angesichts des ausgeprägt unitarischen Zugs der Reichsverfassung wäre es darauf angekommen, die Einzelstaaten wenigstens im Vollzug der Tätigkeit der Reichsinstanzen ausreichend zu beteiligen. Dies war aber nicht der Fall. Ersichtlich wollte die Nationalversammlung, teilweise unter dem Druck der Linken, eine Neuauflage der Bundesversammlung vermeiden und den Regierungen daher keine direkte Mitwirkung an der Gesetzgebung einräumen; allerdings stand noch in der zweiten Lesung ein besonderer Reichsrat zur Debatte, als einer Vertretung der Bevollmächtigten der einzelstaatlichen Regierungen, der bei allen einschlägigen Gesetzesvorlagen vorab beratend beteiligt werden sollte, doch kam dieser am Ende nicht zustande. Die Einzelstaaten sollten im Staatenhaus, dem die Funktion einer Ersten Kammer zugewiesen wurde, je nach ihrer Bevölkerungszahl durch eine bestimmte Zahl von Mitgliedern vertreten sein; doch sollten diese nur zur Hälfte von den Regierungen selbst bestellt, zur anderen Hälfte von den jeweiligen parlamentarischen Körperschaften gewählt werden. Zwar waren beide Häuser an dem Prozeß der Gesetzgebung formal gleichberechtigt beteiligt, doch lag der Schwerpunkt ersichtlich im Volkshaus, das im Unterschied zum Staatenhaus alle drei Jahre neu gewählt werden mußte, während die Vertreter des Staatenhauses auf sechs Jahre gewählt wurden.

Im übrigen war die Stellung des Reichsoberhaupts analog jener eines konstitutionellen Monarchen ausgelegt, der persönlich unverantwortlich, aber gehalten ist, sich für alle seine Maßnahmen eines Ministeriums zu bedienen, das dafür die Verantwortlichkeit übernimmt. Allerdings war die politische Verantwortlichkeit der Minister nicht näher präzisiert; wie die wiederholte Bezugnahme auf die Ministeranklage andeutet, war formal nur an eine justizförmige Ministerverantwortlichkeit gedacht. Doch hatte sich in der Verfassungswirklichkeit in der Paulskirche bereits die parlamentarische Ministerverantwortlichkeit durchgesetzt, so daß die weitere Entwicklung in diese Richtung wies.

Hingegen war die Frage des Wahlrechts in der Nationalversammlung äußerst umstritten. Die Abgeordneten der Rechten bis hin zum »Linken Zentrum« waren durchweg besorgt, daß die Gewährung des allgemeinen gleichen Wahlrechts äußerst bedenkliche Folgen haben könne, obschon die Paulskirche selbst nach einem fast allgemeinen Wahlrecht gewählt worden war. Die Entwicklungen in Frankreich, aber nicht zuletzt auch die Radikalisierung der Preußischen Nationalversammlung gab ihnen zusätzliche Argumente gegen das allgemeine Wahlrecht an die Hand. Der Verfassungsauschuß hatte nach langem Deliberieren vorgeschlagen, »jedem selbständigen, unbescholtenen Deutschen, welcher das 25. Lebensjahr zurückgelegt« habe, das Wahlrecht zu geben, das Kriterium der »Selbständigkeit« aber so weit ausgelegt, daß darunter nicht allein Personen, welche Armenunterstützung bezogen oder im vergangenen Jahre bezogen hatten, sondern auch Dienstboten, Handwerksgehilfen und Fabrikarbeiter sowie Tagelöhner zu verstehen seien. Dies wäre darauf hinausgelaufen, die unterbürgerlichen Schichten nahezu ausnahmslos von der Teilnahme an den Wahlen auszuschließen. Georg Waitz begründete dies für den Ausschuß mit dem subjektiv gewiß glaubwürdigen Argument, daß keine »Staatsordnung ... bestehen oder doch zu irgend welcher Stätigkeit gelangen« könne, »wenn die Entscheidung aller politischen Fragen in die Hände der großen Masse, die sich nur zu oft willenlos leiten läßt und launenhaft Tag um Tag dem einen oder andern Führer folgt, gelegt« werde.[4]

Dies war in der Tat eines der großen Bedenken der Liberalen gegen ein allgemeines Wahlrecht, das auch durch die Erfahrungen während der Märztage nicht dauerhaft überwunden werden konnte. In vergleichbarer Weise verteidigte Hermann von Beckerath die vom Ausschuß vorgeschlagene Ausschließung der Unterschichten, auch wenn er das von diesem vorgeschlagene Verfahren nicht für sachgerecht ansah: »Die Beschränkung des allgemeinen Stimmrechts ist für den Staat eine Pflicht der Selbsterhaltung, denn er stürzt sich sonst aus einer Krise in die andere ... sie ist aber auch eine Pflicht der Civilisation, denn was ein Volk besitzt an Gütern der Bildung, der Kunst und Wissenschaft ... kann nicht gedeihen da, wo jeden Augenblick durch heftige Stöße die ganze Staatsgesellschaft ins Schwanken geräth.«[5] Auch »die

---

4 Wigard, Stenographischer Bericht, Bd. 7, S. 5222
5 Ebd., S. 5247

materielle Wohlfahrt« der Gesellschaft gedeihe nicht, wenn es an ausreichender Stetigkeit der politischen Ordnung fehle, die nur ein beschränktes Wahlrecht gewährleisten könne. Demgemäß plädierte Beckerath für ein mäßiges Zensuswahlrecht, geknüpft an Steuerleistung oder Grundbesitz.

Heinrich von Gagern fügte das klassische liberale, aber deswegen noch nicht stichhaltige, Argument hinzu, daß der junge Handwerker oder Fabrikarbeiter, dem das Wahlrecht vorenthalten bleibe, dieses ja späterhin, wenn aus ihm mit steigendem Wohlstand ein Bürger geworden sei, erhalten werde. Der Linken fiel es nicht schwer, die in sich inkonsistenten Argumente der Verteidiger der Vorlage des Verfassungsausschusses, der selbst einräumte, daß wegen der großen Unterschiedlichkeit der Steuersysteme und Einkommensverhältnisse in Deutschland ein Zensussystem leider nicht durchführbar sei, zu zerpflücken. Der Abgeordnete August Emanuel Pfeiffer wies süffisant darauf hin, es sei ja zwar nicht mehr opportun, von den Märzerrungenschaften zu sprechen; aber die große Mehrheit der damals auf den Barrikaden für die Revolution Gefallenen habe eben jenen Klassen angehört, die man jetzt vom Wahlrecht ausschließen wolle, und warnte, daß dies zu einer neuen, einer zweiten Revolution führen werde.

Allerdings fielen in den Beratungen der Nationalversammlung zunächst alle Vorschläge für eine Beschränkung des Wahlrechts kraft negativer Mehrheiten. Da die Antragsteller aus dem Lager der Rechten und dem »Rechten Zentrum« sich gegenseitig ausmanövriert hatten, blieb das allgemeine, direkte und geheime Wahlrecht am Ende der ersten Lesung bestehen, obschon eine substantielle Mehrheit der Abgeordneten entschieden dagegen eingestellt war. Nur taktische Gesichtspunkte, nämlich die Verrechnung der Stimmabgabe der Linken zugunsten eines preußischen Erbkaisertums gegen die Annahme des allgemeinen Wahlrechts, ermöglichten ganz am Ende des Gesetzgebungsprozesses, am 27. März 1849 – wie noch darzustellen sein wird – die pauschale Verabschiedung dieses für damalige Verhältnisse bemerkenswert demokratischen Wahlrechts.

Die wirklich großen Probleme stellten sich ein im Zusammenhang der Frage der Gestaltung der Reichsspitze. Die ursprünglichen Modelle, nämlich eines Dreierdirektoriums ebenso wie einer Präsidentschaft, waren im Grunde schon seit der Wahl des Erzherzogs Johann zum Reichsverweser vom Tisch. Unter den gegebenen Umständen war eigentlich nur denkbar, daß ein regierender deutscher Fürst zum Reichsoberhaupt bestellt würde, obschon die Linke dies weiterhin bekämpfte. Dies aber tangierte unmittelbar das Verhältnis der beiden deutschen Großmächte zueinander.

Bei Beginn der Beratungen der Frankfurter Nationalversammlung hatte allgemein die Vorstellung bestanden, daß man den Einzelstaaten die Bedingungen der deutschen Einheit vorschreiben müsse und dies, gestützt auf die nationalgesinnte öffentliche Meinung, auch durchsetzen könne. Deshalb hatte man es abgelehnt, im vorhinein mit den Regierungen in Verhandlungen über die Modalitäten eines deutschen Bundesstaates aus der Sicht der Einzelstaaten zu verhandeln. Dies sollte sich schon bald bitter rächen. In demokratischer Prinzipientreue hatte man es darüber hinaus ausgeschlossen, daß die Provisorische Zentralgewalt einen direkten Einfluß auf die Verfassungsberatungen nehmen dürfe, eine Regelung, die zwar späterhin nicht eingehalten wurde, aber doch dazu führte, daß der Gesichtspunkt der praktischen Durchsetzbarkeit der einzelnen Bestimmungen der Reichsverfassung in einer raschen Veränderungen unterworfenen Umwelt in den Verfassungsberatungen zeitweilig außer Sicht geriet.

Dies gilt insbesondere für das Verhältnis zu Österreich. Als die Nationalversammlung es in den Paragraphen 2 und 3 des Verfassungsentwurfs zur Bedingung des Eintritts in den Bundesstaat erhob, daß seine Mitglieder mit nichtdeutschen Ländern nur in Form der Personalunion verbunden sein dürften, war dabei die Erwartung leitend, daß sich der österreichische Kaiserstaat im Zuge der revolutionären Ereignisse ohnehin in ein Bündel von nationalen Teilstaaten auflösen würde, in der Richtung, die die Ungarn, wie es schien, bereits erfolgreich eingeschlagen hatten. Auch die österreichischen Abgeordneten der Paulskirche hatten diesen optimistischen Kurs mehrheitlich mitgetragen. Mit den Siegen von Radetzy in Oberitalien und Windischgrätz über die Ungarn, vor allem aber der Niederwerfung des Wiener Aufstandes im Oktober 1848 sowie der Verlegung des österreichischen Konstituierenden Reichstags nach dem kleinen niederösterreichischen Städtchen Kremsier hatte sich das Blatt in Österreich jedoch vollkommen gewendet. Die neue Regierung unter Felix Fürst zu Schwarzenberg wandte sich einer zentralistischen Politik bürokratischen Zuschnitts zu und schrieb ganz im Gegenteil die unveränderte Erhaltung des österreichischen Gesamtstaats auf ihre Fahnen. Mit der Kremsierer Erklärung vom 27. November 1848 erteilte Schwarzenberg den Planungen der Nationalversammlung eine klare Absage. Er verkündete nun: »Österreichs Fortbestand ist ein deutsches wie ein europäisches Bedürfnis.« Mehr noch, er forderte eine Regelung des Verhältnisses Österreichs zum übrigen Deutschland auf staatlicher Ebene, negierte also implizit den Anspruch der Frankfurter Nationalversammlung, kraft revolutionären Rechts die deutschen Verhältnisse einschließlich der »deutschen« Gebiete Österreichs nach ihren eigenen Vorstellungen neu zu gestalten.

Bisher hatte die Nationalversammlung mehrheitlich, wenn auch in unklaren Formen, die führende Beteiligung Österreichs an dem neuen deutschen Bundesstaate als fast selbstverständlich angesehen, obschon schon von Anbeginn eine borussische Fraktion unter der Führung Johann Gustav Droysens die preußische Führung und eine Erbmonarchie unter dem König von Preußen angestrebt hatte. Jetzt war zweifelhaft geworden, ob Österreich unter den bisher ins Auge gefaßten Bedingungen überhaupt mittun und ob die jüngste Entwicklung nicht gar auf ein völliges Ausscheiden Österreichs hinauslaufen würde. Diese Aussicht alarmierte nicht nur die österreichischen Abgeordneten, sondern darüber hinaus auch große Teile der süddeutschen Vertreter, die eine Trennung des neuen Bundesstaates von Österreich aus politischen, weltanschaulichen und nicht zuletzt auch aus wirtschaftlichen Gründen ablehnten; naturgemäß votierten die katholischen Abgeordneten in dieser Frage ebenfalls für die Erhaltung der Bindung an die traditionelle katholische Vormacht in Deutschland. Die radikale Demokratie hingegen erkannte, daß ein Ausscheiden Österreichs unvermeidlich die Karten Preußens verbessern und daß dies womöglich auf eine preußische Reichsspitze hinauslaufen würde. Die Abneigung gegen Preußen im Lager der

Linken war nur zu verständlich; diese hatte ihre Hochburgen ohnehin im deutschen Südwesten und in Sachsen, vor allem aber hatte sie im preußischen Militär immer wieder den Hauptwidersacher der Revolution erlebt. Zwar war die Erbitterung der Nationalversammlung und namentlich der Linken über die Oktoberereignisse in Wien und die brutale Erschießung Robert Blums in Wien auf einen Höhepunkt gestiegen, aber dies war nicht gleichbedeutend mit besonderer Sympathie für Preußen. Im Gegenteil, die Entwicklung in Preußen wies seit der Berufung des Ministeriums Brandenburg gleichermaßen in die Richtung eines immer schärferen Konflikts mit der preußischen Nationalversammlung.

In dieser Konstellation kam es zu einer vollständigen Konversion des Parteiensystems in der Paulskirche. Nun trat die Frage des Reichsoberhaupts beherrschend in den Mittelpunkt der parteipolitischen Erwägungen und führte quer durch das bisherige Parteienspektrum zur Spaltung der Nationalversammlung in Anhänger eines preußisch geführten Erbkaisertums einerseits und Großdeutsche andererseits. Der Kern der Erbkaiserlichen Partei rekrutierte sich aus dem Lager des gemäßigten konstitutionellen Liberalismus protestantischer Observanz, während die großdeutsche Fraktion sich neben den österreichischen Abgeordneten, die immerhin nahezu ein Drittel der Nationalversammlung ausmachten, aus süddeutschen Abgeordneten rekrutierte, welche den Gedanken einer preußischen Reichsspitze verabscheuten, und natürlich aus der katholischen Fraktion, die erst jetzt, nachdem die verfassungspolitischen Fragen großenteils ihre Erledigung gefunden hatten, ein größeres Maß an Geschlossenheit erlangte. Für die Österreicher war der Gedanke, daß der Kaiserstaat aus dem Bunde ausscheiden könnte, ganz unerträglich. Sie gingen davon aus, daß sie nur bei einer engen Verbindung Österreichs mit der deutschen Staatenwelt ihre Vorrangstellung gegenüber den slawischen Nationen innerhalb der Monarchie behaupten könnten. Die Abgeordneten des »Dritten Deutschlands« hingegen fürchteten eine künftige preußische Hegemonie und wollten schon deshalb die Verbindung zu den »deutschen« Territorien Österreichs aufrechterhalten. Die radikale Demokratie aber wollte ihre Hoffnungen auf eine grundlegende Umgestaltung der mitteleuropäischen

Staatenwelt noch nicht aufgeben; überdies wurde ihr Verhalten in besonderem Maße von nationalpolitischen Erwägungen bestimmt, diente ihr doch die nationalistische Ideologie als Motor für die Mobilisierung der Massen. Die Erbkaiserliche Partei hingegen sah nun die schon länger angestrebte Chance gegeben, dem preußischen König das Kaisertum anzutragen und auf diese Weise eine Stabilisierung der wirtschaftlichen Verhältnisse zu erreichen, die durch die revolutionären Entwicklungen nachhaltig gestört worden waren. Der gemäßigte Liberalismus war immer schon von der Idee fasziniert gewesen, daß ein liberales Preußen die Führung in Deutschland übernehmen müsse, und Friedrich Wilhelm IV. hatte ja in den Märztagen erklärt, daß Preußen hinfort in Deutschland aufgehen werde. Der Verlust der österreichischen Territorien wurde durch die Aussicht einigermaßen aufgewogen, auf diesem Wege endlich zu der ersehnten definitiven »Schließung« der Revolution zu kommen.

Allein, die Meinungen in dieser Frage gingen weit auseinander und führten zu erbitterten Auseinandersetzungen in der Nationalversammlung. Heinrich von Gagern trat mit dem unter den obwaltenden Umständen staatsmännischen Vorschlag hervor, das Verhältnis zu Österreich künftig im Sinne eines engeren und eines weiteren Bundes zu gestalten. Er wollte damit einen Ausweg aufzeigen, der es ermöglichen werde, das Verfassungswerk ungeachtet der augenscheinlichen Obstruktion Österreichs zügig zum Abschluß zu bringen. Das auch von Gagern als unverzichtbar betrachtete »Sonderverhältnis« zu Österreich sollte nach Abschluß des Verfassungswerks durch eine besondere Unionsakte gewährleistet werden, in der »alle die verwandtschaftlichen, geistigen, politischen und materiellen Bedürfnisse« befriedigt werden sollten, »welche Deutschland und Österreich von jeher verbunden haben«. Dies sei jedoch eine Aufgabe der Zukunft.[6] Doch fand dieser Vorschlag in der Nationalversammlung zunächst keinerlei positive Resonanz; vielmehr rief er insbesondere auf der Linken leidenschaftliche Proteste hervor. Der radikale Abgeordnete Jakob Venedey aus Köln erklärte, an der »Teilung Deutschlands« wolle

6 Wigard, Stenographischer Bericht, Bd. 6, S. 4233f.

er nicht mitwirken, und der Wiener Moritz Hartmann rief empört aus, die Österreicher seien nicht »hergekommen als verlorene Söhne, um Eingang in das Vaterhaus zu betteln«.[7] Anton Ritter von Schmerling, der allerdings jetzt von seinem Amt als Ministerpräsident zurücktrat – sein Nachfolger wurde Heinrich von Gagern –, wurde in den kommenden Wochen zum Anführer einer starken großdeutschen Fraktion, die alles daransetzte, die Einbeziehung der »deutschen« Gebiete Österreichs in den künftigen Bundesstaat doch noch zuwege zu bringen, unter anderem durch Einwirkungen auf die österreichische Regierung und den konstituierenden Reichstag in Kremsier.

Die Erklärung der Regierung Schwarzenberg, daß Österreich dem künftigen Bundesstaate wenn überhaupt, dann nur in seiner Gesamtheit beizutreten bereit sei, erschwerte die Lage. Die große Mehrheit der Nationalversammlung hielt eine Einbeziehung der transleithanischen Gebiete des Kaiserstaates in den künftigen nationalen Bundesstaat für ganz und gar inakzeptabel; aber es gab nicht wenige Stimmen, die dem Gedanken eines Siebzigmillionenreiches unter deutscher Führung, dessen Macht bis zu den Karpaten und bis zur Donau reichen würde, viel Positives abzugewinnen vermochten. Selbst Gagern begeisterte sich für den Beruf Deutschlands, »deutsche Gesittung längs der Donau zu tragen«[8]. Die nationalistische Begeisterung jener Monate war für die Idee sehr empfänglich, daß der deutsche Nationalstaat eine mitteleuropäische Mission zu erfüllen habe, zumal auf diese Weise die Hegemonie der deutschen Volksgruppe in Südosteuropa, womöglich im Bündnis mit einem freiheitlichen Ungarn, auf Dauer gestellt werden könnte. Die Attraktivität der Mitteleuropaidee täuschte darüber hinweg, daß dergleichen mit einem freiheitlichen Österreich, das notwendigerweise ein dezentral organisiertes, föderalistisches Österreich hätte sein müssen, niemals erreichbar gewesen wäre, sondern allenfalls mit einem autoritär geführ-

---

7 Ebd., S. 4236
8 Zit. bei Wilhelm Mommsen, Größe und Versagen des deutschen Bürgertums. Ein Beitrag zur politischen Bewegung des 19. Jahrhunderts, insbesondere zur Revolution 1848/49, München 1964, S. 195

ten, bürokratischen Gesamtstaat, als welchen sich das Regime Schwarzenbergs präsentierte. Andererseits hofften die Großdeutschen sehnlich, daß es, nachdem die erhoffte Intervention von preußischer bzw. deutscher Seite in den Oktoberkämpfen unterblieben war, doch noch zu einer innenpolitischen Wende innerhalb des österreichischen Kaiserstaates kommen werde, der es den Deutschen Österreichs ermöglichen würde, gleichberechtigt an dem gemeinsamen deutschen Bundesstaat mitzuwirken. Diese lange gehegten Hoffnungen wurden dann allerdings mit der Auflösung des Reichstags von Kremsier und der Oktroyierung einer österreichischen Gesamtstaatsverfassung am 4. März 1849 endgültig zerstört.

Obschon eine Mehrheit der Nationalversammlung eine, wie dies nunmehr von ihren Gegnern genannt wurde, »kleindeutsche« Lösung der deutschen Frage einstweilen hartnäckig zurückwies, ging Heinrich von Gagern daran, die von ihm schon länger ins Auge gefaßte »erbkaiserliche« Alternative zielbewußt voranzutreiben. Diese geriet freilich gleichfalls in schwere See. Die Bildung der konterrevolutionären Regierung Brandenburg in Preußen am 1. November 1848, in offenem Gegensatz zur preußischen Nationalversammlung, und die bevorstehende Oktroyierung einer Verfassung, in direktem Bruch des Verfassungsversprechens Friedrich Wilhelms IV. vom März 1848, drohten nicht nur zu neuen schweren revolutionären Eruptionen zu führen, sondern auch das Ansehen Preußens im übrigen Deutschland, und nicht zuletzt in der Frankfurter Nationalversammlung selbst, schwer zu beeinträchtigen. Dies aber mußte dem Plan eines preußischen Erbkaisertums abträglich sein. Gagern entschloß sich zur Entsendung des Reichsinnenministers Bassermann nach Berlin, als eines offiziellen Emissärs der provisorischen Zentralgewalt. Als diese Mission durch die Ereignisse überholt schien, wurde eine zweite Delegation unter Heinrich Simon und August Hergenhahn nach Berlin entsandt, mit dem Ziel, Friedrich Wilhelm IV. und die preußische Regierung vom Übergang zu einer gegenrevolutionären Politik abzuhalten. Man fürchtete, daß sonst das politische Klima für die erbkaiserliche Lösung in Frankfurt höchst nachteilig beeinflußt werden würde. Doch all dies erwies sich als aussichtslos.[9] Bei der Gemütsverfassung Friedrich Wilhelms IV. und der Entschlossenheit der Kamarilla, nunmehr, koste es, was es wolle, eine Wende der Dinge zu erzwingen, war dergleichen nicht zu erreichen.[10] Schließlich fuhr Gagern Ende November 1848 persönlich nach Berlin, um das Terrain für eine »erbkaiserliche Lösung« der Reichsspitze im preußischen Sinne vorzubereiten. Gagern, ebenso wie wenig zuvor schon Bassermann, suchte den Monarchen in persönlichen Gesprächen für die Übernahme des erblichen Kaisertums zu erwärmen. Doch stieß der Vorschlag, die Kaiserwürde aus der Hand des auf revolutionären Grundlagen beruhenden Frankfurter Parlaments entgegenzunehmen, bei Friedrich Wilhelm IV. auf keinerlei positive Resonanz, zumal dies voraussichtlich nicht ohne einen diplomatischen Konflikt mit Österreich abgegangen wäre. Der Monarch ließ Gagern wissen, daß er die Annahme der Kaiserwürde nur dann in Erwägung ziehen werde, wenn sie ihm durch die deutschen Fürsten angetragen werde. Dies bedeutete eigentlich schon das Ende der erbkaiserlichen Pläne, doch gab Gagern sich noch nicht geschlagen, zumal die Reaktionen der preußischen Minister in der Sache durchaus hoffnungsvoller klangen.

In den folgenden Wochen kam es zu Verhandlungen Friedrich Wilhelms IV. mit der österreichischen Regierung über einen Bundesreformplan, der unter anderem Preußens Unterordnung als Reichsfeldherr unter eine österreichische Reichsspitze vorsah; ebenso nahm die preußische Regierung ihrerseits den Gedanken eines engeren und weiteren Bundes auf, wollte diesen aber auf dem Wege über eine gemeinsame Vereinbarung der deutschen Fürsten einschließlich des österreichischen Kaisers herbeiführen. Der Sache nach sollte der Nationalversammlung auf diese Weise das Heft aus der Hand genommen und die nationale Bewegung wieder in das Fahrwasser der Regierungen zurückgelenkt werden. Am 13. März 1848 teilte die Regierung Schwarzenberg der Nationalversammlung in einem Reskript, das dieser allerdings erst drei Tage später zur Kenntnis gebracht wurde, mit, daß Österreich

9 Vgl. Eyck, Deutschlands große Hoffnung, S. 394 ff.
10 Blasius, Friedrich Wilhelm IV., S. 174 f.

278

nicht nur nicht dazu in der Lage sei, seine deutschen Provinzen aus dem Gesamtverband der Monarchie herauszureißen, sondern, wenn überhaupt, dann nur einer Staatenverbindung beitreten könne, deren »Centralgewalt« nicht durch eine »über oder neben ihm« bestehende Volksvertretung »gelähmt« werde.[11] Damit war das Verfassungswerk der Nationalversammlung grundsätzlich in Frage gestellt und ihr nur noch der Ausweg offengelassen, dieses ohne Österreich zu vollenden.

Schon zuvor, ebenfalls am 13. März, hatte Karl Theodor Welcker, bisher einer der prominenten Vertreter der großdeutschen Richtung, in einer großen Rede in der Paulskirche aus den Entwicklungen in Österreich den für ihn selbst schmerzhaften Schluß gezogen, daß nun nur noch die Alternative bestehe, das Verfassungswerk ohne Österreich zu vollenden und dem König von Preußen die erbliche Kaiserwürde zu übertragen. Gleichzeitig beantragte er die pauschale Annahme der Verfassung in der Fassung der Zweiten Lesung ohne Eintritt in weitere Einzelberatungen. Die Sensation war ungeheuer. Dennoch war die Nationalversammlung zunächst nicht bereit, diesem Vorschlag zu folgen. Vielmehr folgte eine wochenlange erbitterte Auseinandersetzung über die Gestaltung der Reichsspitze.[12] Einmal mehr wurden zahlreiche Modelle erwogen, um die Eventualität eines österreichischen Kaisertums doch noch offenzuhalten, unter anderem ein Direktorium, ein Wahlkaisertum auf drei Jahre und eine dem Dualismus der beiden deutschen Großmächte Rechnung tragende Lösung, demzufolge die Statthalterschaft im Reiche jeweils auf sechs Jahre alternierend dem preußischen König und dem österreichischen Kaiser übertragen werden sollte. Obschon die Bedenken auf der Linken gegen ein preußisches Kaisertum weiterhin fortbestanden, neigte sich doch die Waage zugunsten des Erbkaisertums; Ludwig Simon erklärte überzeugend: »Kleindeutschland

11 Wigard, Stenographischer Bericht, Bd. 8, S. 5708
12 Vgl. auch Welckers Rede am 17. März in dieser Debatte, in der er unter anderem leidenschaftlich dafür plädierte, daß man von erneuten Verhandlungen mit Österreich absehen solle: »... wir wollen thun, was Österreich gethan hat, wir wollen uns einigen, uns retten, uns zusammenschließen und auf gleichen Fuß setzen mit Österreich durchs Volkshaus und Erbmonarchie.« Ebd., S. 5804

ist da ... und es kann gegenwärtig die Cultur und Humanität bloß durch Kleindeutschland und von Kleindeutschland aus gerettet werden.« Damit signalisierte er für die Linke die Bereitschaft, auf diesem, bisher leidenschaftlich abgelehntem Wege weiterzugehen, freilich unter der Bedingung, daß »es die ... hier geschaffenen Volksfreiheiten festhalte«, mit anderen Worten, daß keine Rückwärtsrevidierung des Verfassungsentwurfs mehr erfolgen werde, und ferner, daß Kleindeutschland »die Verpflichtung für sich anerkenne, wieder Großdeutschland zu werden«.[13]

Die Linke lehnte zwar nach wie vor das preußische Erbkaisertum ab, aber sie erkannte die Chancen, die sich bei einer pauschalen Annahme der Verfassungsvorlage in der bisher beschlossenen Fassung im Sinne der Vorschläge Welckers für sie ergaben. Denn bei nochmaliger Durchberatung der Vorlage wäre wahrscheinlich das suspensive Veto des Reichsoberhaupts ebenso gefallen wie das allgemeine Wahlrecht. Die Erbkaiserlichen hingegen verfügten für sich allein nicht über eine ausreichende Mehrheit, um das Erbkaisertum durchzusetzen, waren aber andererseits fest entschlossen, die Gelegenheit zu ergreifen, um die Dinge zu einem Ende zu bringen. In der Begründung der Vorlage des vom »Rechten Zentrum« dominierten Verfassungsausschusses hieß es unter anderem, daß kein Schritt »in gleichem Maaße geeignet wäre, das schwankende, fast untergrabene Vertrauen der Vaterlandsfreunde zu befestigen, den gesunkenen Staatscredit wieder zu heben, und durch Befreiung der Capitalien die Leiden der arbeitenden Klassen im Vaterlande zu erleichtern. Denn es wird sich an die beschlossene Erblichkeit die allgemeine Überzeugung knüpfen, die deutsche Revolution sei geschlossen, nachdem sie ihr Ziel erreicht.«[14]

Hier trat erneut das dominante sozialkonservative Motiv des gemäßigten Liberalismus zutage, nämlich die ungewollte Revolution zum frühestmöglichen Zeitpunkt zu beenden, statt ihr weiterhin freien Lauf zu lassen; bei Lage der Dinge schien dies am ehesten durch die Übertragung des Kaisertums an den preu-

13 Ebd., S. 5875
14 Ebd., S. 5764

ßischen König Friedrich Wilhelm IV. zu erreichen. Im konkreten Falle rechtfertigte dies Konzessionen an die Linke, sofern auf diese Weise das Geschäft zustande gebracht werden könne. So kam es in der Folge zu dem sogenannten Pakt Simon-Gagern, einer schriftlichen Vereinbarung zwischen einem Teil der Linken unter Führung Simons, der sich im Lokal »Braunfels« zusammenfand, mit der im »Weidenbusch« residierenden Erbkaiserlichen Partei, in welchem letztere zusicherte, in der Abstimmung am suspensiven Veto und an den Wahlrechtsbestimmungen festzuhalten, während erstere garantierten, für die erbkaiserliche Lösung zu stimmen. Taktisches Wahlverhalten der Rechten, die das Erbkaisertum durch eine Stärkung der demokratischen Elemente der Verfassung zu Fall bringen wollte, kam hinzu. Solcherart wurde nach mancherlei Hin und Her am 27. März 1849 die Reichsverfassung samt des Erbkaisertums mit suspensivem Veto und des allgemeinen Wahlrechts mit teilweise hauchdünner Mehrheit angenommen. Am folgenden Tage wurde Friedrich Wilhelm IV. mit 290 Stimmen bei 248 Enthaltungen zum »Kaiser der Deutschen« gewählt und beschlossen, daß eine Delegation der Nationalversammlung diesem persönlich die Kaiserwürde antragen solle.

Damit war das Verfassungswerk abgeschlossen, freilich in einer politischen Konstellation, in der es zweifelhaft geworden war, ob es sich in die politische Realität umsetzen lassen werde. Heinrich von Gagern setzte in diesem Punkt nicht so sehr auf die Rechtslage, nach welcher die Reichsverfassung unmittelbar nach ihrer Verkündung noch am 28. März 1848 in Kraft trat, sondern auf die »Unterstützung des Volkes, der öffentlichen Meinung«.[15]

Am 3. April 1848 wurde eine Delegation der Frankfurter Nationalversammlung unter Führung von Eduard Simson von Friedrich Wilhelm IV. empfangen, um diesem die Kaiserwürde anzutragen. So umkämpft auch die Entscheidung zugunsten der preußischen Krone gewesen war, die Delegierten durften sich dafür der moralischen Unterstützung der breiten Schichten der deutschen Bevölkerung sicher sein. Friedrich Wilhelm IV. antwor-

15 Ebd., S. 5879

tete ausweichend; er gab den Delegierten in gewundener Rede zu verstehen, daß er die Kaiserwürde allenfalls aus der Hand der deutschen Fürsten anzunehmen bereit sein würde, und dies auch nur nach eingehender Prüfung der Verfassung in gemeinsamen Beratungen der Regierungen der anderen deutschen Staaten. Dies war eine glatte Zurückweisung des Verfassungswerks der Frankfurter Nationalversammlung, das, obschon es in elf Monaten harter Verhandlungen zustande gekommen war und gleichsam die Diagonale der politischen Strömungen in Deutschland repräsentierte, zum bloßen Material herabgewürdigt wurde, über das die Regierungen beliebig würden befinden können. Das war eigentlich schon das Ende.

Allerdings trat die preußische Staatsregierung sogleich an die anderen deutschen Regierungen heran und forderte diese dazu auf, in Verhandlungen über die Schaffung eines Bundesstaates einzutreten, freilich ohne die Reichsverfassung als Grundlage anzuerkennen, geschweige denn die Frankfurter Nationalversammlung durch ihre Repräsentanten an den Beratungen zu beteiligen. Wir wissen heute, daß selbst dies nur ein Kompromiß war, welchen die preußische Staatsregierung dem innerlich widerstrebenden Monarchen abgerungen hatte, weil es unverständlich gewesen wäre, die sich in dieser Konstellation für eine Machterweiterung Preußens bietenden Möglichkeiten nicht wenigstens auszuloten. Friedrich Wilhelm IV. wollte nicht zuletzt aus persönlichen Gründen mit einer aus den Händen einer, wie er es sah, revolutionären Versammlung hervorgehenden Kaiserkrone nichts zu tun haben; ja mehr, er sah in der Zurückweisung der Kaiserwürde die Chance, »die traumatischen Revolutionserfahrungen« der Märztage 1848 abzuschütteln.[16] Er war, wie wir neuerdings aus einem Briefe an seine Schwester Charlotte vom 11. April 1849 wissen, offenbar entschlossen, im Bunde mit Österreich einen »Vernichtungsschlag« gegen die Frankfurter Nationalversammlung zu führen, und zu diesem Zwecke zeitweilig womöglich sogar die Position des Reichsverwesers zu übernehmen. Andererseits war Friedrich Wilhelm IV. besorgt, daß »sein Ministerium ihm«

16 Blasius, Friedrich Wilhelm IV., S. 178

wie schon zuvor einmal mehr »Centner schwere Gewichte an die Füße« hängen würde.[17]

Diese persönlichen Motivationen des preußischen Monarchen haben bei der schicksalsvollen Entscheidung über die Kaiserwürde eine bedeutsame Rolle gespielt. Aber entscheidend war doch, daß sich die politische Gesamtsituation grundlegend verändert hatte. Wären zum damaligen Zeitpunkt noch überzeugte liberale Minister in Preußen und den wichtigeren deutschen Einzelstaaten an der Macht gewesen, dann hätte die Paulskirche durchaus eine gute Chance gehabt, ungeachtet der tiefen Aversion Friedrich Wilhelms IV. gegen die demokratische Kaiserwürde mit ihren Plänen durchzudringen. Inzwischen aber hatten Vertreter der Konterrevolution nahezu überall die entscheidenden Machtpositionen besetzt; Konzessionen an die liberale Bewegung waren nicht länger erforderlich. Mehr noch, zahlreiche Liberale waren inzwischen selbst ins konservative Lager übergegangen, und die radikale Demokratie befand sich in der Defensive. Immerhin war es Heinrich von Gagern auch unter diesen widrigen Umständen gelungen, eine Kollektiverklärung von 28 deutschen Staaten zugunsten der Annahme der Reichsverfassung und der Übertragung der Kaiserkrone an Friedrich Wilhelm IV. zustande zu bringen. Doch konnte dies den Gang der Dinge nicht mehr wesentlich verändern. Zwar kam es in den folgenden Wochen und Monaten zu Verhandlungen der Regierungen unter maßgeblicher Beteiligung Österreichs über die Schaffung eines deutschen Fürstenbundes, die sich bis zur Erfurter Unionsverfassung hinziehen sollten; diese einigermaßen hilflosen Versuche, die nationale Bewegung für eine Lösung der deutschen Frage im konservativen Sinne auszunutzen, sollen hier nicht weiter verfolgt werden. Die große Idee der Frankfurter Nationalversammlung, einen machtvollen deutschen Bundesstaat unter der Führung eines konstitutionellen Monarchen zu errichten, war tot, und gewiß nicht nur deshalb, weil die Reichsverfassung an manchen Punkten über das konstitutionelle Modell hinausgegangen und mancherlei Ansätze für die Ausbildung eines Systems parlamentarischer Herrschaft

17 Zit. ebd., S. 178 ff.

auf demokratischer Grundlage aufgenommen hatte, an denen die Konservativen nunmehr ihre Kritik festmachten.

Die Liberalen hatten der radikalen Demokratie in zähen Verhandlungen eine Verfassung abgetrotzt, die monarchische und demokratische Herrschaftsformen auf der Basis eines differenziert ausgelegten Systems von Grundrechten miteinander kombinierte, unter anderem mit dem Ziel, dadurch die Revolution definitiv zu einem Ende zu bringen. Jetzt standen sie vor einem Scherbenhaufen. Im Unterschied zur radikalen Demokratie, die nun zum Volksaufstand gegen die Regierungen aufrief, wollten sie den Boden der Legalität nicht verlassen, um der »ungewollten Revolution« doch noch zum Siege zu verhelfen. Unter diesen Umständen war das unrühmliche Ende der Frankfurter Nationalversammlung zwei Monate später vorprogrammiert. Der große Versuch, der deutschen Staatenwelt eine fortschrittliche Gestalt zu geben und die deutsche Gesellschaft den Erfordernissen des sich entfaltenden industriellen Systems anzupassen, ohne doch radikal mit der Tradition zu brechen, war gescheitert. Die radikale Demokratie aber setzte nun, reichlich spät, gestützt auf die breit ausgebaute demokratische Vereinsbewegung, auf die Karte des revolutionären Kampfes für die Reichsverfassung gegen die Konterrevolution.

XIII.

Das letzte Aufbäumen der revolutionären
Bewegungen in Europa

Nach der Niederlage Carl Alberts bei Custozza und dem an-
schließenden Abschluß eines Waffenstillstandes mit Österreich
ging die Führung der nationalrevolutionären Bewegung in Italien
an die Radikalen über. Diese sahen in dem Abbruch der Kampfhandlungen gegen Radetzky Verrat an der gemeinsamen Sache. In
den kleineren italienischen Staaten, namentlich in Venedig, im
Kirchenstaat und in der Toskana, gewannen die Radikalen unter
Ausnutzung der Notlage der durch den Krieg gebeutelten unterbürgerlichen Schichten die Initiative und errichteten republikanische Regime, welche in ideologischer Hinsicht auf die jakobinische Tradition zurückgriffen. In der Stadt Venedig gelang es
Daniele Manin, unter Beschwörung des Selbständigkeitswillens
der alten Handelsmetropole eine stabile republikanische Regierung aufzubauen, die der Belagerung durch die österreichische
Armee und Flotte bemerkenswert erfolgreich Widerstand leistete.
Ungeachtet der sich stetig verschlechternden Versorgungslage der
von der österreichishen Flotte von der Außenwelt abgeschnitte-
nen Stadt war die Moral der Bevölkerung gut. Außerdem bestand
die Hoffnung, daß die europäischen Mächte, namentlich das republikanische Frankreich, der bedrängten Stadtrepublik zumindest
mit diplomatischen Mitteln zu Hilfe kommen werde.

Die Radikalen hatten ihr großes Ziel noch nicht aufgegeben, in
Zusammenarbeit mit Piemont-Sardinien am Ende doch noch über
die Armeen Radetzkys zu obsiegen und die anachronistische
dynastische Staatenordnung auf der italienischen Halbinsel durch
einen italienischen Nationalstaat föderativen Zuschnitts zu ersetzen. In einer ganzen Reihe von italienischen Stadtstaaten kam
es zu revolutionären Erhebungen, die vielerorts die etablierten
Regierungen hinwegfegten oder in größte Bedrängnis brachten.

Es handelte sich dabei durchweg um soziale Protestbewegungen, die sich zu gewaltsamen Aktionen steigerten, denen es aber zumeist an klaren Zielsetzungen fehlte. Die Führung lag zumeist in den Händen von Intellektuellen, die in der Tradition des Jakobinismus standen, aber die entscheidende Rolle spielten die Unterschichten, namentlich die Handwerker, kleinen Gewerbetreibenden und Arbeiter, die von der Errichtung eines demokratischen Regimes eine Verbesserung ihrer durch die Kriegswirren noch zusätzlich herabgedrückten sozialen Lage erwarteten. Die städtischen Unterschichten forderten öffentliche Arbeitsbeschaffungsprogramme, die staatliche Verordnung von Lohnerhöhungen und nicht selten auch von Beschränkungen des Einsatzes der angeblich Arbeitslosigkeit produzierenden Maschinen. Die Bauern und Landarbeiter hingegen forderten Landzuweisungen und Absenkung der Abgaben an die Grundherren. Ein klassisches Beispiel dafür war die revolutionäre Erhebung in Livorno im August 1848, die überraschend das konstitutionelle Regiment in der Toskana hinwegfegte und den Großherzog zur Flucht veranlaßte. Jedoch konnte diese Erhebung von einer neu gebildeten städtischen Bürgerwehr rasch niedergeschlagen werden.

Diese Vorgänge warfen ein grelles Licht auf die sich weitende Kluft zwischen dem liberalen Adel und den bürgerlichen Schichten einerseits und den unterbürgerlichen Schichten andererseits, die sich der radikalen Agitation zugänglich zeigten; das bislang das Bürgertum und die Unterschichten einigende Band nationaler Gesinnung trat immer stärker hinter den sozialen Gegensätzen zurück. Am krassesten waren die sozialen Konflikte im Kirchenstaat zutage getreten, hier freilich von Anbeginn verbunden mit tiefer Frustration über das Verhalten des Papstes Pius IX., der sich der ihm von den Liberalen und den Radikalen gleichermaßen angesonnenen Rolle des Vorkämpfers der Befreiung Italiens von österreichischer Herrschaft entzogen und sich geweigert hatte, an dem gemeinsamen Kampfe gegen die Donaumonarchie teilzunehmen. In den päpstlichen Staaten war es bereits im November 1848 zur Errichtung einer Römischen Republik gekommen, zumal der Papst nach Neapel geflohen war. Die Römische Republik bemühte sich, die Unterstützung der Unterschichten, auf der ihre

Macht in allem wesentlichen beruhte, durch ein umfangreiches Bündel von sozialpolitischen Maßnahmen dauerhaft zu gewährleisten; die Absenkung der Getreidesteuern, die Durchführung von öffentlichen Arbeitsprogrammen, die Verteilung von Land an die Bauern und die Zuweisung von preiswerten Wohnungen an Bedürftige waren Teil eines umfassenden Programms sozialer Reformen, das teilweise durch eine spezielle Vermögensabgabe der Wohlhabenden finanziert werden sollte, aber dann infolge der steigenden Ausgabe von ungedecktem Papiergeld in eine Inflation großen Stils einmündete. Die Römische Republik erfreute sich der moralischen und späterhin auch tatsächlichen Unterstützung Giuseppe Mazzinis, der von der Schaffung eines Dritten Roms als dem Symbol einer neuen humaneren Sozialordnung sprach, und am Ende beteiligten sich auch Garibaldi und seine Freischaren an ihrer Verteidigung. Aber sie hatte von Anbeginn eine militärische Intervention dritter Mächte zu fürchten, um die sich Pius IX. von Neapel aus bemühte, um die Herrschaft über die päpstlichen Staaten zurückzugewinnen.

Die Methoden, mit denen Radetzky die Wiederherstellung der österreichischen Herrschaft in der Lombardei und in Venetien betrieb, ließen bei niemanden Zweifel darüber aufkommen, daß die fortschrittlichen republikanischen Regierungen in Venedig, der Toskana, Sizilien und den päpstlichen Staaten ohne die Vertreibung der österreichischen Armeen von italienischem Boden keine Zukunftschancen haben würden; demgemäß verschmolzen in Italien mehr als anderswo die sozialrevolutionären und die nationalemanzipatorischen Bewegungen miteinander. Auch Carl Albert von Piemont-Sardinien sah seine unter dem Druck einer mehrheitlich republikanischen Mehrheit im Parlament stehende Regierung dem Sog der nationalen Strömungen so stark ausgesetzt, daß er im März 1849 den so populären Krieg gegen Österreich wieder aufnahm, freilich mit katastrophalen Folgen; am 23. März 1849 wurde die piemontische Armee bei Novara von Radetzky vernichtend geschlagen. Carl Albert sah sich gezwungen, binnen einer Woche Frieden zu schließen. Er selbst trat daraufhin zurück und überließ seinem Sohn Vittorio Emmanuele die Herrschaft in Piemont-Sardinien.

Der Triumph der österreichischen Waffen bei Novara brachte die endgültige Wende der Dinge in Italien. Der Kampf gegen Österreich ruhte nun nur noch auf den Schultern der radikalen Regime einer Reihe kleinerer italienischer Staaten. Angesichts der militärischen Kräfteverhältnisse und der Entschlossenheit Radetzkys, die revolutionären Bewegungen mit Stumpf und Stiel auszurotten, war der Sieg der Gegenrevolution nur noch eine Frage der Zeit. Immerhin gelang es Vittorio Emmanuele, in Piemont-Sardinien die von Radetzky geforderte radikale Rückkehr zu absolutistischen Verhältnissen abzuwenden und das bestehende, von den Republikanern beherrschte parlamentarische Regime schrittweise auf konstitutionelle Regierungsmethoden zurückzuführen und die Vorherrschaft des gemäßigten Liberalismus wiederherzustellen. Radetzkys Armeen aber begannen, die republikanischen Regierungen eine nach der anderen mit militärischen Mitteln auszuheben und die Revolution endgültig zu unterdrücken. In Sizilien besorgte das die Armee Ferdinands I. von Neapel mit österreichischer Unterstützung. Die große Überraschung war, daß nicht Österreich, sondern Frankreich unter der inzwischen gefestigten Herrschaft Louis Napoléon Bonapartes in den päpstlichen Staaten mit militärischer Gewalt intervenierte. Bereits Mitte April 1849 entsandte Louis Napoléon Bonaparte eine militärische Streitkraft von 20 000 Mann nach Italien, die Rom am 3. Juli besetzte und der Römischen Republik ein Ende setzte. Die weltliche Herrschaft Pius IX. wurde uneingeschränkt wiederhergestellt. Ungeachtet französischer Bedenken leitete Pius IX. sogleich ein drastisches Strafregiment gegen die Repräsentanten des republikanischen Regimes in die Wege, sofern diese sich nicht dem Zugriff der päpstlichen Behörden zu entziehen vermochten.

Es hätte sich kein deutlicheres Zeichen für den Wandel der politischen Verhältnisse in Europa denken lassen als die Intervention der französischen Republik in Italien zugunsten der päpstlichen Herrschaft. Noch wenig zuvor hatten die Venezianer auf französische Hilfe in ihrem verzweifelten Kampf gegen die österreichische Belagerungsarmee gehofft; jetzt wetteiferte das republikanische Frankreich mit dem kaiserlichen Österreich darin, die Reste der revolutionären Bewegungen in der italienischen Staatenwelt niederzuwerfen und, wie es so schön heißt, die Ordnung wiederherzustellen. Am 28. Juli 1849 kehrte auch der Großherzog Leopold II. wieder in die Toskana zurück. Sechs Wochen später, am 22. August 1849, ergab sich schließlich die Republik Venedig als letztes der republikanischen Regime in Italien den österreichischen Streitkräften. In Italien war die Revolution endgültig zum Abschluß gekommen.

Die Intervention Louis Napoleon Bonapartes im Kirchenstaat hatte primär dem Ziel gegolten, die italienische Halbinsel nicht gänzlich in österreichische Hand beziehungsweise unter östereichische Hegemonie fallen zu lassen. Aber dahinter standen zugleich handfeste innenpolitische Motive. Louis Napoléon suchte sich auf diese Weise der Unterstützung der konservativen Kräfte in Frankreich zu versichern und eine neue solide politische Basis für seine Politik zu schaffen. Insbesondere konnte er künftig auf die zuverlässige Unterstützung der katholischen Kirche rechnen, unter Bruch mit den laizistischen Traditionen der französischen Republik. Alexandre Ledru-Rollin, der Führer der republikanischen Linken in der französischen Kammer, versuchte vergeblich, die Intervention zugunsten des Papstes als Verletzung der französischen Verfassung vom Herbst 1848 zu brandmarken, in der festgelegt war, daß die französischen Armeen niemals »gegen die Freiheit anderer Völker« verwendet werden dürften, und eine Anklage wegen Verletzung der Verfassung gegen Napoleon einzuleiten. Eine von der Linken am 13. Juni 1849 organisierte Massendemonstration scheiterte kläglich und zog eine massive Verhaftungswelle nach sich; die republikanische Opposition gegen die populistische Herrschaft Napoléons wurde effektiv zerschlagen. Erfolgreicher, wenn auch am Ende ebenso aussichtslos, waren die Massenstreiks und Aufstände in der Provinz, namentlich der Seidenarbeiter in Lyon. Zum letzten Mal kam es hier zum Bau von Barrikaden und zu blutigen Straßenkämpfen, aber die Armee erwies sich am Ende überall als Herrin der Lage. Immerhin formierte sich nun in der Tradition der Französischen Revolution von 1789 eine neue Partei der »Montagnards«, die zwar gegenüber der »Ordnungspartei« der Legitimisten, Orleanisten und Bonapartisten einstweilen keine Chance hatte, aber auf längere Sicht zu einer bedeutsamen Oppositionsbewegung werden sollte. Der Weg zur Etablierung der offen bonapartistischen Herrschaft Louis Napoléons vermittels des Staatsstreichs vom 2. Dezember 1851 und deren schließliche Umwandlung in ein neues populistisches Kaisertum war frei.

Auch in Ungarn, dem dritten Herd der nationalrevolutionären Bewegungen im österreichischen Kaiserstaat, wendete sich nun das Kriegsglück endgültig gegen die magyarische nationale Bewegung. Seit dem Frühjahr 1849 war die magyarische Armee unter Görgey dazu übergegangen, im Lande zu operieren, statt den Versuch zu machen, Buda, das Ende Dezember 1848 von den Truppen des Fürsten Windischgrätz besetzt worden war, wieder zurückzuerobern oder sich den überlegenen österreichischen Armeen in offener Feldschlacht zu stellen. Aber die Besetzung großer Teile des Landes durch österreichische Armeen führte nicht zu einem Abbruch der Kampfhandlungen, vielmehr setzten die Ungarn ihren Kampf mit großer Zähigkeit fort. Überdies gelang es Görgey, der Armee des Fürsten Windischgrätz im April 1849 eine empfindliche Niederlage zuzufügen, die zu dessen Abberufung führte. Die Oktroyierung einer neuen Konstitution für Ungarn im März 1849 trug nicht zur Befriedung der okkupierten Territorien bei; im Gegenteil, dies führte dazu, daß sich der Widerstand der Regierung Kossuth versteifte. Die Magyaren antworteten trotzig mit einer ungarischen Unabhängigkeitserklärung nach dem Vorbild der Vereinigten Staaten, die die Trennung Ungarns von der kaiserlichen Krone, wenn auch nicht die Option für die Republik besiegelte. Freilich formierte sich jetzt auch eine wachsende innenpolitische Opposition gegen Kossuth, die eine Fortführung der militärischen Operationen für nicht mehr sinnvoll hielt und über die gesellschaftlichen Auswirkungen des Krieges, welche zu einer stillen Erosion der Vormachtstellung der alten Eliten geführt hatten, besorgt war.

Die zähen Abwehrkämpfe der Armeen des unabhängigen ungarischen Staates in den folgenden Monaten konnten am schließlichen Ausgang der Dinge nichts ändern. Den Magyaren blieb nur der Trost, daß die österreichischen Armeen die endgültige Niederwerfung Ungarns nicht aus eigener Kraft zu bewerkstelligen vermochten. Die Entscheidung brachte die militärische Intervention des zarischen Rußland im Juni 1849, das schon längst damit gespielt hatte, die Revolution in Mitteleuropa zu unterdrücken, nicht zuletzt um ein Übergreifen des revolutionären Virus auf den eigenen Herrschaftsbereich, insbesondere Kongreßpolen, zu verhindern. Eine Armee von 200 000 Mann rückte nach Ungarn ein und versetzte die Ungarn, die gleichzeitig mit 195 000 Mann österreichischer Truppen unterschiedlicher Herkunft konfrontiert waren, endgültig in eine hoffnungslose Lage. Im August kapitulierte Görgey, doch kamen die Kämpfe erst im Oktober 1849 endgültig zum Erliegen. Ein fürchterliches Strafgericht folgte in der Absicht, die Spuren der nationalrevolutionären Bewegung in Ungarn ein für allemal zu tilgen. Unter diesen Umständen bestanden von ornherein wenig Chancen dafür, daß die Revolution sich wenigstens im Zentrum Europas würde durchsetzen können. Vielmehr tritt in der Rückschau die Gleichläufigkeit der Entwicklungen in der europäischen Staatenwelt, soweit sie von der Revolution direkt erfaßt worden war, seit dem Frühjahr 1849 klar zutage.

Bereits Anfang März 1849 entschied sich der österreichische Staatskanzler Fürst Schwarzenberg, einen Schlußstrich unter die Bemühungen zur Neugestaltung der deutschen Verhältnisse zu ziehen. Am 7. März wurde der Kremsierer Reichstag aufgelöst und, unter Beiseiteschiebung des von diesem erarbeiteten Verfassungsentwurfs, eine Gesamtstaatsverfassung oktroyiert, die zwar noch liberale Züge trug, aber von einer autonomen Entwicklung der einzelnen Nationalitäten nichts mehr wissen wollte; späterhin wurde sie vollends beiseite geschoben. Nunmehr richtete Schwarzenberg die österreichische Politik auf die Wiedererlangung der Vormachtstellung des Kaiserstaates innerhalb eines zu erneuernden Deutschen Bundes aus. Einen Monat später wurden die österreichischen Abgeordneten in der Frankfurter Nationalversammlung zurückgezogen und Anton v. Schmerlings Bemühungen als ehemaliger Reichsministerpräsident um eine großdeutsche Lösung vollends desavouiert. In den folgenden Monaten setzte die österreichische Diplomatie alles daran, die zögerlichen und inkonsequenten diplomatischen Aktionen Preußens zu durchkreuzen, durch eine Vereinbarung unter den deutschen Regierungen doch noch die Einigung Deutschlands unter preußischer Führung zuwege zu bringen.

Die Zurückweisung der Kaiserwürde durch Friedrich Wilhelm IV. war der Anfang vom Ende der Bemühungen der Frankfurter Nationalversammlung. Ihr blieb nur noch der Appell an die deutsche Öffentlichkeit. Sie richtete demgemäß am 4. Mai einen Aufruf an alle deutschen Parlamente und die Institutionen der Selbstverwaltung sowie an das gesamte deutsche Volk, sich ungeachtet der Absage des preußischen Monarchen bei ihren Regierungen für die Annahme der Reichsverfassung einzusetzen. Schon dieser Schritt, der sich noch in den Grenzen der Legalität hielt, erzürnte die preußische Regierung, weil er über die Köpfe der Regierungen hinweg an die Parlamente appellierte. Daraufhin sprach Preußen am 14. Mai 1849 der Nationalversammlung in aller Form die Berechtigung ab, weiterhin als gesetzgebendes Organ der deutschen Nation zu agieren. Gleichzeitig rief die preußische Regierung ebenso wie zuvor Österreich ihre Vertreter aus Frankfurt ab. Wenig später folgten ihr darin Sachsen und Hannover und schließlich Baden. Damit blieb der Paulskirche, sofern sie sich nicht selbst aufgeben wollte, nur der Weg in die Illegalität; in einem Aufruf vom 26. Mai appellierte sie an »die tätige Mitwirkung des gesamten deutschen Volkes«, um die Reichsverfassung und die »mit ihr verbundenen Volksfreiheiten« doch noch in Kraft zu setzen. Dies lief auf einen indirekten Appell hinaus, den Widerstand der deutschen Regierungen gegen die Reichsverfassung mit revolutionärer Gewalt zu brechen. Eben dies aber lehnte die liberale Mehrheit der Abgeordneten, die die »ungewollte Revolution« mit dem Werk der Nationalversammlung hatte »schließen«, nicht aber konsequent weiterführen wollen, entschieden ab; 65 prominente Abgeordnete des liberalen Flügels, einschließlich Heinrich von Gagerns selbst, erklärten nun ihren Austritt aus der Versammlung. Das Rumpfparlament, in dem nun die Linke ein eindeutiges Übergewicht besaß, beschloß die Verlegung der Nationalversammlung nach Stuttgart, um der drohenden Unterdrückung durch preußisches Militär zuvorzukommen.

Der Reichsverweser Erzherzog Johann hingegen ging unter Mißachtung der Beschlüsse der Nationalversammlung gänzlich ins Lager der Gegenrevolution über; mit Hilfe eines neugebildeten Reichskabinetts, welches sich erst gar nicht um die erforderliche parlamentarische Sanktionierung durch die Nationalversammlung bemühte, organisierte er die Niederwerfung der Aufstandsbewegungen zugunsten der Reichsverfassung im deutschen Südwesten. Das Rumpfparlament in Stuttgart hingegen unternahm vergebliche Anstrengungen, eine neue provisorische Reichszentralgewalt zu schaffen. Doch bestärkte dies nur die Regierungen in ihrem Entschluß, das Rumpfparlament an jeglicher weiterer Tätigkeit zu hindern. Am 18. Juni 1849 wurde das Rumpfparlament von württembergischen Truppen auseinandergetrieben. Ein großes Werk hatte ein wenig rühmliches Ende gefunden.

Tatsächlich hatten von Anbeginn nur sehr geringe Chancen dafür bestanden, die Nationalversammlung in einen revolutionären Konvent zu verwandeln und mit Hilfe einer neuen Reichszentralgewalt den aktiven Kampf gegen die Reaktion aufzunehmen. Selbst die Linke war darauf im Grunde nicht vorbereitet. Allerdings hätte eine zentral koordinierte Aufstandsbewegung, die durch die Reichszentralgewalt eine zusätzliche moralische Legitimierung erfahren hätte, durchaus gute Aussichten gehabt, zumindest Teilerfolge gegenüber den konservativen Mächten zu erzielen. Aber auch hier gilt, daß nicht nur die Liberalen, sondern auch ein großer Teil der Linken eine gewaltsame Wende der Dinge überhaupt nicht ernsthaft ins Auge gefaßt, sondern in erster Linie auf die moralische Kraft der Nationalversammlung gesetzt hatte.

Im übrigen hätte es der Aufrufe der Nationalversammlung vom 4. und 26. Mai 1849 gar nicht bedurft, um die Flutwelle von Protestdemonstrationen auszulösen, die überall in Deutschland, mit Ausnahme des östlichen Preußen, spontan losbrach und als »Reichsverfassungskampagne« in die Geschichtsbücher eingegangen ist. Die Idee der nationalen Einigung Deutschlands im Rahmen einer freiheitlichen Verfassung war nach wie vor populär und trieb die Bevölkerung noch einmal in großer Zahl auf die Straße. Die radikale Demokratie hatte zuvor die Reichsverfassung erbittert bekämpft, weil sie den bestehenden Gewalten viel zu weit entgegengekommen war; jetzt war es ihr ein leichtes, die aufgebrachten Massen der Bevölkerung unter dem Banner der

Verteidigung der Reichsverfassung gegen die Reaktion zu sammeln. Die demokratischen Volksvereine und die Märzvereine entfalteten eine massenwirksame Propaganda und bemühten sich um die Koordinierung der Protestaktionen, was allerdings nur in beschränktem Umfang gelang. Der bürgerliche Liberalismus aber hielt sich im Hintergrund. Auch jetzt mißbilligte das liberale Bürgertum alle revolutionären Aktionen, weil, wie man befürchtete, dadurch unkontrollierte Eruptionen revolutionärer Gewalt ausgelöst werden könnten, welche den Bestand der gesellschaftlichen Ordnung als solcher in Gefahr bringen könnten.

Auch in Deutschland ging auf diese Weise die Initiative ganz an die demokratische Linke über, und auch hier verbanden sich nationale Motive, vor allem die Herstellung der Einheit Deutschlands, mit sozialen Gravamina unterschiedlichster Art. Mehr noch als im März des vorigen Jahres waren es Arbeiter, Handwerker und kleine Gewerbetreibende, die in der ersten Reihe an den Aufstandsaktionen beteiligt waren. Gemessen an den revolutionären Ereignissen im März des vergangenen Jahres entfaltete die Reichsverfassungsbewegung eine ungleich größere Dynamik und wurde von einer weit größeren Zahl von Männern und Frauen als jemals zuvor aktiv getragen; aber die Regierungen, die nunmehr wieder fest im Sattel saßen und in aller Regel über disziplinierte, politisch zuverlässige Armeen verfügten, ließen sich davon nicht im gleichen Maße schrecken, wie dies ein Jahr zuvor der Fall gewesen war. Außerdem konzentrierte sich die Aufstandsbewegung regional auf jene Staaten, die der Reichsverfassung die Anerkennung versagt hatten, und auch dann noch mit sehr unterschiedlicher Intensität. Außerdem ereigneten sich die Aufstände in zeitlicher Versetzung, die es Preußen und den Reichstruppen, die der Reichsverweser gegen die Revolution in Bewegung setzte, ermöglichte, die Aufstände jeweils isoliert niederzuschlagen.

Die Breite der Protestbewegung war beachtlich. In Hannover drängte eine starke Volksbewegung, die von 71 Volksvereinen koordiniert war, das Märzministerium Stüve zur Anerkennung der Reichsverfassung; die zweite Kammer schloß sich ihren Forderungen an. Zusätzlich fand die Kampagne Unterstützung bei zahlreichen Gemeindevorständen und Gemeindeversammlungen.

Aber über die Linie friedlicher Proteste gingen die Aktionen nicht hinaus. Die Regierung antwortete mit der Auflösung der beiden Kammern und kam damit durch. Erfolgreicher verliefen gleichartige Protestaktionen in Württemberg; hier fand sich der Monarch unter dem Druck der Volksmassen dazu bereit, die Reichsverfassung anzuerkennen. Ungleich dramatischer vollzogen sich die Ereignisse in Sachsen, das immer schon eine Hochburg der radikalen Demokratie gewesen war. Hier sah die Regierung keine Möglichkeit, sich der vereinten Macht der Volksvereine, des Parlaments und der Volksmasssen direkt entgegenzustellen, zumal sie nicht über ausreichende Truppen verfügte; der König und das Ministerium flohen auf die Festung Hohenstein. Daraufhin bildete sich in Sachsen eine revolutionäre Regierung; die Macht übernahm ein »Sicherheitsausschuß«, der die Verteidigung der Stadt Dresden gegen den bevorstehenden Angriff der von der bisherigen Regierung angeforderten preußischen Truppen zu organisieren bemüht war. Ihm gehörten neben dem Führer der sächsischen Linken, Samuel Tzschirner, auch der russische Anarchist Michail Bakunin an. Doch gelang es den preußischen Truppen in dreitägigen erbitterten Kämpfen relativ leicht, die Aufstandsbewegung niederzuschlagen, bei hohen Verlusten auf seiten der Barrikadenkämpfer, zu denen auch Richard Wagner und der Architekt Gottfried Semper gehört hatten. Der Protest der Nationalversammlung gegen die preußische Intervention konnte nichts mehr daran ändern, daß eine entscheidende Bastion des revolutionären Kampfes für die Reichsverfassung gefallen war. Wiederum waren auf seiten der Aufständischen in erster Linie Angehörige der Unterschichten, namentlich Handwerker und Arbeiter, an den Kämpfen beteiligt.

Aber auch Preußen wurde von revolutionären Protestaktionen betroffen. Die Mobilisierung der Landwehr, die zur Verstärkung der regulären Streitkräfte herangezogen werden sollte, führte an zahlreichen Orten zur Befehlsverweigerung und zu aktivem Widerstand. In Elberfeld, Iserlohn, Solingen, Hagen und Düsseldorf kam es zu spontanen Aktionen der Landwehrangehörigen, die sich dem Ansinnen widersetzten, gegen die Reichsverfassungsbewegung eingesetzt zu werden. Doch fehlte diesen Aktionen, die im übrigen keinerlei weitergehende Ziele verfolgten – mit der sozialistischen Agitation von Friedrich Engels beispielsweise wollte man in Elberfeld nichts zu tun haben und verwies ihn kurzerhand aus der Stadt –, jeglicher innere Zusammenhang, und so konnten sie leicht niedergeworfen werden. Das preußische Abgeordnetenhaus hingegen wurde, nachdem es sich am 21. April für die Annahme der Reichsverfassung erklärt hatte, kurzerhand aufgelöst, ohne daß es zu weiteren Verwicklungen gekommen wäre.

In Bayern verliefen die Dinge ähnlich. Auch hier beantwortete der König das Votum der bayerischen Zweiten Kammer für die Annahme der Reichsverfassung mit deren Auflösung, ohne daß dies, ungeachtet der Proteste in der Öffentlichkeit und insbesondere der zahlreichen Volksvereine, zu revolutionären Weiterungen führte. In der bayerischen Rheinpfalz hingegen brach ein Aufstand gegen die bayerische Krone los. Ein zehnköpfiger Verteidigungsausschuß verkündete die Loslösung der Pfalz von Bayern und verpflichtete die Beamtenschaft und die Offiziere auf die Reichsverfassung. Obschon die Machtübernahme durch die Linke hier vergleichsweise konfliktfrei verlief und der Verteidigungsausschuß auf die Unterstützung der großen Mehrheit der Bevölkerung zählen konnte, mußte auch sie der Gewalt der preußischen Waffen weichen. Der König von Bayern wurde dazu veranlaßt, die Ermächtigung für die an und für sich ungesetzliche Intervention der preußischen Armee nachzuliefern. Am 14. Juni 1849 mußte die Revolutionsregierung der inzwischen selbständigen Rheinpfalz, die noch von der Provisorischen Zentralgewalt legitimiert worden war, vor den preußischen Truppen ins Ausland fliehen. Auch hier war die Revolution zusammengebrochen.

Der letzte Akt der revolutionären Aufstandsbewegung zugunsten der Reichsverfassung vollzog sich in Baden. Der Großherzog von Baden hatte im Unterschied zu Bayern, Sachsen und Hannover die Reichsverfassung anerkannt; gleichwohl brach hier Mitte Mai eine neue Aufstandsbewegung los, die in erster Linie von den demokratischen Volksvereinen getragen wurde. Ihr Ziel war es, eine demokratische Regierung einzusetzen, die eine neue Konstituante auf der Grundlage des allgemeinen, gleichen und direkten Wahlrechts einberufen sollte, um Baden in eine demokratische und soziale Republik umzugestalten. Darüber hinaus sollte das revolutionäre Baden als Operationsbasis einer auf ganz Deutschland auszudehnenden Kampagne für die Durchsetzung der Reichsverfassung dienen.

Anfänglich bestanden ungewöhnlich günstige Voraussetzungen für einen Erfolg des badischen Aufstands. Die Volksvereinsbewegung war in Baden besonders gut organisiert. Der Volksverein in Mannheim hatte 2000 Mitglieder, im Lande gab es 400 Ortsvereine mit insgesamt 35 000 Mitgliedern.[1] Die Volksvereine konnten sich also auf eine beträchtliche Zahl von aktiven Mittätern und Sympathisanten stützen. Einige dieser Vereine hatten sich schon seit dem Frühjahr auf eine neue revolutionäre Erhebung eingestellt, sehr zur Beunruhigung der badischen Behörden, die freilich keine rechtliche Möglichkeit gesehen hatten, dagegen einzuschreiten.[2] Tatsächlich bedurfte es erst der Ablehnung der Reichsverfassung durch Preußen, um die Bedingungen zu schaffen, unter denen die badische Bevölkerung in Bewegung zu bringen war; dabei ging es nicht in erster Linie um die Schaffung einer demokratischen und sozialen Republik radikalen Zuschnitts, wovon die Anführer der Volksvereine träumten, sondern um die Rettung der Reichsverfassung.

In Baden war die soziale Basis der Volksvereinsbewegung wesentlich breiter als anderswo. In dem von der industriellen Entwicklung noch kaum erfaßten Land mit seiner vergleichsweise wenig differenzierten Sozialstruktur fand sich ein beachtlicher Prozentsatz der lokalen Honoratioren dazu bereit, in den Volksvereinen mitzuwirken, Gemeindevorsteher und Bürgermeister, Lehrer, Ärzte, Advokaten, Journalisten und sogar einzelne Pfarrer, während das besitzende Bürgertum, welches ein Weitertreiben der Revolution ablehnte und sich in den Vaterlandsvereinen organisiert hatte, vergleichsweise schwach und handlungsunfähig war. In einer Massenversammlung der Volksvereine in Offenburg am 12. Mai 1849, an der annähernd 30 000 Bürger teilgenommen

---

1 Norbert Deuchert, Vom Hambacher Fest zur badischen Revolution, Politische Presse und Anfänge deutscher Demokratie 1832–1848/49, Stuttgart 1983, S. 291

2 Ebd., S. 285 f.

haben sollen, wurde ein zwölfköpfiger Landesausschuß gebildet. Wichtiger war, daß sich die Soldaten der Festung Rastatt noch am gleichen Tage der Aufstandsbewegung anschlossen und die Befreiung der dort inhaftierten politischen Gefangenen verlangten. Der Landesausschuß der demokratischen Vereine, welcher die Führung der Bewegung an sich riß, begab sich sogleich mit großem Anhang nach Rastatt und schlug in der Festung sein Hauptquartier auf, während der Großherzog und die Regierung nach Mainz flohen. Es gelang dem Landesausschuß mühelos, die Regierungsgeschäfte zu übernehmen, und auch die Beamtenschaft und die Polizei stellten sich ohne Zögern den neuen Machthabern zur Verfügung. Für einige Tage jedenfalls bestand in Baden eine stabile, handlungsfähige revolutionäre Landesregierung unter Führung des Rechtsanwalts Lorenz Brentano und des Linksrepublikaners Amand Goegg, die – im Unterschied zu zahlreichen anderen Fällen – über die bewaffnete Macht und ebenso über reichliche Finanzmittel verfügte; mit der sofort verfügten allgemeinen Volksbewaffnung hoffte man die militärische Stärke der revolutionären Streitkräfte zusätzlich steigern zu können, und in diesem wehrhaften Lande, das schon zwei Aufstände hinter sich hatte, war dies ein keineswegs aussichtsloses Unterfangen.

Die Hoffnungen des linken Flügels der Volksvereinsbewegung, von Baden aus den revolutionären Kampf nach Württemberg und anschließend nach ganz Deutschland zu tragen, erfüllten sich freilich nicht; Brentano selbst war eher darum bemüht, durch eine maßvolle Politik die Herrschaft der Demokraten vor Ort zu stabilisieren. An ein »Hinaustragen der Revolution über die engen badischen Grenzen«, wie dies der radikale Flügel der Volksvereine forderte, dachte er nicht; bei Lage der Dinge gab es dafür auch keinerlei Chancen.[3] Im Grunde vertraute auch die Linke noch zu diesem Zeitpunkt in erster Linie auf die moralische Kraft ihrer Argumente, während sie eine Durchsetzung ihrer revolutionären Ziele mit militärischer Gewalt eigentlich selbst nicht für durchführbar hielt. Dazu trug natürlich auch die Zersplitterung der Aufstandsaktionen während der letzten Revolutionsphase bei. Ungeachtet

3 Ebd., S. 293 f.

des Zuzugs von kampfwilligen Mitstreitern, den die Badener aus zahlreichen anderen Regionen erhielten, in denen die Aufstände bereits niedergeschlagen worden waren – unter anderem des polnischen Generals Ludwig von Mieroslawsky, der in letzter Minute den Oberbefehl der badischen Revolutionsarmee übernahm –, bestanden wenig Aussichten, einem frontalen Angriff der preußischen Linientruppen erfolgreich zu begegnen. Als dieser Mitte Juni 1849 erfolgte, brach die Badische Republik binnen weniger Tage zusammen; die Reste der badischen Revolutionsarmee flüchteten in die nahegelegene Schweiz. Am 23. Juli 1849 ergab sich auch die Besatzung der Festung Rastatt nach langer Belagerung den preußischen Truppen; die Revolution war damit endgültig niedergeschlagen.

XIV.
Die Revolution von 1848/49 in europäischer Perspektive

In der Revolution von 1848/49 überlagerten sich vier verschiedene Krisen – oder um mit Jacob Burckhardt zu sprechen: beschleunigte Prozesse – von sehr verschiedener Art, allerdings mit unterschiedlicher Gewichtung hinsichtlich ihres Anteils am schließlichen Ausgang der Dinge: die bäuerlichen Prostestbewegungen in den ländlichen Regionen vornehmlich des deutschen Südwestens, die bürgerliche Verfassungsbewegung, die Protestaktionen von Teilen der Unterschichten gegen die bestehende Sozialordnung, und schließlich die nationalrevolutionären Bewegungen.

Die bäuerlichen Protestbewegungen verlangten die Beseitigung der Dienstbarkeiten und Abgaben an die Grundherren. Zwar waren die Bauern in den west- und mitteleuropäischen Staaten großenteils von unmittelbarer Erbuntertänigkeit gegenüber den Grundherren befreit worden, aber die Ablösungsgesetzgebung hatte noch reichlich genug an Problemen und Belastungen zurückgelassen; mehr noch war dies in Ost- und Südosteuropa der Fall, wo die Agrarreformgesetzgebung noch nicht Platz gegriffen hatte. Die Forderungen der Bauernschaft stellten ein revolutionäres Potential dar, das sich, sobald die Staatsmacht unter dem Druck der Märzereignisse 1848 ihre Legitimitätsgeltung einbüßte, vielfach in gewaltsamen Formen Bahn brach. Im Grunde waren die Agrarunruhen der Revolution von 1848 ein Residualphänomen; sie richteten sich gegen die Reste feudaler Abhängigkeitsstrukturen, die sich ohnehin überlebt hatten, aber sie entfalteten erhebliche Sprengkraft und mehr noch, sie weckten Furcht und Panik unter den traditionellen Führungseliten und bestimmten diese, den Forderungen nach Verfassungsreformen anfänglich nachzugeben. Andererseits sank die Bereitschaft der Bauern zu revolutionärer

300

Aktion, geschweige denn zu einer konsistenten Unterstützung der revolutionären Bewegung als solcher, auf den Nullpunkt, nachdem die Feudallasten aufgehoben worden waren. Desgleichen fielen die Bauern in Posen und Galizien und auch sonst in Südosteuropa den aristokratischen Eliten in ihrem Kampf für die nationale Unabhängigkeit des eigenen Volkes bzw. der eigenen Volksgruppe in den Rücken, sobald die traditionellen Gewalten ihre Forderungen erfüllten. Es ist unter diesem Gesichtspunkt fast paradox, daß gerade die ländliche Bevölkerung so ziemlich als einzige soziale Gruppe als Gewinner aus der Revolution hervorgegangen ist; die aus feudalen Verhältnissen überkommenen bäuerlichen Lasten und Abgaben wurden nahezu überall beseitigt, auch wenn Reste davon überlebten, wie die gutsherrliche Patrimonialgerichtsbarkeit in den östlichen Provinzen Preußens.

Die bürgerliche Verfassungsbewegung, die sich im Vormärz herausgebildet hatte, war die stärkste politische Kraft, welche auf eine Veränderung der politischen Verhältnisse drängte, obschon sie diese nicht mit revolutionären Mitteln, sondern durch die Macht der öffentlichen Meinung zu erreichen suchte. Das Bürgertum war getragen von dem Optimismus einer aufsteigenden Klasse, von welcher der Wohlstand und die kulturelle Entwicklung der Gesellschaft in erster Linie abhingen. Es bildete in der Anlaufphase der Revolution das eigentlich dynamische Element, das auf einen Umbau der politischen Ordnung in seinem Sinne drängte, freilich vorzugsweise auf evolutionärem, nicht auf revolutionärem Wege. Heinrich von Gagern brachte dies auf die einprägsame Formel: »Den Mittelclassen den überwiegenden Einfluß im Staat zu sichern, ist die Richtung unserer Zeit.«[1] Der bürgerliche Liberalismus forderte eine angemessene Mitwirkung der mittleren Schichten der Gesellschaft im Staate, ohne deshalb schon die Macht der Monarchen untergraben zu wollen; im Gegenteil, er strebte eine konstitutionelle Regierungsform an, welche die Regierungen zwingen würde, in Übereinstimmung mit der öffentlichen Meinung zu regieren, ohne doch auf das monarchische Element, welches die Stabilität der gesellschaftlichen

---

1 Wigard, Stenographischer Bericht, Bd. 7, S. 5303

Ordnung gewährleistete, zu verzichten. »Das monarchische Oberhaupt als Reserveverfassung für Notzeiten galt ihnen«, wie dies Dieter Langewiesche eindrucksvoll formuliert hat, »als unverzichtbar, um zu verhindern, daß die deutsche Revolution ähnlich wie die große Französische in den Terror ausartete.«[2]

Das Interesse des bürgerlichen Liberalismus richtete sich vornehmlich darauf, freien Spielraum für eine dynamische Entwicklung des Wirtschaftslebens zu erhalten, obschon die Meinungen über die Frage, ob es unbeschränkten Freihandel geben solle, weit auseinandergingen. Teilweise schreckten die Liberalen vor den vollen Konsequenzen der Durchsetzung des Prinzips des Freihandels zurück, nicht zuletzt auch im Außenverhältnis zu Drittstaaten. Aber im Grundsatz waren sie davon überzeugt, daß sich der Staat aller Eingriffe in die Wirtschaft zu enthalten und nur die rechtlichen Rahmenbedingungen für die möglichst freie Entfaltung des Wirtschaftslebens unter kapitalistischen Bedingungen zu schaffen habe.

Das Programm des bürgerlichen Liberalismus erschöpfte sich jedoch keineswegs in diesen in erster Linie wirtschaftlichen Postulaten. Es zielte auf die Schaffung einer neuen gesellschaftlichen Ordnung ab, die zwar den Schichten von Bildung und Besitz eine Vorrangstellung im gesellschaftlichen System gewähren, aber prinzipiell auch nach unten hin offen sein sollte. Nicht auf ererbte Vorrechte, sondern auf individuelle Leistung – gleichviel ob im wirtschaftlichen oder im kulturellen Bereich – sollte diese neue Ordnung gegründet sein. Demgemäß richtete sich die Politik der Liberalen sowohl gegen die privilegierte Stellung der Aristokratie als auch gegen die eigenmächtige Stellung der staatlichen Bürokratien. Dies vor allem sollte durch das konstitutionelle Verfassungssystem, zugleich aber auch durch die verfassungsrechtliche Sicherstellung der individuellen Freiheitsrechte des Bürgers gewährleistet werden. Ohne diese rechtlichen Garantien, welche die Individuen vor staatlicher Willkür schützen und die Herrschaft der

2 Dieter Langewiesche, Liberalismus und Revolution in Deutschland 1789–1871, in: Friedrich-Naumann-Stiftung, Liberalismus und Revolution. 2. Rastatter Tag zur Geschichte des Liberalismus, St. Augustin 1990, S. 32

öffentlichen Meinung sicherstellen sollten, werde eine fortschritt-liche Gesellschaft nicht jene Dynamik entfalten können, die für die Mehrung des Wohlstandes aller Klassen und die schrittweise Verbesserung auch der sozialen Verhältnisse Voraussetzung sei. Im Grundsatz wurden diese Forderungen 1849 in der Frankfurter Reichsverfassung und in den konstitutionellen Verfassungen der außerdeutschen Staatenwelt in bemerkenswertem Umfang ein-gelöst, und sie blieben auch nach dem Ende der Revolution als Maßstab einer zeitgemäßen bürgerlichen Ordnung gültig. Dazu gehörte nicht zuletzt auch die endgültige Anerkennung der Ju-denemanzipation, die jedenfalls im Prinzip nach dem Ende der Revolution nirgends mehr zurückgenommen wurde.

Das von den Liberalen propagierte Programm der konstitutio-nellen Monarchie hatte jedoch auch eine sozialkonservative Dimension. Die Liberalen hatten in der Ablösung der bislang regie-renden bürokratischen Machteliten, denen das Gespür für die Not-wendigkeiten des Tages vollkommen abging, durch eine liberale Beamtenschaft, die im Einklang mit den liberalen Kammermehr-heiten handeln sollte, eine Voraussetzung dafür gesehen, einem erneuten Ausbruch sozialrevolutionärer Eruptionen vorzubeu-gen, wie sie 1789 und dann wieder 1830 in Westeuropa stattgefun-den hatten. Es war aus ihrer Sicht nur logisch, daß sie, nachdem die Revolution einmal ausgebrochen war, alles daransetzten, diese baldmöglichst in rechtliche Bahnen zurückzulenken oder, wie die Zeitgenossen dies nannten, wieder zu »schließen«. Allerdings wurden sie im Laufe der revolutionären Entwicklungen, wesent-lich unter dem Druck der Argumente der radikalen Demokraten, schrittweise über diese Ausgangsposition hinausgetrieben, auch wenn sie nicht dazu bereit waren, ihre Ziele mit revolutionären Methoden im Bunde mit den breiten Massen durchzusetzen. Am Ende verfochten sie das Modell eines monarchisch gebremsten parlamentarischen Regierungssystems, ergänzt durch eine frei-heitlich gestaltete Selbstverwaltung.

Die radikale Demokratie drängte von Beginn an weit über diese Linie hinaus. Sie ging davon aus, daß eine wirklich durchgreifende Reform der Verhältnisse sowohl auf verfassungs- wie auf national-politischem Gebiet ohne die Beseitigung der Dynastien nicht erreichbar sein würde. Vielmehr wollte sie diese im Bunde mit den unterbürgerlichen Schichten beseitigen und mit revolutionärer Gewalt die Bahn für eine demokratische Republik freikämpfen. Schon Gustav von Struve hatte mit dem Aprilaufstand 1848 in Baden dafür die Initialzündung geben wollen. Tatsächlich gelang es den radikalen Demokraten, von Frankreich einmal abgesehen, nur dort, wo sich die verfassungspolitischen Forderungen mit dem Kampf gegen die Fremdherrschaft verbanden – wie in Venedig, der Lombardei und in den päpstlichen Staaten, und im weiteren Verlaufe der Entwicklung in Ungarn –, mit dieser ihrer Strategie durchzudringen. Aber eine zureichende Massenbasis fehlte dafür durchaus, auch in den unterbürgerlichen Schichten selbst. Die Rückbildung der dritten französischen Republik in das – allerdings populistisch drapierte Empire Napoleons III. – ist ein Beispiel dafür, daß die monarchische Idee noch viel zu stark in den europäischen Gesellschaften verwurzelt war, um in einem großen Anlauf hinweggefegt zu werden. Prinzipiell waren die politischen Zielvorstellungen der Linken durchaus bemerkenswert. Der Vorschlag der radikalen Demokratie schon im Vorparlament und dann in der Frankfurter Nationalversammlung, sich bei der Neuordnung der deutschen Staatenwelt an das Vorbild der Verfassung der Vereinigten Staaten von Amerika zu halten, war prinzipiell durchaus plausibel. Die Linke erkannte überdies klarer als ihre liberalen Widersacher, daß mit den dynastischen Gewalten Kompromisse auf die Dauer aller Wahrscheinlichkeit nach nicht erreichbar sein würden. Das Flugblatt, welches Friedrich Hecker im Juni 1848 aus dem Asyl an die Nationalversammlung richtete, in dem er alle Argumente auflistete, die gegen ein »Unterhandeln mit den Fürsten« sprachen, bildet im nachhinein eine bestürzende Lektüre, wurden doch hier schonungslos die Schwächen der liberalen Revolutionsstrategie aufgedeckt.[3] Aber andererseits täuschten sich die radikalen Demokraten darüber hinweg, daß ihre Politik in den breiten Massen keine ausreichende Unterstützung besaß und die anfänglichen Aufstandsversuche den etablierten Mächten in die Hände arbeiteten. Die Spaltung beider Richtungen, des bürgerlichen Li-

---

3 Abgedruckt bei Grab, Revolution, S. 118–121

beralismus und der radikalen Demokratie war ebenso folgenreich wie vermutlich unabwendbar. Beide, Liberale wie Demokraten, mißverstanden den Charakter der Proteste der Unterschichten: die einen sahen darin Anarchie, die anderen eine kampfbereite republikanische Gesinnung. Jedoch erkannten die radikalen Demokraten von Anbeginn, daß man die Unterschichten in die politischen Kämpfe gegen die traditionellen Gewalten einbeziehen müsse, und die Liberalen konnten sich ihren Argumenten immer weniger entziehen.

In gewisser Weise durchliefen die kontinentaleuropäischen Gesellschaften in der Revolution von 1848/49 eine Krise ähnlicher Art, wie sie Großbritannien anderthalb Jahrzehnte zuvor durchlaufen hatte, nämlich der Austragung sozialer Spannungen mit politischen Mitteln. Die Revolution ging auf dem europäischen Kontinent einher mit tiefgreifenden Erschütterungen der politischen und sozialen Beziehungen, welche die Auswirkungen des Durchbruchs zur industriellen Gesellschaft gleichsam vorwegnahmen. Die Unterdrückung der revolutionären Bewegungen schuf in den Unterschichten eine Disposition zur Fügsamkeit und zur willigen Anpassung an die Lebensbedingungen und Arbeitsverhältnisse des industriellen Systems, die zuvor nicht gegeben gewesen war. Man darf annehmen, daß ein Sieg der Revolution von 1848/49, der die Durchsetzung liberaler Regierungsformen in ganz Europa zur Folge gehabt hätte, wegen der größeren Flexibilität liberaler Gesellschaftsformen die Entwicklung des industriellen Systems noch stärker begünstigt haben würde. Aber die großen sozialen Konflikte, die mit dem Übergang zu den Verhältnissen des arbeitsteiligen, marktorientierten industriellen Kapitalismus verbunden waren, wären den europäischen Gesellschaften auch dann nicht erspart geblieben. Die Protesthaltung der unterbürgerlichen Schichten, die während der Revolution in höchst unterschiedlichen Formen zutage trat, verlieh der Politik des bürgerlichen Liberalismus während der Revolution großenteils ihre Schubkraft. Insoweit bestand ein indirektes Zusammenspiel zwischen der bürgerlichen Verfassungsbewegung und den sozialen Protestaktionen der Arbeiterschaft. Erst im weiteren Verlauf der Dinge kehrte ein Teil des liberalen Bürgertums in das konservative Lager zurück und ermöglichte es den monarchischen Regierungen, wieder die Oberhand über die revolutionären Bewegungen zu gewinnen.

Aus heutiger Sicht ist unübersehbar, daß die Furcht des besitzenden Bürgertums vor dem »Gespenst des Kommunismus« in der Sache weitgehend unbegründet war. Denn die Protestaktionen der unterbürgerlichen Schichten richteten sich nicht auf eine radikale Veränderung, geschweige denn den Umsturz der bestehenden Sozialordnung. Vielmehr bewegten sie sich innerhalb des Erwartungshorizonts der vorindustriellen Gesellschaft. Ihr Beitrag zur Revolution war dennoch von größter Bedeutung. Die Identifikation der Unterschichten mit den Zielen der Revolution von 1848, obschon diese nahezu ausschließlich im engeren Sinne bürgerlichen Charakter besaßen, hat zu den Erfolgen der revolutionären Bewegungen, insbesondere im März 1848, entscheidend beigetragen; auch an den Aufständen in Wien im Oktober 1848 und an der Reichsverfassungskampagne waren Arbeiter und Handwerker überdurchschnittlich beteiligt. Allerdings wäre es falsch anzunehmen, daß diese Aktionen durch konkrete revolutionäre Motivationen als solche ausgelöst worden seien. In den unterbürgerlichen Schichten bestand seit langem eine, durch die Hoffnungslosigkeit ihrer sozialen Lage geprägte, Disposition zu potentiell revolutionärem Handeln, die sich von Fall zu Fall in Massendemonstrationen gegen die herrschenden Mächte umsetzte. Jedoch darf diese Disposition zu Protestaktionen mit mehr oder minder großer Beimischung gewaltsamer Mittel nicht mit bewußtem revolutionären Handeln mit dem Ziel einer grundlegenden Veränderung der bestehenden Herrschafts- oder Gesellschaftsordnungen gleichgesetzt werden, wie die radikalen Intellektuellen, die den unterbürgerlichen Schichten soziale bzw. sozialistische Programme unterschiedlichster Art anempfohlen oder sie für die demokratische Republik zu begeistern suchten, zu ihrem Leidwesen erfahren mußten. Dafür war der Entwicklungsstand der Arbeiterbewegung in den kontinentaleuropäischen Gesellschaften noch zu rückschrittlich; gerade die Unterschichten waren noch viel zu fragmentiert, um einheitlich zu handeln; eine klassenbewußte Arbeiterklasse in gleichviel welchem Sinne gab es bestenfalls in ersten Anfängen.

Die Proteste der unterbürgerlichen Schichten gehörten während der Revolution von 1848/49 noch durchweg dem Typus vorindustrieller Kampfformen an. Die abhängig Beschäftigten waren daran gewöhnt, ihre sozialen Forderungen gegenüber den herrschenden Schichten und insbesondere den Staatsbehörden vorzugsweise in Form symbolischer Protestaktionen zu artikulieren, die allerdings vielfach die Anwendung von begrenzter Gewalt gegen Sachen – höchst selten auch gegen Personen – einschlossen; gegen mißliebige Staatsbedienstete oder Unternehmer genügte zumeist die Waffe des Charivari, der Katzenmusik, die den Betreffenden in seinem öffentlichen Ansehen beeinträchtigte. Länger andauernde Streiks waren die Ausnahme. Die Protestaktionen der Arbeiterschaft und des Heers der Gesellen, Kleinmeister und der Dienstboten richteten sich indirekt gegen das heraufziehende industrielle System; sie waren jedoch, wenn man von den immerhin häufigen Fällen von Maschinenstürmerei absieht, nicht in erster Linie an die Unternehmer adressiert, sondern an die Staatsbehörden. Auch Streiks hatten häufig primär eine symbolische Zielsetzung, zumal sie nur selten auf längere Frist hinweg durchzuhalten waren. Die Protestaktionen zielten im Regelfall auf die Wiederherstellung der *moral economy* ab, mit anderen Worten, der althergebrachten Formen einer auskömmlichen Entlohnung unter erträglichen Arbeitsbedingungen; ein Umbau des bestehenden gesellschaftlichen Systems war nicht beabsichtigt, auch nicht mit den Pariser Nationalwerkstätten. Jedoch waren die Forderungen der Arbeiterschaft immer weniger zu erfüllen, und die Handwerksmeister, Gewerbetreibenden und Unternehmer sahen sich dazu in einer Zeit sich stetig verstärkender internationaler Konkurrenz auch nicht in der Lage. Aus der Sicht der Arbeiterschaft sowie der wachsenden Zahl der Handwerker und unselbständig Beschäftigten war es in erster Linie Sache des Staates, für Abhilfe zu sorgen. Ebenso wie im Fall des englischen Chartismus war es deshalb folgerichtig, mit Hilfe des allgemeinen Wahlrechts Einfluß auf die Staatsmacht zu gewinnen; desgleichen erschien es plausibel, wenn möglich die verschwenderischen, kostenaufwendigen Dynastien und die luxuriöse Lebensführung ihrer höfischen Umgebung abzuschaffen, um auf diese Weise öffentliche Mittel zur Linderung der Notlage der breiten Massen freizumachen. In der Perspektive der unterbürgerlichen Schichten machte der Schlachtruf nach Einführung der Republik durchaus Sinn.

Insofern war es leicht möglich, die Frustration der unterbürgerlichen Schichten in das Bett der demokratischen Aktionen gegen die herrschenden Gewalten zu lenken, obschon bei ersteren weithin nebulöse Vorstellungen über die zu erstrebende alternative politische Ordnung bestanden. Das Bündnis der radikalen Demokratie unter maßgeblicher Führung von linksgerichteten Intellektuellen mit den Unterschichten erwies sich jedoch als brüchig, weil sie nirgends in der Lage war, die Forderungen der Arbeiterschaft auf Dauer zu befriedigen, ohne die ökonomischen Grundlagen ihrer eigenen Machtstellung zu untergraben, wie die Revolutionsregierungen, die zeitweilig die Macht – so etwa in Paris, in Wien, in Venedig oder in den päpstlichen Staaten – übernommen hatten, zu ihrem Leidwesen erfahren mußten.

Die Furcht des besitzenden Bürgertums vor sozialen Eruptionen war eine Grundbefindlichkeit der Epoche; gerade die amorphe Struktur und die Unvorhersehbarkeit der immer wieder auftretenden Protestaktionen der Unterschichten erfüllten die bürgerlichen Schichten mit Sorge, zumal es, kurzfristig gesehen, kein taugliches Mittel gab, der verbreiteten sozialen Not wirklich abzuhelfen. Ein großes Defizit der liberalen Position war es, über keinerlei Vorstellungen zu verfügen, wie man der Notlage der Unterschichten beikommen könne. Die diesbezüglichen Maßnahmen traditioneller Art, Arbeitsbeschaffungsprogramme durch die Gemeinden, Krediterleichterungen, steuerliche Erleichterungen für die Unterschichten, das »Recht auf Arbeit« und nicht zuletzt Selbsthilfe der Arbeiterschaft in Form der Errichtung von Produktionsgenossenschaften, weckten im Bürgertum nur Ängste und Besorgnisse. Seine einzige Antwort war stets die Vertröstung darauf, daß es mit der fortschreitenden Entfaltung der Marktwirtschaft aufwärtsgehen werde und dann auch die Unterschichten an dem steigenden Wohlstand profitieren würden. Ansonsten herrschte die Vorstellung vor, daß man den Unterschichten nur den freien Zugang zu Ausbildung und Bildung eröffnen müsse (eine Forderung, die auch in die Programme der radikalen Demokratie Eingang fand), um ihnen den Weg zu besserem Auskommen und schließlichem Wohlstand zu eröffnen. Dies war bei Lage der Dinge kurzsichtig und naiv, denn die Masse der Arbeiterschaft konnte sich davon keinesfalls eine kurzfristige Verbesserung ihrer Lage versprechen, auch wenn die aus dem Boden schießenden Arbeiterbildungsvereine einer Oberschicht der Arbeiterschaft tatsächlich den Weg nach oben geebnet haben.

Die Furcht vor einer sozialen Revolution hatte sich seit 1789 in den Köpfen des Bürgertums festgesetzt und bestimmte deren politisches Verhalten in tiefgreifender Weise, obschon das Schreckgespenst des »Kommunismus« in der gesellschaftlichen Wirklichkeit keinerlei Entsprechung besaß. Ganz und gar hergeholt waren die Besorgnisse des Bürgertums jedoch nicht. Die soziale Lage der unterbürgerlichen Schichten hatte sich in den letzten Jahrzehnten vor der Revolution zunehmend verschlechtert; die Bevölkerungsvermehrung und die damit zusammenhängende Abwanderung eines Teils der ländlichen Bevölkerung in die Städte hatte die Zahl der Arbeitsuchenden namentlich in den Metropolen dramatisch anwachsen lassen, und das herkömmliche System der gemeindlichen Sozialfürsorge der Armen versagte gutenteils gegenüber diesen Herausforderungen. Noch stand die industrielle Entwicklung auf dem europäischen Kontinent erst in ihren Anfängen; zwar war diese stark genug, um die traditionellen Gewerbe zu verunsichern, aber sie schuf nur in einem begrenzten Umfang neue Arbeitsplätze – abgesehen von der sich rapide entfaltenden Textilindustrie, die aber meist nur jämmerlich niedrige Löhne zahlte, und einigen großen Eisenbahnbauunternehmungen, die überaus krisenanfällig waren. Die frühsozialistischen Bestrebungen zur Hebung der sozialen Lage der Arbeiterschaft, das »Recht auf Arbeit«, welches in Paris durch staatliche Arbeiterwerkstätten umgesetzt werden sollte, Modelle zur Bereitstellung zinsfreier Kredite durch die öffentliche Hand zur Belebung der Wirtschaftstätigkeit, wie sie Rodbertus vergeblich der französischen Nationalversammlung empfohlen hatte, die Einrichtung von Arbeiterassoziationen, umfängliche öffentliche Arbeitsbeschaffungsmaßnahmen, die Verteilung von Land an bedürftige Kleinbauern und Landarbeiter, dies alles ging am Kern der Probleme vorbei und konnte die soziale Not allenfalls temporär lindern, aber für sich allein nicht beseitigen.

Aussichtsreicher, wenngleich in ihrer sozialen Wirkung eher symbolisch, waren Maßnahmen zur Absenkung der Besteuerung von Grundnahrungsmitteln und anderer, vornehmlich die breiten Massen treffenden Abgaben und Steuern und die vielfach geforderte, aber nirgends eingelöste Einführung einer progressiven Einkommensteuer, als ein erster Schritt zur Umverteilung der Einkommensverhältnisse. Karl Marx' Analysen von der Unvermeidlichkeit des Klassenkampfes waren nach seinen eigenen Einlassungen für den Augenblick ebenfalls nicht tauglich, sondern eröffneten nur die Zukunftsperspektive einer sozialistischen Gesellschaft, welche die lachende Erbin der bürgerlichen Gesellschaft sein werde, die es aber erst noch gegen die traditionellen Gewalten durchzusetzen gelte.

In mancher Hinsicht wird man die Rolle der unterbürgerlichen Schichten während der Revolution von 1848/49 tatsächlich tragisch nennen können, wenn man dieses viel mißbrauchte Wort überhaupt verwenden will: Sie waren es, welche die Barrikaden besetzten, welche mit ihren Aktionen die Monarchen zwangen, in konstitutionelle Reformen und die Wahl einer Nationalversammlung einzuwilligen; sie waren es, die bei den revolutionären Aufständen bei weitem die meisten Blutopfer gebracht und die am stärksten unter den Folgen der zahlreichen Kriege gelitten hatten; aber an ihrer bedrängten Lage änderte sich so gut wie nichts. Allenfalls wird man sagen können, daß sie hinfort von den Politikern nicht mehr gänzlich beiseite geschoben und nicht länger nur ausschließlich als Objekte polizeilicher Ordnungsmacht behandelt werden konnten.

Es war jedoch keineswegs allein die Furcht vor revolutionären Eruptionen und die daraus resultierende Scheu des liberalen Bürgertums, mit den unterbürgerlichen Schichten gemeinsam gegen die bestehenden Gewalten vorzugehen, die zum Scheitern der Revolution führten. Es war vielmehr die Niederlage der nationalrevolutionären Bewegungen, welche an die Stelle der bestehenden dynastischen Ordnungen konstitutionell regierte Nationalstaaten setzen wollten, die das Schicksal der Revolution zunächst an der

Peripherie Europas besiegelte – in Posen, in Galizien, in Prag, in der Lombardei, in Venezien und in Neapel – und dann in den Kernzonen des österreichischen Kaiserstaates sowie in Ungarn – und erst ganz zuletzt in der deutschen Staatenwelt mit dem Scheitern des großen Werks der Paulskirche. Erst die Niederwerfung der nationalrevolutionären Bewegungen durch die konservativen Gewalten setzte die militärischen Kräfte frei, die es Österreich und späterhin dem zarischen Rußland und Preußen erlaubten, die revolutionären Regime und Aufstände in Ungarn, in Italien, in Sachsen, in Baden und in der Pfalz mit Waffengewalt zu unterdrücken.

Die liberale Bewegung und ebenso ihr linker Flügel, die radikale Demokratie, waren von Anbeginn eng mit der nationalen Idee verbunden. In der Zeit des Vormärz war die Idee der Kulturnation, die ihre natürliche Vollendung in einem eigenständigen, obschon gegebenenfalls föderativ gegliederten Nationalstaat finden müsse, zur herrschenden Ideologie der »Bewegungspartei« geworden. Die nationale Idee einte die Intelligenz und die bürgerlichen Eliten in einem gemeinsamen Credo; die bürgerlichen Kulturwerte, insbesondere die jeweilige Nationalliteratur, dienten der Legitimierung der nationalen Ideologie gegenüber den traditionellen Gewalten. Darüber hinaus erwies sich die Idee des Nationalstaats als eine ungemein zugkräftige Integrationswaffe, um die breiten Schichten der Bevölkerung schrittweise für die politischen Ziele der bürgerlichen Eliten zu gewinnen. Zwar gelang dies nicht überall im gleichen Maße und in derselben Intensität; dennoch bleibt bestehen, daß die nationalen Bewegungen den Forderungen des Liberalismus und der radikalen Demokratie nach verfassungspolitischen Reformen bzw. einem grundlegenden Umbau des politischen Systems erst jene politische Schubkraft verliehen haben, die es den traditionellen Führungseliten nahezu unmöglich machte, den Forderungen der revolutionären Bewegungen zumindest anfänglich in erheblichem Umfang nachzugeben.

Allerdings sollte die partielle Befriedigung der nationalpolitischen Ziele von den verfassungspolitischen Machtfragen ablenken und zugleich von den noch ungleich explosiveren sozialen Problemen. Es war eine der wichtigsten Auswirkungen der Revolution, daß die nationale Idee nahezu überall in Europa nunmehr einen festen Rückhalt nicht allein bei den Intellektuellen und den Schichten von »Besitz und Bildung« gewonnen hatte, sondern auch bei den breiten Schichten der Bevölkerung, und dies, obschon die nationalrevolutionären Bewegungen als solche fast überall vollständig scheiterten.

In dieser Hinsicht war die Bilanz der Revolution von 1848/49 nichts weniger als positiv. Die polnische Nationalbewegung war vollständig zerschlagen worden; Polen war nach 1849 der repressiven Herrschaft der Teilungsmächte weit stärker ausgeliefert als zuvor; die Institutionen, die im Vormärz eine gesamtpolnische Identität garantierten, waren ausgelöscht worden. Italien fand sich im Herbst 1849 in demselben Zustand völliger nationaler Zersplitterung und teilweiser Unterwerfung unter Fremdherschaft wieder, gegen den die nationalrevolutionären Bewegungen so leidenschaftlich angekämpft hatten. Der einzige Lichtblick war, daß sich wenigstens Piemont-Sardinien als liberaler Staat gegenüber den Zumutungen der österreichischen Restaurationspolitik hatte behaupten können. Die Magyaren hatten ihre großen Hoffnungen auf die Gründung eines ungarischen Nationalstaats unter der Stefanskrone einstweilen begraben müssen. Und die übrigen Nationalitäten innerhalb des österreichischen Kaiserstaates hatten überhaupt nichts erreicht; die oktroyierte Gesamtstaatsverfassung des Fürsten Schwarzenberg ging gänzlich über die in Kremsier gefundenen Ansätze einer föderativen Rekonstruktion der Donaumonarchie hinweg und restituierte ein neoabsolutistisches Regime zentralistischen Zuschnitts, das die Vorherrschaft einer von den Deutschen dominierten Bürokratie wiederherstellte und die eigenständige Entwicklung der einzelnen Nationalitäten blockierte. In Deutschland blieb von dem großen Projekt eines nationalen Bundesstaates, der die Einheit der Nation unter Wahrung der staatlichen Existenz und der Eigenart der Einzelstaaten gewährleisten sollte, zunächst bloß das Gothaer Einigungsprojekt über, und auch dieses ging binnen Jahresfrist in Rauch auf. Die großen Hoffnungen auf eine staatliche Einigung Deutschlands, die sich an das Werk der Frankfurter Nationalversammlung geknüpft hatten, waren vorerst zerstoben.

Zu Teilen läßt sich das Scheitern der Neuordnung Europas aufgrund des Selbstbestimmungsrechts der Nationen darauf zurückführen, daß die europäischen nationalen Bewegungen schon von Anbeginn in bittere Konflikte miteinander verstrickt wurden, statt, wie dies weitsichtigere Männer der Linken wie Robert Blum und Arnold Ruge gefordert hatten, gegenüber den überkommenen dynastischen Ordnungen Solidarität zu üben. Ganz im Gegenteil, überall, und namentlich in der Paulskirche, traten sogleich nationalistische Tendenzen und zuweilen gar imperialistische Begehrlichkeiten hervor, die die Achtung vor dem Eigenrecht der anderen Nationen völlig vermissen ließen. Dies erleichterte es den überkommenen Gewalten, die einzelnen Nationalitäten und Nationen gegeneinander auszuspielen. Europa verpaßte eine – genauer: die erste – große Gelegenheit, sich unter freiheitlichen Gesichtspunkten eine neue Ordnung zu geben. Mazzinis Vision eines freiheitlichen Europas der Völker, die heute ihrer Realisierung nahegekommen ist, blieb unerfüllt. Vielmehr kam es nach der Revolution von 1848/49 zu einer Restituierung der überkommenen Staatenordnung Europas, die das nationale Prinzip noch weniger respektierte, als dies in den Jahrzehnten nach 1815 der Fall gewesen war. Dadurch wurde zusätzlicher Zündstoff aufgehäuft, der in den nachfolgenden Jahrzehnten vielerorts in explosiven Formen zum Ausdruck kam. Denn die nationale Idee ließ sich, was immer die konservativen Eliten anfänglich erhofft haben mögen, hinfort nicht mehr aus der Politik Europas eskamotieren; nach einer Periode rigoroser Unterdrückung aller nationalen Regungen brach sie seit 1859 erneut mit großer Gewalt hervor. Für die weitere Entwicklung aber war es verhängnisvoll, daß die Umsetzung der nationalen Idee in der Mitte Europas in gebrochener Form und mit den Mitteln einer autoritären »Revolution von oben« erfolgte, welche die betreffenden Völker nicht, oder doch nur indirekt, in die neuen politischen Ordnungen einband.

Vergleichsweise am glücklichsten verliefen die Dinge in Italien. Hier war es Camillo Graf Benso di Cavour, dem es gelang, Italien unter dem Banner des gemäßigt liberalen Regimes Piemont-Sardiniens schrittweise zu einigen und einen liberal verfaßten Nationalstaat zu begründen. Dennoch blieb der italienische Nationalstaat auf lange hinaus eine Angelegenheit nur einer kleinen politischen Klasse, während die Masse der Bevölkerung abseits stand, zumal der Vatikan dem neuen Staate seine Anerkennung versagte und die gläubigen Katholiken, freilich weithin erfolglos, dazu anhielt, die Mitarbeit in diesem politischen System ebenfalls zu verweigern. In Österreich hingegen versandeten die hoffnungsvollen Ansätze für eine föderative Neuordnung des Kaiserstaates, die zum damaligen Zeitpunkt, an dem die Gegensätze der einzelnen Nationalitäten sich noch nicht so scharf herausgebildet hatten, eine reale Chance der Realisierung gehabt hätten. Den Magyaren gelang es zwar 1867, die begehrte Eigenständigkeit innerhalb des Kaiserstaates doch noch zu erlangen, aber die von ihnen im Schutze der kaiserlichen Krone betriebene gewaltsame Assimilierung der anderen Ethnien innerhalb der transleithanischen Reichshälfte hat in der Folge wesentlich zum Zusammenbruch des Kaiserstaates am Ende des Ersten Weltkrieges beigetragen.

Die Gründung zunächst des Norddeutschen Bundes und dann des Deutschen Reiches durch Otto von Bismarck folgte in wesentlicher Hinsicht den von der Frankfurter Nationalversammlung vorgezeichneten Bahnen; eine starke Zentralgewalt und ein nach dem Vorbild der Paulskirche mit allgemeinem, gleichem und direktem Wahlrecht gewähltes deutsches Parlament bildeten die Grundpfeiler auch des Verfassungsbaus des Deutschen Reiches, wenngleich nun das Gegengewicht eines im Prinzip machtvollen Bundesrates in das Gebäude der Reichsverfassung eingebaut wurde. Aber die nationale Einigung wurde mit obrigkeitlichen Methoden und militärischer Macht zustande gebracht und trug daher von Anbeginn ein konservatives Vorzeichen; infolgedessen gewannen militärische Ideale in der deutschen Gesellschaft des Kaiserreichs maßgeblichen Einfluß. Dies war eine wichtige indirekte Auswirkung des Scheiterns der Revolution. Das Militär war der stärkste Widersacher der revolutionären Kräfte gewesen. Die Liberalen hatten sich immer wieder darum bemüht, die Armee und das Offizierskorps auf die konstitutionelle Verfassung zu verpflichten; statt dessen hatten die Militärs am Ende den Triumph der traditionellen Gewalten über die Revolution herbeigeführt. Nunmehr erwuchs den ohnehin in ihrem Selbstvertrauen geschwächten liberalen Parteien im Militarismus einer ihrer stärksten Gegenspieler; im preußischen Verfassungskonflikt der Jahre 1862 bis 1867, in dem der historische Gegensatz zwischen der Armee und dem fortschrittlich gesinnten Bürgertum einmal mehr ausgefochten wurde, erlitten die preußischen Liberalen erneut eine folgenreiche Niederlage.

Die militaristische und imperialistische Überformung des deutschen Nationalstaats aber hatte Auswirkungen auch auf die Idee der Nation. Sie wurde zunehmend mit militärischem Glanz und machtpolitischem Geltungsbedürfnis assoziiert, während die ihr ursprünglich eigentümlichen emanzipatorischen Komponenten in den Hintergrund traten. Die Ideologie des integralen Nationalstaates, der mit bürokratischem Zwang und militaristischer Disziplinierung die Einschmelzung der ethnischen und kulturellen Minoritäten in die herrschende Gesellschaft betrieb und ihnen die Kulturwerte der herrschenden Eliten zu oktroyieren suchte, gewann immer stärker an Boden. Dies kulminierte in massiven Bestrebungen zur gewaltsamen Assimilation von anderen ethnischen oder religiösen Gruppen im Kaiserreich, von den Polen bis hin zu den Lothringern und nicht zuletzt den Juden. Dies stand in krassem Gegensatz zur Einstellung der Frankfurter Nationalversammlung, die aller imperialer Gebärden zum Trotz die kulturelle Eigenart der Minoritäten innerhalb des zu schaffenden deutschen Bundesstaates respektieren wollte. Selbst in Frankreich setzte sich mit der plebiszitären Herrschaft von Louis Napoléon Bonaparte, der sich 1851 zum Kaiser der Franzosen wählen ließ, eine aggressive Variante der Nationalstaatsidee durch. Die Förderung der nationalen Bewegungen sollte als Vehikel zur Begründung einer hegemonialen Vormachtstellung Frankreichs in Europa herhalten.

Noch bedeutsamer freilich war es, daß infolge der Niederlage der revolutionären Bewegungen und namentlich des Scheiterns des Werks der Frankfurter Nationalversammlung die Entwicklung freiheitlicher Ordnungen in großen Teilen Europas in verhängnisvoller Weise abgebremst und in halbautoritäre Bahnen gelenkt wurde. Über Mitteleuropa senkte sich für mehr als ein Jahrzehnt erneut ein Vorhang obrigkeitlich-bürokratischen Regiments, der alle freiheitlichen Bestrebungen erstickte oder in den Untergrund verdrängte. Die große Mehrzahl der europäischen Staaten, soweit diese nicht von der revolutionären Bewegung unberührt geblieben waren, wie das zarische Rußland und die nordeuropäischen Staaten oder Großbritannien, kehrte zu halbabsolutistischen Formen der Herrschaftsausübung zurück. Gänzlich ließ sich das Rad der Geschichte freilich nicht wieder zurückdrehen; die europäischen Völker konnten, nachdem sie in den Revolutionsjahren politisch in Bewegungen geraten waren, nicht auf Dauer in das Prokrustesbett eines obrigkeitlich-bürokratischen Regiments hineingezwängt werden. Langfristig gesehen, erwies sich die Lagebeurteilung der Liberalen im Mai 1849 als richtig, daß man erst im ersten Stadium eines langen Kampfes für eine freiheitliche Ordnung stehe, welcher »so lange immer wieder aufgenommen« werden würde, bis »er diejenige Erledigung« gefunden habe, welche die [deutsche] Nation befriedige.[4]

Zunächst jedoch wurde die europäische Staatenwelt auf politische und gesellschaftliche Zustände zurückgeworfen, die sich kaum von jenen unterschieden, gegen welche die Liberalen und die radikalen Demokraten im Vormärz gemeinsam Front gemacht hatten. Freilich waren gewichtige Ansatzpunkte geblieben, die in den kommenden Jahrzehnten eine Wiederaufnahme der Bemühungen um eine Liberalisierung der europäischen Staatenwelt erleichtern sollten. Bei Ende der Revolution bestanden nahezu überall in Europa konstitutionelle Verfassungen, mit allerdings mehr oder minder obrigkeitlichen Zusätzen; dies galt auch für die oktroyierte Verfassung in Preußen und die ebenfalls oktroyierte, 1851 allerdings wieder zurückgenommene Gesamtstaatsverfassung in Österreich. In den späten 1840er und frühen 1850er Jahren bemühten sich die Regierungen nach Kräften, diese Verfassungen wieder im konservativen Sinne zu revidieren und zusätzliche Widerlager gegen die Machtstellung der Parlamente einzubauen, aber zu einer vollständigen Zurücknahme der konstitutionellen Regierungsformen kam es nicht. In Preußen wurde das Dreiklassenwahlrecht eingeführt, in Frankreich und Piemont-

4 So Beseler in der Frankfurter Nationalversammlung. Siehe Wigard, Stenographischer Bericht, Bd. 9, S. 6667

Sardinien das Wahlrecht durch Einführung eines Wahlzensus beschränkt; gleichermaßen verfuhr man auch in den übrigen deutschen Einzelstaaten. Aber mancherlei blieb bestehen, beispielsweise der Grundrechtskatalog der preußischen Verfassung, an den späterhin die oppositionellen Kräfte in Preußen wieder anknüpfen konnten. Wichtiger war, daß die Idee einer freiheitlichen Staatsordnung, wie sie in den »Grundrechten des deutschen Volkes«, die die Frankfurter Nationalversammlung propagiert und wie sie zeitweilig in der großen Mehrzahl der deutschen Staaten geltendes Recht gewesen waren, aus den Köpfen der Menschen nie wieder ganz verdrängt werden konnte. Obschon die Frankfurter Reichsverfassung niemals in Kraft getreten ist, setzte sie doch in vieler Hinsicht Maßstäbe für die Verfassungsentwicklung der deutschen Staatenwelt, auch wenn deren konkrete Umsetzung insgesamt mehr als ein Jahrhundert in Anspruch genommen hat.

Nach dem Ende der Revolution machte das Bürgertum in Deutschland und auch im deutschen Österreich überraschend schnell seinen Frieden mit den gegenrevolutionären Gewalten. Dies wurde allerdings durch den Umstand erleichtert, daß die Regierungen davon Abstand nahmen, die liberalen Ergebnisse der Revolution abrupt zurückzunehmen; vielmehr zog die Reaktion es vor, gleichsam auf leisen Sohlen vorzugehen und die im Jahre 1848 gewährten Rechte schrittweise wieder einzuschränken. In bestimmten Bereichen, so der Rechtsprechung und des Gerichtsverfahrens, blieben die liberalen Neuerungen überdies in allem Wesentlichen bestehen. Nur die Pressefreiheit, die ein Kernelement der Märzforderungen gewesen war, wurde wieder rigoros beschnitten, und unbotsame Intellektuelle wurden ebenso wie im Vormärz verfolgt oder ihrer Beamtenposten und Professuren enthoben. Überhaupt darf der intellektuelle Aderlaß, den die Flucht und die anschließende Emigration – zumeist nach den Vereinigten Staaten – eines großen Teils der Exponenten der Revolution vor allem aus dem Lager der radikalen Demokratie für die politische Kultur der europäischen Staaten bedeutet hat, keinesfalls gering veranschlagt werden. Hinzu kam freilich, daß sich das Bürgertum damit trösten konnte, auf wirtschaftlichem Felde weitgehend freie Hand bekommen zu haben; der wirtschaftliche Aufschwung tröstete vielfach über die eigene politische Entmachtung hinweg. Die sich Anfang der 50er Jahre erholende weltwirtschaftliche Konjunktur stärkte diesen Trend der Dinge noch weiter.

Im Unterschied zu Westeuropa einschließlich Frankreichs, das sein zeitweiliges Absinken in ein plebiszitäres Regiment autoritären Zuschnitts nach der Niederlage von 1870/71 relativ leicht wieder zu revidieren vermochte, kam es in Mitteleuropa als Folge des Scheiterns der Revolution, das sich als traumatische Erfahrung auch den kommenden Generationen vermittelte, zu einer dauernden Schwächung des Liberalismus als einer politischen Kraft. Er hat seine politischen Ideale in der Folge nur mit beständigen Selbstzweifeln verfochten und neigte dazu, sich im Konfliktfall den staatlichen Autoritäten zu beugen. An die Stelle der ursprünglichen Selbstgewißheit, die von der Überzeugung getragen worden war, daß die Zukunft unabweisbar den liberalen Idealen gehöre und es darauf ankomme, die Politik möglichst in Übereinstimmung mit den liberalen Tendenzen des Zeitalters zu bringen, trat die Ideologie der »Realpolitik«. Außerdem verfestigte sich der Gegensatz zwischen dem Liberalismus und der radikalen Demokratie, der die Revolutionsmonate bestimmt hatte, zu einem Grundzug des bürgerlichen politischen Denkens. In der deutschen Staatenwelt fand die demokratische Tradition, welche in der Revolution von 1848/49 begründet worden war, zunächst so gut wie keine Nachfolge; das Häuflein demokratischer Parteigruppierungen, die sich seit Anfang der 60er Jahre bildeten, war außerstande, den Gang der Dinge maßgeblich zu beeinflussen.

In gewissem Sinne waren die frühe Arbeiterbewegung und dann späterhin die Sozialdemokratie die legitimen Erben der radikalen Demokratie der Revolution von 1848. Die Sozialdemokratische Partei war nahezu die einzige politische Gruppierung, die während des Kaiserreichs die Erinnerung an die Märzereignisse wachhielt, während die große Mehrheit der liberalen Parteien sich nicht mehr an ihre Rolle in der Revolution von 1848/49 erinnern mochte. Der schroffe Gegensatz, der sich in Mitteleuropa zwischen den liberalen Parteien und der aufsteigenden Arbeiter-

318

bewegung entwickelte und der bekanntlich ein wesentliches Hemmnis für eine fortschrittliche Verfassungsentwicklung gewesen ist, setzte die Spaltung des Liberalismus während der Revolution in ein gemäßigt-liberales und ein demokratisch-republikanisches Lager fort. Wenn es in Deutschland und in Mitteleuropa nur zu einer gebrochenen Weiterentwicklung der Verfassungssysteme gekommen ist, die mit den großen gesellschaftlichen Veränderungen der folgenden Jahrzehnte nicht Schritt hielt, so war dies bereits in der Politik des bürgerlichen Liberalismus während der Revolution 1848/49 angelegt gewesen.

Dennoch hat die Revolution von 1848/49 in politischer Hinsicht liberale und demokratische Maßstäbe gesetzt, die auch die konservativen Beamtenregierungen der folgenden Jahrzehnte nicht gänzlich vernachlässigen konnten. Die Grundrechte des deutschen Volkes und die Reichsverfassung wurden in vielen Bereichen zur Richtschnur für die künftige Entwicklung. Die Gründung des Norddeutschen Bundes und dann des Deutschen Reiches als eines föderativen Bundesstaates unter preußischer Führung durch eine »Revolution von oben« kam einer obrigkeitlichen Umsetzung des »kleindeutschen« Verfassungsplans der Paulskirche gleich. Bismarck war bereits 1861 zu der Einsicht gelangt, daß die politische Dynamik der nationalen und liberalen Bewegung, die seit 1862 wieder machtvoll hervortrat, nur dann gezähmt werden könne, wenn man ihr wichtigstes Postulat – nämlich die Einigung der Nation – verwirkliche, unter partieller Übernahme des Modells der Frankfurter Nationalversammlung, nämlich einer parlamentarischen Vertretung der Nation auf der Grundlage des in Frankfurt zwischen den Liberalen und der radikalen Demokratie beschlossenen Kompromisses des allgemeinen, direkten und geheimen Wahlrechts. Von einem verantwortlichen Reichskabinett, wie dies die Abgeordneten der Frankfurter Nationalversammlung vorgesehen und praktiziert hatten, wollte Bismarck freilich nichts wissen, und mit dem Bundesrat wurde ein Gegengewicht zur Macht des Reichstags geschaffen, das die föderalistischen Traditionen in Deutschland wesentlich stärker ins Spiel brachte, als dies in der Reichsverfassung der Paulskirche der Fall gewesen war. Allerdings diente der Bundesrat zugleich als Instrument zur Durchsetzung des preußischen Hegemonialanspruchs.

Erst mit der Weimarer Verfassung fand die liberale und demokratische Verfassungstradition der Frankfurter Reichsverfassung wieder einen anerkannten Platz in der deutschen Geschichte. Auch sonst, insbesondere in der Aufnahme eines umfangreichen Katalogs materieller Grundrechte, knüpften die Verfassungsgeber von Weimar an die Paulskirche an.

Vergleichsweise glücklicher verliefen die Entwicklungen im übrigen Europa. Hier kam es zumeist schon vor der Katastrophe des Ersten Weltkriegs, welche die Mängel der halbkonstitutionellen Verfassungsordnungen im Deutschen Kaiserreich und mehr noch in Österreich-Ungarn jedermann sichtbar offenlegte, zu einer schrittweisen Öffnung der liberalen Verfassungssysteme gegenüber den Unterschichten und demgemäß zu einer relativen Stabilisierung der politischen Ordnungen. Jedoch gerieten die parlamentarischen Systeme in Europa in ihrer großen Mehrheit in der Zwischenkriegszeit in eine schwere Krise, nicht zuletzt auch deshalb, weil sich die europäischen Völker außerstande zeigten, die schweren Nationalitätenkonflikte, die nach dem Ende des Ersten Weltkriegs aufs neue aufgebrochen waren, einer politischen Lösung zuzuführen. An die Stelle des großen Ideals eines friedliebenden Europas freier Nationalstaaten trat einmal mehr die Idee des antagonistischen Nationalstaats, der sich nur durch Gewalt gegen andere Nationen verwirklichen und behaupten zu können glaubte.

Ihren Gipfelpunkt erreichte diese Entwicklung in der Zwischenkriegszeit mit dem Aufstieg der Faschismen und insbesondere des Nationalsozialismus. Die antagonistische Idee der Nation wurde ins Extreme gesteigert und zugleich in radikaler Weise rassistisch interpretiert; die Machtsteigerung der eigenen Nation unter Einschmelzung sogenannter rassisch wertvoller Minderheiten, bei gleichzeitiger Verdrängung anderer rivalisierender Nationen, bis hin zur gewaltsamen Umsiedlung oder gar der physischen Auslöschung nicht nur ihrer Führungsschichten, wurde als Ziel nationaler Politik ausgegeben. Es versteht sich, daß dies im Innenverhältnis mit der radikalen Bekämpfung des Liberalismus in gleich

320

welcher Spielart einherging. Die Nationalsozialisten proklamierten Anfang der 30er Jahre nicht ganz ohne Erfolg, daß das Ende des Zeitalters des bürgerlichen Liberalismus gekommen sei und mit der Machtergreifung eine neue Epoche der Geschichte beginne, welche die angeblich schwächlichen individualistischen Ideale des Bürgertums durch das Ideal des Volkes, als einer überindividuellen Entität von geschichtswirksamer Kraft, ersetzt habe. An die Stelle des bürgerlich-liberalen Parlamentarismus, der ausschließlich materiellen Zielen gedient habe, sei nun die Volksgemeinschaft getreten.

Unter dem Eindruck der zeitweilig großen Erfolge der faschistischen Systeme, die dann in der gigantischen Kraftanstrengung des Zweiten Weltkrieges ihren Kulminationspunkt erreichten, waren in den 30er Jahren nicht wenige Liberale geneigt, ihren Idealen abzuschwören. Sie zweifelten selbst daran, ob die Ideale der liberalen Verfassungs- und Gesellschaftsordnung, deren Verwirklichung in einem ersten großen Anlauf in der Revolution von 1848/49 versucht worden war, den Zeitläuften noch angemessen seien. Die liberale Idee fand ihre Heimstatt in Westeuropa und in den Vereinigten Staaten, und in der Atlantikcharta von 1941 ihren bedeutsamsten symbolischen Niederschlag, während sie in Mitteleuropa im wörtlichen Sinne des Wortes in den Untergrund gedrängt wurde. Erst mit dem Zusammenbruch des nationalsozialistischen Herrschaftssystems am Ende des Zweiten Weltkrieges wurde der Weg frei für eine Neuordnung Europas nach freiheitlichen Grundsätzen. Deutschland und Europa traten in eine neue Phase der geschichtlichen Entwicklung ein, in der es möglich geworden ist, die großen Ideale der Männer und Frauen der Revolution von 1848/49, nämlich eines Europas freier Völker auf nationalstaatlicher Grundlage, einzulösen und sogar darüber hinauszugehen.

Es ist bezeichnend, daß die Revolution von 1848/49 im Kaiserreich von den Historikern nationalliberaler wie neorankeanischer Observanz gleichermaßen als Abirrung vom rechten Wege der deutschen Politik betrachtet wurde. Sie sahen in der Politik des bürgerlichen Liberalismus während der Revolution eine unangemessene Herausforderung der machtstaatlichen Tradition der europäischen Mächte, und betrachteten die Ziele der radikalen Demokratie schlichtweg als anarchistisch und kommunistisch.[5] Die Ablehnung der Revolution von 1848 durch die nationalliberale Historiographie Sybels und Treitschkes und mehr noch der Neorankeaner war ein Reflex der Wiedererstarkung obrigkeitlicher Traditionen im deutschen Kaiserreich; selbst jüngere Historiker wie Hermann Oncken und Friedrich Meinecke wurden von dieser Denkströmung erfaßt. Die Erinnerung an die Revolution wurde nur von der Linken als Teil ihres geistigen Erbes hochgehalten. Dies änderte sich auch während der Zeit der Deutschen Republik von Weimar nicht wesentlich, obschon die Weimarer Verfassung in wesentlicher Hinsicht das Erbe der Frankfurter Reichsverfassung von 1849 ihrerseits aufgegriffen hatte. Veit Valentins große Würdigung der Revolution von 1848/49 war das Werk eines Außenseiters, der von der historischen Zunft nicht als ebenbürtig betrachtet wurde, und Franz Schnabels knappe sachliche Würdigung in seiner »Einführung in die Geschichte der neuesten Zeit« blieb ohne nennenswerte Breitenwirkung; er selbst zog das Fazit, daß die Revolution von 1848/49 »eine Episode geblieben« sei, wenn sie auch nicht vergeblich gewesen sei, weil »die Probleme der ›deutschen Frage‹« erstmals »durchgedacht und geklärt worden« seien.[6] Dominant blieb demgegenüber die konservative Lehrmeinung, daß es eines Bismarcks und der militärischen Macht des preußischen Obrigkeitsstaates bedurft habe, um das Deutsche Reich zu gründen und in einem feindlich gesinnten Europa zu behaupten, während die Bestrebungen der Liberalen von 1848/49 weltfremd, ja für die deutsche Sache schädlich gewesen seien.

Eine positive Würdigung der Leistungen der Revolution von 1848/49 setzte in der Bundesrepublik nicht zufällig erst in der Phase des Wiederaufbaus und der Gründung einer parlamentarischen Demokratie ein. Die stattliche Zahl der 1948 erschienenen Publikationen zur deutschen Revolution von 1848/49 – Rudolf

---

5 Dazu Baumgart, Die verdrängte Revolution, S. 66 ff. und passim.
6 Franz Schnabel, 1789–1919. Eine Einführung in die Geschichte der neuesten Zeit, Leipzig 1924, S. 68 ff, das Zitat ebendort S. 75 f.

Stadelmann, Wilhelm Mommsen, Otto Voßler, um nur wenige zu nennen –, die erstmals zu einer angemessenen Darstellung der deutschen Revolution von 1848/49 im Rahmen der europäischen Geschichte vorstießen, war ein Bestandteil des »Abschieds der Deutschen von ihrer bisherigen Geschichte«. Die Historiker waren sich nunmehr darin einig, daß der Fehlschlag der Revolution von 1848/49 für das Schicksal der Deutschen verhängnisvolle Folgen gehabt habe. Durch das Scheitern der Bemühungen der Paulskirche, die deutsche Einheit mit freiheitlichen Mitteln zu erringen, seien die Deutschen auf die Bahn einer mißverstandenen Realpolitik gedrängt und in eine Bismarck gegenüber unkritische Haltung getrieben worden, und ebenso sei der zu diesem Zeitpunkt noch mögliche Anschluß Deutschlands an die liberalen Traditionen Westeuropas verpaßt worden.[7] Andererseits bestehe der eigentlich bleibende Erfolg der Revolution von 1848/49 darin, daß die Deutschen damals von »einem neuen Freiheitsglauben« erfaßt worden seien, welcher nicht wieder völlig verlorengegangen sei und auf dem man nun wieder aufbauen müsse.[8]

Aus heutiger Sicht tritt deutlicher hervor, daß die Reformbestrebungen des liberalen Bürgertums und die sozialen Proteste der unterbürgerlichen Schichten, die im März 1848 explosiv zur Oberfläche drängten, Teil eines umfassenderen Prozesses gesellschaftlichen Wandels gewesen sind und sich die deutsche Entwicklung von den Entwicklungen im übrigen Europa nicht so grundlegend unterschied, wie man lange angenommen hat. Dies kann freilich die Kritik am Versagen des deutschen Bürgertums nicht ausräumen. Andererseits ist festzuhalten, daß der konterrevolutionäre Rückschlag in Mitteleuropa ungleich massiver ausfiel als beispielsweise in Frankreich oder Italien, mit entsprechenden langfristigen Auswirkungen auf die weitere politische Entwicklung. Diese haben eigentlich erst seit dem Ende des Zweiten Weltkrieges oder, genau besehen, seit dem Fall des sowjetischen Empires ihre Wirk-

---

7 Wilhelm Mommsen, Größe und Versagen des deutschen Bürgertums, S. 216f.; Rudolf Stadelmann, Deutschland und die westeuropäischen Revolutionen, in: ders. Deutschland und Westeuropa, Laupheim 1948, S. 30f.

8 Otto Voßler, Die Revolution von 1848 in Deutschland (1948 verfaßt), Frankfurt 1967, S. 152f.

kraft gänzlich verloren. Heute ist das große Ideal der Liberalen des Vormärz, die Schaffung eines friedlichen Europas freiheitlicher Nationalstaaten, in erreichbare Nähe gerückt, auch wenn an der europäischen Peripherie die Schatten der nationalistischen Rivalitäten der Vergangenheit gegenwärtig noch nicht völlig verschwunden sind.

Es sollte daran erinnert werden, daß die Idee eines vereinten Europas demokratischer Nationen erstmals wieder von den Frauen und Männern der Résistance während des Zweiten Weltkrieges zur Diskussion gestellt worden ist, als dem einzig aussichtsreichen Weg, um die nationalsozialistische Herrschaft über den europäischen Kontinent abzuschütteln und eine stabile freiheitliche Ordnung in Europa zu begründen. Die Begründung eines vereinten Europas stellt sich aus dieser Sicht als endgültige Einlösung der großen Vision einer freiheitlichen Neuordnung Europas dar, für welche die Männer und Frauen der Revolution von 1848/49 vergeblich gekämpft haben.

Ausgewählte Literatur

Agulhon, Maurice, 1848 ou l'apprentissage de la République 1848–1852, Paris 1973

Angermann, Erich, Robert von Mohl 1799–1875. Leben und Werk eines altliberalen Staatsgelehrten, Neuwied 1962

Bachem, Karl, Joseph Bachem, Bd. 2, Köln 1912

Bachem, Karl, Vorgeschichte, Geschichte und Politik der deutschen Zentrumspartei, zugleich ein Beitrag zur Geschichte der katholischen Bewegung, sowie zur allgemeinen Geschichte des neueren und neuesten Deutschland 1815–1914, Bd. 2, Köln 1927

Balser, Frolinde, Sozial-Demokratie 1848/49–1863. Die erste deutsche Arbeiterorganisation ›Allgemeine Arbeiterverbrüderung‹ nach der Revolution, Stuttgart (2)1962

Baumgart, Franzjörg, Die verdrängte Revolution. Darstellung und Bewertung der Revolution von 1848 in der deutschen Geschichtsschreibung vor dem Ersten Weltkrieg, Düsseldorf 1976

Bergmann, Jürgen, Ökonomische Voraussetzungen der Revolution von 1848. Zur Krise von 1945 bis 1848 in Deutschland, in: Geschichte und Gesellschaft, Sonderheft 2, Göttingen 1976

Bergmann, Jürgen, Wirtschaftskrise und Revolution. Handwerker und Arbeiter 1848/49, Stuttgart 1986

Best, Heinrich, Biographisches Handbuch der Abgeordneten der Frankfurter Nationalversammlung 1848/49, Düsseldorf 1996

Best, Heinrich, Die Männer von Besitz und Bildung. Struktur und Handeln parlamentarischer Führungsgruppen in Deutschland und Frankreich 1848/49, Düsseldorf 1990

Blasius, Dirk, Friedrich Wilhelm IV. 1795–1861. Psychopathologie und Geschichte, Göttingen 1992

Boldt, Werner, Die Anfänge des deutschen Parteiwesens, Fraktionen, politische Vereine und Parteien, Paderborn 1971

Botzenhart, Manfred, Deutscher Parlamentarismus in der Revolutionszeit 1848–1850, Düsseldorf 1977

Brandt, Harm-Hinrich, The Revolution of 1848 and the Problem of Central European nationalities, in: Schulze, Hagen (Hg.), Nation-building in Central Europe, New York 1987, S. 107–134

Buchheim, Karl, Ultramontanismus und Demokratie. Der Weg der Katholiken im 19. Jahrhundert, München 1963

Burckhardt, Jacob, Briefe, hg. v. Max Burckhardt, Bremen 1965

Burian, Peter, Die Nationalitäten in »Zisleithanien« und das Wahlrecht der Märzrevolution 1848/49, Graz 1962

Bussmann, Walter, Zwischen Preußen und Deutschland. Friedrich Wilhelm IV., Berlin 1990

Deak, Istvan, The Lawful Revolution, Louis Kossuth and the Hungarians, 1848/49, New York 1979 (deutsche Ausgabe: Wien 1989)

Deuchert, Norbert, Vom Hambacher Fest zur badischen Revolution. Politische Parteien und Anfänge deutscher Demokratie 1832–1848/49, Stuttgart 1983

Eyck, Frank, Deutschlands große Hoffnung, Die Frankfurter Nationalversammlung 1848/49, München 1973

Faber, Karl-Georg, Deutsche Geschichte im 19. Jahrhundert. Restauration und Revolution. Von 1815 bis 1851, Handbuch der Deutschen Geschichte, Bd. 3 I, hg. v. Otto Brandt u. a., Wiesbaden 1979

Freitag, Sabine (Hg.), Die 48er: Lebensbilder aus der deutschen Revolution 1848/49, München 1997

Gailus, Manfred, Strasse und Brot. Sozialer Protest in den deutschen Staaten unter besonderer Berücksichtigung Preußens, 1847–1849, Göttingen 1990

Gebhardt, Hartwig, Revolution und liberale Bewegung, Die nationale Organisation der konstitutionellen Partei in Deutschland 1848, Bremen 1974

Gerlach, Ernst Ludwig von, Aufzeichnungen aus seinem Leben und Wirken 1795–1877, hg. v. Jakob von Gerlach, Bd. 1, Schwerin 1903

Ginsborg, Paul, Daniele Manin and the Venetian Revolution of 1848–49, Cambridge 1979

Götz von Olenhusen, Irmtraud (Hg.), 1848/49 in Europa und der Mythos der Französischen Revolution, Göttingen 1998

Grab, Walter, Die Revolution von 1848/49. Eine Dokumentation, München 1980

Hachtmann, Rüdiger, Berlin 1848. Eine Politik- und Gesellschaftsgeschichte der Revolution, Bonn 1997

Hansen, Joseph (Hg.), Rheinische Briefe und Akten zur Geschichte der politischen Bewegung 1830–1850, Bd. 1, Essen 1919; Bd. 2,1, Bonn 1942, Bd. 2,2 bearb. v. Heinz Boberach, Köln 1976

Hansen, Joseph, Gustav von Mevissen, ein rheinisches Lebensbild, 1815–1899, Bd. 2, Berlin 1906

Hauch, Gabriella, Frau Biedermann auf den Barrikaden. Frauenleben in der Wiener Revolution 1848, Wien 1990

Häusler, Wolfgang, Von der Massenarmut zur Arbeiterbewegung, Demokratie und soziale Frage in der Wiener Revolution von 1848, Wien 1979

Haym, Rudolf, Die deutsche Nationalversammlung bis zu den Novemberereignissen. Ein Bericht aus der Partei des rechten Zentrums, Frankfurt 1848

Heikans, Ralf, Die ersten Monate der Provisorischen Zentralgewalt für Deutschland (Juli bis Dezember 1848): Grundlagen und Entstehung, Frankfurt / M. 1997

Heinen, Ernst, Katholizismus und Gesellschaft. Das Katholische Vereinswesen zwischen Revolution und Reaktion (1848 / 49 – 1853 / 54), Idstein 1993

Heydemann, Günther, Die deutsche Revolution von 1848 / 49 als Forschungsgegenstand der Geschichtswissenschaft in der SBZ / DDR, in: Fischer, Alexander / Heydemann, Günther (Hg.), Geschichtswissenschaft in der DDR, Bd. 2, Berlin 1990, S. 480–518

Hildebrandt, Gunther, Politik und Taktik der Gagern-Liberalen in der Frankfurter Nationalversammlung 1848 / 49, Berlin 1989

Huber, Ernst Rudolf (Hg.), Dokumente zur deutschen Verfassungsgeschichte, Bd. 1, Stuttgart 1961

Huber, Ernst Rudolf, Deutsche Verfassungsgeschichte seit 1789, Bd. 2, Stuttgart 1960

Hübinger, Gangolf, Georg Gottfried Gervinus, historisches Urteil und politische Kritik, Göttingen 1984

Hummel, Karl-Joseph, München in der Revolution von 1848 / 49, Göttingen 1987

Jacoby, Johann, Gesammelte Schriften und Reden, Bd. 2, Hamburg 1872

Jaworski, Rudolf / Luft, Robert (Hg.), 1848 / 49. Revolutionen in Ostmitteleuropa, München 1996

Kann, Robert A., Das Nationalitätenproblem der Habsburger Monarchie, Bd. 1, Köln (2)1964

Kißling, Johannes B., Die Geschichte der deutschen Katholikentage, 2 Bde., Münster 1920 / 23

Koch, Rainer, Die Agrarrevolution in Deutschland 1848. Ursachen – Verlauf – Ergebnisse, in: Langewiesche (Hg.), Die Deutsche Revolution von 1848 / 49, S. 362–394

Kohl, Horst, Die politischen Reden des Fürsten Bismarck, Bd. 1, Stuttgart 1892

Kolejka, Josef, Der Slawenkongreß in Prag im Juni 1848. Die slawische Variante einer österreichischen Föderation, in: Jaworski / Luft (Hg.), 1818 / 49, S. 129–147

Kroll, Thomas, Die Revolte des Patriziats. Der toskanische Adelsliberalismus im Risorgimento, Phil. Diss. Düsseldorf 1997

Lademacher, Hans, Die politischen und sozialen Theorien bei Moses Hess, in: Archiv für Kulturgeschichte Bd. 42 (1960), S. 194–230

Langewiesche, Dieter (Hg.), Die deutsche Revolution von 1848 / 49, Darmstadt 1983

Langewiesche, Dieter, Europa zwischen Restauration und Revolution 1815–1849, München (3) 1993

Langewiesche, Dieter, Frühliberalismus und Bürgertum 1815–1849, in: Gall, Lothar (Hg.), Bürgertum und bürgerlich-liberale Bewegung in Mitteleuropa seit dem 18. Jahrhundert, Sonderheft 17 der Historischen Zeitschrift, München 1997, S. 63–129

Langewiesche, Dieter, Liberalismus und Demokratie in Württemberg zwischen Revolution und Reichsgründung, Düsseldorf 1974

Langewiesche, Dieter, Liberalismus und Revolution in Deutschland 1789–1871, in: Friedrich-Naumann-Stiftung, Liberalismus und Revolution. 2. Rastatter Tag zur Geschichte des Liberalismus, St. Augustin 1989, S. 25–40

Lautenschlager, Friedrich, Die Agrarunruhen in den badischen Standes- und Grundherrschaften im Jahre 1848, Heidelberg 1915

Lipp, Carola (Hg.), Schimpfende Weiber und patriotische Jungfrauen. Frauen im Vormärz und in der Revolution 1848/49, Moos-Baden-Baden 1986

Lovett, Clara M., The Democratic Movement in Italy 1830–1876, Cambridge/Mass. 1982

Macartney, C. A., The Habsburg Empire 1780–1918, London 1968

Marcks, Erich, Bismarck und die deutsche Revolution 1848–1851, hg. v. Willy Andreas, Stuttgart 1939

Marx, Karl/Engels, Friedrich, Werke, Bd. 4–6, Berlin 1961–69

Mieck, Ilja/Möller, Horst/Voss, Jürgen (Hg.), Paris und Berlin in der Revolution von 1848, Sigmaringen 1996

Mommsen, Wilhelm, Deutsche Parteiprogramme, 3. Aufl., München 1960

Mommsen, Wilhelm, Größe und Versagen des deutschen Bürgertums. Ein Beitrag zur politischen Bewegung des 19. Jahrhunderts, insbesondere zur Revolution 1848/49, München 1964

Mommsen, Wolfgang J., Die Lage der Unterschichten in der Durchbruchskrise der industriellen Revolution in England, in: Vom Elend der Handarbeit, hg. v. Hans Mommsen und Winfried Schulze, Stuttgart 1981, S. 274–292

Mommsen, Wolfgang J., Großbritannien vom Ancien Régime zur bürgerlichen Industriegesellschaft 1770–1867, in: Handbuch der Europäischen Geschichte, hg. v. Theodor Schieder, Bd. 5, Stuttgart 1981, S. 319–403

Müller, Leonard, Die politische Sturm- und Drangperiode Badens, Bd. 1, Mannheim 1905

Näf, Werner, Die Epochen der neueren Geschichte, Staat und Staatengemeinschaft vom Ausgang des Mittelalters bis zur Gegenwart, Bd. 2, Aarau 1946

Niederhauser, Emil, 1848, Sturm im Habsburgerreich, Wien 1990

Nitschke, Wolf, Volkssouveränität oder monarchisches Prinzip? Die Frage des Staatsaufbaus in den Debatten der preußischen Nationalversammlung (22. Mai–1. Dezember 1848), Frankfurt/M. 1995

Obermann, Karl (Hg.), Flugblätter der Revolution. Eine Flugblattsammlung zur Geschichte der Revolution von 1848/49 in Deutschland, München 1972

Price, Roger, 1848. Kleine Geschichte der europäischen Revolution, Berlin 1992

Reinalter, Helmut (Hg.), Demokratische und soziale Protestbewegungen in Mitteleuropa 1815–1848/49, Frankfurt/M. 1986

Repgen, Konrad, Märzbewegung und Maiwahlen des Revolutionsjahres 1848 im Rheinland, Bonn 1955

Rumpler, Helmut, Eine Chance für Mitteleuropa. Bürgerliche Emanzipation und Staatsverfall in der Habsburgermonarchie, Wien 1997

Saville, John, 1848: The British State and the Chartist movement, Cambridge 1987

Schieder, Wolfgang, 1848/49: Die ungewollte Revolution, in: Stern, Carola/Winkler, Heinrich August (Hg.), Wendepunkte deutscher Geschichte 1848–1990, Neuausgabe Frankfurt/M. 1996, S. 17–42

Schroeder, Paul W., The Transformation of European Politics, 1763–1848, Oxford 1994

Schwarz, Max, MdR, Biographisches Handbuch der Reichstage, Hannover 1965

Schwentker, Wolfgang, Konservative Vereine und Revolution in Preußen 1848/49. Die Konstituierung des Konservativismus als Partei, Düsseldorf 1988

Siemann, Wolfram, Die deutsche Revolution von 1848/49, Frankfurt 1993

Siemann, Wolfram, Restauration, Liberalismus und nationale Bewegung 1815–1870. Akten, Urkunden und persönliche Quellen, Darmstadt 1982

Sked, Alan, The Survival of the Habsburg Empire: Radetzky, the Imperial Army and Class War 1848, London 1979

Sperber, Jonathan, The European Revolutions 1848–1851, Cambridge 1984 (reprint 1994)

Spira, György, Die Märzrevolution von 1848 und ihre Gegner, in: Mack, Karlheinz (Hg.), Revolutionen in Ostmitteleuropa 1789–1989. Schwerpunkt Ungarn, Wien 1995

Stadelmann, Rudolf, Soziale und politische Geschichte der Revolution von 1848, München 1948

Stahl, Friedrich Julius, Das monarchische Prinzip, eine staatsrechtlich-politische Abhandlung, Neudruck Berlin 1926

Stearns, Peter N., The Revolutionary Tide in Europe, New York 1974

Steiner, Herbert, Karl Marx in Wien, Die Arbeiterbewegung zwischen Revolution und Restauration 1848, Wien 1978

Stuke, Horst/Forstmann, Wilfried (Hg.), Die europäischen Revolutionen von 1848, Königstein 1979

Sybel, Heinrich von, Die Begründung des Deutschen Reiches durch Wilhelm I., Bd. 1, München 1889

Treitschke, Heinrich von, Deutsche Geschichte im Neunzehnten Jahrhundert, Bd. 4, Leipzig 1927

Valentin, Veit, Geschichte der deutschen Revolution 1848–1849, 2 Bde., Neudruck Aalen 1968

Voßler, Otto, Die Revolution von 1848 in Deutschland, Frankfurt/M. 1967

Weber, Rolf, Centralmärzverein (CMV) 1848–1849, in: Lexikon zur Parteiengeschichte. Die bürgerlichen und kleinbürgerlichen Parteien und Verbände in Deutschland (1789–1945), hg. v. Dieter Fricke, Bd. 1, Leipzig 1983, S. 403–412

Wehler, Hans-Ulrich, Deutsche Gesellschaftsgeschichte, Bd. 2, Von der Reformära bis zur industriellen und politischen »Deutschen Doppelrevolution«, 1815–1845/49, München 1996

Wende, Peter, Radikalismus im Vormärz, Untersuchungen zur politischen Theorie der frühen deutschen Demokratie, Wiesbaden 1975

Wettengel, Michael, Die Revolution von 1848/49 im Rhein-Main-Raum, Wiesbaden 1989

Wigard, Franz (Hg.), Stenograpischer Bericht über die Verhandlungen der deutschen constituirenden Nationalversammlung zu Frankfurt am Main, 9 Bde., Frankfurt 1848–49

Wirth, Johann Georg August, Das Nationalfest der Deutschen zu Hambach, Heft 1, Neustadt a. H. 1832

Wollstein, Günter, Das »Großdeutschland« der Paulskirche. Nationale Ziele in der bürgerlichen Revolution 1848/49, Düsseldorf 1977

Wollstein, Günter, Die Oktoberdebatte der Paulskirche: Das Votum für Deutschland mit Österreich, in: Jaworski/Luft (Hg.), Revolutionen in Mitteleuropa, S. 279–302

Wollstein, Günter, Deutsche Geschichte 1848/49, Stuttgart 1986

Namenregister

Abel, Karl v. 79
Albert, Alexandre Martin 107, 239
Anderson, Eugene 221
Anton Klemens Theodor, König v.
  Sachsen 50
Arndt, Ernst Moritz 69
Arnim-Boitzenburg, Adolf Heinrich
  Graf v. 102, 127
Attwood, Thomas 39, 65
Auerswald, Hans Adolph Erdmann v.
  200 f.
Auerswald, Rudolf v. 164, 206 f.,
  254

Bach, Alexander 122, 125
Bakunin, Michail 39, 295
Barbès, Armand 106, 239
Bassermann, Friedrich Daniel 91, 97,
  114, 140, 143, 188, 194, 265,
  277 f.
Batthyàny, Lajos Graf 236, 242 f.
Bauernfeld, Eduard 122
Beckerath, Hermann v. 77, 91, 181 f.,
  194, 270 f.
Bekk, Johann Baptiste 136
Bennigsen, Alexander Levin Graf v.
  210
Bentham, Jeremy 11, 25
Berends, Julius 204 f.
Beseler, Carl Georg 262 f.
Bianco, F. A. v. 76
Biedermann, Friedrich Carl 195
Bismarck, Otto v. 85, 102, 136, 178,
  314, 319, 322 f.

Blanc, Jean Joseph Louis 39, 105, 107
Blanqui, Louis Auguste 106
Blum, Robert 79, 143, 184, 189, 197,
  228, 231, 246 ff., 274, 313
Bodelschwingh, Ernst v. 110
Bonaparte, Charles Louis Napoléon
  (Napoleon III.) 88, 239, 241, 288 ff.,
  304, 315
Born, Stephan 154, 159 f.
Börne, Ludwig 23
Brandenburg, Friedrich Wilhelm
  Graf 256–259, 274, 277
Brentano, Lorenz Peter 228, 298
Brüggemann, Karl Heinrich 54
Büchner, Georg 95
Bülow-Cummerow, Ernst Gottfried
  Georg v. 164
Burckhardt, Jacob 10 f., 300
Burke, Edmund 64
Buß, Franz Joseph Ritter v. 167

Camphausen, Ludolf 76 f., 81, 91, 97,
  110, 127, 136, 200, 204 f.
Camphausen, Otto 91, 120, 131
Carl Albert, König v. Piemont-
  Sardinien 87, 126, 217 f., 237, 242,
  249, 285, 287
Cavaignac, Louis Eugène 240 f., 261
Cavour, Camillo Graf Benso di 313
Charlotte, Zarin v. Rußland 282
Christian VIII. Friedrich, König v.
  Dänemark 230
Christian, Herzog v. Augustenburg
  230

331

Cironi, Piero 237
Claessen, Heinrich 110
Cobbett, William 67

Dahlmann, Friedrich Christoph 59,
    70, 91, 140, 142, 194, 231 f.
Danton, Georges-Jacques 69
Droysen, Johann Gustav 140, 194,
    273

Engels, Friedrich 34, 67, 153, 158, 296
Ernst August, König v. Hannover
    58 f.

Ferdinand I., Kaiser von Österreich
    125, 202, 213
Ferdinand I., König v. Neapel 288
Ferdinand VII., König v. Spanien 20
Fickler, Josef 145
Ficquelmont, Karl Ludwig Graf
    212 f., 217 f.
Fischhof, Adolf 122
Fourier, Charles 39
Franz Joseph I., Kaiser v. Österreich
    246
Freiligrath, Ferdinand 23
Friedrich August II., König v. Sachsen
    50
Friedrich VII., König v. Dänemark
    230
Friedrich Wilhelm III., König v.
    Preußen 11 f., 19, 69 f., 89
Friedrich Wilhelm IV., König v.
    Preußen 69–74, 81 ff., 85, 87, 100,
    117–120, 127, 139, 202, 205, 251,
    253 f., 556, 275, 277 f., 281 ff., 292
Fröbel, Julius 153 f., 246

Gagern, Heinrich August Freiherr v.
    78, 90, 98, 114, 127, 140, 146, 179,
    191, 195, 198, 235, 271, 275–278,
    281, 283, 292, 301
Gagern, Maximilian Freiherr v. 140

Garibaldi, Giuseppe 31, 49, 55, 287
Gentz, Friedrich v. 19, 77
Georg IV., König v. England 64
Gerlach, Ernst Ludwig v. 100, 102,
    127, 161, 164, 178, 253
Gerlach, Leopold v. 100, 102, 127,
    178, 253 f.
Gervinus, Georg Gottfried 14 f., 59,
    90 f., 114, 130, 140
Goegg, Amand 298
Goltz, Robert Graf von der 102
Görgey, Arthur 250, 290 f.
Görres, Joseph v. 40
Gottschalk, Andreas 113, 152 f.,
    158
Grey, Charles Earl v. 65
Grimm, Jacob 59, 70, 232
Grimm, Wilhelm 59, 70
Guizot, François Pierre Guillaume
    104, 106 f.

Haller, Karl Ludwig 100
Hansemann, David 11 ff., 15, 70, 75,
    84, 91, 96, 109 f., 114, 127, 138,
    205 ff., 254
Hartmann, Moritz 246, 276
Haym, Rudolf 193
Hecker, Friedrich 94 f., 114, 129,
    142–148, 304
Heine, Heinrich 23, 53, 72
Held, Gustav Friedrich 210
Herder, Johann Gottfried 29, 221
Hergenhahn, August 277
Herwegh, Georg 145
Hess, Moses 39, 99 f., 153
Heydt, August von der 91
Hoffmann, Karl Georg 127
Huber, Victor Aimé 101

Itzstein, Johann Adam v. 114

Jacoby, Johann 84, 89, 91
Janiszewski, Jan 230

Jellačić von Buzim, Joseph Freiherr
v. 242 f., 250
Johann, Erzherzog v. Österreich 192,
200, 213, 272, 292
Johann, König v. Sachsen 78 f.
Jordan, Sylvester 195
Jordan, Wilhelm 229, 232, 266

Karl X., König v. Frankreich 42 f.
Kick, Georg 160
Kossuth, Lajos 120 ff., 215 ff., 236,
243, 250, 290

Lamartine, Alphonse de 241
Lamberg, Ferenc Graf 242
Langewiesche, Dieter 90, 302
Latour, Theodor Graf Baillet v. 243 ff.
Ledru-Rollin, Alexandre Auguste
241, 289
Leiningen, Karl Fürst zu 79, 134, 199
Lennig, Adam Franz 168
Leopold II., Großherzog v. Toskana
289
Lette, Wilhelm Adolf 190
Lichnowsky, Felix Maria Fürst 201
Louis Philippe, König v. Frankreich
43, 104, 107
Ludwig I., König v. Bayern 79, 116
Ludwig XVI., König v. Frankreich
69
Ludwig XVIII., König v. Frankreich
42

Manin, Daniele 250, 285
Manteuffel, Otto Freiherr v. 258
Mareck, Titus Alois 227
Marx, Karl 15 ff., 24, 39, 74, 99 f.,
152 f., 155, 157 f., 248, 310
Mathy, Karl 81, 114, 145, 194
Maximilian II., König v. Bayern 116
Mazzini, Giuseppe 49, 53, 55, 219,
237, 287, 313
Meinecke, Friedrich 321

Metternich, Clemens Fürst v. 18 f.,
21, 30, 58, 71 f., 80, 84, 100, 108,
121 ff., 126, 263
Mevissen, Gustav v. 174, 194
Mieroslawsky, Ludwig v. 299
Mohl, Robert v. 88, 195
Mommsen, Wilhelm 322
Montez, Lola (Gräfin Landsfeld) 79
Mühlfeld-Megerle, Eugen Edler v.
234

Näf, Werner 147
Napoleon I. 18, 20, 42, 69, 219, 239,
242

Oncken, Hermann 321
Owen, Robert 38

Palacký, František 176, 225, 233
Palmerston, Henry John Lord 249
Patow, Erasmus Robert Freiherr v.
137
Peucker, Eduard v. 200
Pfeiffer, August Emanuel 271
Pfi[t]zer, Paul Achatius 57, 78, 90
Pfuel, Ernst v. 208, 253 f., 256
Pillersdorf, Franz Freiherr v. 213, 215
Pius IX. 87, 241, 286 ff.
Place, Francis 39, 65
Polignac, Jules-Armand Prince de
42 f.
Proudhon, Pierre-Joseph 38, 104

Radetzky v. Radetz, Johann Joseph
Graf 126, 218, 242, 249, 272, 285,
287 f.
Radowitz, Joseph Maria v. 178
Raveaux, Franz 180 f., 183, 192, 195
Robespierre, Maximilien de 69
Rodbertus, Johann Karl 26, 38, 252,
309
Römer, Friedrich 78, 90, 114, 127,
209

Rotteck, Karl v. 26, 56 f., 90
Rousseau, Jean-Jacques 28
Ruge, Arnold 154, 192, 228, 313
Russell, John Lord 66

Saint-Just, Louis de 69
Schapper, Karl 153
Schieder, Theodor 160
Schieder; Wolfgang 7
Schmerling, Anton Ritter v. 140, 276, 291
Schnabel, Franz 322
Schuselka, Franz 229
Schwarzenberg, Felix Fürst zu 233, 235 f., 247, 250, 257, 273, 276 ff., 291, 312
Schwenninger, Franz 160
Semper, Gottfried 295
Siebenpfeiffer, Philipp Jakob 52 ff., 219
Simon, Heinrich August 277
Simon, Ludwig 186, 228, 279, 281
Simson, Eduard Martin v. 281
Soiron, Alexander Freiherr v. 143
Stadelmann, Rudolf 322
Stahl, Friedrich Julius 101
Stein, Julius 207
Stein, Lorenz v. 26, 38
Struve, Gustav v. 93 ff., 112 ff., 129, 141 f., 145–148, 151, 304
Stüve, Johann Karl Bertram 210, 294
Sybel, Heinrich v. 77, 90, 321

Temme, Jodocus Donatus 252
Thadden-Trieglaff, Adolf v. 164, 258
Thiers, Adolphe 104

Treitschke, Heinrich v. 321
Tzschirner, Samuel Erdmann 295

Uhland, Ludwig 140

Valentin, Veit 322
Venedey, Jakob 275
Vincke, Georg Freiherr v. 76, 178, 182, 235, 252
Vittorio Emmanuele II., König v. Piemont-Sardinien 287 f.
Vogt, Karl 197
Voßler, Otto 322

Wagener, Hermann 162
Wagner, Richard 295
Waitz, Georg 194, 232, 270
Waldeck, Benedikt Franz 252, 254, 258
Weitling, Wilhelm 17, 39, 154
Welcker, Karl Theodor 51, 56 f., 81, 90, 114, 142, 182, 187, 189 f., 279 f.
Wellington, Arthur Wellesley Herzog v. 64
Wilhelm IV., König v. England u. Hannover 59, 65
Wilhelm, Herzog v. Braunschweig und Lüneburg 50
Wilhelm, Prinz v. Preußen 44, 117, 204
Windischgrätz, Alfred Fürst zu 123, 213, 215, 226, 245 ff., 250, 252, 272, 290
Wirth, Johann Georg August 52 ff.
Wrangel, Friedrich Graf 256
Wrede, Karl Philipp Fürst v. 79

Zitz, Franz Heinrich 184